中国の歴史11

巨龍の胎動

毛沢東vs.鄧小平

天児 慧

講談社学術文庫

目次

中国の歴史 11

巨龍の胎動

毛沢東vs.鄧小平

地図・図版作成
さくら工芸社
ジェイ・マップ

はじめに　「中華民族の偉大な復興」

第一六回中国共産党全国代表大会

二つの重要な演説

一九世紀末から二〇世紀にかけての時期に現代中国を動かした二人の巨人が誕生した。一人は一八九三年一二月、湖南《こなん》省の省都長沙《ちょうさ》から自動車で行けば二時間半ほどを要する湘潭《しょうたん》県の郊外農村韶山《しょうざん》というところで、まずまずの生活を営む中農の三男（兄二人は夭折）として生まれた。もう一人は一九〇四年八月、四川《しせん》省の重慶《じゅうけい》から一六〇キロほど離れた片田舎広安《こうあん》県牌坊《はいぼう》村で、豊かな地主の長男としてこの世に登場した。むろんその後の中国の歴史を決定的に左右する人物になるとは、誰もが知る由もなかった。言うまでもなく前者が毛沢東《もうたくとう》であり、後者が鄧小平《とうしょうへい》《トンシアオピン》である。「歴史に残る」という形容詞にふさわしい中国共産党（中共）の指導者であった。

それから一世紀あまりの歳月が流れた。二人ともすでにこの世を去ったが、彼らがたどった道、彼らが創っていった軌跡、それらは功罪を含めて限りない。

二一世紀に入って間もない二〇〇二年一一月八日、中国共産党にとって、いや全中国にとっても、もっとも重要な第一六回中国共産党全国代表大会（以下「党代表大会」と略）が開幕した。「インターナショナル」が奏《かな》でられる中で非共産党員を含む中央の指導者たちが入場し、人民大会堂の雛壇《ひなだん》に着席する。やがて党の最高指導者江《こう》沢民《たくみん》《チアンツォーミン》総書記が「政治報告」を行う。長時間の報告の中で幾度か、ある個所に来ると一段と高調した声で力が入る。それがまさに「中華民族の偉大な復興を実現しよう」という個所であった。

その個所を聞きながら、いつの間にか、かつてビデオで見たあるシーンが重なるように思い出されていた。一九四九年一〇月一日、北京《ペキン》天安門《てんあんもん》の壇上で毛沢東が行った中華人民共和国設立宣言の演説の情景である。欧米と日本の侵略、内戦による計り知れない苦難と、無数の人々の犠牲をこうむりながら、ようやくたどり着いた中国革命勝利の宣言である。

「中国人民は立ち上がった。……わが民族は二度と人に辱《はずかし》めを受けるような民族にはならない」。

「祖国の領土主権を防衛し、人民の生命財産を守り、人民の苦痛を除き、人民の権利を戦い取る……人民解放戦争はいまや基本的な勝利を獲得し、全国大多数の人民はすでに解放された。中華人民共和国の成立を宣言し、かつ北京を中華人民共和国の首都と決定した」。

湖南なまりのかすれたような、しかしドスの利《き》いた、自信に溢《あふ》れた毛沢東の声が、マイクを通して天安門広場を埋め尽くした中国人たちの心に響き渡り、一段と大きくなった歓呼の輪を広げていく。

以前この毛沢東の勝利宣言を聞いた時も、中国の指導者・革命家たちにとって、革命勝利の喜びとは必ずしも自ら信奉する共産主義思想、あるいは自由主義とか三民主義といった思想の勝利を意味するのではなく、「炎黄《えんこう》の子孫」（炎黄は伝説上の帝王炎帝と黄帝）たる偉大な中華民族が近代史の中で強《し》いられた屈辱を払拭《ふっしょく》し、世界に再び「中華民族の輝き」を示すことなのかと感じたものであった。

たしかに中国近現代史を振り返ってみると、そこに一貫して流れるキーワードは、「民族の復興」を目指すものばかりであった。例えば、一九世紀末に清朝《しんちょう》打倒を目指して組織された革命秘密結社は「興中会《こうちゅうかい》」「光復会《こうふくかい》」「華興会《かこうかい》」などと漢民族の復興を掲げ、蒋介石《しょうかいせき》も革命事業を「雪恥図強（恥をそそいで強国を目指す）」と力説した。毛沢東は右に引いた「建国宣言」に見たとおりであり、鄧小平《とうしょうへい》もまた、一九八九年天安門事件後（以下「第二次天安門事件」と表記）に「中華民族を振興しよう」と呼びかけた。

江沢民総書記（当時）　第16回中国共産党全国代表大会に臨む

毛沢東　北京天安門の壇上で、中華人民共和国の設立を宣言

革命史観の見直し

そして中華人民共和国建国以降、半世紀余りが経った。勝利したはずの中国が、その最大の功労者毛沢東の時代（一九四九―七六年）には、米国やソ連と対抗しながら「継続革命」と「独自の社会主義建設」を掲

げ、挑戦、失敗、再挑戦、そして挫折、発展を繰り返した。原爆開発や「大躍進《だいやくしん》」など掲声は大きいものの、実質的には政治は混乱を重ね、人民の生活は貧困化を加速し、苦渋《くじゅう》に満ちた経験を強いられた。毛沢東以後、実質的な最高権力者となった鄧小平は、毛沢東時代の「負の遺産」を深刻に受け止めながら、それからの脱却を図り、改革開放路線を定め近代化建設に邁進《まいしん》した。従来の社会主義の枠組みを突破できるか否か、最初の一〇年は明らかに試行錯誤と、右からと左からのさまざまな抵抗に遭遇した軌跡であった。「第二次天安門事件」の大混乱がその極《きわ》めつけであった。しかし、その後経済の分野に関しては、はっきりと社会主義の「殻《から》」を打ち破る決断を下した。

一九九七年に鄧は他界し、彼を引き継いだ江沢民指導部、さらに胡錦濤《こきんとう》《フーチンタオ》指導部に至るまでその路線は継承され、中国は八〇年代初め以来長期にわたって高度経済成長の持続に成功した。今日、中国は「世界の工場」「世界の市場」「ライジング・チャイナ」「世界の大国」「中国脅威」などと「肥大化する」様々な形容詞がつけられるまでになった。中国はもはや、「古い文明はあるが、遅れた貧しい大国」ではなくなった。そうした文脈の中で、冒頭に紹介した第一六回党代表大会の江沢民発言、「中華民族の偉大な復興」があるのであった。そして今日また、そのスローガンを高く掲げて世界に向かい、さらに大きく飛翔しようとしている。それが習近平《しゅうきんぺい》《シーチーピン》であった。

この「偉大な復興」の戦略は、中期目標としての「小康《しょうこう》社会の全面的実現」である。その担い手として、中国共産党自身を「中華民族の前衛」と位置づけなおした。共産党自身は、さらに自らを「三つの代表」（先進的生産力と文化、広範な人民の利益の代表）とも規定した。「小康」とは『礼記《らいき》』「礼運《れいうん》篇」に由来し、清末期に康有為《こうゆうい》がさかんに説いた変法《へんぽう》の主張である『大同書《だいどうしょ》』の考え方に関係が深い。康有為は、「拠乱世《きょらんせ》」（乱世＝混乱、無秩序社会）から「升平世《しょうへいせ》」（小康＝安定しやや余裕がある社会）、そして「太平世《たいへいせ》」（大同＝天下を公となす、無差別・平等の理想的な社会）に向かうという進化発展論を主張し、「小康」を目指して変法を説いた。無理に結びつける必要もないが、第一六回党代表大会は、まさに伝統的な中華の思想で自らの未来を展望したのであった。

　従来、中国近現代史を解説する場合、一般的には「暗黒の中国」から「光明の中国」へという筋道が引かれた、いわゆる「革命史観」に基づいていた。これはもともと西欧社会が生んだマルクス主義の歴史観である。「暗黒の中国」をつくり維持するものは、旧来の支配者、官僚、地主、軍閥《ぐんばつ》、列強帝国主義などであり、「光明の中国」を切り開こうとしたものは、数々の革命家と革命組織、開明的知識人、進歩的学生、貧しい勤労者たちであった。そしてこれまでの「革命史観」では、洋務《ようむ》派も変法派も、蔣介石国民党も地方実力者たちも、すべて前者、すなわち「暗黒」「反動」を代表する人たちだった。後者の人々は様々な苦難をこうむりながらも挫《くじ》けず、最後には「暗黒」を打破し「光明」を切り開くといった描かれ方が一般的であった。そして後者の中核に常に中国共産党が位置し、共産主義は常に解放、前進の思想であり、最終目標はいうまでもなく「共産主義社会の実現」であった。

康有為（1858—1927）

しかし、一九八〇年代以降、中国自身が従来の単純化された「革命史観」の見直しを始めるようになってきた。例えば、一八六〇年代後半からの「洋務運動」や、一九二〇年代の「国民革命」と呼ばれる国民党主導の革命運動の再評価などがある。学術領域では、これまで日本帝国主義に投降した「大漢奸《だいかんかん》」と切り捨てられてきた汪兆銘《おうちょうめい》（汪精衛《おうせいえい》）の見直しさえ、一部で始まっている。しかも、そこには中国自身の伝統や歴史にそったものの考え方が、はばかることなく取り入れられるようになってきている。第一六回党代表大会報告でも「わが国の国情を踏まえ、自らの実践経験を総括すると同時に、人類の政治文明の有益な成果を参考とすべきだが、けして西側の政治制度モデルを丸写しにしてはならない」と言明している。むろんこの発言は、中国の未来を展望する上での考えからではあるが、中国近現代史に関しても、「中華民族」の文脈から今一度捉えなおす必要があるだろう。

救国救民革命としての中国革命

歴史の変わり難さ

従来の革命史観では、〈中国近現代史＝中国革命史＝中国共産党史＝毛沢東の革命史〉という図式に沿って、様々な事象が説明されてきた。当時の中国における代表的な歴史教科書であった胡華《こか》の『中国革命史講義』（人民出版社）がその典型であり、同時に建国後編纂され、訂正されなおした『毛沢東選集』（人民出版社）が歴史を学ぶ上での必読書ともされていた。そしてこの革命史観からいえば、一九四九年すなわち中華人民共和国の成立は、「暗黒の中国」から「光明の中国」へ、「独裁者の中国」から「人民の中国」へ、「伝統の中国」から「新しい中国」へ。いわば百八十度的に転換した出来事を意味するとされてきた。

しかし、現実には本当にそのような百八十度的な転換であったのだろうか。「歴史の転換」＝断絶性がかなり一面的に強調されてきた当時に比べて、今日では「歴史の変わり難さ」＝連続性が重視されるようになってきた。時には逆に「連続性」が一面的に強調され、四九年以降の中華人民共和国は従来の「中華帝国」、王朝体制の継承でしかないといった主張まで見られるようになっている（H・E・ソールズベリー／天児慧監訳『ニュー・エンペラー』上下、福武文庫、一九九五年など）。もっとも近年の「連続性」重視論は、いささか極論の感がある。たしかに「革命史観」への批判的な再検証は必要であるし、すでにそうした作業は本格的に始まっている。そして中国自身の歴史的文脈から「歴史的転換」の問題を捉えなおすことは、重要であろう。

私はかつて「中国革命とは何であったか」「一九四九年とは何か」を自ら問うたことがある。上で述べたような百八十度的転換ではないが、何も変わらなかったわけではない、確かに重要な何かが変わった、それは何か。そして当時の私なりの結論として、少なくとも「中国革命とは国を救い、民族・民衆を救おうとした革命＝救国救民革命であり、一九四九年はその重大な到達点であった」と言えると判断した（菊地昌典編『社会主義と現代世界1　社会主義革命』、山川出版社、一九八九年）。もちろん、建国以降の毛沢東がまさに皇帝のごとく振る舞ったことも、人民中国と言いながらけして人民が主人公ではなかったことも承知している（李《リ》志《チ》綏《スイ》／新庄哲夫訳『毛沢東の私生活』上下、文藝春秋、一九九四年など参照）。

わらない。

しかし、それでも一九四九年までの中国革命は「救国救民革命」という私の理解は今でも変

そのことを当時の革命家たちの意識と伝統的な政治文化の文脈から確認しておこう。中国の革命家たちは、疑いなく中国の伝統文化の影響を受けたエリート、歴史的な用語によるならば「士大夫《したいふ》」であった。孫隆基《そんりゅうき》は、この士大夫の理想は「常に天下を安らかにし、天下を平らかにすることを考えること」と指摘している（『中国文化的「深層結講」』、香港・臺山出版社、一九八三年）。つまり「修身《しゅうしん》、斉家《せいか》」は庶民にも求められる生活道徳であった。しかし、それらのみならず「治国《ちこく》、平天下《へいてんか》」に取り組むことこそ、儒教的倫理観に基づいた士大夫の生き方であった。したがって、一九世紀半ば以来のアヘン戦争、アロー戦争、日清《にっしん》戦争、義和団《ぎわだん》事件での八ヵ国連合軍の北京《ペキン》侵攻、これらに伴った莫大な賠償金支払い、香港《ホンコン》・厦門《アモイ》・青島《チンタオ》などの強制的な租借《そしゃく》、主権の侵害などは、まちがいなく当時のエリート層（特に若いエリート）に強烈な衝撃、屈辱、危機意識を与えた。

鄒容・孫文・毛沢東

一九〇五年、わずか二〇歳で革命に殉じた鄒容《すうよう》は、当時ベストセラーとなった『革命軍』の中で次のように叫んだ。

「中国は奴隷だ。奴隷に自由はなく、思想はない……ああ、わが中国が独立しようとすれば、革命しなければならない。わが中国が世界の列強と肩を並べようとすれば、革命しなければ

ならない。わが中国が二〇世紀新世界に長く生存しようとすれば、革命しなければならない。わが中国が地球上の名声ある国、主人公になろうとすれば、革命しなければならない」。

彼の叫びは、まさにその後の中国エリートたちの感情を代表していたのである。「中国革命の父」「国父」とよばれた孫文《そんぶん》は、「三民主義」講話において、「中国革命はつまるところ救国主義である」と明確に断じている。毛沢東も、エドガー・スノーとの対話の中で、辛亥《しんがい》革命前夜、故郷湖南の県城《けんじょう》で幾つかの大暴動が起こり、ある程度の政治意識を持つようになった当時のことを語りながら、その動機として中国の解体を警告したパンフレットを読んだこと、その冒頭は「ああ、中国はまさに滅びんとしている」という一句であったこと、「これを読んだあと祖国の将来を思って暗澹《あんたん》となり、国を救うのを助けるのは全人民の義務であることを理解しはじめた」と語っている（松岡洋子訳『中国の赤い星』、筑摩書房、一九六四年）。一九三五年八月に共産党中央が全国同胞に抗日《こうにち》を呼びかけた宣言、いわゆる「抗日八・一宣言」でも救国主義の感情が満ち溢れている（第二章参照）。

救民依民革命へのひろがり

危機に瀕《ひん》した国家、民族を救うということが中国革命の最大の課題であったことは、以上からも明らかである。しかし特に毛沢東に率いられた共産党の革命には、貧困と抑圧にさいなまれていた「民を救う」というもう一つの課題が浮上していた。毛沢東の世代が比較的リアリティをもって「救民思想」を感じることができたのは、一九世紀半ばの「太平天国《たいへいてんごく》革

李大釗（1889—1927）　中国共産党創設者の一人

命」であろう。この農民革命の指導者洪秀全《こうしゅうぜん》は、伝統的な革命思想と平等思想の上にキリスト教の「救世思想」を結びつけ、「天朝田畝《てんちょうでんぽ》制度」と呼ばれる徹底した平等主義に基づく土地革命など諸改革を実施した。

　しかしこれに加えて、中国革命の中で「救民」を「救国」と同等に認識するようになったのは、マルクス主義、とりわけボルシェヴィキに率いられたロシア革命の影響が大きかった。もちろんマルクス主義は当時、国家・民族の救亡論からも重視されていた。とくにレーニンの、帝国主義時代における被抑圧植民地の国家・民族という位置づけとその革命性がもっとも代表的であり、先に指摘した「抗日八・一宣言」は、まさにそのような観点からの呼びかけであった。しかし同時に、ロシア革命以降「救民」あるいは「民衆の力に依拠すること（依民）」を特に重視する理論としてマルクス主義が輝くようになった。

　そうした観点からのマルクス主義の推奨者こそ、李大釗《りたいしょう》であった。彼は早稲田大学に留学経験のある北京大学教授であったが、やがて共産党の創設者の一人となり、その後張作霖《ちょうさくりん》軍に逮捕され処刑された。ロシア革命と第一次世界大戦の終結を深く関連させながら、李はその代表作「庶民の勝利」「ボルシェヴィズムの勝利」（一九一八年）の中で、「民衆の力」を高らかに讃美した。孫文自身も五《ご》・四《し》運動《うんどう》とロシア革命の報道を契機に、労働者の力、農民の力を認識するようになり、ソ連との接近、共産主義の取り込み（連ソ・容共）とともに「労農扶助《ろうのうふじょ》」を合わせた「新三民主義」を主張するようになっていった。

さらにこの時期、急速にマルクス主義に接近しはじめていた毛沢東も、同じ一九一八年に「民衆の大連合」と題する長文の論文を発表し、注目を浴びるようになっている。この中で毛は、農夫、労働者、学生、小学教師、車夫などの様々な悲惨な境遇を具体的に描写しながら、「彼らが苦しみに耐えかねて、自分たちの利害に密着した各種の小連合をつくっている」ことに着目し、それらを束ねた「民衆の大連合」こそ、中国革命を勝利に導く鍵であると強く訴えている。毛が李大釗の影響を深く受けていたことは、メイスナー『中国マルクス主義の源流』(丸山松幸訳、平凡社、一九七一年)、野村浩一『中国革命の思想』(岩波書店、一九七一年)、近藤邦康『毛沢東』(岩波書店、二〇〇三年)などの研究からよく知られている。そして、一九二〇年代後半、この民衆の中で毛はとりわけ農民に着目し、農民に依拠するようになっていった。これらの経緯は第三章で詳述する。

「民族国家」「国民国家」の建設を目指して

独立・統一・富強の中国

多くの人々は、一九四九年の中華人民共和国の成立を社会主義中国の誕生と「誤解」している。それは「歴史の葛藤」を素通りしてしまうことを意味する。中国は新民主主義社会の実現を目指す国家として誕生した。この問題はすでに別の拙著で論じたのでここでは省く(『中華人民共和国史』、岩波新書、一九九九年)。その後、中国は他の社会主義諸国と団結し、あるいは資本主義国内の社会主義勢力と連帯して共産主義社会の実現を目指す。これが最高のプライオリティと考えられた。しかし、ならば何故、中ソ友好同盟相互援助条約が締結されて一〇年もしないうちに中ソの亀裂が顕在化し、その後は長きにわたって厳しい対決が続いたのか。あるいは社会主義中国が何故、イデオロギー的にはもっとも対極にある資本主義の超大国米国と七〇年代以降接近していくのか。

もちろん、一九五三年の「過渡期の総路線」以降、社会主義化が急速に進められたことは事実である。しかし、毛沢東ら指導者にとって中華人民共和国はそれ以上に「民族国家」であり、「国民国家」であることが意識されていた（完成されたものであったか否かは別）。建国前夜に採択され臨時憲法とも言われた「中国人民政治協商会議共同綱領」はその第一章（総綱）第一条で、中華人民共和国は「中国の独立・民主・平和・統一および富強のために奮闘する」と宣言している。それらはまさに民族国家、国民国家としてのあるべき理想的な目標であったといってよい。「富国」は「救民」の延長線上で、民を豊かにすることによって実現されるし、「強国」は「救国」の延長線上で、自立・自強によって実現する。「独立・統一・富強の中国」は一九世紀末以来、共産主義者であろうとなかろうと、中国のエリートたちが共通に掲げた目標でもあった。

一九五〇年代後半からの中ソの対立を考える場合、もちろん毛沢東個人の資質や社会主義イデオロギー上の問題もあるが、同時に「国家主権」の危懼感《きくかん》から、ソ連の要求を拒否し対立を深めたという理解は十分に説得力を持つ。五八年七月に訪中したフルシチョフソ連第一書記が提案した「中ソ連合艦隊」の建設は、中国の主権侵害・内政干渉を招くとして毛沢東から拒否された。さらに文化大革命の発動時に、パリ・コミューン型の新権力を創出し、世界革命の中心になろうと大見得を切った毛が、六七年二月初旬、上海コミューンが設立されると直ちにコミューン型革命を否定してしまった。このことは、まさに「国民国家」としての中華人民共和国が埋没してしまうと考えたからかもしれない。あるいは、一九七二年、「敵」であり続けた米国と手を握ったのは、「国民国家」としての中国の安全保障にとって、ソ連をより脅威と見たため、「敵の敵は味方」というリアルなパワーゲームから導き出されたことは明らかであった。しかし、後で述べるが六〇年代以降、毛は「富国」論を語らなくなっていった。

七五年一月、第四期全国人民代表大会第一回会議（以下「全人代会議」と略）が、六四年以来ひさびさに開かれた。周恩来《しゅうおんらい》総理はその「政府活動報告」の中で、後の基本目標となっていく「四つの近代化」実現を提唱した。この時、周は、「今世紀末までにわが国の国民経済を世界の前列に立たせ、社会主義の近代的強国を実現しよう」と呼びかけているが、「富国」は語っていない。鄧小平が七七年再復活して以降も、実はほぼ一〇年の間、周恩来の「近代的強国」の範囲にとどまっている。

周恩来（1898―1976）　毛沢東を補佐して長く国務院総理を務めた

おそらく、「貧しいほど革命的である」といった「貧困の平等主義」が核心になった後期毛沢東思想、すなわち継続革命論の影響を強く受けた「四人組」、「華国鋒《かこくほう》グループ」などの力が残存していた時期であったこと、およびとりあえずは「まずまずの暮らし」（温飽《おんぽう》）が目標といった現実に関連するのであろう。

天空に向けて駈け昇る巨龍

中国エリートの自尊意識に触れる「富強中国の実現」が正式に再び登場するようになるのは、一九八七年の第一三回党代表大会での趙紫陽《ちようしよう》「政治報告」においてである。ここで趙は「わが国を富強、民主、文明を持った社会主義の近代国家となすよう奮闘しよう」と呼びかけた。その上、当時を「中華民族の偉大な復興を実現する段階」と規定するようになっていた。まさに冒頭の第一六回党代表大会につながるリーダーたちの考え方が、この時期に見事にかたちづくられていた。否、復活していたのである。

もっとも八〇年代後期、鄧小平ら指導者は厳しい現状認識をしていた。例えば鄧自身、その数年前頃から機会あるごとに「貧困は社会主義ではない」と強調し、「貧困からの脱却」を説いていた。また趙紫陽報告でも、建国以来の中国を「工業が立ち遅れ、商品経済が未発達で生活水準の低い社会主義初級段階」と位置づけ、この段階は二一世紀半ば頃まで続くと認識していた。

しかし、この頃から「中国の特色ある社会主義建設」が頻繁に語られるようになり、それを通して「豊かで、強大な中国の実現」という輪郭が鮮明になっていった。対外的には中国を「世界の民族国家の林の中で屹立《きつりつ》させる」ことが目標であった。一九八〇年代の改革開放路線への転換、さらには九〇年代以降の持続的な経済成長、総合国力の大幅な増強によって、中国エリートたちはここ一〇〇年来持つことのなかった自信をみなぎらせるようになっている。冒頭で紹介した第一六回党代表大会の江沢民「政治報告」は以下のように結んでいる。

「新中国建国以後、……中国史上もっとも偉大な、もっとも重大な社会変革を実現し、社会主義の途上で中華民族の偉大な復興を実現するという歴史的征途《せいと》を歩みはじめた。第一一期党中央第三回全体会議（以下「党第一一期三中全会」と略）以降、わが党は中国の特色ある社会主義を建設するという正しい道を探し当て、民族の復興に強大な新たな生命力を注ぎ込んだ。中華民族の偉大な復興には、燦然《さんぜん》と輝く未来が見えている。……心を一つに合わせ、発奮して富強を目指し、中国の特色ある社会主義事業を絶えず前進させ、われわれの幸福な生活と素晴らしい未来をともに築こうではないか」。

経済の躍進、軍事力の増強、政治大国としての振る舞い、そして二〇〇三年一〇月一五日、旧ソ連、米国に続いて「有人宇宙船神舟《シエンチヨウ》五号」の打ち上げに成功した。まさに「天空に向けて駈け昇っていく巨龍」のようでさえある。

一〇〇年に及ぶ屈辱と混乱、挑戦と挫折。彷徨する中国がようやくにして勢いを盛り返してきた。第一六回党代表大会「政治報告」は、まさに「巨龍の胎動」を感じさせる宣言文である。そして、この近現代の中国を振り返る時、圧倒的な存在感をもって時代を切り開き、あるいは多くの人々を翻弄《ほんろう》し、一つ一つの歴史の軌跡に重大な影を落としてきた人物がいた。言うまでもなく、すでに幾度か触れてきた毛沢東と鄧小平である。私たちは、この二人の巨人の軌跡とその絡み合いをもっとも重要な切り口としながら、中国近現代の歴史をたどってみることにしよう。

第一章　毛沢東と鄧小平

反逆者と逆境者

反逆者毛沢東

本書は毛沢東《もうたくとう》と鄧小平《とうしょうへい》の伝記ではない。したがってこの章で述べられる二人の人物イメージは、あくまで第二章以下の歴史を理解するための切り口として提供されるものである。そういう意味で最初に想起されるのが、「反逆者」と「逆境者」というイメージである。毛沢東の生涯を眺めてみると一九四九年を一つの境として、前期と後期に分けて解釈するやり方に説得力がある。前述の近藤邦康『毛沢東』では、前期を革命家、後期を建設者として議論している。前期の捉え方に関してはほぼ共通しているが、後期を独裁者、さらには皇帝化した毛としてみる見方もある。あるいは一九七〇年、エドガー・スノーとの最後の会見時に、自らを「無《む》髪《はつ》無《む》天《てん》」といったことから、それを「孤独な修行僧」と解釈し、「孤独な永遠の革命家」と評されたこともある。

しかし、私は毛の生涯を貫く一本の柱（精神）は何かと問われたならば、それは自分の前に立ちはだかる巨大な権威に対する「反逆」精神だと思う。ただし、矛盾しているようであるがこの場合自分自身が「権威者」になることは否定されていない。反逆者としての毛沢東を形づくったのは、少年時代の「父親」に対する反抗からである。彼自身がエドガー・スノーに語った少年毛沢東の逸話は父親との闘いの話が多い。

「家内での二つの『党』がありました。一つは父、すなわち支配者でした。反対党は私自身と、母、弟、時には雇われ人でした。……私が一三歳ぐらいの時、父は家に多くの客を招きましたが、お客がいるうちに私たち二人の間に口論が起こりました。私の父は人前で私を怠け者でやくざだと呼んでけなしました。これは私を憤慨させ、私は彼を罵《ののし》って家出したのです」（『中国の赤い星』）。

一四歳の時に親が一方的に二〇歳の女性と結婚させたが、これも拒否し一度も一緒に生活はしなかった。

25歳のときの毛沢東

二五歳（一九一八年）の時、湖南《こなん》を離れ半年間ほど北京大学の図書館で事務員として下働きをしているが、この時北京大学に象徴される「知識人の権威」への反感が芽生えている。毛と同年齢でその後知識界の最高権威者の一人となる梁漱溟《りようそうめい》は、すでに同大学の講師。幾度か出会っているが梁の眼中に当時の毛は入らなかった。建国後立場が逆になった毛は、梁漱溟に対して「お前はとても臭くて汚い」と罵《ば》倒《とう》している。その後知識人は「臭老九《チヨウラオジウ》」（九番目の鼻つまみ野郎）として文革終了まで不遇を強いられることとなる。

一九二一年に共産党が結成され、毛は創立大会参加者一二名のうちの一人であった。しかもその後、軍閥や国民党、地主勢力などの厳しい弾圧を受け、トップレベルの指導者は殺害、転向、失脚とめまぐるしく変わっていく中で、毛は一貫して革命運動の一翼を担っていた。にもかかわらず毛は、初代総書記の陳独秀《ちんどくしゅう》以来、瞿秋白《くしゅうはく》、李立三《りりっさん》、王明《おうめい》（陳紹禹《ちんしょうう》）などソ連・コミンテルンの強い影響下にあった指導者たちとはそりが合わず、中央指導部からははずされ傍流であった。しかし、独自の強い考えと意志を持って湖南・江西《こうせい》一帯を中心に農村根拠地を建設し拡大し、自らの影響力を伸ばしていったのである。毛が共産党の事実上のトップに立つのは、農村根拠地の防衛が蔣介石《しょうかいせき》軍に破られ（当時毛は軍事指導権も剝奪《はくだつ》されていた）、後に「長征《ちょうせい》」と呼ばれる大移動の最中、貴州《きしゅう》省遵義《じゅんぎ》での党中央政治局拡大会議においてであった。建党後、実に一四年の歳月を経てのことである。

ソ連の権威への挑戦

共産党の実権を握った毛沢東は、その後も自らの前に立ちはだかる巨大な「権威」に反逆した。一つは抗日戦争期およびその終結時の中国の最高権威者蔣介石への挑戦である。抗日戦争は第二次国共合作の成立によって本格化した。そして一致抗日は、蔣介石を最高司令官とした統一政府、統一国民革命軍の下での抗日を意味した。毛は名目上それらを呑むこととしたが、すでに西安《せいあん》北部に位置する黄土高原《こうどこうげん》一帯の根拠地政権の実質的な支配権と、国民革命軍第八路軍《だいはちろぐん》と改編された共産党軍（紅軍）の指揮権は譲らなかった。四五年八月の抗日戦争終結後、「内戦回避、平和統一」を目指した蒋介石・毛沢東会談、いわゆる「重慶《じゅうけい》会談」が開かれ、蒋介石を最高指導者とする統一した中華民国の実現で合意した。にもかかわらず、毛はやはり独自の政権と軍の指揮権をめぐって譲歩せず、ついには国共内戦《こっきょうないせん》の勃発となった。それは別の視点から見れば、毛の「蒋介石の権威」への反逆、挑戦でもあったのである。

もう一つの毛の「反逆」は、ソ連という社会主義陣営の盟主に対するものであった。スターリンは、長きにわたって毛沢東という存在を無視しつづけてきた。建党以来常にコミンテルンの意向を仰がねばならなかった中国共産党の歴史において、毛はコミンテルンそしてスターリンが指名しなかった唯一のトップ指導者であった。確かに、毛がスターリンに直接歯向かったことはない。しかし、一九三六年一二月の西安事件で軟禁した蒋介石の処刑を強く主張した毛は、「蒋介石を釈放せよ」とのスターリンの秘密電報を見て激昂《げっこう》したといわれる（E・スノウ『中共雑記』、未来社、一九六四年）。

蒋介石（1887―1975）　中華民国初代総統に就任したころ

しかしそれでも、建国後わずか二ヵ月もたたないうちに、誕生したばかりの新国家をあとにモスクワを訪問した。しかも二ヵ月余りに及ぶモスクワ滞在にもかかわらず、毛はスターリンに極めて冷淡にあしらわれ、ここでも煮え湯を飲まされた。おそらく毛が表面上はともかく、実質上スターリンにひれ伏すことを拒否しつづけたからであろう。五〇年二月に締結された新しい「中ソ友好同盟相互援助条約」は、その表向きの「強固な連帯」とは裏腹に、中国にとって「主権侵害」ともなりうる幾つかの秘密協定が強要された。それは生まれたばかりの新中国にとって、強まる冷戦体制の中で自らの安全保障を確保するためには、ソ連に依拠せざるを得ないという現実感があったからである。

こうした不満の鬱積《うっせき》が、スターリン死後のソ連にぶつけられたと考えるのもあながち的外れではないだろう。フルシチョフの「スターリン批判」に対して、「スターリン擁護」の形をとりながら毛は、「ソ連の権威」に公然と挑戦を始めたのである。それは後述するように、共産主義の大義や共通の敵である米帝国主義との闘争もかすむほどの、深刻な中ソ対立を生み出すこととなった。そして、中国革命をともにした「同志」たちをさえ翻弄し、犠牲にしたのである。自らが「弱者」の時、反逆は「革命」を意味することが多い。しかし自らが「強者」になってなお「反逆」を進めると、それは巨大な「破壊・混乱」を生みがちである。

逆境者鄧小平

毛沢東の第一の特徴を「反逆者」と規定するなら、鄧小平《とうしょうへい》はどのように言えるか。よく知られるように、鄧は一メートル五〇センチをわずかに超える小男で風采が上がらず、さして目立つ存在ではなかった。四川《しせん》の田舎の富者が与えられる最高の環境の中で育ち、家庭でも皆にかわいがられた。毛とは対照的な少年時代である。ベンジャミン・ヤンの『鄧小平　政治的伝記』（加藤千洋・加藤優子訳、朝日新聞社、一九九九年）は、少年期の鄧小平を「成績は可もなく不可もない、普通の生徒だった」、「鄧は［留学のための＝引用者注〈以下同〉」予備校でも並の生徒で、目立った印象を与えなかった」、「鄧はもともと政治意識が低く、年齢が若かった。……ほかの四川人の陳毅《ちんき》、聶栄臻《じょうえいしん》のように仲間に強烈な印象を残さなかった」などと評している。

一九一九年、フランス勤工倹学《きんこうけんがく》プログラムで中国を離れ、二〇年から二五年までフランスで勉強しながら働き、やがて共産主義運動に身を投ずることとなる。しかしこのときも周恩来などのような華々しい活動歴もなく、在欧中国共産主義青年団の機関紙『少年』の出版、特にガリ版切りの手伝いを続け、やがて「ガリ版博士」とあだ名がつけられたエピソードは有名である。モスクワを経由し二六年に帰国し、まもなく党中央での記録係など秘書的な活動を引き受けることとなる。こうした過去の軌跡は、後の中国を率いていく「偉大な指導者」の面影を感じさせるものではない。

風采の上がらない小男、さして目立たぬ能力、しかし人一倍強い自尊心は、「我慢をしながら少しずつ自己主張を貫いていく精神」を鍛錬していたのかもしれない。勤工倹学プログラムは成績不良のため半自費留学であった。しかも参加者の中で鄧はわずか一六歳の最年少であった。船内では最下等のボトムデッキで一〇〇日近い日々を耐え、フランスでは最低の労働条件の中で働き、かつ「ガリ版博士」と揶揄《やゆ》されるほどにコツコツと下積み的な活動を続けた。その過程でいつしか「逆境に強い」人間＝逆境者へと鍛えられていった。

私的生活での憶測でしかないが、三一―三二年の頃、容姿端麗な党の女性闘士金維映《きんいえい》と結婚したが、わずか一年ほどで離婚した。別れた金維映はまもなく李維漢《りいかん》と再婚した。李は鄧よりも八歳年上、フランス勤工倹学での大先輩であった。二八年には党中央臨時政治局常務委員、その後上海《シャンハイ》、江蘇《こうそ》のトップを歴任し、三一年ソ連へ、三三年帰国後党中央組織部の幹部となり、三五年組織部長に昇進といった輝かしい経歴の持ち主であった。二人の間にはまもなく李鉄映《りてつえい》（元党中央政治局委員）が生まれた。この一連の事情をめぐり、鄧小平は李維漢に「妻を寝とられた」とのうわさが一般的である。もっとも寒山碧《かんざんへき》はこの信憑性《しんぴょうせい》は乏しいと指摘している（伊藤潔訳『鄧小平伝』、中公新書、一九八八年）。

いずれにせよ、これが鄧小平にとって「男としての屈辱」であったことは確かであろう。ここでも鄧は逆境に耐えなければならなかった。その上、離婚後まもなく江西《こうせい》省党委員会宣伝部長についていた鄧は、留ソ派が握る党中央から「羅明《らめい》路線」推進者として批判され、すべての職務剝奪《はくだつ》、「留党監察《りゅうとうかんさつ》」という党内で初めての失脚を余儀なくされた。この事件は、国民党軍の「包囲討伐」に対して「寸土も譲るな」とする党中央の方針に反し、福建《ふっけん》省党委員会代理書記の羅明は、毛沢東の「拠点を放棄し遊撃戦を展開する」方式をとり、鄧小平もこれに同調したため、中央から「右傾日和見主義」と批判され粛清された事件であった。しかも、「留党監察」のまま始まった長征では、李維漢が司令官兼政治委員、前妻金維映がその下で指揮する中央第二縦隊に組み入れられ、一兵卒のように追従しなければならなかった。おそらく個人的にはかなりの屈辱の中を生きながら、驚異の長征を完遂することになるのであった。

再度の失脚

しかし鄧小平にとって、その後は、とりわけ新中国建国以降は、文化大革命に至るまで

鄧小平　1976年1月15日、良き理解者だった周恩来の葬儀で弔詞を読む

「順風満帆」「飛ぶ鳥を落とす」ごとく脚光を浴びた活動経歴であった。そしてこの過程では、毛沢東にぴったりと寄り添うようにして活躍する鄧小平の姿が浮かび上がってくる。だが、大躍進《だいやくしん》の「大挫折」以後、毛の国家・社会建設方式に疑義を抱き、事実上異なった経済建設を進めるようになった鄧小平に、文化大革命という「超特大の落とし穴」が待ち受けていた。一九六六年秋、文化大革命が本格化してまもなく「中国第二の実権派、フルシチョフ」として紅衛兵《こうえいへい》に引き回され辱《はずかし》めを受け、失脚していったのである。

だが不幸中の幸い、最大の実権派劉少奇《りゅうしょうき》が党籍剝奪、永久除名の処分を受け失意の中で病死していったのに比べ、鄧はここでも「留党監察」の処分で約三年半、江西省の農村で軟禁状態におかれた。この逆境の中で鄧は読書と労働と鍛錬に時を費やした。一九七三年三月、病身の周恩来を補佐する役を担うために復活した。しかし七六年一月、鄧小平の良き理解者周恩来が癌で逝去した後、「悔い改めない実権派」として再度失脚を強いられることとなる。鄧はこの失脚に対しても、断固後に引かない姿勢を示した。後に発行停止となったある著書は、いわゆる第一次天安門事件の最中の政治局会議で、鄧が華国鋒《かこくほう》（第一副主席）に、自分が天安門広場に行き、民衆を広場から立ち去るよう説得するのを認めてくれと懇願した折の、鄧と「四人組」の一人張春橋《ちょうしゅんきょう》とのやり取りを次のように綴っている。

「遅すぎるよ。小平同志、あんたの芝居はもうとっくに終わったのだからね」。張春橋が冷ややかに笑いながら言った。鄧小平は威圧的な眼でぐっと彼をにらみつけ、冷たく笑みを浮かべながら一声を浴びせた。「春橋同志、今度はあんたの芝居がどのように幕を閉じるか見てみたいものだ」。そう言い終わると鄧は憤然と立ち上がり人民大会堂の会議室を後にしたのである(青野・方雷『鄧小平在一九七六』上、春風文芸出版社、一九九三年)。

すでに七〇歳を超え、幾度もの逆境を乗り越えた鄧にとって、この程度の「挫折」はもはや生死を賭ける程のものではなかったのかもしれない。そして周知のように、毛沢東の死、「四人組」の逮捕・失脚を経て、七七年七月、鄧は不死鳥のごとく再復活し、その後の近代化路線の牽引車となったのである。

土着派と国際派

農村が都市を包囲する

毛沢東も鄧小平も強烈な民族主義者(ナショナリスト)であった。「ああ、中国はまさに滅びんとしている」というパンフレットが毛沢東を革命に駆り立てたとするなら、鄧小平もフランス留学の動機を「中国が弱かったから強くしたかった。貧しかったから豊かにしたかった。中国を救う道を見つけるために西洋に学びたかった」と民族感情に駆られた心情で語っている（B・ヤン、前掲書）。民族的危機意識から革命運動に参加し、その後マルクス主義を選択したことも共通している。しかし毛沢東の思想的軌跡は比較的クリアにたどれるのだが、鄧小平の場合は必ずしもそうではない。

毛は少年時代に中国の古典、とりわけ『水滸伝《すいこでん》』や『孫子《そんし》』などの思想を好み、同郷の清《しん》末《まつ》の英雄曽国藩《そうこくはん》の影響を受けた（竹内実『毛沢東』、岩波新書、一九八九年）。五・四《ごし》文化運動期に欧米の諸革新思想に触れる機会を持ったが、当時の自分を「自由主義、民主主義的改良主義、空想的社会主義の観念の混合物であった」と認識している（E・スノー『中国の赤い星』）。マルクス主義への接近はロシア革命の影響が大きかったようである。特にロシア革命三周年を記念した長沙での反軍閥示威《じい》運動を経験する中で、「大衆運動による大衆の政治的な力のみが、改革の実現を保証するものである」と確信するようになった（同上）。

自らをマルクス主義者と自覚するようになった頃の毛は、その当初、レーニンの「プロレタリア独裁論」「階級闘争」「労働者階級の前衛性」などを受け入れたかなりオーソドックスなマルクス主義を信じ実践している（蕭三／島田政雄・玉嶋信義訳『青年毛沢東』、青銅社、一九五二年）。しかし、都市を中心にして労働者に依拠した革命蜂起が次々と失敗する中で、彼は

毛沢東　1938年、延安にて

農村、農民こそ中国革命の中心であると実感するようになっていった。毛の初期の著作でもっとも有名な一つ「湖南農民運動考察報告」（一九二七年）の原文では、「もし民主革命の功績を一〇として考えるなら、市民と軍事の功績は三分に対し、農民の郷村における革命の功績は七分だ」と断言している（改訂された『毛沢東選集』ではこの個所は削除、竹内実監修『毛沢東集』第一巻、北望社、一九七二年）。

以後、当時の党中央指導者が、いくら労働者を軸とした都市革命、都市の奪取を強調しても、毛は「農村が都市を包囲する」方式を主張し、農民軍を組織し、農村革命、農村根拠地の拡大方式を頑として譲らず、やがて広大な農村に「共産党政権」＝中華ソヴィエト共和国臨時政府を建設するに至った。そして有名な『新民主主義論』の中で毛は、「中国革命は実質的には農民革命であり、……新民主主義の政治とは実質的には農民に権力を与えることである。新三民主義、真三民主義とは実質的には農民革命主義である」とまで断定しているのである（『毛沢東選集』第二巻、三一書房、一九五二年）。

毛は「留ソ派」ら教条主義的な指導者との闘争の中で、「マルクス主義は中国化されて初めて意味を持つ」と主張し、あらゆる側面で積極的に中国の特性を取り入れた。農村での根拠地、伝統性を強く帯びた土地革命、農民運動などである。また「共産主義とは大同《だいどう》社会」のことであると、中国の伝統的理想社会に結びつけている。こうした傾向は、建国以後、一時ソ連モデルの社会主義建設で中断されるが、まもなく「土法《どほう》」方式（田舎、地元のやり方）と呼ばれる「大躍進」の挑戦に見ることができる。

自然体で国際社会を見る

毛は本格的に革命活動をするようになってから、外国への関心をさほど示さなくなった。彼が初めて国外に出たのは、先に述べた建国直後のソ連訪問であった。しかも五七年にロシア革命四〇周年記念にあわせて二度目のモスクワ入りをするが、あとにも先にも国外に出たのはこの二回のみであった。また中南海《ちゅうなんかい》（中国共産党の執務室と指導者の住居のある地区）に入って以降、読書好きの彼の関心は、ますます中国の古典に傾いていった。毛の寝室兼書斎にしていた「菊香書屋」の書棚を見たある人物は「棚という棚に、膨大な中国の文学書と歴史書を見た。そこには外国文学の翻訳書は多くなかった。……マルクス、エンゲルス、レーニンの著作が極めて少なく、スターリンに至っては一冊もないという極端な欠落に気がついた」と語っている（H・E・ソールズベリー、前掲書上）。これらの事実から、毛沢東を「土着派の革命家」と呼ぶことは不自然でないだろう。

これに対して鄧小平の場合はどうであろうか。指摘したように、一九二〇年一六歳の若さでフランスに渡り、二六年一月にモスクワに入り、二七年一月に帰国する約六年半の青春時代を外国で暮らした。この過程で彼はいつとはなしに急進的な留学生と出会い、まさにいつの間にか共産主義思想に触れ、その活動に参加するようになっていくのである。B・ヤンはフランス時代を語りながら、鄧を「党の活動にイデオロギー、理論色を強く持って参加してはいない。一九二〇年代のパリ時代だけでなく、政治生活全体でも、あまり読書しないし、長い文を書かない人だった。しかし行動では強力な決断力と熱意を見せた」と評している（B・ヤン、前掲書）。

したがって、外国でマルクス主義を学んだと言っても「留ソ派」の王明や博古《はつこ》（秦邦憲《しんほうけん》）のように、マルクス、レーニン、スターリンの著書に読み耽《ふけ》り、まさにこれらの著書の内容を教条的に金科玉条とした国際派の指導者たちとは一線を画していた。帰国し革命運動に参加した鄧は、実践を通して毛沢東の革命・軍事戦略論に接近し、国際派のイメージとは程遠く、農村での戦争に明け暮れる日々となった。建国後も、特にソ連との関係の緊密化をはかったとか、周恩来のように世界を舞台に外交活動を展開したといった類の話は鄧にはまったくない。

しかし、六〇年代前半の中ソ論争で、鄧は中国側代表として、ソ連の論客に一歩も譲らぬ論陣を張った。ナショナリストとしての鄧のなせる業だったのか。また復活して間もない七四年、ニューヨークでの国連資源特別総会に出席し、中国代表として「三つの世界論」を演説し、世界の脚光を浴びた。もっともこの二つの出来事はいずれも毛沢東の指示によるものであった。その後、毛の死、自らの権力掌握のプロセスにおいて、日本、米国、タイ、マレーシア、シンガポールなどを次々と訪問し、西側諸国との関係改善に努めた。と同時に、先進国の資金、技術の積極的な導入を図り、毛時代の自力更生《じりきこうせい》の鎖国政策を大転換し、大胆な開放路線を推進した。おそらく青年時代の国際社会での体験が、自然体で国際社会を見ることを可能にし、進んだ良きものを積極的に取り入れようと決断させたのであろう。そうした実践的な意味で、鄧を「国際派」ということができるだろう。

もう一つの毛沢東の突出した特徴を探すなら、ためらうことなく軍事戦略家としての彼の卓越した能力・実力をあげておきたい。私は「毛は多くのものが信じているような軍事的天才ではない」（B・ヤン、前掲書）という見方に賛同しない。正確な論証はできないが、客観的に見て二〇世紀最高の軍事戦略家ではないかと考える。私からしてみればこれでも控えめな言い方で、ナポレオンやシーザー、チンギス・カンといった軍事戦略家にも負けないほど傑出していると思う。何がすごいのか。毛の立脚点は一貫して、「弱い我が強い敵にいかにして勝つか」ということであった。父親との闘いに始まり、地主勢力との闘い、日本軍との闘い、蔣介石国民党軍との闘い、さらには米国、ソ連との闘いに至るまで「弱い自己」認識が出発点で、反逆＝闘いが構想されている。

人民解放軍を閲兵する毛沢東　ナポレオン、シーザー、チンギス・カンに匹敵する傑出した軍事戦略家だった

そこでまず考えたのが「自強」である。毛が最初に書いた長文の論文は一九一七年の「体育の研究」であるが、その冒頭で国力の脆弱《ぜいじゃく》化、武風《ぶふう》の不振、民族体質の虚弱化を嘆き、自覚と鍛錬の下に体力の充実を図れと主張する。この考えを組織論に応用した発想が「根拠地論」である。むろん絶対的

ではないが、自力更生の原則の下で相対的に強い拠点を創る。根拠地と同時に相対的に自らを優位に変えていくには、①空間をフルに活用する、②広範な人々を可能な限り味方にひきつける、などが必要である。①は遊撃戦争（ゲリラ戦）論、②は統一戦線論にまとめられる。遊撃戦の戦法は以下の一六文字に要約される。「敵進我退、敵止我擾、敵避我撃、敵退我進」（敵進めば我退き、敵駐屯せば我擾乱《じょうらん》し、敵戦闘を避ければ我これを攻め、敵退けば我進む）である。また、戦う敵をできるだけ最小限に絞り、それぞれの段階で連帯できる勢力と可能な限り連帯し、幾重にも敵を包囲するといった統一戦線論が重視されるようになった。

①②を活用しながら徐々に敵味方の力関係を転換させる必要があり、そこで考えられたのが③持久戦論である。これは三つの段階に分けられる。第一が戦略的防御の段階、第二が戦略的対峙の段階、第三が戦略的反攻の段階である。第一では大きな決戦、陣地戦をすべて避けて、運動戦によって敵の士気と戦闘力を次第に破壊する。第二段階で、敵の占領保持地区を基本的に脅かしながら反攻準備をすすめる。そして第三段階で、大いに消耗し孤立感を抱く敵に反攻をかける。①②③を総合的、有機的に組み合わせるための根底にある考え方が、「人民の大海で我々（軍）は泳ぐ」という戦争論、いわゆる「人民戦争論」であった。しかも、戦争を「正義の戦争」と「不正義の戦争」に分け、人民戦争は「正義の戦争」と自らの戦争の正当性を訴えることを忘れない。日中戦争は、正規戦、即決戦を挑んだ日本軍に対して、まさに上記の戦争論をフルに活用し勝利した戦争の典型であろう。四六年から始まった国民党との内戦も、基本的にはこの戦争方式で勝利した。

このように、毛は確かに傑出した軍事戦略家であった。しかし新中国以降の軌跡を追ってみると、彼は必ずしも有能な建設者であったとはいえない。何らかの敵が想定できた時には、毛は自己の能力を遺憾なく発揮した。しかし、建国以後は当然にも敵を想定し、それを打倒するために戦略を考える機会は大幅に減少していた。というよりも、国家や社会、経済分野での建設が重要となり、それぞれの目標を定めて、それに向かって土台を着々と積み上げていくことのほうが重大であった。しかし、毛の発想は常に準軍事戦略的であり、そのことが実は建国以降の国家や社会の建設において「落とし穴」あるいは「欠陥」となった。文革発動時の劉少奇、その後の林彪《りんぴょう》打倒を決意した時、彼の戦略は冴え渡っていた。しかしながら、そのことが中国人にとって良かったのか否かは別の問題だったのである。

近代化建設の実践者

こうした毛沢東に対して、鄧小平の場合はどうか。鄧は確かに幾つかの戦争において輝かしい戦歴を収め、その能力の高さを示している。しかし、それは彼独自の軍事戦略に基づくというよりも、毛の戦略をより忠実に実践した結果だった。彼の軌跡を通してみると、一九三〇年代から六〇年代初頭まで、基本的には毛沢東の極めて忠実な部下として、毛が与えた任務を実に見事にこなしていった。特に抗日戦争期、毛のライバルで毛に逆らい、党から除名された張国燾《ちょうこくとう》の率いていた一二九師団の政治委員に任命され、毛の側へ師団を取り込むことを任された。鄧はやがてその師団を掌握した上に、河北・河南・山東省境の根拠地を切り開いた。

国共内戦でも劉伯承《りゅうはくしょう》と組んだ鄧の第二野戦軍は、国民党との力関係を逆転させるきっかけとなった幾つかの重大な決戦で、大量の国民党軍を殲滅《せんめつ》し戦闘を勝利に導いた。後に五七年フルシチョフと論争している最中、毛沢東は鄧小平を指さし「あの小さな男を見くびってはいけない。蔣介石の一〇〇万の精鋭部隊を殲滅した」と警告している（H・E・ソールズベリー、前掲書上）。まさに鄧の実践能力を評価する毛沢東の発言であった。建国直後も、鄧は依然大量の国民党軍が留まり、平定できなかった西南地方での戦闘を任され、期待に応えた。反右派闘争に際しても、それを呼びかけた毛に対して陣頭指揮をとったのが、当時の党中央書記処総書記・鄧小平であった。

ところで鄧の死後、党中央は「毛沢東思想」に並んで鄧が論じた様々な主張を「鄧小平理論」として公式に承認した。しかし鄧小平の著作、例えば『鄧小平文選』全三巻などを読んでも、毛沢東が論じたような革命論（『新民主主義論』「中国革命と中国共産党」など）、哲学論（『実践論』『矛盾論』など）、戦略論（『持久戦論』「遊撃戦論」など）といった革命や戦争に関する理論書の類は皆無である。少なくとも毛沢東の生きていた時代の鄧小平の文章は大半が、党・政府・軍・根拠地などに関する活動報告と具体的な政策に関するものである。

ただし、鄧が実権を握るようになってからは、確かに「社会主義」「計画経済と市場経済」「平和と発展」などに関する理論的な考えを述べたものも増えている。トップの指導者として当然のことでもあり、そうした主張が「鄧小平理論」の中身になっている。しかし、これらとて彼が哲学的な信念を踏まえて体系化した理論というよりも、自らの長い実践経験をまとめ、あるいは他の指導者やブレーンの考え方を自分なりに整理したものと言う方が妥当である。その意味では、彼は文字通り革命・戦争・近代化建設の「実践者」であった。

「夢」と「現実」

実事求是の思想

毛沢東が本格的に革命実践に入るようになってから、もっとも重視したのは調査であり、現実の実践であった。一九二〇年代から三〇年代初めの農村革命、農村根拠地建設は自らの調査も含め、しっかりとした調査を重視し、繰り返した。前にも触れた「湖南農民運動考察報告」をはじめ、「中国社会各階級の分析」「木口村《もっこう》調査」「興国県《こうこく》調査」「才渓郷《さいけい》調査」などは、リアリティ溢れた読み応えのある当時の毛自身の農村調査である。彼が党内のマルクス主義「論客」との論争において、もっとも重視したポイントは、「調査なくして発言権なし」ということであった。とくに、四〇年代初め延安《えんあん》において整風運動を呼びかけ、留ソ派の教条主義的傾向を批判する時に用いた主張は、「マルクス主義の核心は〝実事求是《じつじきゅうぜ》〟にある」ということであった。

敵の打倒に向けた実情の掌握、具体的な実践に関しては、以上のことからもわかるように、極めてプラグマティックであった。しかし、建国以降の国家・経済・社会建設に関しては、毛はしっかりした客観的な情勢分析に基づかず、プラグマティックでもなく、持久的でもなかった。何故そうなのか、不思議なほどである。例えば建国前後「新民主主義社会建

紅衛兵　1966年、文化大革命のさなか、毛沢東の写真を掲げて気勢を上げる

設」を自ら提起し、指導者も国民もそれに向かって取り組んでいた最中、突然「過渡期の総路線」を提唱し、強引にソ連モデルの社会主義化を推進していった。その後わずか数年で数字的にはおおむね順調にいっていたソ連方式を放棄し、独自の性急な社会主義建設方式の「大躍進政策」を呼びかけ、結果は悲惨な事態を引き起こした。「文化大革命」も新しい文化・思想などを創造する革命と言いながらも、実際は憎悪が憎悪を生む激しい暴力、破壊、無秩序の大混乱を引き起こす結果となった。

　国家・経済・社会の建設には、客観的な実情をしっかりと踏まえながら目に見えない目標を設定し建設計画をしっかりと作成し、ルールや法則、発展段階を踏まえて一歩一歩変革の作業を積み上げていくことが求められる。毛は具体的に目に見える目標＝敵がいれば、きわめて冷徹に辛抱強くなれたのだが、目に見えない目標への対応は得意でなかったのかもしれない。客観的な実情から導かれる制約以上に、人間の主観的な頑張り、可能性（主観能動性）に過度に依存した。あるいは純粋に経済的な問題でも、毛にかかればしばしば「階級闘争」「権力闘争」といった政治問題に変えられていった。

　一九四九年以前は毛を取り巻く状況は戦争がすべてといってもよく、そのための現場の情報こそ生命線であった。四九年以降、毛は現場に足を踏み入れることが著しく困難になった。どんな場合でも、毛が行く「現場」は事前に詳細なチェックが入り、多くのボディガードに取り巻かれながらの視察であった。そして彼のほとんどの日々が、人民の日常から隔絶された中南海の壁の中での生活であった。毛の日常は、主治医李志綏《リチスイ》が赤裸々に明かした著書などからも窺《うかが》い知ることができるが、部下から送られてくる情報や政策案に指示やコメントを書き、読書を好み、女性との遊興に耽り、詩作を愛し、会議で論争するなどが彼の日常で、一般庶民の日常生活や経済事情などに直接触れることなどほとんどなくなってしまった。第二章以下で論じるが、「人民公社の理想像」や、文革での「コミューン型権力の創出」など、毛の呼びかける目標はますます現実からかけ離れたユートピア的なものになってしまった。そしてそれらが具体化される段階になると、乖離《かいり》した「現実」からの強烈なしっぺ返しを受け、挫折していくのである。

「大躍進」の受け止め方

これに対して鄧小平はどうだったか。先述したように、長きにわたって毛沢東にとってのよき部下であった。しかし一九五六年秋の第八回党代表大会において、鄧小平の姿勢には若干の変化が見られた。鄧は「党規約改正報告」を行ったが、それはフルシチョフの「スターリン批判」を受けて個人崇拝批判、集団指導や民主集中制を強調した劉少奇の「政治報告」の論調に沿った内容であった。それらは実は独裁化、個人崇拝化が進んでいる中での毛沢東にとって、不快感、違和感があった（李志綏、前掲書上）。だがその当時、鄧はそれを知る

鄧小平（1904―97）　大躍進政策の失敗を機に、毛沢東と距離を置くようになった

由もなかった。毛が提唱した翌五七年の反右派闘争、五八年の大躍進政策をもっとも忠実に積極的に推進したのが、総書記の鄧小平だったからである。

　しかし、大躍進政策の大失敗は、鄧のスタンスを大きく変えた。大量の餓死者を出すほどまでに深刻な経済破壊の実情視察で各地を訪れた鄧小平は、未だに深刻な受け止めができなかった毛沢東と、次第に距離を置くようになった。毛はその後も政治闘争優先を強調し、「絶対に階級闘争を忘れるな」と檄《げき》を飛ばした。これに対して鄧小平ははっきりと異なった道を歩くようになった。生産力の回復、発展、人民の生活向上こそが重要であると確信するようになった。後に見る「白猫黒猫論」や、生産力・総合国力の向上などを重視した「三つの是非基準」などがそれを示している。

　具体的な政策を決める場合にも、現実を厳しく認識し、条件の違う地域での異なったやり方を推奨したり様々な実験を試み、現実的な効果をきわめて重視した。外交問題でも先に述べたように、中国の現実の力量を踏まえながら、しっかりと「守り」の戦略を誇示している。このように鄧のやり方は現実を見定めながら、時に慎重に、時に大胆に政策を推進していくといったものであった。おそらく鄧は、毛のように自らを偉大な指導者と過剰に意識し、理想や夢を描き、失敗を恐れず大胆に突き進むといった発想がなかったのか、放棄したのかであろう。鄧の目標は実に単純明快で、若き日に抱いた想い、「貧しく弱い中国を救い、豊かで強い国にする」という一点であった。

戦乱の時代を評価

戦争が「現実」である時、毛沢東は遺憾なくその才能を発揮することができた。彼は『矛盾論』の中で、「矛盾が一切の［社会］過程の中に存在する」、「共存する時であろうと転化する時であろうとすべて闘争が存在し、特に矛盾が転化する時に闘争が現れる」と社会を動態的に捉え、「矛盾の普遍性、絶対性」を重視する。そして「戦争が常態であり、平和は一時的な現象である」、「矛盾こそ発展の動力」とまで言い切っているのは、彼の独特の哲学観であった。歴史に対する見方としても、彼は統一された大中華帝国の時代よりも、戦乱、割拠の時代を評価した。例えば春秋戦国時代について「上に中央政府がなく、諸侯は並立し……故に各地は発展することができた」などと発言している（東京大学近代中国史研究会訳『毛沢東思想万歳』下、三一書房、一九七五年）。

オーソドックスなマルクス主義史観から言えば、社会主義革命に成功しプロレタリア独裁を達成した後は、徐々に旧来の支配階級の残滓《ざんし》は減少し、階級社会、階級闘争は消滅していき共産主義社会が展望される。五〇年代後半あたりから毛はこうした考え方に疑問を抱きはじめた。五七年九月、社会主義社会に入った当時の中国について「プロレタリア階級とブルジョア階級の矛盾、社会主義の道と資本主義の道の矛盾が疑いなく今日の主要矛盾である」と断言した（中共第八期三中全会拡大会議）。こうした考え方は「大躍進の失敗」以降もまったく修正されず、上述した「階級闘争至上主義」につながっていくのである。

それは文革当時、「継続革命論」と呼ばれ、毛沢東が創造的にマルクス＝レーニン主義を発展させたものと、推進者たちに高く評価された。この革命論にはまさに「矛盾が発展の動力」、「戦争が常態」といった考えが反映されている。そして当時、既存の権力や秩序が崩れ、社会が次第に混乱し混迷していく中で、あたかも毛はそれを望むかのように「天下大乱はいいことだ」、「造反有理《ぞうはんゆうり》」（造反には道理がある）と主張している。

「安定」を重視

これに対して鄧小平はどうだったのだろうか。ここでも、戦争が主要な課題であった時代はまさに鄧は忠実に戦争を実践するだけであり、毛との間でさしたる問題、差異は浮かび上がってこなかった。しかし、先にも触れたように国家・経済・社会建設の段階に入ってきて、次第に毛との違いが鮮明になっていった。特に「大躍進」挫折の後も、文革失敗の後も、鄧は、毛がつくり出した大混乱の収拾者、調整者の役を演じ、安定回復のために奔走している。七五年頃、鄧の発言の大半は、文革で破壊された党組織、軍組織、国務院などの再建、整頓、あるいは生産活動、輸送機関や科学・教育・研究の復活、再建をめぐる指示、発言などであった。それは『鄧小平文選』のこの時期のものを見るだけでも明らかである。
七四―七五年は「四人組」との熾烈《しれつ》な権力闘争が繰り広げられた時期であったが、彼らが金科玉条に掲げたスローガンが毛の「階級闘争をカナメとする」であった。これに対して鄧が主張したのは「安定団結」である。周恩来の死とともに、これがやがて批判の口実とされ

鄧小平の発言をまとめた『鄧小平文選』

再度失脚するのであるが、毛沢東の死後、再び復活した鄧が極めて重視した考え方が、まさに「安定団結」であった。七八年秋、「鄧小平待望論」を含んだ民主化要求の運動が起こったが、翌七九年三月、鄧はこの運動が政治の安定を損なうと判断し、速やかに「四つの基本原則」（社会主義、共産党の指導、プロレタリア独裁、マルクス＝レーニン主義・毛沢東思想）を堅持せよと提唱し、冷徹にもこの運動を弾圧した。

八六年一二月の民主化を求めた学生運動の高潮時には、「旗幟《きし》鮮明にブルジョア自由化に反対せよ」との指示を、また八九年春の第二次天安門事件に際しては、「旗幟鮮明に動乱に反対せよ」との指示を出し、毅然として運動を鎮圧した。こうした彼の決断の根底にあるのが天安門事件発生の直前に力説した「安定が一切に優先する」という考えであった。党内の路線闘争も極力回避することを試み、陳雲《ちんうん》、李鵬《りほう》といった保守派の人々もトップ指導部に取り込み、バランス・安定を重視したのが鄧の指導運営の特徴であったといってよい。したがって鄧小平時代には、もちろん胡耀邦《こようほう》失脚、趙紫陽《ちようしよう》失脚といった政治事件はあったが、大体において政治指導体制が機能麻痺を起こすような混乱は発生しなかったのである。

「皇帝」と「半皇帝」

謁見する「皇帝」

かつて長い革命闘争の中で、互いに「同志」と言い合ってきたのが党のトップの指導者たちであった。延安の洞窟で朝寝する毛に対し、周恩来、朱徳《しゆとく》、彭徳懐《ほうとくかい》らが「毛同志起きろ！」とたたき起こして毛と論争したといった類のエピソードがある。しかし、建国以来徐々に毛は指導者たちの中で突出していき、やがてかつての同志たちも「毛主席」「偉大な毛主席」と呼ぶしかなくなっていった。「過渡期の総路線」の突然の提唱、五五年の「農業集団化」の呼びかけなどは毛の強引な主張であり、同志たちがそれを否応なしに受け入れることによって、毛は他者の意見を聞き入れなくなっていった。しかし、それでもこうした時期にはトップ指導者の間で激しい論争があった。

論争が許されなくなっていったのは、五七年の「反右派闘争」、五九年の「彭徳懐失脚事件」を通してである。反右派闘争では、主に民主諸党派人士と党内のリベラル派人士を「蛇を穴からあぶり出す」かのように自由に発言させて仮借なき打撃を加えた。彭徳懐失脚事件は、同郷の湖南出身で当時ほとんど唯一毛沢東と対等に近い形で話ができた彭が、大躍進の急進的な誤りの惨状を毛に訴えたことに対し、逆に毛が激しく怒り弾劾した事件で、以後彼に正面からものを言う人物はいなくなった。

しかし、大躍進失敗後、実質的な毛の威信に陰りが見えはじめ、逆に劉少奇・鄧小平の威信が高まった。こうした状況への「反逆」「逆襲」こそ、文革の一面であったが、それはまさに毛の皇帝化のプロセスでもあった。有名な文革初期のフィルムで見られる天安門広場での一〇〇万人紅衛兵《こうえいへい》との謁見《えっけん》における毛の振る舞いは、まさに「皇帝」としての毛沢東そのものであった。皇帝化していく毛のありさまは、専属医師李志綏《リチスイ》の生々しい描写から垣間見ることができる。歯磨きや入浴を生涯拒否してきたことから、自在に若い女性をはべらせること、部下をいついかなる場所でも呼びつけ命令を下すこと（周恩来といえども例外ではなかった）など、まさに独裁者の姿が描かれている。

天安門壇上に立つ毛沢東　「反右派闘争」「彭徳懐失脚事件」などを経て、毛沢東の「皇帝」化が進行した

毛が死の直前にしたためたと言われる後継者華国《かこく》鋒《ほう》への遺言、「あなたがやれば、私は安心だ」という一文（その信憑性については後述）は、いみじくも皇帝の権力継承の儀式を象徴したものということができよう。「人民の解放」を叫び、「進歩的」と言われた共産主義政党におけるトップリーダーの継承が、このような形で行われたという事実、あるいは毛沢東の「革命的な思想」と彼自身の指導者としての振る舞いの関連をどう理解すべきか。毛が文革中にE・スノーに語った「自分は〝無髪無天〟である」といった自己描写がその後話題となった。これは当時「孤独な修行僧」を意味すると言われ、毛の

権力に固執せず一人になっても信念に従って行く革命家の生き方と解釈された。しかし、後に竹内実が「髪」はfaで「法」と同じ発音、したがって「法律も天もない（恐れぬ）絶対者」と解釈すべきだと指摘している（竹内実、前掲書）。

権力の完全な継承

これに対して鄧小平はどうだったか。彼が権力を掌握したのは、華国鋒と争い、自らの路線を確定させた七八年の秋頃と考えられる。しかし、鄧小平体制が確立したのはさらに四年後の八二年第一二回党代表大会であった。この過程では、先にも述べた後の「保守派」陳雲や李鵬らのみならず、王震《おうしん》、楊尚昆《ようしょうこん》、鄧力群《とうりきぐん》、葉剣英《ようけんえい》といった古参幹部らへの気配りを怠らなかった。したがって改革派も保守派も、年配者も若手も、インテリも軍人も、鄧を慕い支持する層は厚かった。また台湾の「平和統一」方式への転換、一国二制度方式の提唱などは、事前に他のトップリーダーたちも提唱しており、鄧の独占物とはいえなかった。これらの点では鄧は独裁者というよりも近代化、改革開放の「舵取り、調整者」といったほうが妥当であろう。

しかし、鄧の後継者指名は彼の絶対的な判断によるものであった。八二年段階で胡耀邦、趙紫陽を総書記、総理にそれぞれ抜擢した時、「自分が天に行くようになっても、地に胡・趙がいる」と言うほどに熱い期待と信頼を寄せていた。また改革開放の具体策である「経済特区」の設置、外資の積極的な導入、経済の市場化などは彼の不退転の決断に負うところが大であった。さらに八九年の第二次天安門事件で、「戒厳令」を布告し軍の導入を決定したのも彼であった。この時、学生らに同情的態度を取り、戒厳令に反対した趙紫陽総書記を切り捨て、新たな総書記として江沢民を抜擢したのも彼だったと言われる。ただし、二〇〇一年に出版された『天安門文書』（張良他編／山田耕介他訳、文藝春秋、二〇〇一年）では、江の抜擢は陳雲、李先念《りせんねん》の推薦だったとあるが、疑問が残る。そして、これらの過程で、鄧小平の「皇帝化」が進んでいったのではないかと判断される。

一九九二年春節（旧正月）、八八歳の高齢をおして鄧は深圳《しんせん》、珠海《しゅかい》、上海《シャンハイ》など南方の開放都市を視察し、改革開放を再加速するための重要講話を行った。いわゆる「南巡講話《なんじゅんこうわ》」である。これはある意味で「鄧小平最後の檄《げき》」であった。「大胆に加速せよ！　チャンスを逃すな！　纏足《てんそく》女のようであってはならない！」などと叫んだ彼の檄は、まさに毛沢東が五五年七月の「農業合作化」加速のために呼びかけた有名な檄と重なっている。そして、これ以降停滞していた中国経済が、熱したフライパンで豆がはじけるように各地で活気づいていったのである。私が鄧小平の「毛沢東化」あるいは「皇帝化」を感じたのは、この時であった。

深圳にて　1992年の春節、「南巡講話」の行脚に出た88歳の鄧小平。写真提供：共同通信社

しかし、鄧は毛のように皇帝的人物として最後まで公的な権力に固執したわけではなかった。鄧は自らの命の限りを悟

った後、八九年の秋、最後まで離さなかった党中央軍事委員会主席の地位を江沢民に譲り、少なくとも立場上は完全に一党員になった。さらに南巡講話の翌年（一九九三年）の春節にテレビに登場して以後、生きて再び人々の前に姿をあらわすことはなかった。九四年以降は、「第二世代から第三世代への権力の継承が完全になされた」との公式的発言があった。そして九七年二月、鄧はこの世を去った。このように見れば、彼は時に独裁的一方的に自らの意志を押し通す「皇帝」でもあったが、しかし他者に耳を傾け他者の意見に配慮し、調整・バランスをとる開明的な指導者、いわば「半皇帝」でもあったのである。

以上のように毛と鄧の活動歴を踏まえながら、両者の特徴を整理してみるだけでも、少なくない部分で、中国近現代史そのものを語ることになってしまう。それほどまでに両者の存在は歴史上大きな比重を占めているとも言えるのである。むろんここでは、かなり枝葉を省きながら毛と鄧の特徴を大胆に描いてみた。そこで以上のような整理を頭の片隅に置きながら、いよいよ具体的な中国の近現代史を追ってみることにしよう。

第二章　エリート革命から人民戦争へ

辛亥革命の混迷

士大夫の革命

思うに、中国歴史上の大規模な政治変動＝王朝交代を見ると、一〇年から三〇年、時にはそれ以上の比較的長い期間、蜂起《ほうき》、反乱、割拠といった政治状況の流動化が続いている。その過程で数々の政治指導者が登場しては消えを繰り返し、やがてある指導者に収斂《しゅうれん》され、彼によって新たな王朝が誕生するといった過程を見ることができる。清朝《しんちょう》が崩壊し、中華民国は生まれたものの戦争が繰り返され、混乱を極めながら中華人民共和国が成立していく過程も、ある意味ではそうした中国史の重大な移行期のひとコマであったと言えるかもしれない。そうした移行期に登場した孫文《そんぶん》、康有為《こうゆうい》、袁世凱《えんせいがい》、汪兆銘《おうちょうめい》（字《あざな》は精《せい》衛《えい》）、馮玉祥《ふうぎょくしょう》あるいは陳独秀《ちんどくしゅう》、蒋介石《しょうかいせき》、毛沢東《もうたくとう》らはいずれも次の統一中国の創設者候補であった。彼らがさまざまな蜂起や戦争、合従連衡《がっしょうれんこう》を繰り返しながら次第に絞られていく。そして蒋介石と毛沢東の最後の決戦

孫 文（1866—1925）　民族・民権・民生の三民主義を掲げて中国革命に尽力

を迎え、その決戦に勝利した毛沢東が、新しい国づくりの指導者となったのである。今しばらく、中華人民共和国成立までの歴史を振り返っておこう。

二〇世紀中国は列強の侵略、王朝の腐敗、民衆の貧困など暗澹《あんたん》たる状況の中から始まった。康有為らの明治維新型変革を目指した変法自強《へんぽうじきょう》運動の挫折、義和団《ぎわだん》事件と八ヵ国連合軍の北京占領、総額四億五〇〇〇万両という多額の賠償など屈辱的な「北京議定書」の締結、清朝の無能・無力ぶりの露呈などである。そうした中で、すでに各地で秘密結社の形をとって清朝打倒を目指す様々な運動が進められていた。孫文の「興中会《こうちゅうかい》」、章炳麟《しょうへいりん》・蔡元培《さいげんばい》の「光復会《こうふくかい》」、黄興《こうこう》の「華興会《かこうかい》」などがそうした組織であった。これらはすべて各地の士大夫《したいふ》層（エリート）を中心にした革命運動であった。

一九〇五年、日本が日露戦争に勝利した熱気の中で、孫文らは東京でこれら秘密結社を統合した革命の中核組織「中国同盟会《ちゅうごくどうめいかい》」を結成した。「宣言文」では「駆除韃虜《くじょだつりょ》、恢復中華《かいふくちゅうか》、創立民国《そうりつみんこく》、平均地権《へいきんちけん》」を目標に掲げた。すなわち、異民族（満州族）王朝を打倒し、漢民族の世界を回復し、憲法と議会を持った国民政府を樹立し、土地制度を改革し国民生活を改善するということである。これによって革命の気運は盛り上がった。当時「台頭する日本」の中でも中国の革命に心を寄せ、積極的に支援する人々も少なくはなかった。孫文に傾倒し彼と共に中国革命に生涯を捧げた宮崎滔天《みやざきとうてん》、政治家として孫文以上の高い評価を与えて宋教仁《そうきょうじん》を支援した北一輝《きたいっき》などが有名であった。

中華民国の成立

他方で、革命運動の圧力を受け、清朝政府自身も改革に乗り出した。変法自強に挫折し日本に亡命していた康有為や梁啓超《りようけいちよう》らは、その後「保皇派《ほこうは》」としてこうした改革の協力者となった。彼らとの関係が深く、変法自強の政治改革を支持し、側面から支援したのが伊藤博文《いとうひろぶみ》、大隈重信《おおくましげのぶ》らであった。「歴史のif《イフ》」は禁句であるが、もし変法派の政治改革が成功していたら、明治維新政府と中国政府との関係はもっと緊密で積極的なものになっていたかもしれない。もっとも一九〇五年、一〇〇〇年以上の歴史を持つ官吏選抜試験「科挙制《かきよせい》」を廃止し、立憲君主制の下での議会開設・責任内閣制の採用を図ろうとしたのも、伊藤らの影響による試みの一環であった。清朝は同時に、革命運動に対する取り締まりや弾圧も一段と強めた。しかし、清朝打倒の気運は下火になるどころか次第に高まる一方であった。

一九一一年、四川《しせん》での鉄道国有化反対暴動が引き金となって、湖北省の武昌《ぶしよう》で同盟会の流れをくんだ新軍が蜂起した。武昌の革命は一気に周辺に広がり、わずか一ヵ月のうちに反清朝の立場を鮮明にした省は一二にのぼった。外遊の途にいた孫文は「革命到来！」の知らせを受け急遽《きゆうきよ》帰国し、翌一二年一月、南京《ナンキン》にて中華民国臨時政府の成立を宣言し、自ら臨時大総統の地位についた。

これに対して清朝の実力者、北洋軍閥《ほくようぐんばつ》の袁世凱《えんせいがい》（内閣総理大臣）は清朝政府を代表し、孫文との会談に入った。孫文は袁世凱と取引をし、清朝の皇帝宣統帝《せんとうてい》を廃位させることを条件に、中華民国大総統のポストを袁世凱に譲ることを約束した。孫文にしてみれば、議会を強化し、独裁統治を防止するための「臨時約法《りんじやくほう》」を制定することによって、袁の権力を制限し彼の実権を削《そ》ぐことができるとの読みがあった。かくして二八〇年に及んだ清朝の支配は幕を閉じ、形の上では近代的共和国として中華民国が正式にスタートすることとなった。しかし、それは政治的な安定や、豊かで強大な中国を約束したものではなく、むしろ新たな混乱の始まりを意味したのである。

第二革命から第三革命へ

翌一九一三年三月、不十分ながらも国会議員選挙が実施された。中国同盟会を軸に近代政党を目指した「国民党」(孫文が理事長)が八七〇議席中四〇一議席を獲得し圧勝した。同党の実質的な指導者宋教仁を総理とした組閣が浮上しはじめた。しかし、袁は強大な近代的国家を建設するためには、ストロングマンによる中央集権的な統治が必要だとする米国政治学者グッドナウの意見を取り入れ、積極的に自らの権力強化を図った。やがて袁は刺客を放ち、宋教仁を暗殺し国民党は弾圧された。これらに端を発し、一三年七月、袁世凱打倒の運動がはじまった(第二革命)。しかし南京が陥落し、国民党側は分裂し一方的な敗北に終わったのである。

翌一四年に、孫文は「中華革命党」を結成し、革命勢力の立て直しを図った。しかし革命勢力にとって状況は極めて厳しかった。「中華革命党宣言」は当時の状況を次のように指摘している。「話が将来の事業に及ぶと意見は分かれ、あるものは口をつぐんで革命を語らず、あるものは革命を一〇年後に期するような有り様で、何事につけても意気消沈し互いに罵《のの》りあい、二〇年来の革命精神と革命団体はほとんど挫折して振るわず、言うも慨嘆に耐えない」(『孫文選集』社会思想社)。

こうした状況の中で、袁は一挙に議会解散を強行した。一九一五年には「共和政」を廃止し、帝政を復活させ、自ら中華帝国大皇帝となったのである。直ちに反袁・反帝政の護国運動（第三革命）が各地で展開されたが、袁は一六年、道半ばにして病死した。これまで大反動的人物と言われてきた袁世凱は、近年「富強、統一中国」の実現を目指した実力派の指導者と見なされるようにもなっている。確かに混乱を極める状態の中で、民主主義的な政治制度の定着は最初から「至難の課題」であったといえるかもしれない。

袁の後継者段祺瑞《だんきずい》が北京政府の内閣を組織し、これに対して孫文は広東軍政府を樹立した（一九一七年）。各地でも馮国璋《ふうこくしょう》、張作霖《ちょうさくりん》、馮玉祥など地方軍人が独自の政権を樹立するなど、いわゆる「軍閥割拠」の状況が生まれた。しかし、民衆の目線で辛亥革命《しんがいかくめい》前後の状況を見てみると、ほとんど別世界の出来事であったと言えるかもしれない。当時の地方の状況について、西北地方のある農民は次のように回顧している。「王朝が倒れたときでも、わしらは何も知らなんだ。いずれにしてもわしらの村では革命のことは誰も知ってはおらなんだのじゃ。すべては元のままで、農民はいつでも同じように苦しめられていた」（ヤン・ミュルダル／三浦朱門他訳『中国農村からの報告』、中央公論社、一九七三年）。

五・四運動＝「民衆の力」の胎動

ロシア革命

士大夫《したいふ》たちの革命である辛亥革命が泥沼に陥っていく中で、別のところから革命の新しい

陳独秀（1879—1942）中国共産党初代総書記

萌芽《ほうが》が生まれた。それは五《ご》・四《し》新文化運動（広義の五・四運動）の過程で、中国の変革を希求し様々な主張を噴出させた若者たちであった。一九一五年、日本政府は「対華二十一ヵ条」要求を北京政府に突きつけた。それは韓国併合以降、中国での権益拡大を企む日本が、山東省《さんとう》でドイツが有していた権益の継承、南満州での鉄道・土地の租《そし》借権《やくけん》拡大、袁世凱政権への日本人顧問の登用などを求めていたものであり、中国にとっては屈辱的な要求であった。

同じ年に憂国の青年たちの声を集めた『新青年』創刊号が発刊された。当初一〇〇〇部程度で始まったこの雑誌はわずか一、二年で発行部数が一万五〇〇〇部余りと急増し、全国の青年たちに愛読された。編集主幹は北京大学教授の陳独秀であり、積極的に西欧の民主・自由・平等の思想を取り入れ、青年たちを鼓舞した。ここには無政府主義者、やがてマルクス主義に傾倒していく李大釗《りたいしょう》、左翼作家魯迅《ろじん》、自由主義者胡適《こせき》、そして巴金《はきん》などかなり幅広い考えの人々が集まり、儒教の保守主義が批判され「民主と科学」が推奨された。毛沢東も一七年に「体育の研究」を『新青年』に発表し、湖南において「新民学会」を創設し、「湖南自治」「湖南共和国」を提唱するなど歴史の舞台に登場しはじめていた。

こうした中で二つの重大な事件が起こった。一つは一九一七年のロシア革命であり、もう一つは一九一九年の五・四運動（狭義の五・四運動）である。青年たちが欧米の民主主義に共感しながらもその欧米列強自身が中国を侵略しているという矛盾を感じていた。こうした中で、帝政ロシアを打倒し労働者の政権（ソヴィエト）が樹立されたことは、一気に若者たちの心を捉えた。前にも述べたように、その絶大な讃美者が李大釗であった。彼は一八年の「庶民の勝利」「ボルシェヴィズムの勝利」の中で、次のように力説している。

「［第一次世界大戦は］『大〇〇主義』と民主主義の戦争であり、結果はすべて民主主義の勝利であった。そして、民主主義の勝利とは庶民の勝利に他ならない」、「このたび勝利したのは、連合国の武力ではなく、世界人類の新しい精神なのである。ある一国の軍閥政府あるいは資本家政府ではなく、全世界の庶民なのである」、「ボルシェヴィズムは実に一種の民衆運動である」、「ロシア革命方式は二〇世紀式の革命であり、二〇世紀の民衆運動は世界人類全体を一つの大民衆に糾合《きゅうごう》するものである」と断じた。ロシア革命とそれを支えたイデオロギー、マルクス＝レーニン主義が一挙に中国青年たちの間に広まっていったのである。

中国共産党の誕生

中国におけるマルクス＝レーニン主義の移入は、純粋な労働者の革命が多くの共感を呼んだからではなく、被抑圧者＝被抑圧民族の解放という構図の中で受けとめられたからに他ならない。このことを可能にしたのが後者、五・四運動であった。それは第一次世界大戦の戦後処理のために開かれたパリのベルサイユ講和会議において、ドイツが持っていた山東省《さんとう》での諸権益の中国への返還の要求が却下され、日本に譲渡されたというニュースを受け、北京の青年学生の抗議行動に端を発し、全国各地に広がった愛国的民衆運動であった。五月一日、このニュースを聞いた学生たちは天安門広場に結集し、「二十一ヵ条を取り消せ！」「青《チン》島《タオ》を返せ！」などと叫び、当時の親日派指導者と言われた曹汝霖《そうじょりん》交通大臣、章宗祥《しょうそうしょう》前駐日公使、陸宗輿《りくそうよ》前駐日公使らを厳しく糾弾した。

この運動はやがて反日愛国運動へと盛り上がり、上海・漢口《かんこう》・長沙《ちょうさ》など南は広東《カントン》省から北は黒龍江《こくりゅうこう》省に及ぶ全国二十数省、百余りの大中小都市、数千万人の学生・労働者・商人・教員・農民・兵士などが参加したと言われる。この結果、北京政府は講和条約の調印を拒否せざるを得なくなったが、民衆運動の力が認識された出来事でもあった。

五・四運動以降、労働者・農民ら勤労者を重視する社会主義・共産主義思想への共感が青年たちを中心に大いに高まり民衆運動が広がっていった。さらに各地で社会主義研究会が生まれ、一九二〇年には上海、北京、武漢《ぶかん》、長沙、広州《こうしゅう》、済南《さいなん》で「共産主義小組」が成立している。五・四新文化運動の旗手陳独秀がマルクス主義者に転じたのはまさにこの時期であり、最初の本格的な論文は「労働者の自覚」と題するものであった。毛沢東も二〇年一〇月の長沙におけるロシア革命三周年祝賀デモの体験を通して、「この時から私は大衆運動を組織した政治的な力のみが、有効な改革の実現を保証するものであることを確信するようになりました」（E・スノー『中国の赤い星』）と語り、急激に階級闘争論、前衛党建設論、大衆運動・組織論を持った共産主義に接近していくのである。そして一九二一年七月、ソ連・コミンテルンの直接指導を受けながら中国共産党が誕生するのであった。もっとも設立時は、全国でも党員はわずか五七名、第一回党代表大会の参加者は一三名に過ぎなかった。

革命主体の変化

ロシア革命と五・四運動の影響を強く受けたのは、ただ共産主義的な人々だけではなかった。これまでのエリート革命の中核であった国民党、孫文にも強い衝撃を与えている。ただし孫文は五・四運動の時期に多くを発言していない。それは彼自身の思想、政治指導などをめぐる内面的な葛藤を暗示しているのかもしれない。ただし間もなくして、従来の孫文理論とは異なったトーンの主張がなされるようになっている。例えば一九二一年、犬養毅《いぬかいつよし》に宛てた書簡の中で次のように述べている。

「欧州大戦以来、世界の情勢はすでに一変しています。……一種の新たな世界勢力が出現したためです。この勢力とは何でしょうか。全人類中の被圧迫者たちが皆大いに覚醒《かくせい》し、決起して強権に抵抗していることを指します。……ヨーロッパではソビエト・ロシアのみが被圧迫者の中核であり、アジアではインド・中国が被圧迫者の中核であります。……中国の革命はヨーロッパ列強のもっとも忌むべきものとなっています」(『孫文選集』)。

かつての孫文の考えに比べて、明らかに革命主体認識の変化が見られる。

孫文は革命方針に関する二つの大きな転換を決断した。一つは「連《れん》ソ・容共《ようきょう》・労農扶助」を鮮明にしたことである。これまでの孫文の革命戦略は、基本的には「先知先覚」のエリート革命であり、少数者の蜂起、軍人、エリートへの依存度が高かった。国際的には「日中提携」論であった。ソ連との連携、共産主義の容認、労働者・農民大衆の力に依拠して革命を遂行するという基本戦略は確かに重大な転換と言えた。もう一つの転換は、国民党組織の大胆な改組である。旧いエリートたちの野合的な政党であった国民党を近代的な革命政党へ脱皮させることを決断し、ボルシェヴィキ（ソ連共産党）をそのモデルとしたのである。

ロシアからコミンテルン代表のボロディンを国民党最高顧問に迎え、中央執行部への権力の集中、赤軍に相当する国民革命軍の建設と軍官学校の設立など、かなりの点でソ連型革命組織を模倣した。それゆえ、中国共産党と中国国民党は、共産主義と三民主義をそれぞれの「母」とし、ボルシェヴィキを共通の「父」とする「異母兄弟」と評しても過言ではなかった。生まれたばかりの共産党は、規模の上からも経験の上からも国民党の比ではなかった。しかし、一九四九年に至る中国革命のダイナミックスは、この二つの政治勢力がある時は連携し、ある時は激しく戦うといった動きの中で生み出され、それらを中心にその後の中国革命の軌跡が刻まれていったのである。

さらに話を現在にまで飛躍させるなら、中国と台湾の関係も、ここまで遡《さかのぼ》って見ると面白い。国民党と共産党は憎しみ合い戦い合いながらも、「対話のできる相手」なのである。

孫文から蔣介石へ

さて党を根本から改組した国民党は、一九二四年一月、第一回全国大会（一全大会）を開催した。そして党自身の中に「救国」と「救民」（依民も含む）の発想を一気に結びつけた。一全大会宣言は次のように力説している。「国民革命の運動は農民・労働者の参加が得られてはじめて勝ちを制することができる。……これは農民・労働者のために戦うことであるが、同時に農民・労働者が自らのために戦うことでもある」。

それに先立つ二三年六月、中国共産党の第三回代表大会が開かれ、コミンテルン代表マーリンの強い指導の下に、「国共合作」の方針が採択された。これは二二年のコミンテルン極東民族大会で採択された植民地・半植民地における反帝国主義統一戦線の形成という方針を踏まえ、共産党員が党籍を留めたまま個人の資格で国民党に加入するという形での「合作」であった。半年後の二三年一月には、ソ連との連帯・協力関係を鮮明にした「孫文・ヨッフ

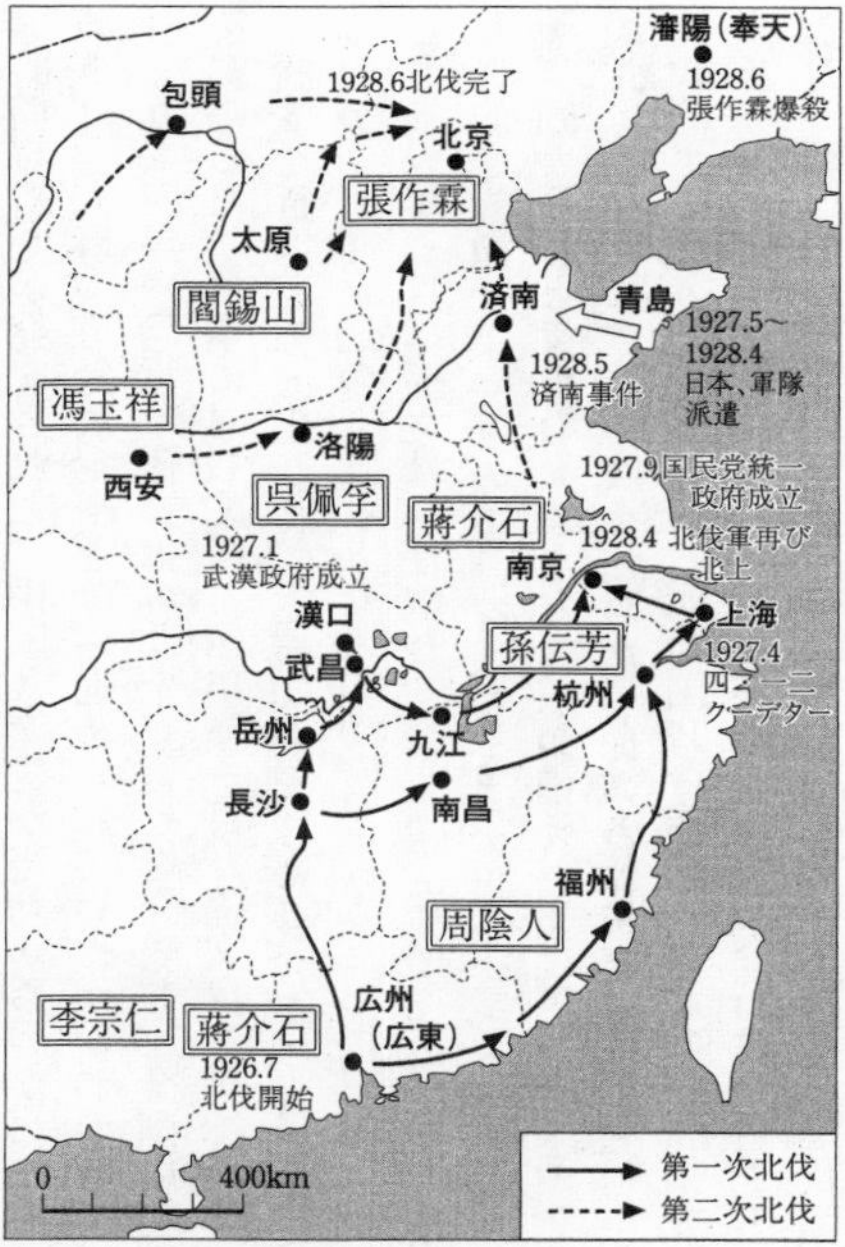

第一次・第二次北伐の進路図

エ共同宣言」が発表された。中国共産党が当初からいかにソ連・コミンテルンの強力な指導の下に、人事、方針決定や運動が進められていたかがわかるであろう。

一九二四年一〇月、孫文は「北上宣言《ほくじょうせんげん》」を発表し、全国の統一と建設を図る国民会議招集を提唱した。日本に対しては二四年一一月、孫文自身が神戸を訪れ有名な「大アジア主義」の講演を行い、強大化し膨張主義傾向を強めつつあった日本に対し、「西洋覇道の走狗《そうく》となるのか、東洋王道の守護者となるのか」と友人として日本の取るべき道を問い詰めた。しかし翌二五年三月、孫文は病に倒れ、「革命未だ成らず、およそわが同志は……引き続き努力し目的を貫徹せよ」との遺訓を残してこの世を去った。理想主義と現実主義、潔癖さと汚濁、固い信念と柔軟な発想などを兼ね備えた領袖《りょうしゅう》の死であった。しかし、孫文亡き後の国民党は、徐々に混迷の度を強めた。孫文の片腕廖仲愷《りょうちゅうがい》の暗殺、汪精衛と蔣介石の対立、最高顧問ボロディンの解雇、右派の国共合作反対などの表面化である。

そうした中で、黄埔《こうほ》軍官学校校長であった蔣介石は、着々と権力基盤を拡大した。二六年七月、約一〇万の国民革命軍が組織され、孫文遺訓の「北伐《ほくばつ》」が開始され、その総司令官に蔣介石が就いた。北上した国民革命軍は、湖南の省都長沙で湖北（武漢）方面と江西（南昌）方面に分かれ、上海での合流を目指した。北上途上で地方軍閥と戦い平定し、労働運動や農民運動も従来にない拡がりと盛り上がりを見せた。都市における労働者の武装蜂起、反帝運動が頻発し、農村での地主・富農の土地・財産没収闘争が拡がった。しかし、こうした労働者・農民運動への不安・危惧感を強める右派勢力と、彼らへの依存を強める左派勢力との対立が顕在化した。

日本の侵略と救国主義

蔣介石も汪精衛も日本との関係が深かった。蔣は日本に留学後一九〇九年に日本陸軍に士官候補生として入隊している。この間東京で中国同盟会に入会し、後に黄埔軍官学校の校長となり、軍事面で孫文を支えた。孫文死後は、国民革命軍総司令となって北伐の指揮をとった。先輩格の汪精衛も日本の法政大学に留学し、その間中国同盟会に入会している。蔣は儒教的伝統思想の下に「救国・愛国」を考え、汪は急進的な左派思想家であった。ただし、日本との関係に最後まで期待し、一九四〇年に親日的な南京国民政府を樹立した汪精衛は、公式には、今日に至るも中国では「大漢奸《だいかんかん》」として否定され、蔣は民族的指導者として再評価されるようになっている。

北伐の途上で、国民党は左派と右派に分裂し、右派代表の蔣介石は国共合作に批判的で、二七年四月上海で大量の労働者・左派リーダーを虐殺した（四・一二クーデター）。さらにコミンテルンの指導ミスなどもあり第一次国共合作は崩壊し、国民政府は蔣介石の下に再び統一された。蔣は広西《こうせい》の李《り》宗仁《そうじん》、山西《さんせい》の閻錫山《えんしゃくざん》、陝西《せんせい》の馮玉祥ら大物軍閥を翼下に入れ、二八年六月に北京入城し、ここに北伐は完了した。さらに同年一二月、東北の軍閥で関東軍に爆殺された張作霖の息子張学良《ちょうがくりょう》が蔣に服属したことにより、共産党の農村支配地域を除いて全中国

閻錫山（1883—1960）　山西軍閥の頭領

は一応の「統一」が実現したのである。

一九二八年八月、国民党は南京で第二期五中全会を開催し、孫文が提示した革命三段階（軍政→訓政《くんせい》→憲政）の第二段階に入ったことを宣言した。さらに立法・行政・司法に考試《こうし》（官吏採用試験）、監察（官吏弾劾と財政監査）を加えた孫文の「五権憲法」構想に基づいた「五院制」を開始した。財政面での幣制改革《へいせいかいかく》が取り組まれ、統一通貨の普及、殖産興業の推進、新しい郷村建設など近代的国家、経済建設への本格的な取り組みを開始した。対外関係では、治外法権の撤廃や関税自主権の回復といった利権回収への取り組みがはじまった。

しかし、二九年三月の国民党第三回全国大会で、中央指導部から李宗仁、白崇禧《はくすうき》ら反蔣的人物が一掃され、それに反発して反蔣戦争がはじまった。やがて馮玉祥、閻錫山ら大物も反蔣陣営に入り、三〇年九月まで混乱は続いた。さらに三一年の満州事変《まんしゅうじへん》、三二年の「満州国」設立、上海事変など日本の大陸侵略が激化し、利権回収運動は必ずしも順調には進まなかった。しかし、いずれにせよ蔣介石の進めた国民革命は、共産党の言うような「反革命」という見方では一面的で不適当であり、彼の独裁化は事実としても、「救国主義」を軸とした自立自強・民族再興のナショナリズム運動であったと見るべきであろう。

毛沢東の「救民依民」革命

農村根拠地論　蔣介石が「救民」を軽視したことは、生活苦にあえぐ労働者・農民の蜂起や彼らの運動を厳しく弾圧し、資本家や地主ら既存の富裕層の利益を擁護したことからも明らかである。一九二七年、国民革命が分裂し第一次国共合作が崩壊した後、共産党自身も今後の方針をめぐって内部対立し混迷を深めた。コミンテルンの強い影響下にあった党中央は、国共合作崩壊の責任問題で陳独秀失脚を決定した。その後も都市・労働者を軸に武装闘争、都市コミューン権力の樹立にこだわり、南昌暴動や広州コミューン樹立を試みたが、蔣介石軍の圧倒的な軍事力によって惨敗を繰り返し、次第に勢力を失いつつあった。

これに対して二七年湖南での秋収《しゅうしゅう》暴動に失敗した毛沢東は、革命の重点をはっきりと農村に移した。特に貧しい農民に依拠し、彼らを組織して武装組織を創り（依民）、既存の支配層である地主・郷紳《きょうしん》らを打倒し、彼らの土地や財産を貧農に分け与え（救民）、彼らを中心に新しい農村政権を樹立するといった革命を進めた。おそらくこの時期の毛沢東にとって、国民党や地方軍閥、地主勢力に包囲されている中で、いかに民衆に依拠し彼らを救済しながら今を「生き抜く」か、自らの勢力を拡大していくかがすべてであって、いかに「救国」するかを思考する余地などほとんどなかったのであろう。二七年末、湖南と江西の省境の山岳地帯井岡山《せいこうざん》に最初の根拠地を構えたが、当時の状況を毛は次のように回顧している。

「我々は一年間、各地を転戦した経験から全国的な革命の波が日に日に退潮していくのを感じる。紅軍《こうぐん》の行くところどこでもひっそりとしていて、……だから山河を相手に戦争をするようなものである。我々は深く寂寞《せきばく》を感じる」（『毛沢東選集』第一巻）。

しかし、第一章で見てきたように毛は、「敵を深く誘い込む」遊撃戦や、土地没収・分配闘争、農村根拠地論などによって、次第に農村の「解放区」を拡大していった。二九年から三一年にかけての拡大状況を概観するならば、湖南・江西・福建《ふっけん》の省境一帯に建設された中央根拠地（ソヴィエト区）のほかに、福建・浙江《せっこう》・江西の省境、広西省（現在の広西チワン族自治区）左右江《さゆうこう》地区など大小一五前後の地域で共産党指導下の農村根拠地が建設された。これらの地域では労農ソヴィエト政府が樹立され、地主・富農の土地・財産を没収する土地革命が実施され、貧しい農民にそれらが分配された。確かにこの革命は、旧来の農村における郷紳・地主・土豪らによる政治・経済・社会的な権力構造を根本から変革していくラディカルな革命であり、その思想こそ「救民依民」であった。

農村根拠地は徐々に拡大し、ある資料によるとソヴィエト政府を樹立した県は三〇年五月一〇三県、三一年七月一八三県、三二年初頭二五〇県前後、三三年末三八一県と増加している。三二年八月頃のソヴィエト区は中国本土一八省中の約六分の一を占め、日本の二倍の面積に相当していた（王明論文、『国際共産』第五巻第一期、一九四三年）。もちろん戦争状況下であるから、支配地域はきわめて流動的であり、他の資料では江西一帯の中央根拠地は五万平方キロメートル、人口二五〇万人との少ない見積もりの記録もある。それでも、一九三一年一一月、彼らは江西省瑞金《ずいきん》を首都に、毛沢東を政府主席とした「中華ソヴィエト共和国」臨時中央政府を樹立し、独自の憲法やその他の重要法規を制定し、曲がりなりにも国家の体裁を整えるまでになったのである。

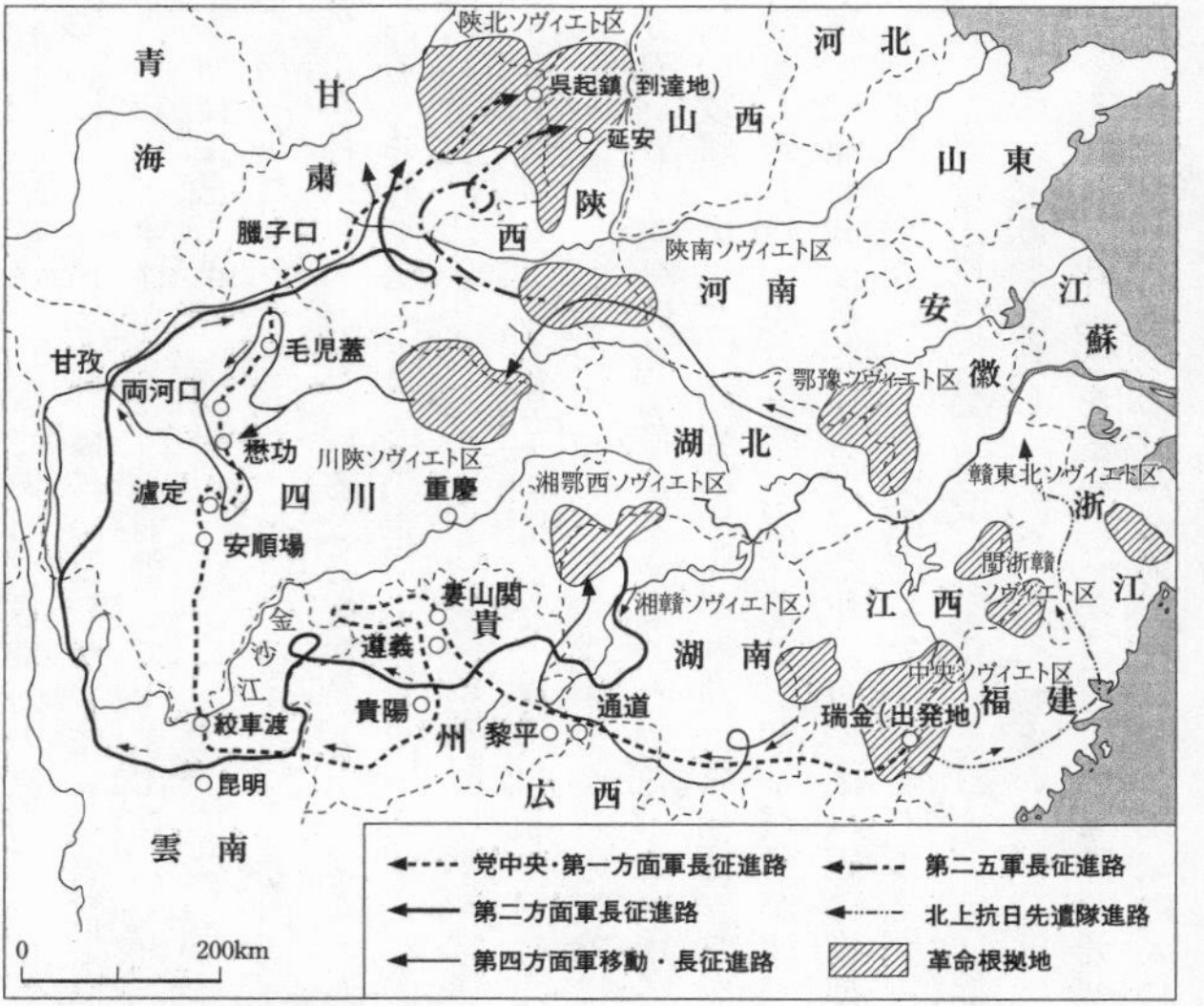

革命根拠地と長征の進路

驚愕の逃避行、長征

しかし、華南《かなん》地域での毛沢東方式による農村解放区の拡大は三つの面から深刻な打撃を受け、やがて三四年秋中央根拠地を放棄し、果てしなき長征《ちょうせい》の旅を余儀なくされることとなる。

一つには、革命勢力自身の主体の問題である。「解放区」「共産党組織」「労農ソヴィエト政府」「紅軍」などといっても、革命教育や組織規律などほとんどない貧農の集まりであり、地主・郷紳・富農らの財産や土地を奪ったあとは指導者たちが考えたような持続的な革命運動への参加は極めて困難で、逃亡、脱落、寝返りなどの現象は日常的だった。二つには、蔣介石の執拗な「解放区」攻撃である。各地方の実力者を自らの翼下においた蔣介石にとって、次第に気になる存在となりはじめたのが共産党の農村根拠地勢力であった。

当時中国全体としては、並行して山東出兵《さんとうしゅっぺい》（一九二七、二八年）、満州事変（三一年）、上海事変（三二年）、「満州国」建設（三二年）などと、日本の中国大陸侵攻が露骨になってい く状況があった。こうした中で、蔣介石は「安内攘外《あんないじょうがい》」（先に国内を安定させてから、後で外患《がいかん》を掃《はら》う）の方針を採ることを決意した。すなわち共産勢力の包囲討伐（反共囲剿戦《いそうせん》）である。そして第一次（三〇年一二月）、第二次（三一年三月）、第三次（同年七月）、第四次（三二年六月）と回を重ねるごとに包囲討伐戦の規模は大きくなった。しかし、それでも毛沢東は得意のゲリラ戦を展開し粘り強く抵抗を続けた。

しかし、三つめの側面すなわち党中央からの打撃によって、毛の根拠地内での軍の指揮権が奪われ、毛の戦略戦術が使えなくなった。これまで上海を拠点にしていた党中央は、蔣介石の攻撃によって江西省の中央根拠地に移転せざるを得なくなり、三三年一月までにそれが終わった。党中央は王明、秦邦憲《しんほうけん》ら「留ソ派」が握っており、移転の過程で毛の土地革命と軍事戦略方式が批判され、三二年八月、毛は軍の指揮権を失った。ちなみにこの時、鄧小平も前述したように、毛沢東戦略を支持したグループ（羅明《らめい》路線）の一員として批判・攻撃され、「最厳重警告処分」を受け「党内すべての職務を解除」され失脚している。

毛の「逃げ、攪乱《かくらん》し、追い、撃つ」というゲリラ戦を消極的と批判した「留ソ派」指導部は、正規戦、陣地戦を挑み「一〇〇万人の軍隊、要塞の建設」を主張した。これに対して蔣介石軍は、三三年一〇月から第五次包囲討伐戦に入った。今回は、新たに九〇万の軍隊と二

中共中央政治局委員：毛沢東　張聞天　周恩来　朱徳　陳雲　秦邦憲
中央政治局委員候補：王稼祥　劉少奇　鄧発　何克全（凱豊）

紅軍総司令部と
各軍団の主な責任者：劉伯承（中国工農紅軍総参謀長）　李富春（中国工農紅軍総政治部代主任）
林　彪（紅一軍団軍団長）　聶栄臻（紅一軍団政委）
彭徳懐（紅三軍団軍団長）　楊尚昆（紅三軍団政委）
李卓然（紅五軍団政委）　鄧小平（中共中央秘書長）
伍修権（通訳）

共産党国際軍事顧問：李徳

遵義会議の参加者名簿　毛沢東が実権を握った1935年1月の中共中央政治局拡大会議

○○機の戦闘機を加え、蔣自らが指揮し、共産軍のゲリラ戦に振り回されないよう要所にトーチカを建設し、ソヴィエト区を封鎖して一歩一歩包囲網を縮めていく戦法を取った。

正規戦、陣地戦は兵員量や装備の優秀さに左右され、兵力の劣る共産軍は次第に後退を余儀なくされた。国民党軍の大攻勢の前に三四年一〇月、ついに共産勢力は中央根拠地放棄、瑞金《ずいきん》脱出を決定し、後に英雄的な旅として称えられる「長征」の途についたのである。第一方面軍と呼ばれていた中央紅軍は当初一〇万人近くで前線を突破したが、敵の追撃にあい、わずか二ヵ月で兵力は三万に減少した。

一九三五年一月、貴州省遵義《じゅんぎ》に到着した共産軍指導部は、ここで「遵義会議」と呼ばれる、歴史的な党中央政治局拡大会議を開いた。会議では「留ソ派」の指導部が批判され、毛沢東が党中央政治局主席という新設のポストに就き、事実上実権を握ることとなったのである。

抗日戦争体制の形成

毛沢東の台頭と日本軍の中国侵攻がほぼ並行したことは「歴史の偶然」であろう。しかし、毛が後に皮肉を込めて「日本の侵略のおかげでわれわれは新中国を打ち立てることができた」、「日本はわれわれの反面教師」と言うように、毛沢東、共産党の勢力拡大と抗日戦争は切っても切れない関係にあった。そこで日中戦争の段階を見ておこう。「満州国」建設に続き、日本軍は三三年の熱河《ねっか》侵攻・塘沽《タンクー》協定締結、三五年の河北《かほく》省内からの国民党軍の撤退などを決め、華北《かほく》分離を図る「梅津《うめづ》・何応欽《かおうきん》協定」調印および冀東《きとう》自治防共政府樹立など、強引とも言うべき侵略を進めていった。これに対して、多くの知識人・市民・学生たちが各地で自発的に「反日抗戦」に立ち上がるようになった。

例えば、三三年の熱河侵攻に抗議し、亡き孫文夫人宋慶齢《そうけいれい》の指導する民権保証同盟などを中心とする四十余りの抗日団体が結集した「国民禦侮自救会《こくみんぎょぶじきゅうかい》」が、翌三四年には「中華民族武装自衛会」が結成され、さらに三〇〇〇名の署名による「中国人民対日作戦基本綱領」が発表され抗日の気運は盛り上がった。一九三五年には華北分離、日本の侵略拡大に一段と反対の声が高まり、やがて「華北自治政府反対」「日帝打倒」「内戦停止・一致抗日」などを掲げた大規模な抗議行動が広がり、そのピークが「一二・九運動」となった。これを契機に年末から年始にかけて、全国各地で続々と学生、女性、文化界など各界で「抗日救国会」が成立し、三六年五月には全国二十数省七十余りのそうした団体を統合し「全国各界救国連合会」が結成されるに至った。こうした一連の民衆による自発的な行動を見ると、まさに下からの「救国」の叫びが、止めようのないうねりとなって歴史を大きく動かしはじめてきたように見えるのであった。

これに対して、それまで中国革命を推進してきた二つの勢力は、どのように対応しようとしていたのか。蔣介石国民党は基本的には「安内攘外《あんないじょうがい》」（七二ページ）の方針を変えず、民衆の抗日運動を抑え、対日宥和《ゆうわ》政策をとり続けた。他方、共産勢力は瑞金脱出後、蔣介石の激しい攻撃にさらされながら、西部奥地から西北に向けての「生死さ迷う行軍」の最中にあった。おそらく彼らにとっては、各都市での抗日運動の高まりにいかに対応するかどころではなかった。ただし、モスクワに滞在していた「留ソ派」の王明が、新たなメッセージを中国に向けて送った。

モスクワでは一九三五年七月にコミンテルン第七回大会が開かれ、ここでは台頭する日独伊のファシズム勢力に対し、世界的規模での反ファシズム統一戦線結成の呼びかけがなされた。王明はこの考え方にのっとり、かつ中国から入ってくる新たな情報を踏まえながら、中華ソヴィエト政府・共産党中央の名で、同年八月一日「抗日救国のために全同胞に告げる書」（いわゆる「抗日八・一宣言」）を発した。

「ここ数年来、わが国家、わが民族はすでに危機一髪の生死の関頭《かんとう》に立っている。抗日すれば生き、抗日しなければ死ぬ。……われわれは、国が滅び、民族が滅亡するのを座視し、自らを救うために立ち上がらないでいることができるだろうか？　いやできない！　絶対にできない！　……わが全同胞を総動員し、数百万数千万の民衆を組織しよう！　祖国の生命のために戦え！　民族の生存のために戦え！　国家の独立のために戦え！　大中華民族の抗日救国の大団結万歳！」

といった主張である。こうした「救国最優先」の考え方は、第一次国共合作崩壊以来、階級闘争、労農ソヴィエト建設を基本方針としてきたこれまでの共産党から見れば、確かに大転換であった。

西安事件の勃発

ではこの大転換の方針に毛沢東自身はどう応えようとしたのか。資料を詳細に見ていく限り、毛の考えは「八・一宣言」の趣旨に同意しながらも、その行動方針をただちに受け入れたようには見えない。例えば「宣言」は具体的な抗日の体制作りとして、すみやかに「単一的全国的国防政府と単一的抗日連合軍」を設置することを提案した。さらに「抗日連合軍は抗日救国を願うあらゆる部隊によって組織され、国防政府主導下でその総司令部を組織する」とされ、共産党軍自身がその指揮下に入ることも容認されていた。

しかし毛には、「単一政府、単一連合軍」構想による抗日という発想はなかった。蔣介石と「生きるか死ぬかの戦い」をしている毛にとって、その構想は、客観的には蔣介石の翼下に入ることであり、それは根拠地の死を意味した。三六年九月の時点でさえ、毛は「国防政府と抗日連合軍とはソヴィエト政府と紅軍が一定の綱領に基づき、その他の政権や武装勢力と結ぶ政治・軍事協定であって、それらと混合したものではない。……したがってソヴィエトと紅軍の力を絶対に弱めてはならない」と主張しているのである。

立場は違うが、発想の上では毛と同じだったのが蔣介石であった。一九三六年七月、著名な知識人である沈鈞儒《しんきんじゅ》、章乃器《しょうだいき》、陶行知《とうこうち》、鄒韜奮《すうとうふん》の四名が国共両党に内戦停止、そして蔣に

「安内攘外」政策の変更を求めた。これに対し蔣は、「最近半年来の対外情勢は、まだ平和絶望の時期に達していない」と日本との外交交渉優先の意思を示し、「当面の最大の敵は共産党である」、「共匪《きょうひ》攻撃を怠り軽々に抗日を叫ぶものに制裁を加える」と彼らの提言をはね返した。しかも一〇月には、二〇個師団以上を動員した共産党への第六次包囲討伐を決定し、さらに一一月には上記の知識人らを含む七名を「非法団体を組織し、赤匪《せきひ》と結び政府転覆を企図した」として逮捕・監禁した。いわゆる「抗日七君子事件」である。

こうした毛の「根拠地堅持」というこだわりと、蔣介石の「安内攘外」というこだわりは、両者の様々な摩擦と軋轢《あつれき》を生み出す背景となった。それは四六年以降の国共内戦勃発の根底にある最大の要因ともなった。しかし、それほどまでの両者の「こだわり」にもかかわらず、下からの「救国」という巨大なうねりは、毛と蔣という二人の強烈な個性を持つ指導者の主張さえも呑み込み、歴史を大きく転換させていったのである。一九三六年一二月初め、西安に視察に来た蔣介石に対して、「共匪討伐」の正副司令官、張学良と楊虎城《ようこじょう》が「一切の内戦停止、愛国的領袖《りょうしゅう》や政治犯の釈放、救国会議の開催」など八項目の要求を提示し「泣いて諫言《かんげん》した」が、蔣に厳しくしりぞけられた。しかし、それによって張・楊はある決断に踏み切った。彼らは一二月一二日、西安郊外の華清池《かせいち》で静養中の蔣を軟禁し、再度抗日を迫った。有名な「西安事《せいあんじ》件《けん》」の勃発であった。

張学良（1901―2001）

「蔣介石逮捕」の知らせを聞いた毛沢東は喜び、「ただちに処刑すべし」との意思を示した。しかし、まもなく宋慶齢《そうけいれい》を通して受けたスターリンからの電報は「蔣介石を解放せよ」であり、毛は地団太を踏んで悔しがったといわれる（E・スノウ『中共雑記』）。ソ連は、この事件を張学良陣営に入った日本スパイの陰謀によるものと見て、事件の速やかな解決、蔣の処刑には反対の姿勢をとった。米英は蔣と張・楊との妥協と蔣の指導的地位の維持を求めた。中国国内では、張・楊の行動を愛国的なものだとして、圧倒的な支持と同情の声が全国に溢れた。こうした中で蔣が「八項目提案」を受け入れる意思を示したことにより、釈放が実現した。以後なお幾つかの曲折を経ながらも、三七年、共産党はソヴィエト政府を中華民国特別区（陝甘寧辺区《せんかんねいへんく》）政府、紅軍を国民革命軍第八路軍と改称し、国民党は「赤禍《せっか》根絶案」を採択し、建て前上共産党勢力を「屈服」させたという形をとって攻撃を停止し、ここに第二次国共合作がスタートすることになったのである。おりしも、七月七日「盧溝橋事《ろこうきょうじ》件《けん》」が起こり日中は全面戦争に突入した。

抗日戦争と共産党の拡大

南京虐殺の惨劇

盧溝橋事件から翌三八年にかけての日本軍の侵攻は凄まじいまでの勢いであった。三七年八月、第二次上海事変が始まり中国軍の頑強な抵抗に出会ったが、日本軍は当初の二個師団から九個師団に増派し、二ヵ月後に当地を占領した。ほぼ同じ時期、「北支那方面第一軍」

1938年、延安の毛沢東

は京漢《けいかん》鉄道（北京―漢口《かんこう》）に沿って、また第二軍は津浦《しんぽ》鉄道（天津《てんしん》―浦口《ほこう》）に沿って一気に南下を開始した。蔣介石は危機をいち早く察し一一月二〇日、首都を南京から武漢《ぶかん》に移した。一二月、上海を制した「中支那方面軍」五万は、首都南京を攻めわずか数日間で攻略に成功した。そして今日なお生々しく議論されるあの「南京虐殺」の惨劇が生まれたのである。虐殺の数に関しては四万人説（秦郁彦《はたいくひこ》）、五万〜六万人説（ラーベ日記）から、一一万九〇〇〇人説（極東国際軍事裁判判決）、三〇万人説（中国公式数字＝おそらく戦死者を含む）など様々であるが、いずれにしても大規模な虐殺という事実を否定することはできない。

三八年一月、近衛《このえ》内閣は「今後国民政府を相手とせず、新政権の成立を助長し事態の解決を図る」と声明し、さらに二月の御前会議では「戦線の不拡大方針」を決定した。しかし、その後も日本軍の侵攻は怒濤《どとう》のごとく続いた。三八年五月には北京―広州間の要所、江蘇《こうそ》省の徐州《じょしゅう》が陥落し、一〇月には戦時首都武漢、さらには広州が陥落した。日本軍は質の高い大量の兵力を主要都市とそれを結ぶ主要鉄道に集中し、即決戦によって決着をつけようとした。それは戦争初期の段階で華々しい成果をあげたかに見えた。中国側にも動揺が始まり、例えば近衛声明に和平の期待を寄せた国民党の重鎮汪精衛（汪兆銘）は、抗戦の停止を呼びかけ日本との和平交渉に入った。

しかし、全体として抗戦の気運が消沈したわけではない。蔣介石は、首都を四川省の奥地重慶《じゅうけい》に移し抗戦の構えを見せた。黄土高原の奥地延安《えんあん》を拠点とする共産党勢力は、西北、華北を中心に遊撃戦を主とした抗日戦を展開していった。三八年五月に発表した毛沢東の有名な『持久戦論』は、抗日戦争の基本的な認識と長期戦を前提とした戦略論を提示したものであった。毛は、抗日戦争の出発点を、敵が強く我が弱い関係として捉え、勝利に向けての筋道を、

①敵の戦略的進攻と我の戦略的防御の段階

②敵と我の戦略的対峙の段階

③我の戦略的反攻と敵の戦略的撤退の段階

という三段階に分け、段階ごとの基本的な対応原則を示している。鋭い分析から下した毛の見通しは、三九年九月頃から第二の対峙段階に入り、四二年頃から第三段階、すなわち「抗日戦争の情勢はまさに勝利を勝ち取る最後の段階となる」と見なされた。もっとも現実には、後述する内部的事情も加わり対峙段階は四四年の下半期頃まで続いたが、その戦略的判断には驚くべきものがある。

軍と党組織の増大

抗日戦争の最大の特徴は何かと問えば、それは民衆の組織化、民衆の大動員ということができよう。この点に関して毛は「戦争の威力のもっとも深い根源は民衆の中にある。日本が

あえて我々を侮《あなど》るのは、主として中国の民衆が無組織の状態にあるからである。この欠点が克服されれば、日本侵略者は……火の海に飛び込んできた野牛のように……必ず焼け死んでしまう」と言い切っている。そして、抗日戦争を通してもっとも大きな力を獲得していったのが、点と線を押さえた日本軍に対して、広大な農村を面として民衆の組織化を進めた共産党勢力であった。

例えば、この時期の共産党軍拡大の状況を見てみるなら、まず「長征」を終えて西北地方で立て直した三六年初頭の主力部隊は一万人前後であった。共産党指揮下の軍は、中央紅軍が改編された国民革命軍第八路軍の他に新四軍《しんしぐん》が組織され（四三年にはさらに華南抗日縦隊ができる）、合わせて三七年には九万二〇〇〇人、その後三八年＝一八万一七〇〇人、三九年＝三二万人、四〇年＝五〇万人と増強された。しかしやがて、日本軍と国民党軍の掃討攻撃に遭い、兵力は四一年＝四四万人、四四年＝四七万人とやや減少した。共産党の拡大を阻止しようとして安徽《あんき》省南部で新四軍を急襲し、その主力部隊を壊滅させたいわゆる新四軍事件（皖南《かんなん》事件）は国民党の執拗な反共主義の現れであった。しかし、抗日戦争終結と前後してその兵力は再び大いに発展し、国共内戦勃発時の四六年には九〇万人に膨《ふく》れ上がった。

共産党組織も、一九三四年の長征前の時点で三〇万人余りであったのが第五次包囲討伐と長征で激減した。しかし徐々に回復に向かい、三七年には四万人余り、三八―三九年ごろには陝西《せんせい》（陝）、山西（晋《しん》）、河北（冀《き》）、河南（予《よ》）、山東（魯《ろ》）の山岳地帯で以下に述べるような根拠地が建設され、河北一帯では日本軍に対する主要な対決者になっていった。こうした広がりを受けて、党は四〇年には一挙に八〇万人余りとなった。その後、軍と同様国民党軍と日本軍の別々の掃討・包囲攻撃を受け、四二年には七〇万三〇〇〇人に減少した。しかし四四年には九〇万人余り、そして四五年五月の第七回党大会時点で実に一二一万人にまで達した。

　軍と党組織の増大とほぼ並行して、共産党支配地域（辺区《へんく》）も拡大している。抗日戦争前、蔣介石の攻撃によって壊滅に近い状態になった「解放区」は、抗日戦争の激化とともに全国の農村、辺境地域で建設されていった。三七年から四一年にかけて、党中央があった陝《せん》甘寧《かんねい》辺区をはじめ、華北、西北では晋綏《しんすい》（山西・綏遠《すいえん》）、晋察冀《しんさつき》（山西・チャハル・河北）、晋冀予《しんきよ》（山西・河北・河南）、晋冀魯予《しんきろよ》（山西・河北・山東・河南）など八つの省境地域や、その他一一の地域で共産党支配の根拠地が建設された。統計によると三七年に面積一〇万平方キロ、人口二五〇万人だった支配領域は、四五年には二〇〇万平方キロ余り、一億人余りを抱えるまでに急成長した（胡華／国民文庫編集委員会訳『中国新民主主義革命史』、大月書店、一九五六年。『中国昨天与今天』、人民解放出版社、一九八九年）。

共産党拡大の三つの原因

　何故これほどまでに急速に共産党勢力が拡大していったのか。無論、日本の中国侵略とそれによる多大な犠牲を強いられ、多くの中国人が悲しみ、怒り、抗日の気運を高めていたことがまず前提としてある。そうした中で、第一は、何よりも共産党が断固とした「抗日綱領」と「持久戦」方針をもち「救国」の先頭に立ったため、多くの愛国的な人士、学生、労働者、農民らを惹きつけ、自らの陣営に集めることができたためである。一九三七年八月に速やかに「抗日救国十大綱領」と党中央「当面の情勢と党の任務に関する決議」を発表し、日本帝国主義打倒と全軍隊全人民の総動員を呼びかけた。毛は前述した『持久戦論』のほかにも、「抗日遊撃戦争の戦略問題」（三八年五月）、「戦争と戦略の問題」（三八年一一月）など次々と抗日戦争をいかに戦うかを論じ指示を出した。抗日軍政大学、あるいは様々な抗日救国の民衆組織が設立され、延安はまさに抗日の「聖都」と化し、全国の青年、愛国者が次々と訪れるようになった。

第二は、軍事面でもやがて共産党が国民党に代わって抗日戦の先頭に立って戦うようになったことである。もちろん国民党軍も戦っていたのだが、武漢陥落、重慶遷都以後は日本軍の攻撃に防御戦を展開することはあっても、大きな戦闘を挑むことは避けるようになっていた。その上、汪精衛は蒋介石を見限り、日本軍の支持の下に親日的な「中華民国政府」を南京に樹立した。これに対して、共産軍は日本軍の後方に回り、ゲリラ戦で攪乱させ疲弊させるといった戦闘を主にして抗日戦を戦い抜いた。彼らの日本との戦闘は、抗戦一年目で六三八回、二年目が三一二八回、三年目が八四一九回、四年目が八五五九回と増大し、かつ激しさを増した。この中では林彪《りんぴょう》率いる「平《へい》型関《けいかん》の戦い」（三七年九月）、一九四〇年夏の華北五省で展開された「百団大戦《ひゃくだんたいせん》」などが有名である。鄧小平はこの頃、劉伯承《りゅうはくしょう》将軍と

陸軍大臣東条英機（左）と歓談する汪精衛（中央）

抗日戦争　1937年7月、日中は全面戦争に突入。太行山の抗日戦に向かう鄧小平

組んで一二九師団の政治委員として晋《しん》冀《き》魯《ろ》予《よ》（山西・河北・山東・河南省境）辺区一帯で抗日戦を指揮していたのである。

第三に、上記のような辺区（根拠地）において政治機構の民主化、人民の生活改善などを高く掲げ、それを実践していったことである。むろん戦争下という強い制約のために、地域によって事情は異なっていたが、辺区政府内では抗日の組織づくりと同時に、非共産党系人士の大幅な参加を認めた新たな政権づくり（中間派、左派にそれぞれ三分の一の議席を与える方式＝「三・三制」）が進められた。

経済の面では、抗日戦に入り従来の「土地革命」は停止されたが、「減租《げんそ》減息《げんそく》」（小作料・利息の低減）の実施によって多くの農民の負担を軽減させ、さらには大生産運動を展開した。特に後者は、日本軍さらには国民党軍の封鎖攻撃にあい、根拠地内部での自給自足体制の確立を目指したものであった。これにより戦争に直接参加しない幹部、軍人らを動員し、食糧生産や開墾に従事させ、辺区内の生産力を高め、経済の基盤を強化することができた。共産党支配地区では、贅沢はできないまでも何とか食べて生きていけるという体制ができ、多くの人々をひきつけた。瀕死の瀬戸際にあった共産党がこれほどまでに飛躍的な発展を遂げたのは、前にも述べたように、「日本の中国侵略」によってであったという毛一流の言い方は、確かに核心を突いていた。

自立する共産党の指導者毛沢東

延安整風運動

日中戦争を「指導者」という視点から見るならば、言うまでもなく抗日の最高指導者は蔣介石であった。この点は先に触れた「西安事件」に際しての米英ソの「蔣介石擁護」からもはっきり見ることができるし、共産党自身が「わが偉大な中華民族は蔣委員長の下に共産党と国民党の民族抗戦政策を遂行し、……偉大な英雄的民族自衛戦争に決起するに至った」(党中央第六期拡大六中全会決議、一九三八年一〇月)と言明している。そして毛沢東は、前述のとおり三五年一月にようやく党中央の実権を握るに至ったが、それでもコミンテルン中共支部代表として指導する王明はじめ「留ソ派」の指導力も強く、必ずしも突出していたわけではなかった。

しかし、抗日戦争を通して共産党の影響力の増大とともに中国革命の指導者として毛沢東が台頭し、蔣介石の権威に挑戦しはじめた。抗日戦争の開始とともに、毛は上記のような戦略論のほかに中国革命論、新たな中国国家・社会論についての本格的な論文をたて続けに発表している。「中国革命と中国共産党」(三九年)、『新民主主義論』(四〇年)がそれである。いずれの論文も共産党を軸にしたこれまでの中国革命の総括、当時の段階を新民主主義革命期と位置づけ、広範な人民の結集・連合を求めた未来の政権構想、社会建設構想、そして共産党がそれらの中核を担うといった決意などが展開されている。それはまさしく、共産党の国民党へのチャレンジであり、同時に毛沢東の蔣介石へのチャレンジなのであった。それ故にこそ、「三つの一主義」(思想は三民主義、政府は国民政府、指導者は蔣介石、とそれぞれ一つに集中)を力説しつづけた国民党蔣介石は事実上の挑戦と受けとめ、本格的な「共匪包囲攻撃」に踏み込むことになったのである。

国民党の包囲・封鎖に対して、共産党が大生産運動など自力更生路線とゲリラ戦で対抗したことはすでに触れたが、同時に「延安整風運動」と呼ばれる思想改造・教育運動を展開した。急増した党員の約六〇パーセントが農民出身、さらに大都市などから流入してきたインテリ、市民などが一五パーセントを占めていた。その意味では党として思想教育に力を入れる必要性があった。しかしこの運動の狙いはそれだけではなかった。それはこれまで共産党の中に強くはびこっていたマルクス・レーニン・スターリンなどの権威・文献に頼る教条主義の傾向を徹底的に排除しようとするもの、より具体的には当時コミンテルンやスターリンの権威に寄りかかっていた「留ソ派」の指導部における影響力の一掃を狙ったものであった。

一九四一年五月、毛は「われわれの学習を改革しよう」と題する報告を延安幹部会議で行った。ここで彼は「多くの同志のマルクス=レーニン主義の学習は、革命実践の必要のためでなく、たんなる学習のためのように見える。……[彼らの著作の]個々の字句を一面的に引用することができるだけで、その立場、観点、方法を運用して具体的に中国の現状と中国の歴史を研究し、具体的に中国革命の問題を分析し解決することはできない」と強く批判している。四二年に入り、毛はたて続けに「党の作風を整えよう」、「党八股《とうはっこ》に反対しよう」、

「主観主義に反対しよう」と呼びかけ、さらに文芸面でも、革命に従事し奉仕する面を重視した「延安文芸講話」を発表した。

この整風運動は四三年まで続けられたが、それを通して毛沢東の権威が一挙に高められた。当時延安の中で次のような歌が唄われはじめたことがそれを物語っている。「赤い太陽が東から昇り、中国には毛沢東がいる。生産の仕事をしくんでくれ、同志毛はわしらを救う。……」（ガンサー・スタイン／野原四郎訳『延安』、みすず書房、一九七六年）。そして毛沢東は正式に共産党主席になり、それまで党中央書記処書記で発言力を持っていた「留ソ派」の張聞天《ちょうぶんてん》（洛甫《らくほ》）は排除され、代わりに劉少奇が同ポストに就いた。おりしも四三年五月、世界の共産主義組織を指揮し、その運動を指導したコミンテルンは「個々の国における諸問題の複雑化と……各国共産党指導機関の成長と政治的成熟とを考慮して」解散することを決定した。まさに中国共産党の「自立化」であり、それは党における毛沢東の権威の確立であった。

毛沢東　重要な論文をたて続けに発表し中国革命の指導者として台頭

日本の敗戦

目を日中戦争の全局面に向けてみると、一九四一年一二月真珠湾攻撃から日本軍の戦線は大きく拡大したが、四二年六月のミッドウエー海戦の敗北以後、ソロモン海戦、ガダルカナル海戦などの敗退が続いた。大陸でも日本軍の消耗が顕著になってきた。四一―四二年、共産党攻撃にも一定の成果をあげた蔣介石は、四三年に入り国内外情勢を分析し、これからの中国の国家・社会建設を提示した『中国の命運』を発表した。これに対して毛沢東は「反共主義、反自由主義」だと批判し、やがて戦争終結直前の四五年五月、蔣の構想に対する本格的な対案である『連合政府論』を発表した。それは八年ぶりに開かれた第七回党代表大会の「政治報告」であった。この大会でははじめて劉少奇によって、毛沢東同志は、中国有史以来の最大の「革命家、政治家、理論家、科学者」と持ち上げられ、かつ「マルクス＝レーニン主義理論と中国革命の実践を統一したのが毛沢東思想」で共産党の指導指針であると位置づけられた。

　その毛沢東の報告した『連合政府論』では、抗日戦争をめぐる二つの路線、二つの戦場、二つの支配地区などをまさに対比的に描き、「抗戦を破壊し、国家を危うくするもの」として国民党政権を厳しく糾弾している。それは『新民主主義論』から一歩踏み込んだ戦後構想である。そしてそこには従来の「蔣介石委員長の下での抗日」を放棄し、「対等の指導者」という立場で抗日戦争後の蔣に挑もうとする毛沢東の姿勢が読み取れるのである。

　日中戦争は、日本軍の「三光作戦」（焼き、殺し、奪い尽くす）と、中国軍の「堅壁清《けんぺきせい》野《や》」（敵の侵攻前に物資・食糧を隠匿・焼却し住民も撤退する）作戦が展開され、文字通り焦土戦と化していった。しかし太平洋上での戦局が大きく悪化していった日本軍は、やがて一九四四年七月、東条英機《とうじょうひでき》内閣総辞職となった。このことから中国各地でも八路軍、立て直した新四軍《しんしぐん》などによって局地的に反抗が始まった。ただし翌四五年八月の「ポツダム宣言」

受諾によって日本の敗戦が決まるまで、中国軍自身の総反撃によって戦局が逆転するといった状況は生まれなかった。連合軍の包囲攻撃と長期にわたる大陸での消耗戦によって、日本軍自身が自壊したと見るべきであろう。今日中国は戦争の被害を死者一〇〇〇万人、彼らを含む二一〇〇万人の犠牲者、五〇〇〇億ドルの経済損失と算出している（「人権白書」一九九一年一〇月）。その客観性はともかく、まさに中国にとって「惨敗」ならぬ「惨勝《ざんしょう》」であったのである。

毛沢東（左）と蔣介石（右）　重慶における対日戦勝利の祝宴でグラスを合わせる両巨頭

蔣介石・毛沢東両巨頭会談

戦局が見えてきた一九四五年五月、国民党は第六回全国大会を開催した。ここで孫文の提案した「革命の三序」（軍政→訓政→憲政）の第三段階「憲政」に入ることが示されたが、あくまでもそれは国民党主導下の国民大会によって実施されるものという構想であった。これに対して共産党側はほぼ同時期に開かれた第七回党代表大会で、上述した「連合政府構想」を打ち出し、国民党案に不同意の意思を表明した。終戦直前の八月一三日、毛沢東は以下のような内部指示を発した。

「われわれは内戦を望まない。だが蔣介石がどうしても人民に内戦を押しつけてくるならば、……われわれは武器を取って彼らと戦うほかはない。……蔣はもうすでに刀を磨《と》いでいる。われわれも刀を磨がなければならない」

かくして終戦を迎えた八月、多くの中国人は歓呼しながらも内戦の勃発に不安を募らせた。疲弊とインフレがそうした不安に輪をかけた。中国民主同盟など第三勢力や各抗日民衆団体は「内戦回避、平和統一、飢餓反対」を叫び、その熱意は日を追って大きな高まりとなった。そうした国民的願望を受けながら、重慶において「蔣介石・毛沢東両巨頭会談」が八月三〇日より開かれた。いわゆる「重慶会談」と呼ばれる国共和平・統一交渉であり、毛は辺区政権・軍などをめぐる肝腎な部分で蔣に一歩も譲らず、実に四三日間にわたって議論が闘わされた。そして何とか一〇月一〇日に「双十協定《そうじゅうきょうてい》」(重慶会談紀要)としてまとめられ、とりあえず内戦回避と統一政権樹立に向けて双方が努力することが確認された。孫文を継ぎ革命の指導者として君臨しつづけてきた蔣介石を相手に、堂々と渡り合った毛沢東は、いまや全中国を代表する指導者としての強力な挑戦者に成長していたのである。

毛沢東の逆転戦略

国共内戦の激化

しかし、当時の蔣介石と毛沢東の立場、国民党と共産党の立場は、圧倒的に前者が優位であった。蔣介石は、主要連合国が戦後処理を最初に議論した一九四三年一一月の「カイロ会談」においてローズベルト（米）、チャーチル（英）とともに中国を代表して参加している。そして米国は一貫して蔣介石を支持し、日本との戦争を遂行してきた。さらにスターリンは、日本の降伏を視野に入れ、ソ連の対日参戦を約束した米英ソの「ヤルタ会談」（一九四五年二月）を踏まえて、終戦の前日に中国と「中ソ友好同盟条約」を締結したが、その相手は毛沢東共産党政権ではなく蔣介石率いる国民党政権であった。軍事力、支配勢力などを見てもその規模は上表のとおりであり、大雑把に言えば四六年六月で、国民党と共産党の勢力比は四対一から三対一であった。

項目		数量	比率
兵力	共産党	1,200,000 人	1 : 3.58
	国民党	4,300,000 人	
地区面積	共産党	2,285,800 km²	23.8%
	国民党	7,311,720 km²	76.2%
都市	共産党	464 都市（中小都市）	23%
	国民党	1545 都市（大中都市）	77%
人口	共産党	136,067,000 人	28.6%
	国民党	338,933,000 人	71.4%

全面内戦勃発時の国共双方力量対比表

重慶会談では、双方はそれなりの譲歩を示した。国民党側は「政治の民主化」「各党派間の平等と合法性の容認」「政治協商会議（党派間の協議の場）の設置」などを約束し、共産党側は「蔣介石主席の指導」「国民党指導下での統一中国の建設」を承認した。しかし、会談紀要を詳細に見ると、国民大会代表選出問題（各県・市を単位とした小選挙区制で、少数派は事実上排除）、共産党の軍および解放区の扱いなど、両党の最重要の懸案事項はすべて先送りされたままであった。それでも重慶会談の合意を具体化させ、統一政権樹立に向けさらに踏み込んだ試みとして、四六年一月政治協商会議が重慶で開催された。ここでは代表構成が国民党八、共産党七、青年党五、民主同盟二、その他の政党と無党派一六によって構成された。そして政府組織案、国民大会案、平和建国綱領、軍事問題案、憲法草案などが採択されて幕を閉じた。ここでは確かに、国民政府委員会（政府最高機関）の委員の半数は、非国民党系の人々に割り当てるなど、国民党側も一定の譲歩をした跡がうかがわれる。

しかし他方で、各地での軍事的な国共の対立状況は次第に深刻化していった。四五年一〇月、「双十協定」調印の日に山西省南部一帯で内戦の前哨戦とも言うべき「上党戦役」が始まった。当地は東西が太行《たいこう》、太岳《たいがく》山脈に挟まれ南は黄河を障壁とする戦略的に重要な地であった。ここで共産党軍はわずか三日間で国民党の投入軍の三分の一にあたる三万五〇〇〇人を殲滅《せんめつ》した。これによって軍人としての名声が一挙に高まったのが鄧小平であった。また四五年末、降伏した日本軍の接収管理工作のため国民党軍が大量に東北地方に派遣され、これに対して共産党も並行して林彪指揮下の東北民主連合軍を進攻させ、緊張が生まれた。華北各地、雲南《うんなん》、四川などでも両者の摩擦、小競り合いが報じられるようになった。

戦後処理に責任を持つ米国は、マーシャルを派遣し、一九四六年一月に国民党の張群《ちょうぐん》、共産党の周恩来との三者による「停戦協定」を発表した。が、三月に開催された国民党第六期三中全会で、共産党に対する不信が噴出し、民主連合政府の拒否、国民党の指導権の強化などが打ち出された。もちろん共産党はこれに強く抗議した。三月から四月にかけて東北地域での国共両軍の衝突は一段と激化している。国共対立に拍車をかけたのは、国際情勢の緊迫であった。三月五日、チャーチル英首相は社会主義陣営に強い不信と敵意を向けた有名な「鉄のカーテン演説」を行い、以後冷戦構造は次第に深まっていく。さらに米国は国民党政府に向けて、対中軍事援助法案を採択した（六月）。

共産党の反撃

かくして一九四六年六月二六日、蔣介石は正規軍約一六〇万人を動員し、共産党地区に向けて全面進攻の命令を発したのである。毛は国民党との戦争を抗日戦争と同様、「人民戦争」「持久戦争」で戦うことを決断し、第一段階を「国民党の戦略的攻撃、共産党の戦略的防御」と位置づけ、早くも七月二〇日の毛沢東指示で「幾つかの地方、幾つかの都市での一時的な放棄は避けられないばかりでなく、必要でもある」と指摘し、最大の根拠地陝甘寧辺区《せんかんねいへんく》での遊撃戦と延安放棄の準備を行っていた。同指示ではさらに、人民大衆と緊密に協力し、彼らをできるだけ獲得すること、国民党内の内戦消極分子もすべて獲得することなどを強調している。

大別山根拠地　国民党の封鎖を突破して大別山に到着し、講話をする鄧小平

特に農民大衆の支持を獲得するために、抗日期には停止していた、地主の土地を没収し農民へ分配する「土地革命」を再開した。これによって大量の貧しい農民を共産党

側に惹きつけることが可能となった。さらに八路軍を改称した人民解放軍は、民衆を身方にひきつけるべく「三大規律・八項注意」を再び徹底化した。おりしも四六年の年末から翌年初めにかけて、北京、天津、上海、南京、開封《かいほう》、重慶など数十の大中都市で五〇万人以上の人々が参加した「内戦反対、反米愛国」のデモが続発した。彼らも次第に国民党支配に不満を募らせていったのである。

　国民党の全面進攻は四七年のはじめ頃まで続いた。それと並行して四六年一一月、共産党を排除して「国民大会」を開催し、四七年一月一日には「中華民国憲法」を制定し、憲政期に入ることを宣言した。ただし国共内戦を考慮し「動員戡乱《どういんかんらん》（反乱平定）時期臨時条項」を制定し、憲法執行を一時停止し総統に権限を集中させた。この条項は結局国民党政府の台湾移転に伴い、一九九一年まで存続している。ところで国民党の進攻は次第に共産党軍の徹底したゲリラ的抵抗、攪乱《かくらん》にあい、四七年三月には、蔣介石は「全面進攻」から「重点攻撃」に戦略を転換せざるを得なくなった。それはまさに国民党と共産党との「戦略的対峙段階」に入ったことを意味した。国民党が重点とする対象は共産党中央の所在地延安と首都南京に隣接する山東省南部（魯《ろ》南《なん》）であった。

　これに対して共産党側は、三月二八日延安撤退を決定し、山岳地域に国民党軍を誘い込み、戦力消耗を図った。東北地域では五月から六月末にかけて、共産党軍が夏季攻勢を展開し、国民党軍八万三〇〇〇人を撃滅し、長春《ちょうしゅん》・瀋陽《しんよう》といった大都市の国民党拠点を孤立化させる基盤を築いた。内戦一年後の四七年六月時点で、双方の管轄する面積、人口、都市数はやはり幾分共産党側が減少している。しかし共産党側は、党員数が四六年の一三六万から四七年の二七六万人と急増、兵力数も一二〇万から一九五万人へ増大している。これに対し国民党側兵力は四三〇万から三七三万人へと減少がはじまっていた。

その後さらに重要な戦闘が、同年七月から九月にかけて展開された。南京の西側で河南・安徽《あんき》・湖北の省境に位置し、華中の中枢・武漢の東側に隣接したいわば国民党の心臓部ともいうべき大別《だいべつ》山脈への攻撃であった。この戦略構想は毛沢東が練り、実戦を指揮したのが劉伯承・鄧小平軍であった。三つの省を横切り、五つの大河を渡り、数々の敵の封鎖を突破し九月末に大別山に到着し、ここに大別山根拠地を設立した。ここを強固にすることで、国民党の華北攻撃が困難になり共産党の反撃が可能となった。

三大戦役の勝利

一九四七年九月一日、毛は「党内指示」を発し、内戦二年目の基本任務を「全国的な反攻に出ること、すなわち主力をもって自己の陣営の外に進出し、戦争を国民党地域に持ち込み、大量の敵を殲滅《せんめつ》する」ことと判断していた。九月二一日の「人民解放軍大挙反攻宣言」、一〇月一〇日の「人民解放軍宣言」、一二月毛沢東の党中央会議での「戦略的反攻の段階に入った」との言明などによって、本格的な戦略的反攻が開始された。しかし、国民党側も強気であった。一〇月一〇日の双十節《そうじゅうせつ》には「全国民に告げる書」を発し、共匪掃討《きょうひそうとう》への動員を呼びかけ、さらに二七日には民主同盟の非合法化に踏み切った。蔣介石は四八年一月の元旦放送で、「匪軍の主力軍の撲滅は一年以内でできるであろう」との強気の見通しを示した。

軍　　別	遼瀋戦役前（1948年6月）	遼瀋戦役終結時（1948年11月）	渡江戦役前（1949年4月）
国民党軍隊	365万人	290万人	204万人
共産党軍隊	280万人	300万人	357万人

三大戦役当時の国共両軍の盛衰表

しかし戦場での苦戦に加えて、反蔣の国民党革命委員会が香港で結成され、非合法化された民主同盟とともに「国民党政府打倒、連合政府樹立、共産党との提携強化」を宣言した。さらに大規模な米国の経済支援などにもかかわらずインフレ、飢餓、腐敗など経済混乱が深刻化した。こうした情勢を背景に毛沢東は、一九四八年一月一八日の「党内指示」で、初めて新国家の名称を「中華人民共和国」と表現し、同時にこの政権は「労働者階級の指導する人民大衆［労働者、農民、小ブルジョア、民族ブルジョア、知識人によって構成］の反帝、反封建の政権であり、……各級人民代表大会とそれが選出した各級政府によって構成される」ことが提案された。かくして四八年の「大転換」の歴史のお膳立てがなされたのである。

しかし、局面の最大の転換は何といっても四八年の九月から四九年一月にかけて展開された「三大戦役」の勝利であった。まず大戦役の火蓋を切ったのが東北での「遼瀋《りょうしん》戦役」である。四八年九月から一一月に、林彪・羅栄桓《らえいかん》指揮下の第四野戦軍が中心となり、東北と華北を結ぶ錦州占領から長春、瀋陽、営口《えいこう》などを占領した。これにより四七万人余りの敵を殲滅し、国共の軍事比は二九〇万人対三〇〇万人と逆転した。次いで一一月から翌年一月にかけて、徐州を中心とした山東・江蘇一帯での「淮海《わいかい》戦役」を展開した。これを指揮したのが、劉伯承・鄧小平率いる第二野戦軍と陳毅《ちんき》・粟裕《ぞくゆう》率いる第三野戦軍の連合で、総司令部にあたる「淮海総前敵委員会」が設置され、その書記（総司令官）に鄧小平が任命された。

鄧らは四八年二月からこの戦役のために入念な準備を行った。この戦役は国民党軍八〇万、共産党軍六〇万が決死をかけた中国史上まれに見る大規模な戦いとなり、いわば「関ケ原の合戦」であった。ここで共産党軍は勝利し、五五万五五〇〇人の国民党軍を壊滅させた。さらに、華北に留まった国民党軍を撃滅するために、「平津《へいしん》戦役」が四八年一二月から四九年三月まで展開され、一月に天津と北平《ほくへい》（北京）を陥落させ、五二万の国民党軍が壊滅した。

長江大攻勢　1949年4月21日、劉伯承・鄧小平に率いられた人民解放軍は、長江一帯で総攻撃を敢行し、国民党軍を打ち破った

中華人民共和国の誕生

その他無数の戦闘を合わせ、当時すでに相当の領域を支配下におさめた各地方では、本格的な政権や様々な組織づくりが始まっていった。華北では一九四八年五月、これまでの晋冀魯予《しんきろよ》辺区と晋察冀《しんさつき》辺区を合併して華北解放区が成立し、八月には華北人民代表大会を開催し、華北人民政府を樹立した。この動きがその後の西北人民政府樹立（四九年二月）、中原《ちゅうげん》臨時人民政府樹立（同年三月）、東北人民政府樹立（同年八月）へと繋がっていくのである。こうした地方からの政権形成が後の中央政権樹立の基盤になったことは言うまでもない。

毛沢東　1949年３月、中国共産党第７期中央委員会第２回全体会議で報告

さらに各界の全国的な組織づくりもこの時期一気に進んだ。一九四八年には、八月に第六回全国労働者大会がハルビンで開催され、一二月には中国人民銀行が創立され人民銀行券が発行されるようになった。四九年には、三月に中華全国学生代表大会と全国婦女代表大会が北京で開かれた。また四月には中国新民主主義青年団第一回全国大会が、七月には中華全国文芸工作者代表大会が開催されるなど、新中国樹立に向けての組織づくりが続いた。

そして毛沢東は、四九年三月に党第七期中央委員会第二回全体会議（第七期二中全会）を開き、全国的勝利の局面の下、党の活動の重点を農村から都市に移すことを踏まえ、「新政治協商会議を招集し、民主連合政府を樹立する一切の条件はすでに熟している」と全国各界人士、諸党派に呼びかけた。四月には毛沢東と朱徳《しゅとく》総司令官の名で全国進軍命令が出され、人民解放軍の長江一帯での総攻撃が始まり、南京・上海が次々と落ちた。それを受け、六月に新政治協商会議準備会が共産党、民主同盟、中国革命委員会など二三の単位代表者一三四人を集めて開かれた。さらに九月二一日から三〇日にかけて、全国の著名な有識者、諸政党の代表を集めた「中国人民政治協商会議」が開催された。ここで臨時憲法とも言うべき「共同綱領」が採択され、毛沢東を中央政府主席とする中華人民共和国が一〇月一日に誕生したのである。

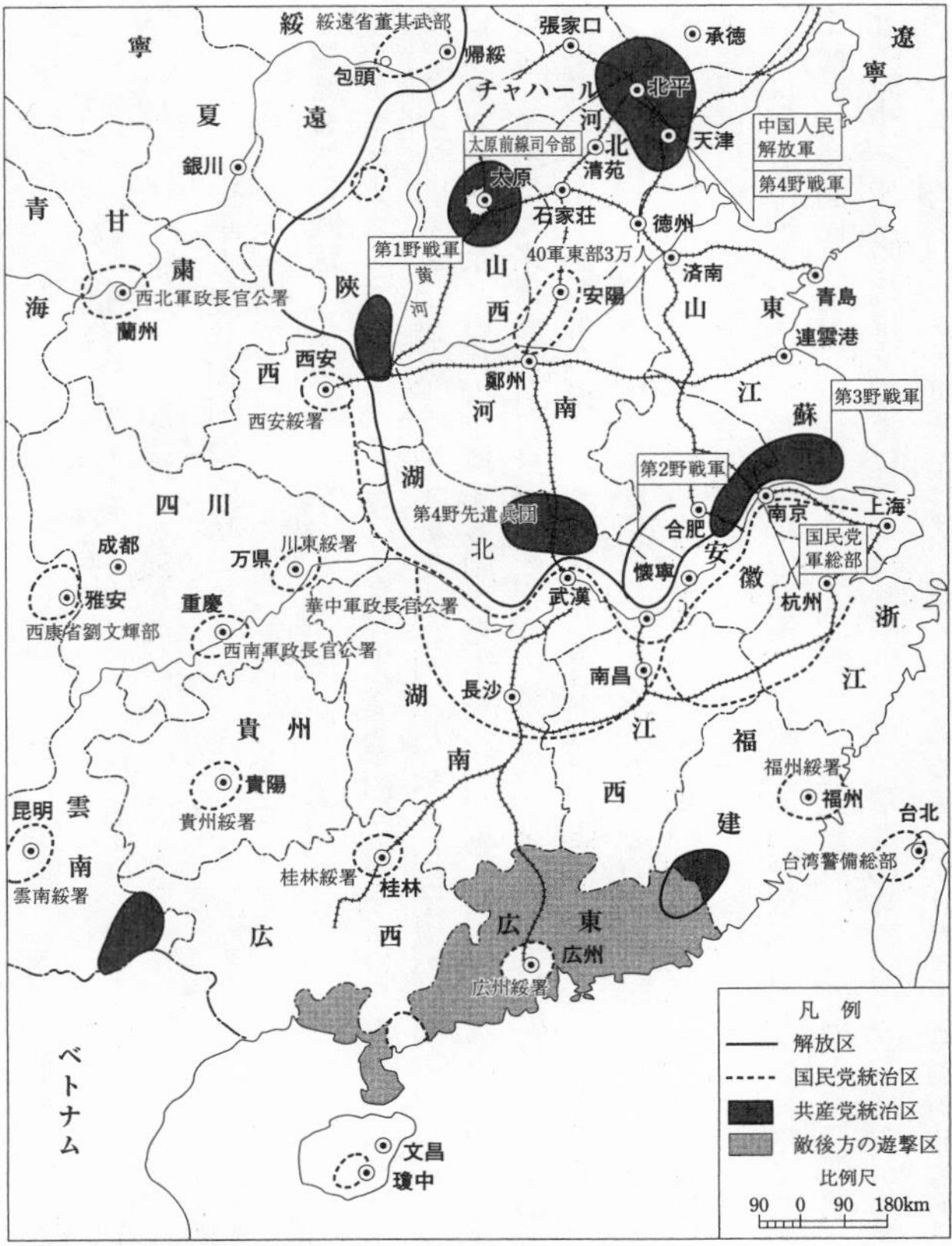

人民解放軍進軍前の国民党・共産党勢力図

第三章　揺れる新国家建設

中華人民共和国の成立

臨時憲法の制定

毛沢東《もうたくとう》による「新中国成立宣言」の心地よき余韻がなお冷めやらぬ一九四九年一〇月五日、鄧小平《とうしょうへい》は先輩の戦友劉伯承《りゅうはくしょう》とともに列車に乗り込み南京へ向かった。南京からさらに、なお九〇万余りの兵士を擁する国民党軍の抵抗が続く西南地方の平定のために現地へ赴いた。重慶には未だ蔣介石《しょうかいせき》自身が陣を張り抗戦の構えを見せていただけに、極めて任の重い闘いであった。劉・鄧の第二野戦軍は一一月一五日、貴州省省都の貴陽《きよう》を解放し、二三日、党中央西南局を成立させ鄧小平が第一書記となった。さらに同月下旬に三方から四川省に迫り、ついに一一月三〇日、蔣介石を台湾に追いやり重慶を解放し、一二月には雲南、甘粛《かんしゅく》西部、成都《せいと》に進軍し西南地方全体を平定した。

ほぼ同じ時期毛沢東は、党中央華中局第一書記・第四野戦軍司令員の林彪《りんぴょう》にも湖南省から中南一帯の国民党勢力一掃に向けての戦闘指示を発していた。このように西北・華北・東北・華東・中原《ちゅうげん》をほぼ支配下においた共産党は、中華人民共和国成立を高らかに謳《うた》いながらも、中南、西南地方の平定といった難題を抱えながら「船出」をしなければならなかったの

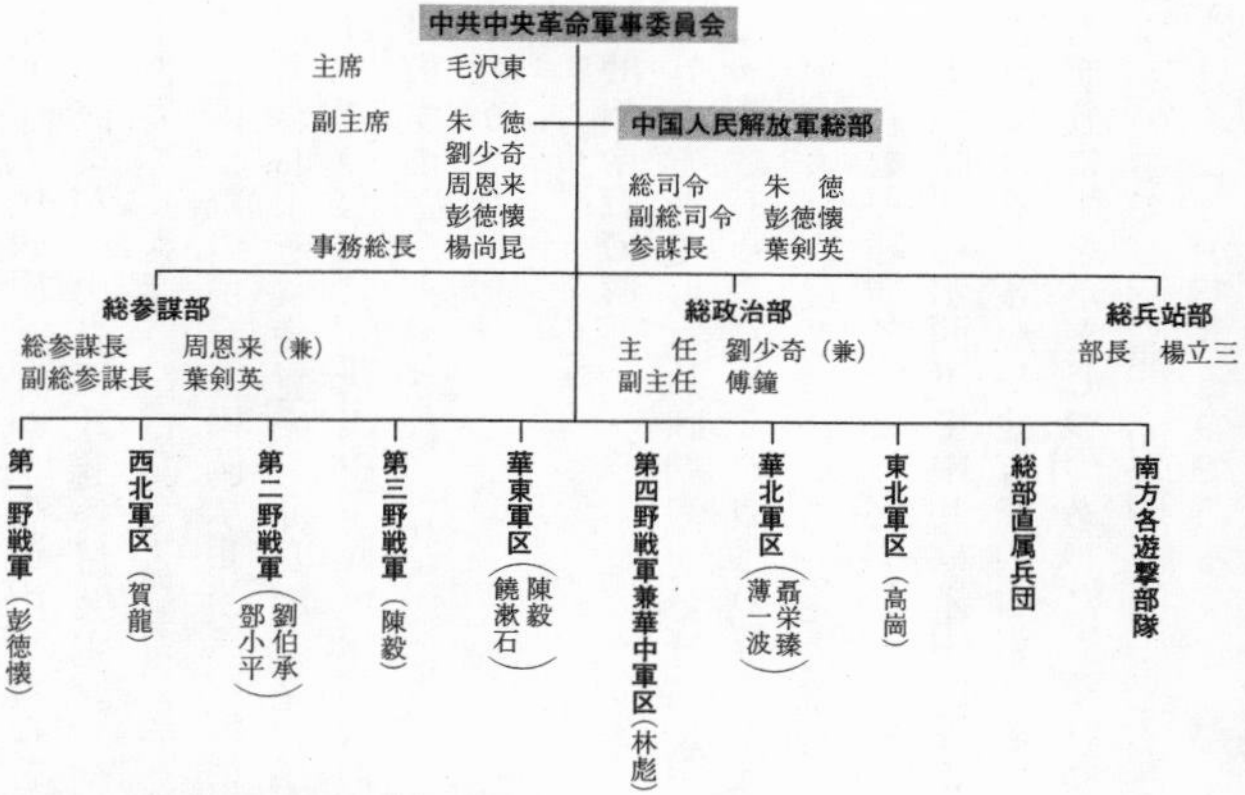

中国人民解放軍建国初期序列表

である。これらの戦闘は、年末までにチベットを除きほぼ闘いに決着がついたが、翌一九五〇年六月頃までは小規模の戦闘が続いた。一般に四九年七月から五〇年六月までを「内戦四年目」と呼ぶこともある。そして、同時期に撃滅ないし捕虜にし、または共産党側に改編した国民党軍は、正規軍一三九万一八二〇人、非正規軍九八万八一三〇人で計二三七万九九五〇人という膨大な数にのぼった。

中華人民共和国は、「中国人民政治協商会議」（以下「人民政協」と略）を母体として設立された。人民政協は共産党のほかに中国民主同盟、中国国民党革命委員会、民主建国会など八つの民主党派と無党派人士、軍、地方、大衆団体などの正式代表五八五人、候補代表七七人、総計六六二人を集めた統一戦線的協商組織である。人民政協では、五四年に中国憲法を発布し、正式な国家機構ができるまでの臨時憲法に相当する「共同綱領」を制定し、人民政府メンバーを選出するなど、事実上の最高権力機関として機能した。

毛沢東が中央人民政府委員会主席、朱徳、劉少奇、高崗《こうこう》（以上共産党系）、宋慶齢（孫文未亡人）、李済深《りさいしん》（国民党革命委員会）、張瀾《ちょうらん》（民主同盟）の六名が副主席に、周恩来が政務院（国務院の前身で内閣に相当）総理に、副総理およびその他の部長（大臣）クラスのポストもおおよそ共産党系と非共産党系が半々といった形で政権が構成された。「共同綱領」では、この政権は人民民主主義国家すなわち新民主主義国家であり、新民主主義社会の建設を目指すことが力説され、「共産党指導」や「社会主義」といった表現は一言も盛り込まれていなかった。

欧州冷戦の影

外交方針でも「共同綱領」では、「第一にソ連・人民民主主義諸国、各被抑圧《ひよくあつ》民族と連合し」とあるものの、この項目の冒頭ではまず「世界におけるすべての平和と自由を愛好する国家および人民と連合する」と力説し、「国際的な平和民主陣営の側に立って……世界の恒久平和を保障する」と、必ずしも社会主義陣営「一辺倒」の主張ではなかった。しかも内戦収束の時期に水面下で中共は米中関係正常化の働きかけを試みたことも、今日では明らかにされている。しかし他方で四七年以来、ヨーロッパ冷戦は進行し、そうした対立はアジアにも明確に影を落としつつあった。それゆえ、毛は建国直前の有名な講話「人民民主独裁を論ず」の中で、「ソ連一辺倒」を主張するようにもなっており、新政権自身の「外交の揺れ」を見ることができるのである。

しかし、統治の面で言えば上述のような激しい戦闘が続き、政権は決して強固といえるものではなかった。その上、もともと広大な国土を擁し、地域的差異も大きく、交通網も整備されておらず、きわめて流動的で不安定な地域もあり、新政権が統一的に国家運営を行うことは事実上不可能だった。そこで、実際の統治、行政運営などについては、六つの大行政区に分け、八つの直轄市を設置した。とくに大行政区政府では、当然にも「共同綱領」の精神、中央政府の基本方針に従うが、その主管範囲の主要工作に関しては独自の方針・政策を決定し、中央政府には「処理した後に政務院に報告する」ことでよしとするといったように、相当の「自治」を認めていた（「大行政区人民政府委員会通則」、一九四九年一二月）。

六大行政区は、およそ四つから六つの省を一つに束ねた中央と省の中間に位置する行政区で、具体的には東北（党・政府のトップは高崗《こうこう》）、華北（彭真《ほうしん》）、西北（彭徳懐《ほうとくかい》）、華東（饒漱石《じょうそうせき》）、中南（林彪）、西南（党は鄧小平、政府は劉伯承）の六つの大行政区で、各区では党中央地方局と政府が設置された。そのトップには、カッコ内のように抗日戦争・国共内戦で名を馳せた大物たちが就任し、その運営には彼らの意思が大いに反映されていた。国家の規模から言えば、中国を六つに分けた地域でさえ世界の中では大国に属するほどの大きさを占めている。

三反五反運動

国民党との内戦は一九五〇年六月頃にほぼ決着がついたが、国内の秩序回復、安定を言うには依然幾つかの大きな障害を抱えていた。一つは全国各都市における反共産党・反人民共和国勢力の存在である。二つには、広大な農村では地主・郷紳《きょうしん》など旧支配勢力が依然かなり根強く生き残っていた。加えて後述する朝鮮戦争が、五〇年六月に勃発し、五三年七月の休戦協定まで中国はこれに大きく巻き込まれ、国内建設に巨大な影を落とすことになるのであった。都市と農村の二つの事情に関して、五〇年のほぼ同じ時期に党中央は重要な決定を下した。前者は政務院「反革命活動の鎮圧についての指示」(七月二一日)であり、後者は中央人民政府「土地改革法」(六月二八日)の採択であった。

反革命鎮圧運動は、国民党残留分子、特務、地方のボス、匪賊《ひぞく》、「会道門《かいどうもん》」ら秘密結社、ヤクザ組織(黒社会)など陰に陽に新政権の弱体化を試みる勢力を対象にしたものであった。これは広範な大衆を巻き込んで繰り広げられ、五三年に一応の任務を終了した。結果として、反革命分子一二九万人を逮捕、一二三万人を拘束し、七一万人を処刑し、武装勢力二四〇万人を壊滅させた。さらに都市では同運動と並行して、五一年末から「三反運動《さんはんうんどう》」、五二年年初から「五反運動《ごはんうんどう》」と呼ばれる大衆運動が呼びかけられ展開された。「三反」とは汚職、浪費、官僚主義の三つに反対することで、行政組織の簡素化、清廉化《せいれんか》への取り組みを意味した。続く「五反」とは贈賄《ぞうわい》、脱税、国家資材の横領と手抜き、材料のごまかし、経済情報の窃盗の五つに反対することであったが、事実上民族資本家、金融関係者などが対象となった。幾つかの都市調査によれば、国家の政策に違法な者は全体の二五~三〇パーセントに及び、「五反運動」の波及効果として商工業者が深刻な打撃を受け、以下で述べる「新民主主義社会」建設から「過渡期の総路線」への移行を促進する重要な背景となった。

1950年1月21日、モスクワで開かれたレーニン死後26周年記念式典の壇上に居並ぶ中ソの首脳たち　左から４人目が周恩来総理、以下右へミコヤン副首相、毛沢東主席、ブルガーニン副首相、スターリン首相、２人おいてマレンコフ副首相、１人おいてフルシチョフ政治局員

中ソ友好同盟相互援助条約

蔣介石を台湾に追いやり、全土平定のメドがたった一九四九年一二月、国内建設の重大な作業を劉少奇や周恩来に任せ、毛沢東は北京駅を六日に出発、瀋陽、満洲里《マンチュリ》を経てシベリア鉄道に入り一路モスクワに向かった。それから中ソ友好同盟相互援助条約が結ばれ（一九五〇年二月一四日）、帰国の途についたのが二月一七日であった。生まれたばかりの国家の元首が二ヵ月を超えて自国を留守にするという状況は異常なことである。それゆえ、そこには毛沢東とスターリンという個人と個人、党と党、国と国のレベルでの複雑な中ソ関係の存在を読み取ることができるのであり、単純な「社会主義国家」同士の友好・団結を示す旅というわけではなかった。

毛沢東のロシア語通訳兼秘書の師哲《してつ》によれば、毛とスターリンの初めての出会いは気まずいものであり、その後スターリンは無作法に毛を扱い、予想以上に中ソ交渉は時間を要することとなった。個人的な関係で言えば、スターリンはそれまで毛沢東を自らすすんで支持したり評価したことはなかった。毛が進めた農村根拠地が勢力を持つようになった一九二九年、スターリンは中国共産党中央への指示の中でこの動向について言及しているが、その中で毛沢東は「朱毛という農民活動家」になっていた（J・デグラス／対馬忠行・雪山慶正訳『コミンテルン・ドキュメント』Ⅲ、現代思潮新社、一九七二年）。朱毛とは朱徳と毛沢東の名前を合わせたもので、当時紅軍のことは「朱毛軍」と言われていたため、スターリンは一人の人物と勘違いしたのであろう。その程度の扱いである。一九三五年の遵義《じゅんぎ》会議で毛が党のトップに就いた時にもスターリンおよびコミンテルンはこれを支持する意向を示していない。

それは党と党の関係にも反映していた。既に述べたように中共はソ連共産党、コミンテルンの強い指導下で成立しており、遵義会議まで中共の指導部人事はすべてコミンテルンすなわちスターリンが強く関与して進められてきた。その結果、農村・農民革命論に固執する毛は一貫して指導部から排除されてきたのであり、遵義会議はその意味でスターリンにとって不愉快で不本意な会議であった。したがってスターリンは抗日戦争以来、自らのもっとも忠実な部下王明（陳紹禹《ちんしょうう》）をモスクワに呼び寄せ、彼を通して自らの意向を中国革命に反映させようとしたのであり、他方そのことを忌み嫌った毛は四〇年代初め、王明ら「留ソ派」をターゲットにして徹底した整風運動を展開したのであった。

このような当時の両者の隠微《いんび》な確執は、四五年八月の第二次世界大戦終結時にも反映した。これも既述したが、中共は毛の指導下で四五年には党員一二〇万を超え、支配領域も二〇〇万平方キロ、人口一億人余りを抱える強大な勢力に成長していた。にもかかわらずスターリンは戦後の対中国政策で毛沢東を無視し、蔣介石と交渉し中華民国との間に「中ソ友好同盟条約」を結んだ。中国を抜きにしたヤルタ会談で、「大連港《だいれん》におけるソ連の優先的利益、旅順《りょじゅん》海軍基地の租借権、東清《とうしん》・南満州鉄道のソ連利益優先の条件での中ソ共同経営、外モンゴルの現状維持」などが承認されたが、スターリンは対中交渉でこれを強く要求した。そして事実上、大幅にソ連の要求を呑む形で「中ソ友好同盟条約」は結ばれたのであった（石源華『中華民国外交史』、上海人民出版社、一九九四年）。

新中国の安全保障

むろん国共内戦が中共軍有利に展開する中でスターリンの国民党と中共の間のシフトも変化し、東北解放をはじめ背後で事実上の中共側支持の行動をとるようになった。しかし新中国成立後は、国と国の関係としてあらためて「中ソ友好同盟条約」の処遇を避けることはできなかった。毛の訪ソ時、スターリンは新たな同盟条約締結を当初は考えておらず、ほとんどまともな議論も交わされないまま約一ヵ月の時が過ぎた。毛は感情を殺しながらスターリンと対話することはできるが、交渉はうまくできない。そこで五〇年一月二〇日、北京より周恩来を呼び寄せ、実務交渉を担当させることで事態の打開を図った。むろん重要な部分では毛と周とスターリンで議論し、周がそれらを整理し条約草案を作成した。そして中華民国と結んだ「中ソ友好同盟条約」と区別し、かつ条約の平等性を押し出す意味から「相互」の文字が加えられた条約となったのである（劉傑誠『毛沢東与斯大林』、中共中央党校出版社、一九九三年)。

新条約は基本的には平等な関係が謳われ、毛沢東、周恩来の提案を尊重しスターリンが大幅に譲歩したと言われる(同上)。確かにヤルタ協定の内容はかなり否定され、旧「中ソ友好同盟条約」の廃棄の他、ソ連からの五〇—五四年の三億ドル相当の借款供与、旅順、大連、長春鉄道は五二年末を期限に中国に返還することなどがとり決められた。しかし、最後の部分の中国側への返還は、実際は朝鮮戦争のため五五年まで延期され、それまで中ソ共同管理下に置かれたこと、また秘密協定で新疆《しんきょう》ウイグル自治区における鉱山・石油の採掘権をソ連に与えたこと、外モンゴルにおける中国主権が事実上放棄されたことなど、中国側の不満も残った。毛は後に一九五八年の成都の会議で、ソ連が保持した特殊権益のある東北と新疆について、「二つの植民地」という言い方で自らの不満を表現している。

しかし、冷戦の強まっていく世界情勢を前に、「日本ないし日本と同盟する国家(米国を指す)の侵略を受けた場合、直ちに相互の軍事援助を行う」という点が第一条で盛り込まれた。このことは成立まもない新中国の安全保障を考える上で大変な成果であった。おそらく毛にとって辛抱強く、譲歩も含め何とか同条約の締結にこぎつけたのは、他ならぬ自国の安全保障という、この点に最大の理由があったのではなかろうか。いずれにせよ、これによって中国は、ソ連陣営の一角に入ったことをはっきりと世界に示したのである。

朝鮮戦争と土地改革

朝鮮戦争への参戦

歴史は予期せぬ出来事から指導者をも、思わぬ方向へ引き込んでいくことがたびたびある。外からの脅威に対抗できる同盟締結を実現し、毛沢東がようやく本腰を入れて国内問題に取り組もうとしていた矢先、朝鮮戦争が勃発した。一九五〇年六月二五日、北朝鮮軍は怒濤の勢いで三八度線を突破し南進してきた。もともと朝鮮半島をめぐる大国間の思惑は、米国が防衛ラインから朝鮮半島を外したこと、ソ連も同地域に対する関与について消極的な態度を示したことによって、南北の膠着状況が続くと見られていた。しかし後に明らかにされた資料によれば、北の指導者金日成《きんにっせい》《キムイルソン》は南への進攻に関して事前にスターリンに是非を打診し了解を得ていた。

様々な資料と情報から、六月二五日の中南海を再現したH・E・ソールズベリーは、「『北の』攻撃が毛にとって事前に特に警告もなく、青天の霹靂《へきれき》であったという証拠には事欠かない」と断定している（前掲書上）。米国はただちに「北を侵略者」とした決議案を国連安全保障理事会に提出し、拒否権を持つソ連が会議に欠席したため採択に成功した。六月二七日、米国軍は国連軍の名の下にこの戦争への直接介入を開始した。

中共指導者にとっては不意を突かれた感じで、朝鮮半島問題が一挙に最重要課題として浮上したのである。周恩来総理の名で繰り返し「米国の朝鮮戦争介入の不法性」と「台湾への艦隊派遣の侵略性」を非難し、かつ七月以来大規模な「抗米援朝運動」を呼びかけ国内で気運を盛り上げていた。しかし彼らにとって当時、より優先順位の高かった課題は「台湾とチベットの平定」であり、直接の戦争行動は慎重に見合わせていた。安易な朝鮮への介入は、米国が中国を直接攻撃する格好の口実になり、蔣介石の「大陸反攻」を勇気づけることにもなるからである。

しかし、九月一五日、国連軍総司令官マッカーサーは仁川《じんせん》上陸作戦を敢行した。以後、国連軍は北朝鮮軍を徐々に北へ押しやり鴨緑江《おうりょくこう》に向けて進軍を続けた。こうした状況下で、北朝鮮への軍事的支援を行うことが本格的に討議されるようになった。毛は「空軍はソ連、陸軍は中国」が分担してあたることを信じて疑わなかった。そして一〇月一日、金日成が「援助」を求める電報を毛に送った翌日、彼は「中国志願軍の朝鮮派遣決定」の電報をスターリンに送った（『建国以来毛沢東文稿』第一冊、以下『文稿』と略）。そこには「我々はこのような行動をとることが必要だと考える」という一文が加えられており、H・E・ソールズベリーは「このような行動」の個所を別の研究書に基づき「ソ連による同様の行動」と解釈している（前掲書上）。

スターリンはそれに対し、最初はソ連空軍部隊の派遣に同意したが、一〇月一〇日に結局、直接ソ連軍の派遣はしないことを周恩来宛に伝えた。毛は一一日直ちに周をモスクワに派遣し、政策の転換を迫った。しかしスターリンの回答を待つことなく、彼は一三日に「朝鮮参戦決定」の電報をモスクワの周に送った。そして一〇月一九日、彭徳懐《ほうとくかい》を総司令官とする中国人民義勇軍は鴨緑江を越え朝鮮半島に進撃したのである。

第一次停戦会談

中国軍の動きは迅速だった。一一月初めまでに三八万人の軍を投入し、国連軍の前線一三万人に対峙することができた。緒戦に勝利した中国軍は一一月末には三八度線を突破しソウルを占領した。しかし五一年に入り国連軍も反撃に転じ、二月中旬の大激戦の後、戦線は二転三転の攻防を繰り返した。この間米国では、マッカーサーによる「国民党軍による華南進攻作戦の提唱」、トルーマン大統領による「中国への原爆使用の考慮」など米中全面戦争の可能性も高まるほどであった。しかしやがて、戦争積極派のマッカーサーを四月に罷免《ひめん》したトルーマンは、ソ連マリク国連代表の停戦交渉提案（六月二三日）に前向きの回答を示し、中朝もこれに応じ、七月一〇日より第一次停戦会談が始まった。

しかし、毛はこの停戦交渉中に国連軍が大挙攻勢を仕掛けてくることを極度に警戒し、東北地方からの軍備の補強と拠点での強い警戒態勢を取るよう彭徳懐、高崗、金日成らに幾度も指示を発している（『文稿』第二冊）。八月半ばから国連軍は大規模な「夏季攻勢」を仕掛け、第一次停戦会談は八月二三日から中断を余儀なくされた。一〇月二五日、停戦交渉（板門店会談）は再開されたが、ほぼ並行して国連軍の「秋季攻勢」とそれに対する中朝軍の反撃が展開された。一一月二七日に中朝側の要求が受け入れられた形で合意が見られたが、ここでは停戦に至らなかった。

朝鮮戦争を通して、毛の現場への指示は頻繁でかつ細部にわたっていた。例えば停戦協定交渉にあたっていた李克農《りこくのう》外交部副部長への一一月二〇日の毛沢東指示は、軍事境界線画定、非軍事地区設定の後その実施期間について「二〇日以内」という原案を「三〇日以内」に修正せよと指示し、「敵が急ぐなら、こちらは急いでいる素振りをしてはいけない」とコメントするなどであった（『文稿』第二冊）。敵の攻勢を事前に予測した「積極的防御戦」、

「交渉しつつ戦う」二面作戦で、一見防衛的に見えながら実質的には攻撃的な作戦の展開であった。

スターリンの死と停戦

五二年に入り米国は「細菌兵器」を使用し、再度の反撃に出た。しかし中朝軍は人民を動員し防戦を繰り広げ、事態は三八度線一帯で双方が一進一退を繰り返す膠着状態に陥った。八月二九日「停戦協定草案」は基本的な部分ですべて合意に至ったが、「捕虜送還問題」がこじれ、米国は一〇月、一方的に停戦交渉の無期限休会を宣言した。その直後から兵力を集中し、四三日間に九〇〇〇回余りの出撃という「最大規模の攻勢」を試みた。これにより中朝側も多大な損失をこうむったが、決定的なダメージを受けるに至らず、中朝軍も五月から七月にかけて大規模な「夏季攻勢」をしかけ、三八度線のやや南、北漢江一帯で双方は激しい戦闘を展開した。しかし、ここでも戦局を決定することはできなかった。

かくして五三年七月二七日、彭徳懐・金日成の中朝最高司令官、クラーク国連軍総司令官の名の下、「朝鮮戦争停戦協定」に関する正式調印の運びとなり、三年一ヵ月の戦闘は休戦となった。この年の三月、世界に多大な影響を与えたスターリンが死去した。このことが朝鮮戦争にいかなる意味を持ったのかは不明であるが、いずれにせよ停戦が実現したのであった。

ところで双方が発表した損害の規模は以下のとおりである。国連側発表では、国連軍死傷者四九万六〇〇〇人（うち米軍一三万人）、中朝側一八九万七〇〇〇人、中国側発表では、国連軍死傷者一〇九万人（うち米軍三九万人）である。中朝側は自らの損害は発表していないが、ある資料では中国軍は一〇〇万から一五〇万人の損害を受けたとある（大久保泰『中国共産党史』下、原書房、一九七一年）。H・E・ソールズベリーは、中国軍は四五万から五〇万人（北朝鮮軍は二〇〇万人の損害）が命を落とし、抗日戦争、国共内戦より犠牲が大きかったと記している（前掲書上）。

この頃の中国は、朝鮮戦争のみならず各領域でも激変した時期であった。国内では前述した反革命鎮圧運動、三反五反《さんはんごはん》運動、さらに後で触れる土地改革運動が展開された。そうした興奮した状況下で「抗米援朝《こうべいえんちょう》運動」が展開されただけに、国民の士気は大いに高まった。五〇年一〇月までに国内で「世界平和の擁護、米国の侵略反対」に署名した中国人は二億二三七〇万人余り（全人口の約四七パーセント）、五三年の停戦成立までの抗米援朝運動参加者は全国の約八〇パーセントにものぼった。同時にこうした中で五一年一二月、中国軍はチベットのラサに侵入し、チベットを実力で平定したのであった。

土地改革運動

新中国が成立してほぼ九ヵ月後、朝鮮戦争勃発の最中の五〇年六月三〇日、「中華人民共和国土地改革法」が公布された。これは、当時なお土地改革が実施されていなかった約二億六四〇〇万の農業人口（全国農業人口の約六五パーセントに相当）を抱える地域を対象としたものであった。華南、華中、西南が中心で、中南軍政委員会管轄《かんかつ》の六省（河南、湖北、湖南、江西《こうせい》、広東、広西）だけでも一億人を超える農業人口が対象になっていた。「土地改革

土地改革　1950年12月、湖南省人民政府より出された土地改革を訴えるポスター

法」は「農村の生産力を解放し、農業生産を発展させる」ことの重要性が冒頭で強調され、「富農経済の保護」も明確に打ち出された。それはまさに社会主義的でない「新民主主義改革」の重要な内容の一環を示していた。

土地改革運動は、中央レベルでは性急な推進を抑え、「段取りに従い」「秩序あるやり方」を強調し、五〇年末から二年半ないし三年をかけて基本的な完成を目指していた。広東省を例に具体的な状況を垣間見ておこう。同省は九九の県、総人口二七四六万人、農村人口は全体の約七〇パーセントを占める一九一一万人であった。五〇年冬までに土地改革が始まったのは、わずか三県で二〇〇万人余りを含む地域であった。これは他の中南五省に比べ遅れた状況であった。当地（広東省）の土地改革は一般に三つの段階を経て実施された。第一段階は「清匪反覇《せいひはんぱ》、退租退押《たいそたいおう》」と呼ばれた。すなわち匪賊《ひぞく》を粛清し、地主ボスに反対し、小作料・不当税・権利金などを地主から取り戻すことである。第二段階は農村の階級区分・土地の分配である。そして第三段階は農村の整頓で、地主たちの処遇、土地証書の発行、生産活動の準備などであった。

こうした作業を進める中核的な組織が「土地改革工作組（班）」と呼ばれた。「土地改革法」二八条では、「土地改革の期間中には県以上の各級人民政府は……土地改革委員会を組織し、土地改革関係の各種の事項を指導し、処理する責任を負わせる」ことが明記された。

華東地区では五〇年の夏秋だけでも一七万六〇〇〇人余りの幹部がこうした委員会の指導の下に訓練を受け、末端の農村に入り土地改革を指導した。全国レベルでは五三年末まで毎年約三〇万人の土地改革工作隊が現地に派遣された。

このように上からの指導によって「秩序ある」「穏健な」改革が試みられた。しかし、実際には各地でかなり急進的な土地改革が進展した。その最大の要因は現場レベルでの農民の積極性であった。長きにわたって虐《しいた》げられ、不当な収奪を受けていた農民たちにとって、略奪者・支配者である地主たちを打倒し、自分たちの土地が手に入るという宣伝と指導を受ければ、それだけでも積極的になるに十分であった。

農民・労働者の解放

農民の組織である農民協会は五〇年五月末の時点で華東、中南地域では計二四〇〇万人を擁していたが、華東地域のみで九月中旬までに一〇五三万人、一二月下旬で二四〇〇万人へ、中南地域では九月下旬で二五一二万人へと増大している（『人民日報』その他）。このようにわずか半年程度で農民自身の組織が倍増するといった状況は、上からの指導もさることながら、農民自身の主体的、積極的な参加を抜きにして考えることはできない。かくしてトップレベルでは二年半から三年をかけて完成の予定だった土地改革は、実際には急ピッチでダイナミックに展開し、時間を繰り上げ約一年一〇ヵ月後の五二年春に、党指導者自身によって「土地改革は既に全国的範囲にわたって基本的に完成した」と宣言されたのである（『新華月報』一九五二年一〇期）。

農産品	1952年の指数	工業製品	1952年の指数
穀物	109	薄絹	147
綿花	154	布	137
サトウキビ	126	鋼	146
豚	114	セメント	125
魚貝類	111	発電量	122

1952年における農業・工業生産高の伸長（中華人民共和国が成立した1949年以前の最大生産高を100としたときの指数を示す）

土地改革の完成によって、洪秀全《こうしゅうぜん》、康有為《こうゆうい》、孫文《そんぶん》ら中国近代史の指導者たちがそろって強調した「耕者有其田《こうしゃゆうきでん》」がここにはじめて実現した。農民たちの生産意欲は大いに高まり、各種の農業生産高は一気に増大した。四九年以前の生産量最高の年を一〇〇として比較すれば、四九年時は軒並みに大幅減少（一二〜七〇）であったが、五二年の生産量は逆に農産品の約半数の品目で四九年以前の最高を突破し、大幅な増加を記録するようになった。例えば、穀物など食糧は戦前の最高年に対して五二年は一〇九、綿花は一五四、サトウキビは一二六、豚は一一四、魚貝類は一一一などである。ちなみに工業生産面では農業面以上に生産の伸長が著しく、四九年以前の最高額と比較して五二年では、例えば薄絹一四七、布一三七、鋼一四六、セメント一二五、発電量一二二など各品目がことごとく大幅に超過している。

こうした農民、労働者の生産意欲の向上による国民経済の復興は、既に述べた朝鮮戦争勃発後の「抗米援朝運動」、土地改革運動、反革命鎮圧運動、三反五反運動などが並行的に取り組まれ、「中国革命勝利」の余韻や希望の膨らむ新たな社会建設といった熱狂的な雰囲気の中で実現したものであった。その結果、社会の組織化も大いに進んだ。全国労働組合は五三年に第七回全国大会を開催したが、第六回（四八年）の会員二八三万人に比べ一〇二〇万人（三倍以上）へ、新民主主義青年団も四九年の一九万人から五三年の九〇〇万人へと大幅に組織力を強化させている。農民も自らを組織しはじめ、農民協会の建設が広範に広がった。それはたんなる土地の没収・分配にとどまらず、明らかに従来の都市・農村における権力関係の劇的な変化を意味した。農民たちは自らを解放した共産党を、そしてその領袖である毛沢東をたたえた。

ソ連型社会主義の建設

「過渡期の総路線」の提唱

まさに、戦時下で産み落とされた中華人民共和国は、その直後からの激しい風波にさらされ、大きく揺れながらもそのことで徐々に足腰を鍛え、しっかりとした骨格を形づくりつつあった。そうした情勢下の一九五二年九月二四日、毛沢東は「第一次五ヵ年計画の任務と方針」を主要議題としていた党中央書記処会議の席上で、突然「社会主義への移行、すなわち〝過渡期〟の問題」を提唱したのである。私営企業と国営企業の比率の変化などを指摘しながら、五年後、一〇年後、私営商工業の性質がどのように変化するか、すなわち共産党・労働者との関係が緊密になり強化されていく問題、農業合作化の発展の問題などを考えていかなければならないと提起した。これを聞いた薄一波《はくいっぱ》は「情勢の変化と発展が生み出した毛の新たな判断だ」と感銘し深い印象を受けたと述懐している。そして同年秋から翌五三年前半にかけて毛は繰り返し「社会主義の過渡期」を力説するようになった（薄一波『若干重大決策与事件的回顧』上下、中共中央党校出版社、一九九一年）。

しかし、この提唱は建国以来新民主主義社会建設に取り組んできた多くの指導者たちを困惑させた。党内の論争を直接うかがうことはできないが、劉少奇、周恩来、鄧子恢《とうしかい》らの発言にはこれに対する消極的ともいえる意見が見られる。毛の提唱以後でも、例えば周は五二年一〇月の座談会で「毛主席の方針は穏歩《おんぽ》前進《ぜんしん》である。新民主主義の発展は一〇年、二〇年を要するかもしれない」と指摘している（『周恩来統一戦線文選』）。鄧子恢も五三年四月の農村工作会議で「農民に対する社会主義改造は慎重で穏歩でなければならない。……小農経済における社会主義改造は軽々にすべきでなく長期の期間を要する」と力説した（『中国共産党会議概要』、瀋陽出版社、一九九一年）。

もともと毛自身が次のように力説していたのである。中共第七期三中全会（五〇年六月）では「ある人は資本主義を早く消滅させて社会主義を実行できると考えているが、それは誤りであり国情に適合していない」と。また直後の人民政協全国委員会第二回会議でも「将来、私営工業の国有化と農業の社会化が実行されるとき、もっともそうした時期はかなり遠い将来のことであるが」とも語っている。しかし、五二年末の時期に毛は、「一〇年、一五年あるいはさらに多くの時間をかけて建設する新民主主義の後、社会主義の過渡期に向かう、という言い方は適切ではなかった」とこの点における自分の変化をはっきりと認めていたのである（薄一波、前掲書）。

ソ連一辺倒

何故、毛沢東はこのような基本路線の転換を主張するようになったのか。私は以前拙著の中で、①上記のような土地改革、抗米援朝運動などが「予想以上の成果」をあげ、共産党にとって勢力関係がかなり有利になったこと、②朝鮮戦争、日米安全保障条約締結、「台湾防衛」など米国を軸とした「中国封じ込め」が着々と形成される中で、新民主主義国家といった曖昧な体制の存続はかえって国家を不安定にする、といった判断が生まれたのではないかということ、そして③毛沢東自身の発想・戦略思想、すなわち経済問題であっても経済的条件よりも政治的条件を優先するという特徴、例えば準軍事的発想、大衆動員方式や主観能動性に見られる主意主義的発想を重視すること、以上の三点から社会主義移行の「過渡期の総路線」が提唱されたと分析した（前掲『中華人民共和国史』）。

スターリン（右）の70歳を祝う席での毛沢東

①はまさに上記の薄一波の書がそれを語っており、②は五二年一〇月、訪ソした劉少奇に託した毛沢東のスターリンへの手紙がそれを物語っているかもしれない。スターリンが毛沢東に対して強い不信感を抱いていたことは既に述べたが、それは「毛沢東は本当にもう一人のチトーだ」といったことにも深い懐疑心がうかがえる（ロス・テリル『毛沢東伝』、中文版、河北人民出版社、一九八九年）。毛がこの時期、スターリンからの強い支持を受けるには、よ

り強いソ連への傾斜、スターリンへの擦り寄りを示す必要があると考えたのではあるまいか。それが「過渡期の総路線」提唱であり、全面的な「ソ連モデル」の社会主義建設、すなわち五三年から始まる「第一次五ヵ年計画」だったのである。スターリンはこの手紙に対し「私はあなた方のこのやり方は正しいと思う」と明確な賛意を示した（薄一波、前掲書）。そしてこれ以降、五〇年の中ソ同盟以来の外交面での「ソ連一辺倒」から、国内経済政治体制建設の面でも「ソ連一辺倒」が打ち出されるようになっていった。中国が親しみをもってソ連を「老大哥《ラオターガー》」（尊敬する兄貴）と呼ぶようになったことがそれを象徴していたのである。

ソ連型社会主義への取り組み

一九五三年三月、好むと好まざるとに拘らず中国革命のゆくえ、中国の国家建設や外交に多大な影響を与えてきたスターリンが死去した。毛沢東はただちに「もっとも偉大な友情」と題する弔文を送り、「我々の偉大な教師であり、もっとも真摯な友、同志スターリンを失った。この不幸が我々に与えている悲しみは言葉で言い表せない」と感情をこめて追悼した。まさにソ連型社会主義建設である「第一次五ヵ年計画」がスタートする最中においての死去であった。その「五ヵ年計画」は五二年一一月に新設された国家計画委員会（高崗主席）の主導で、重工業基地の建設にウエートをおきながらも全産業部門にわたり前倒しで始められた。

五年間の総額四二七億四〇〇〇万元、六九四項目の大型工業プロジェクト、うちソ連援助プロジェクトは一五六項目（ただしこの援助は有償）といった前例のない大規模なものとなった。第一次五ヵ年計画の実績を、開始前の五二年と終了時の五七年を比較して簡単に見れば、工業総生産額は三四九億元から七〇四億元へ、粗鋼生産量は一三五万トンから五三五万トンへ、石炭生産量は六六四九万トンから一億三一〇〇万トンへ、農業総生産額は四六一億元から五三五億元へ、食糧生産量は一億六三九二万トンから一億九五〇五万トンへといずれも大幅に増大し（目標数値をすべて突破）、大いなる成果をあげた。

「過渡期の総路線」に踏み込み、「第一次五ヵ年計画」をスタートさせた中国にとって、新民主主義共和国として成立した「人民政治協商会議」方式の国家体制を、社会主義国家に変えることは不可避であった。土地改革、反革命鎮圧運動、三反五反運動、抗米援朝運動の成果や全国的な規模での毛沢東、共産党への信頼や支持の高まりを背景に、人民代表大会を招集すべく五三年夏ごろから各地区や郷村から県・市、そして省・自治区へと人民代表を選出する選挙が開始された。この全国的規模での選挙は、その意義や手続きを十分に理解していない農民や労働者による投票であったとしても、権力を握った政治組織が、人民から執政党であることの負託《ふたく》を受けるという意味で、中国史上初めての出来事であった。

一年近くの選挙作業を通して各地域代表一一三六名が選出され、これに軍代表六〇名、海外在住代表三〇名を加え、合計一二二六名で構成される第一期全国人民代表大会が組織された。その第一回会議が五四年九月に開催され、ここでは建国以来初の中華人民共和国憲法をはじめ、全人代組織法、国務院組織法、地方各級人民代表大会・政府組織法、人民検察院組織法など国家としての形をなす基本法が、次々と審議・採択された。また国家の指導者も改めて選出され、国家主席は毛沢東、副主席朱徳、全人代委員長は劉少奇、国務院総理は周恩来、副総理一〇名は全員共産党員であった。このように、四九年時と異なって重要ポストはことごとく共産党員が占め、全人代副委員長、国務院閣僚クラスでも非共産党系指導者の比率は大幅に減少している。

この大会の特徴は、第一に前文で「過渡期論」が盛り込まれ、社会主義的改造が国家の基本任務であることが明記され、実質的な指導部分で共産党が完全に権力を掌握したことである。中央への権力の集中、党による国家のコントロールを制度化するため各機関内に党委員会―党組（党フラクション）を設置するなど、ソ連の統治方式が導入された。第二は国家の体裁が整い、政治・軍事・経済の近代化と社会の制度化が本格的に始まったことである。「政府活動報告」では、「もしわれわれが強大で近代的な工業、近代的な農業、近代的な交通・運輸、近代的な国防力を建設しなければ立ち遅れと貧困から脱却できない」と近代化建設を強く訴えている。まさに七〇年代に蘇《よみがえ》る「四つの近代化建設」の元となる発想であった。

高崗・饒漱石事件

このように「向ソ一辺倒」のもとソ連モデルをしっかり取り入れ、経済、国家建設が着々と進んでいる中で、実は脱スターリン、そしてその後の脱ソ連、反ソ連にもつながっていく不可解な事件、いわゆる「高崗《こうこう》・饒漱石《じょうそうせき》事件」が発生したのである。高崗は一九三〇年代西北根拠地の創設者として知られ、以後内戦を通じて東北地方の党・政・軍を一手に掌握し、スターリンとも関係が深く四八年には中華人民共和国の建国に先んじて「ソ連・東北人民政府貿易協定」を結ぶなど独自の地方指導運営を行っていた。さらに上述のように五二年末には国家計画委員会主席の地位につき、ソ連方式の経済建設の陣頭指揮をとっていたのである。饒漱石は建国直後の大行政区設置で華東《かとう》軍政委員会主席となり当地域の実力者であると同時に、五三年には党中央組織部長のポストについていた。

事件の全容は今日なお明らかになっておらず、毛沢東らの陰謀説も根強いが、一応以下のように説明されている。すなわち五三年六月から一二月頃にかけて、高崗は劉少奇、周恩来の中央指導に反対し、自らがそれに取って代わろうと様々な陰謀を仕掛けた。一つは「両党論」を提起し、四九年以前の共産党は国民党支配の白区《はっく》と、共産党の根拠地でつくられた紅区《こうく》があり後者が正統だと主張し、白区で活動した劉の問題性を指摘した。もう一つは「軍党論」で、軍隊の党こそ党の主体であるべきで劉は軍の経験が薄いという主張であった。さらに鄧小平が後に語ったところによれば、高崗らは毛沢東が五三年に指導部を第一線と第二線に分ける提案をしたあと陰謀活動が非常に活発になったとのことである。ただしこの提案がいつだったのか、『鄧小平文選』では五三年末になっている。しかし、それだと以下の五二年一二月の動向と矛盾が出てくる。薄一波の文脈は高崗の動きをもう少し前のニュアンスで説明している。

すなわち五二年一二月に毛沢東が体調不良で北京を離れ静養した。その時、劉少奇が主席代理として中央工作を仕切り、これに対しても高崗は強く批判をしたと言われる。同月二四日、北京に戻った毛は政治局会議で「北京には二つの司令部がある。私の司令部と別の人物の司令部だ」と暗に高崗・饒漱石を非難した。鄧小平の説明から推測すれば、このとき高崗は中南の指導者林彪、華東の指導者饒漱石、西南の鄧、さらには陳雲などに話し掛け、劉少奇をナンバー2から引き摺り下ろす協力を求め、饒漱石以外の賛同を得られず、結局逆に彼の陰謀が暴かれることとなる。

そして翌五四年二月、毛沢東の提案で劉少奇が主宰した第七期四中全会が開かれ、朱徳、周恩来、鄧小平、陳雲らが高・饒の「反党分裂活動」を厳しく批判し、「党の団結強化に関する決議」を採択した。その後一年余りの歳月をかけて同事件の収拾を図ると同時に(高崗はこの過程で自殺)、鄧小平が中心になった中央工作委員会で「報告書」が作成された。五五年三月、党全国代表者会議が招集され、鄧小平報告をもとに「高崗・饒漱石反党連盟に関する決議」を採択し、この問題の落着を見た。確かに一九五二年一二月以降の動向の中には、毛沢東の「仕掛け」を感じさせる部分がある。

しかしいずれにせよこの結果、党内における分派活動、中央に対する地方の「独立性」が厳しく批判され、毛を軸とする党中央の権限が強化されたのである。さらに鄧小平、林彪の政治局員への、そして陳雲の五四年九月における国務院副総理への抜擢は、同事件における「論功行賞」と取れなくもない。かれらは中央の要職を担うことによって、まさに毛の側近としての役割が期待されたのであった。さらに付言しておくならば、建国直後に設置された「大行政区制」は、この事件を契機に廃止され、以後省レベルは中央に直属することになったのである。

農業の集団化

スターリンと緊密だった高崗の失脚と合わせて、政策面での脱スターリン化を感じさせる

農業の集団化　国営機械化農場における大型播種機を使った種まき。1954年ごろ

ものは農業集団化の加速であった。前述したように「耕者有其田《こうしゃゆうきでん》」政策によって農民大衆は土地を所有する喜びに浸っていたのであるが、社会主義化の「過渡期の総路線」を歩みはじめてまもなく、党中央は合作社化《がっさくしゃか》すなわち集団化に重点を移しはじめた。特に五三年一二月には、党中央「農業生産合作社の発展に関する決議」が採択され、互助合作化運動を「今後の農村における党指導の中心」と位置付けた。その後の農業集団化は次章の「人民公社の建設」の項で見ていくが、考え方として、中国はソ連の農村建設方式と微妙なしかし重要なズレを見せはじめていた。単純化して言えば「機械化が集団化に先行する」というソ連方式に対して、毛は「集団化を機械化に先行させてよい」という主張であった。

党中央の中には、ソ連方式に賛同する指導者も少なくなく、毛は彼らとの厳しい闘争を経ながら独自の社会主義建設を希求していくのであった。その象徴的な出来事が五五年七月三一日の省・自治区級の地方幹部を集めて行った「農業合作化に関する問題について」と題する講話であった。毛はこの冒頭で、集団化に消極的な高級幹部たちを皮肉たっぷりな語調で次のように批判していた。

「全国の農村には新しい社会主義的な大衆運動の高

まりが訪れようとしている。ところがわれわれの一部の同志ときたら、まるで纏足《てんそく》をした女のようによろよろと歩きながら、速すぎる速すぎると愚痴ばかりこぼしている。余計な品定め、的外れの恨みごと、数え切れないほどのご法度や戒律など、こうしたものを農村の社会主義的な大衆運動を指導する正しい方針だと思っている」。

確かに一九五四年末頃から、農業集団化は行き詰まりを見せた。この時期合作社化の停止や後退の動きが新聞報道で明らかになった地域だけでも湖北、河南、広東など一二省に及んでいた。党中央は五五年一月、「農業生産合作社の整頓・強化に関する決議」と題する通達を発し、「発展を停止し、打ち固めることに全力を上げる」よう促した。発信元は党中央となっているが、毛のトーンと異なって慎重派（反冒進派《はんぼうしんは》）の意向をはっきりと代表していた。鄧子恢《とうしかい》党中央農村工作部長が反冒進の意向を代表していたが、周恩来らも慎重発言をしている。毛はこうした慎重論に強い不満を抱いていた。

このような状況において毛の上記講話は絶大な効果をもたらした。五五年三月末の集団化の数値は、前年一二月末に比べて増加はしているものの増加率は大幅に落ち込んでいた。さらに三月末から六月末にかけてほぼ横ばい状態で全農家の一四・二パーセントであった。それが毛の講話の三ヵ月後（一〇月末）には三二パーセントが組織化され、五六年一月には七九パーセント、その年の一二月には九八パーセントと一挙に集団化が進んだのであった。当時、毛は語調を強めてこう語っている。「速度を速め、全般的任務を完成することである。これこそが「まもなく開かれる」八全大会の思想である。もし時間を早めて過渡期の全般的任務をやり遂げれば戦場での仕事がしやすい。急いでやれば極めて有利であり、早いうちにやることだ」、「いつまでもソ連と肩を並べている必要はない」（『毛沢東思想万歳』上）。

やがて毛はフルシチョフと対抗する意味からも、集団化をさらに大胆に推進し、人民公社建設に至るのであるが、それはまた章を改めて語ることにしよう。

脱ソ連と反右派闘争

スターリン批判の衝撃

この間の対外政策決定を概観するならば、毛沢東の決断が政策決定におけるすべてであったといってよい（朱建栄『毛沢東の朝鮮戦争』、岩波書店、一九九一年）。しかし先に見てきたように内政的な部分では必ずしもそうではなかった。高崗の失脚、今日から見れば急ぎすぎた農業集団化の強行、そしてこれから触れるフルシチョフとの確執など、おそらくそれらは、毛沢東の内面の心理的な部分における変化に強く関わっていたのであろう。「スターリンの死」に伴う内的変化である。しかし、劉少奇も周恩来も鄧小平も、この微妙な毛の変化の部分にほとんど気がつかなかった。厳しさを増す冷戦状況の中で、「ソ連一辺倒」「ソ連と共に生きる」という路線は、確固不動の選択だと信じて疑わなかった。

ちょうどこの頃の毛沢東と他のトップ指導者との日常的な関係を、お抱え医師であった李《リ》志《チ》綏《スイ》は次のように記している。

「長征を生き残った人々の同志愛は、いまや神話に過ぎなくなっている。劉少奇や周恩来総理がたまに要務で主席を訪れはしたものの、意思疎通は、頻繁に交換された文書類に加筆されるコメント（評言）を通じてか、あるいは不定期に開かれる党中央政治局常務委員会の席上ではかられるのであった。党最高幹部との行き来、相互訪問など一切なかった。身辺護衛のボディーガード［大半は教養のない農村出身者］だけが唯一の日常的な親しい付き合いの仲間であった」（前掲書上）。

毛沢東にとっては、いわば現場感覚が徐々に希薄化する一方で、自己権力が肥大化していくといった状況があ

歓談する毛沢東（左）とフルシチョフ

った。こうした中で毛の思考は次第にバランスを欠くものとなっていた。少なくとも五六年頃からその傾向は強まり、政策決定に影響が出るようになっていた。そう考えなければその後の政治過程は理解できない。

高崗・饒漱石事件が落着し、さらに農業合作社化がようやく毛の思う方向で軌道に乗るようになっていった五六年初め、ソ連との関係で再び衝撃が走った。一九五三年のスターリン死後、マレンコフ、ベリヤらとの隠微《いんび》で熾烈《しれつ》な権力闘争を勝ち抜き、党・政府の最高実力者となったフルシチョフが、第二〇回ソ連共産党大会（一九五六年二月）で突如事前の連絡も

ないままに全面的な「スターリン批判」を行ったのである。事が事だけにフルシチョフ報告は非公開でなされたが、「無謬《むびゅう》」の絶対的指導者であったスターリンの「独裁」「大粛清」「個人崇拝」が次々と暴《あば》き出され、指導者・人間としてのスターリンが全面的に否定されたのである。

毛沢東がこの報告を慎重に吟味し、中国共産党としての明確な態度を示すのに二ヵ月近くを要した。「フルシチョフのスターリン批判を支持すべし」と言った朱徳元帥に毛は強い不快感を示した（李志綏、前掲書上）。「我々は盲従してはならず、分析を加えるべきである。……ソ連の屁は全部良い匂いだとは言えない」と彼一流の皮肉を語った。しかし同時に、「スターリンやコミンテルンの悪事については地区委員会の書記、県委員会の書記にも伝達してかまわない」（『毛沢東思想万歳』上）とスターリンの相対化を意識的に進めた。五六年四月五日、『人民日報』編集部による「プロレタリアート独裁の歴史的経験について」と題する長大な論文が『人民日報』に掲載された。毛自身も細かく目を通し修正した中国の正式な「フルシチョフ報告」への回答である。

百花斉放・百家争鳴

そこではソ連第二〇回党大会が党の集団指導を守り、スターリン批判を通して自己批判を行ったことに、「この勇敢な自己批判は党内生活の高い原則性とマルクス＝レーニン主義の偉大な生命力をあらわす。……このことによって失うものは何もなく、得るものは広範な人民大衆の支持である」ととりあえず強く賛同した。さらに毛は後期スターリンの活動を評した箇所に「彼は驕《おご》りたかぶり、慎み深さを失い、その思想では主観主義、一面性が生まれ、幾つかの重大問題で誤った決定を下し、深刻な悪い結果をもたらした」と加筆している(『文稿』第六冊)。しかし同時に、「スターリンは全面的な誤りを犯したと考えるものがいるが、それは大変な間違いである。……我々は歴史的観点に立ってスターリンを見、彼の正しい点と誤った点を全面的に適切に分析し教訓を汲み取らねばならない」と主張している。そしてその後「スターリンの歴史的評価は〝三七開〟(三分の誤り、七分の評価)でいくべし」と断定した。この点はフルシチョフのソ連との鮮明な亀裂であった。

　こうした決断に際しては、毛沢東の心の中に二つの意図があったように思われる。一つは、社会主義の「兄貴分」ソ連を正面から批判はできないため表面上は支持しながらも、スターリンの功績をしっかり見よと主張することによって、毛自身がフルシチョフと対等、もしくは先輩の革命家・指導者であることを暗示しようとしたことである。そして二つには、そのスターリンの誤りも指摘することによって「モデルとしてのソ連」を相対化しようとしたことである。事実、『人民日報』の「プロレタリアート独裁の歴史的経験について」発表の直後から、毛は中国独自の社会主義建設論と社会主義作風をアピールするようになっている。すなわち、前者が五六年四月二五日党中央政治局拡大会議で行った重要講話「十大関係論」であり、後者がこの講話で毛が提起し翌五月に宣伝部長陸定一《りくていいつ》が党外に呼びかけた「百《ひやっ》花斉放《かせいほう》・百家争鳴《ひやつかそうめい》」であった。

　この間進めてきたソ連モデルの社会主義建設は、工業と農業の関係から言えば工業重視、重工業と軽工業の関係から言えば重工業重視、さらに中央と地方の関係から言えば中央集権重視といった特徴が見られた。毛沢東の「十大関係論」は、中国自身の重大な問題を一〇に絞り、第一番目に工業と農業、重工業と軽工業の関係を論じているが、農業と軽工業に力をいれバランスの取れた発展を強調している。中央と地方の関係でも「今注意すべきことは、より多くの地方の積極性を発揮させ、地方により多くの仕事をさせることだ」と主張したのである。このように一〇の問題に対する彼の考え方は、基本的には均衡、バランスを考慮した発展論で、ソ連モデルと基本的に異なる発想であった。

「百花斉放・百家争鳴」は、文字通りあらゆる意見や考え方が自由闊達《かったつ》に語られる雰囲気を中国流に表現したものである。「十大関係論」の中でこれを推し進めることが提唱され、共産党に対して自由に発言してもよいとまで述べている。これはスターリンの「大粛清《だいしゅくせい》」、フルシチョフの「ブルジョア的」修正・妥協に対して、「人民内部矛盾」の処理に関して中国はもっと「素晴らしい対応」をしているということを内外に示そうとしたものであった。しかし、非共産党系の指導者や知識人たちは、「過渡期の総路線」への転換によって彼らも共有していた「新民主主義社会建設」への望みが挫折し打撃を受け、党に対する不信と猜疑心《さいぎしん》を払拭《ふっしょく》できないでいた。それが翌年初め爆発することになるのであるが、この時には毛や他の指導者の認識するところではなかった。

脱ソ連路線

そして九月、一一年ぶりに第八回党代表大会が開催された。共産党の躍進は留《とど》まるところを知らず、一九四九年時点で四五〇万人であった党員は、五六年夏にはついに一〇七三万人と大台を突破した。そして当時毛沢東に最も忠実な指導者と目されていた劉少奇と鄧小平が、この大会の運営を毛から一任された。毛に代わって劉少奇が、党の最重要講話である「政治報告」を行い、鄧小平が次に重要な「党規約改正報告」を行った。

劉少奇報告では、「過渡期の総路線」の実践を通して社会主義改造は決定的な勝利をおさめたこと、さらに「偉大なソ連および人民民主主義諸国との間に打ち破ることのできない友好協力関係を打ち立てた」ことなどが強調された。鄧小平報告では、上述した「スターリン批判」に対する中国の回答を基礎に、「党内民主主義」「集団指導」に力を入れるべきことが力説された。劉も鄧もこれらの点はすべて毛沢東の意向に沿って行ったものだと信じて疑わなかっただろう。毛沢東自身も「政治報告」「党規約改正報告」の草案段階で何度も意見し修正を加えている（『文稿』第六冊参照）。

付け加えるなら劉少奇報告では、「毛沢東同志が農民の合作社化の積極性を押さえつける党内の右翼的な保守思想を是正したため、農業生産合作社は急速に発展するようになった」と、その功績をたたえている。他方毛沢東の「開幕の詞」では、「我々には偉大な同盟国ソ連とその他兄弟国の援助があり、すべての兄弟党の支持がある」とソ連との友好的関係に対する高い評価を行っている。しかし、毛の専属医師李志綏はまったく違った見方をしていた。

「劉少奇、鄧小平の両演説を耳にしながら、私は即座にこれは毛沢東を怒らせるだろうなと思った。私だって愕然としたのであった。……鄧小平が説明した党規約改正報告では、『毛沢東思想をもって国家のイデオロギー的指針とする』という一節が削除された」（前掲書上)。

しかも、「国家主席辞意」の意向を真に受けて、毛に「名誉主席」の準備をほのめかしたことが、さらに劉・鄧に対する毛の不信感を強めたと語っている。

第八回党代表大会直後の一〇月、ハンガリーのブダペストで、複数政党制導入やソ連軍撤退を要求した二〇万人を超える大規模なデモが発生した。こうした要求をナジ政権は受け入れることを決意したが、ソ連の軍事介入を招き武力でデモは鎮圧されナジ政権も崩壊させられ、いわゆる「ハンガリー動乱」は収束した。毛はこの事件に対して一二月に次のように語っている。

「あの国では活動はうまくいっておらず、一様にソ連のやり方を真似しており、具体的な状況を考慮してやっていないので欠陥が出てきたのである。……われわれはソ連の経験に学べというスローガンを提案したが、これまで彼らの立ち遅れた経験を学べというスローガンは提起したことはない」(『毛沢東思想万歳』上)。

脱ソ連路線が毛の心の中で次第に鮮明に浮上していたのである。

修正主義批判

ところで、上で述べた「百花斉放・百家争鳴(双百《そうひゃく》)」の呼びかけは党中央の予想に反し、盛り上がりを見せることなく五七年を迎えた。こうした動きを憂慮して毛沢東は一九五七年二月に最高国務会議拡大会議を招集し、民主諸党派、各界著名人士八〇〇名余りの出席者を前に「人民内部の矛盾を正しく処理する問題について」と題する重要講話を行った。そこで党外からの党や党幹部に対する積極的な批判を奨励した。「いかなる幹部であろうと、いかなる政府であろうとその欠点や誤りについては批判を受けるべきだし、それが習慣になるべきである」。さらに「言うものに罪なし」とまで彼らの積極性を煽《あお》った（『毛沢東思想万歳』上）。

それでも党外人士や知識人たちはなお疑心暗鬼だった。「双百が提唱されて半年以上にもなるのに、未だに〝早春〟の感があるのは何故だろうか。双百の呼びかけがまじめなものなのか、たんなるジェスチャーに過ぎないのか、どの程度まで許されるのか……を推測しなければならない」（翦伯賛《せんはくさん》）など。しかし党中央の宣伝部や統一戦線部はさらに積極的に呼びかけた。五月八日の座談会で、李維漢《りいかん》統一戦線部長は「各界の民主人士が党のあらゆる方面を批判し、党の整風を援助するように望む」と述べ、また五月一七日付『人民日報』は、「党外人士はもっと大胆に党の欠点を暴き出してくれ。党は党外人士を粛清しようとは思っていない」などと彼らが積極的に発言することを促した。

かくして民主党と統一戦線部の座談会は一挙に盛り上がりを見せ、五月八日から六月八日までに計一三回の会合がもたれ、党外人士は積極的に発言を始めた。商工会人士との座談会はほぼ同時期で計二五回、一〇八人が意見を提出した。意見の多くは、章伯鈞《しょうはくきん》（民主同盟副主席）の「政治設計院論」、儲安平《ちょあんぺい》の「党天下論」に見られるように共産党の独裁化、党幹部の各部門における特権的な生活・意識・実権掌握などに対する批判であった。

しかし、こうした表面上の「自由闊達な発言の盛り上がり」の水面下で、ほぼ並行してまったく逆方向のベクトルが動きはじめていた。毛沢東は三月一九日江蘇《こうそ》・安徽《あんき》省幹部を前にした内部講話で、

「百花斉放以来多くの毒素が放出され、まるで毒蛇の口から花が咲き出したようだ。……私がここで妖怪変化を提唱していると誤解してもらっては困る。私はこんなものを提唱しているのではなく、なくしたいと思っている。なくす方法は妖怪変化に現れさせて、社会で皆に批判させることだ」

と吐露している（R・マックファーカー他編『毛沢東の秘められた講話』上、岩波書店、一九九二年）。さらに五月一五日、「事情がまさに変化しつつある」と題する一文を党内幹部のみに配信した。そこでは、

「修正主義批判に注意を払うべきだ。民主党派や大学などの中で、右派の表現は最も堅固で荒れ狂っている。われわれは彼らを一定の時期荒れ狂わせ、頂点にまで行かせよう。彼らが荒れ狂えば狂うほど我々は有利になる」

という内容が盛り込まれていたのである（『中共党史大事年表』、人民出版社、一九八七

年、『文稿』第六冊）。

右派分子の糾弾

やがて一九五七年六月二日付『光明日報《こうみょう》』には、「毛主席と周総理は、党外指導者は政府の政策決定に参加できると以前に約束しておきながら、これを破っている」と、最高指導者の名指し批判まで飛び出したのである。そこまで引き出したところで、ついに六月八日、党中央は「力を組織し右派分子の進攻に反撃する」指示を発した。同時に『人民日報』で「これはどうしたことか？」と題する社説を発表し、「右派への仮借なき批判」を強く呼びかけた。「百花斉放・百家争鳴」の自由な雰囲気は一変して、中国流の重々しい粛清《しゅくせい》、いわゆる「反右派闘争」の幕が開かれたのである。

党中央の指示を受け、ただちに北京・天津・瀋陽など各都市の政府機関、教育機関、民主諸党派、メディア機関そして労働者などの座談会が開かれ、「右派分子」の反共、反社会主義、反党的言動に非難が集中した。当時民主諸党派はわずか一〇〇〇人から四万人程度の党員しかいない弱小党派であり、共産党のこうした攻撃を受けてたちどころに砕けてしまった。闘争開始から一ヵ月にも満たない六月末までに、これらの諸党派は自分たちの指導者である章乃器《しょうだいき》、章伯鈞、儲安平、羅隆基《らりゅうき》、費孝通《ひこうつう》らを批判した。とくに章伯鈞、羅隆基は民主同盟内で反共同盟＝「章羅同盟」を密《ひそ》かにつくったとして鋭く糾弾された。

この「反右派闘争」の仕掛け人はもちろん毛沢東その人であったが、この先頭にたって旗を振ったのが当時の党中央総書記鄧小平であった。鄧はこの時期のことを多く語りたがらない。『鄧小平文選』にも反右派闘争当時の発言・文章は一つも掲載されていない。ただ一九八〇年の「建党以来党の歴史問題に関する決議」の起草文に対する鄧の意見の中で、「反右派闘争は未だに肯定されるべきであるが、……誤りは拡大しすぎたことにある」と語っているのみである（『鄧小平文選』第二巻）。しかし、一九五七年九月に開かれた党第八期三中全会（拡大）での彼の「整風運動」に関する長文の報告書が、反右派の急先鋒鄧小平の当時の姿を物語っていた。

反右派闘争　厳しい糾弾を受ける章伯鈞

「ここ四ヵ月余りの運動の発展は、完全に中央および毛沢東同志の分析と一致しており、中央の方針の正確さを完全に証明している」とまず、党の進めた反右派闘争とそれに続く整風運動を正当化した。しかもさらにその推進の必要性を強調し、「現在反右派闘争はなお深められ展開されることが必要である。この面でわれわれは既に徹底的な勝利をおさめたが、改善工作は始まったばかりである」と結んでいる。

毛沢東のラディカリズム

もちろんこの会議の主役は毛沢東であった。彼はここでその後の「継続革命論」にもつながる注目すべき考え方を披露している。

「第八回党代表大会では、ブルジョアジーとプロレタリアートの矛盾は基本的に解決されれたと言っている。この言葉はやはり間違ってはいないが、……今年の青島《チンタオ》会議［七月］の時になって「ブルジョアジーの造反が」はっきりと看取《かんしゅ》され、都市にも農村にもなお二つの闘争が存在することが明らかになった。このように階級闘争は消滅しておらず、今回、右派が狂気じみた攻撃をしてきたのであるから、ブルジョアジーとプロレタリアートの矛盾が主要な矛盾と言うべきである」（『毛沢東思想万歳』上）。

五七年の段階で右派分子とされた人々は、公式発表によれば全国で四九万人余り、五八年前半に「補修」「掘り起こし」（さらに徹底して右派を探す活動）が実施され、全国で計五五万二八七七人に達した。寒山碧《かんざんへき》は別の資料などもあわせ、「右派」のレッテルが貼られ直接打撃を受けた人は八〇万～一〇〇万人、家族などを含めると三〇〇万～四〇〇〇万人が犠牲者となったと指摘している（寒山碧『鄧小平評伝』第一巻）。しかも悲劇は数の大きさに止まらなかった。非共産党人士、知識人、労働者大衆などは、「百花斉放・百家争鳴」がいかにまやかしであったかを痛感させられ、共産党への表向きの支持とは裏腹に「深い絶望感」を味わわされ、もはや中国に「表現の自由」などないことを思い知らされたのである。

反右派闘争を経て毛沢東のラディカリズムは一段と先鋭化していくことになるが、その先に見えるものは「フルシチョフへの挑戦」あるいは「ソ連への挑戦」でもあった。そのことがクリアに出てきたのが、五七年一一月の「ロシア革命四〇周年記念」にあわせた二度目のソ連訪問の時であった。章を改めて「毛沢東の挑戦」をみていくことにしよう。

第四章　中国独自の社会主義への挑戦

大躍進政策

東風が西風を圧倒する

反右派闘争で自分への批判的人物を排除すること、もしくは沈黙させることに成功した毛沢東は、一九五七年一一月初め、高いテンションのまま「ロシア革命四〇周年」の祝賀を待つモスクワを訪問した。当地の公的な祝賀式で毛は、ソ連への最大級の賛辞、ソ連との揺るぎなき友好関係などを強調した。しかし、幾つかのポイントで毛は、独自の考え方を打ち出している。その一つは一一月一〇日の中国側の「意見要綱」に見られる。ここでフルシチョフ政権が提唱した「社会主義への平和的移行」に対して、

「平和的移行の願望を提起すべきではあるが、これによって自らを縛り付けてはならない。ブルジョアジーは自ら進んで歴史の舞台から引き下がるものではない。どの国のプロレタリアートと共産党も革命の準備を少しも緩めることはできない。……議会で多数を占めても決して古い国家機構の粉砕、新しい国家機構の樹立ということにはならない」

と主張した。フルシチョフとの違いは明らかであった。

その後モスクワ滞在の中国人留学生らを前に行った講話の中で、毛沢東は米国との平和共存路線を求めるフルシチョフの考えを痛烈に皮肉った。有名ないわゆる「東風論《とうふうろん》」の演説である。すなわち「社会主義陣営と資本主義陣営の間の闘争は、西風が東風を圧倒しなければ、東風が西風を圧倒することになる。……いまは西風が東風を圧倒しているのではなく、東風が西風を圧倒しているのである」、さらに「[米国をはじめとする]すべての反動派は張り子の虎である」と強気の主張を展開した。これらは米国との「平和共存路線」を進めようとするソ連とは違った、西側(西風)陣営との対決を辞さない、かなり強硬な国際情勢認識であった。

話は少しさかのぼるが、五七年の早い時期に毛沢東の野望とも言える大胆な発言が見られる。すなわちいわく、

「わが国は土地が広く、人口が多く、地理上の位置も悪くなく、海岸線も非常に長いのだから、世界第一の文化、科学、技術、工業の発達した国になるべきである。……数十年後にもまだ世界第一の大国になっていないとしたら、それはけしからんことだ。現在、アメリカには水素爆弾は十数発、粗鋼は一億トンしかない。私の目から見れば何もたいしたものではない。中国はアメリカよりも数億トンも多く粗鋼をつくるべきだ」(『毛沢東思想万歳』上)。

フルシチョフの「平和移行論」も「平和共存論」も、毛から見れば米国あるいは資本主義への「妥協」「弱腰」と見えた。そしてそのことは裏を返せば、もし中国が旗幟《きし》鮮明《せんめい》に米国との対決、資本主義と妥協しない社会主義建設を推し進めるなら、ソ連に代わって社会主義の「盟主」になることも夢ではない、いまがその好機であると毛は心の中で思ったかもしれない。少なくともソ連訪問から帰国した毛が、突如として精力的に全国各地の視察を開始し、翌五八年四月まで南寧《なんねい》、杭州《こうしゅう》、成都《せいと》、漢口《かんこう》などで次々と重要講話を行ったことは事実である。そしてこれらの講話の中で、独自の急進的な社会主義建設路線とも言うべき毛の考え方＝「大躍進政策」が次第に形をなしていったのである。

大躍進　夜間の作業に励む農民たち

「大躍進政策」の発動

「大躍進政策」とは何か？　わかっているようで意外とわかっていない。毛沢東の強引ともいえるイニシアティブで取り組まれたことは確かである。「大躍進」発動の最初の鍵となる重要会議（党中央政治局拡大会議）が五八年三月に成都で開かれ、毛はそこで六回も重要講話を行っている。

「思想を解放し、マルクスや魯迅《ろじん》のように、敢えて考え、敢えて口に出し、敢えて行動せよ。独立志向が必要なのであって外国経験の物まねはいかん」などと檄を飛ばした。

大づかみに「大躍進政策」を整理してみると、二つの特徴が見られる。一つは大衆を動員し大いに精神を鼓舞して、高速度で経済の発展を実現することである。二つには毛自身の考えた共産主義（あるいはその前段階）のコミュニティ、すなわち「人民公社」を創造することであった。

前のことに関しては、例えば「鉄鋼その他の主要工業の面で、一五年以内にイギリスに追いつく、多く、早く、立派に、無駄なくの精神でがんばる」といった主張である（『毛沢東思想万歳』上）。五八年の経済計画は、実は二種類の見積もりが作成されていた。一つは比較的実情を考慮した数値で、もう一つはより高い目標値であった。例えば鉄鋼は六二四万トンと七〇〇万トン（五七年実績は五三五万トン）、食糧は一・九六億トンと二・一五八億トン（五七年実績は一・八五億トン）、国家財政総収入は三三二億元と三七二億元（五七年実績は三〇八億元）といった具合であった。ちなみに前者は五八年二月の全人代会議で公表された数値であったが、後者は非公開のものであった（『新中国四十年研究』、北京理工大学出版社、一九八九年）。

大躍進政策の基本は、「十大関係論」の均衡発展論を踏まえ、工業も農業も、重工業も軽工業も、中央工業も地方工業もといった、いわゆる「二本足で歩く」方針、「全面的同時発展論」であり、しかもそれを全力で高速度でというものであった。もちろん主張していることはもっともではあったが、実現性を考えればかなり無謀な政策であった。しかし毛は「一《いっ》窮二白《きゅうにはく》論」（一に貧しいこと、二に何も描かれていないこと、この二つはやる気を高める意味で良いことだとの主張）、「主観能動性論」などを唱え、現実の生産条件や能力を無視して突っ走ることを呼びかけた。まさに毛沢東の過信であったが、反右派闘争、整風運動を通して「毛への批判は許されない」政治的雰囲気が強まっており、幹部も民衆も不安と、そしていくらかの「期待」を込めて走るしかなかった。

虚偽報告に基づく増産命令

工業急成長のポイントは特に「鉄鋼生産」に置かれ、農業生産大幅増のカギは治水・灌漑など県や省を跨《また》ぐ大規模な水利建設に置かれた。そしてそれらを可能とする力は人民、膨大な大衆の動員にあると考えられた。全国各地で農民たちが動員され、「土《ど》法高炉《ほうこうろ》」と呼ばれる粗末な手づくりの製鉄炉が次々と出現し、一九五八―五九年を通し品質は二の次で、ただ大量に鉄鋼が生産された。五八年の鉄鋼生産量は上記の高目標値さえも大幅に上回る一〇七〇万トンに達した。しかしその多くは粗悪な鉄鋼で実際には使い物にならず、多くの樹木が燃料として伐採され、森林資源の破壊もその後深刻な影響をもたらした。

水利建設事業にも大量の農民が動員された。農民たちはほとんど機械に頼ることなく、鍬《くわ》やつるはしを持って土や石を掘り起こし、モッコを担いでそれらを運び、堤防や池、用水路、開墾地を各地でつくった。その光景は蟻の大群が黒山のように集まって獲物を運んでいる状態を連想させるものであった。たしかに農業発展の基盤をつくる意味でこうした作業は重要であった。しかしもっとも深刻な問題は、農村での鉄づくり、水利建設が、農民の日常的な生産活動を犠牲にして取り組まれ、食糧生産に多大の影響を与えたことである。五八年のみで農民が鉄鋼生産に動員された数は一億人以上、水利建設にもこれに相当する農民が駆り出され、農業生産活動に投入された労働力は前年比で三八一八万人減少と大幅に低下した。

その結果、やがて深刻な食糧不足という事態に直面するのであるが、なお悪いことには上からの絶対的な増産命令があったため、各品目、各レベルでの減産が許されなかったことである。数字が一人歩きしはじめ、虚偽の報告が下から上へ雪ダルマ式に膨らんでいった。五八年の虚偽実績を受けて、中央の指導者は一段と強気になり、五九年目標はさらに高いものになった。鉄鋼生産は五八年の一〇七〇万という飛躍的増産をふまえ、なんと二七〇〇万トン（高目標値三〇〇〇万トン）、食糧生産は八〇〇〇億斤（一斤＝〇・五キログラム）から一兆斤にも引き上げられた。それが再び下部に降ろされ、いっそうの増産が強要されるようになると、もはやたんなる「過信」とか「冒険主義」というだけでは済まされない、深刻な「悲劇」を生み出していったのである。このことは人民公社《じんみんこうしゃ》の説明の後で触れることにしよう。

人民公社の建設

高速度の経済発展という側面と同時に、大躍進のもう一つの特徴であった共産主義社会の実現に向けて、新たなコミュニティの建設が初めて提起された。一九五八年三月、成都会議において、「小型の農業合作社を適宜大型の合作社へ合併することについての意見」が提出

人民公社①　左は、毛沢東主席の写真を掲げる紅旗人民公社紅旗大隊の事務所前
人民公社②　右は、北京の紅星人民公社員による麦の収穫風景

された。以後、各地で合作社の大型化の試みが開始された。これに関しても毛沢東のイニシアティブは大きい。彼は「一大二《いちだいに》公《こう》」（一に規模が大きいこと、二に公＝社会主義的であることは良いことだ）を強く主張した。毛の政治秘書であった党機関誌『紅旗《こうき》』編集長の陳伯達《ちんはくたつ》が、この方面の「旗振り人」であった。

陳は七月一日付の『紅旗』に掲載した論文で、「工農商学兵を逐次〝大公社〟に組織し〝社会の基本単位〟とすべきである」と力説している。それはとりもなおさず毛自身がそのようなアイディアを持っていたことなのである。この論文の中で、こうした組織を〝人民公社〟とすることが示唆されていた。毛は八月六日、河南省で最初に名づけられたといわれる七里営《しちりえい》人民公社を訪れ、「人民公社は素晴らしい」と発言した。そして、八月一七日から始まった北戴河《ほくたいが》での党中央政治局拡大会議で、「人民公社設立についての決議」を採択したのである。

人民公社とは上で述べた①「工農商学兵の結合」という特徴のほかに、②合作社という経済組織と郷《ごう》人民政府・郷人民代表大会という政治行政権力を合体した組織、いわゆる「政社合一」である。③さらに五八年一一月、「極左傾向の是正」の中で明確化されたのが「統一指導、分級管理」という所有制・管理方式、すなわち従来の農村の行政的経済的な三つのレベル、郷＝公社管理委員会、行政村＝生産大隊、自然村＝生産隊に沿って所有・管理を組織化した、いわゆる「三級所有制」といった特徴が見られた。加えて、④マルクスが提唱した社会主義の特徴、「能力に応じて働き、労働に応じて報酬を受ける」という原則の実践として、労働点数制に基づく「給与制」が採られた。さらには⑤共産主義の原則「必要に応じて働き必要に応じて得られる」といった理想に近づこうと、毛は食糧無料配給制の試みとして「公共食堂」の設置を提唱するようになった。また「共同住宅」が建てられ、共産主義の基礎単位という体裁がつくられはじめた。

混乱・矛盾・亀裂の始まり

こうした人民公社の普及を通して、毛は古い社会が生み出した「農民と労働者の格差、農村と都市の格差、肉体労働と頭脳労働の格差」が次第に解消できると考えたのである（『文稿』第七冊）。毛を傍らから見続けてきた李志綏《リチスイ》は、この頃のことを次のように記している。

「中国はついに貧しさから豊かさへの道を見つけたのだ。中国農民の救済は目前にせまっていた。私もまた、人民公社の設立運動を支持した。毛主席は正しかったのである。人民公社はすばらしかった。専用列車で北戴河にもどりながら、毛沢東はずっと興奮してい

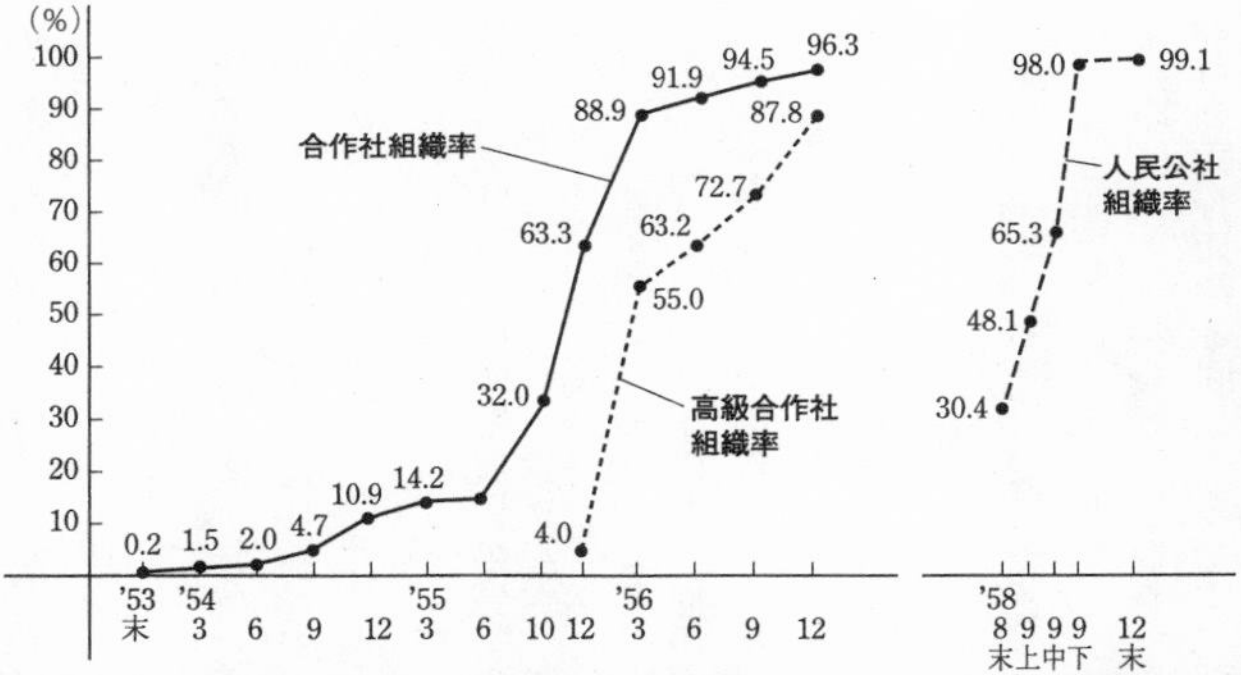

合作社および人民公社の組織化状況（総農家比　『中国農業合作化運動資料』下冊〈1959年〉、『偉大的十年』〈1959年〉より作成）

た。こんなに幸せそうな毛沢東を見かけたことがなかった」（前掲書上）。

人民公社化運動は急ピッチで進んだ。この面での先進地域だった河南省では、北戴河での「人民公社決議」が公にされた八月末までに、既に全省農家の九九・九八パーセント、三万八〇〇〇余りの合作社を糾合し、一三七八の人民公社を設立していた。全国的な人民公社設立の動きも急ピッチであり、その勢いは五五年七月から五六年にかけての合作社化の高まりをしのぐものであった。開始してわずか五ヵ月余り、広大な中国の全土で人民公社が基本的に実現した。それは驚くべき事実でもあった。

しかしこうした表面的な怒濤のごとき勢いとは裏腹に、混乱・矛盾・亀裂が始まっていたのである。そもそもこの運動は、中央、もっと言えば毛沢東の独断専行で推進されたことは否めず、農民あるいは下からの自発的なものとはとても言えなかった。ある高級合作社の党書記は次のように記している。

「すべてのことは党の手で吟味され、将来の発展を目指して線を引くのは党であった。一九五八年八月になると人民公社設立の準備が始まった。いろんなレベルで討議が行われたが、私たちはもちろん中央委員会の決定に支配されていた」（ヤン・ミュルダル『中国農村からの報告』、中央公論社、一九七三年）。

さらに陝西《せんせい》省のある農民の発言には真実味がある。

「一九五八年に人民公社ができたが、とりたてて言うほどの議論もなかったし、特別なことが起きたという記憶も、何かが変更されたという記憶もわしにはないのじゃ。わしの野菜栽培隊は五六年から同じやり方で仕事を続けてきた。……人民公社になった後も、いかなる時にも、いかなる方法でも、このやり方に変更が加えられたことは一度もなかった」(同上)。

黒龍江《こくりゅうこう》省の農民も同様の話をする。

「全国が〝一歩《いっぽ》登天《とうてん》〟といって全国の合作社が人民公社になったんです。でも、人民公社も高級合作社と同じことです。名前は違うけれども実質は同じ。人民公社という名前に変わっただけです」(同上)。

食糧生産の低下と食糧浪費

こうした話は、実質的には従来と変わらない農民の日常生活を明らかにし、いかにトップレベルとの断層が大きかったかを物語っている。しかしこのような状況でとどまるならまだよかった。毛沢東の考えていたこと、意図など分かろうはずのない農民たちの前に、突如として「鉄をつくれ」「水利建設に参加せよ」といった命令が下され、日々の農作業が極端におろそかにされた。その上ある日突然「食事は食堂で無料」とのお達しがあったため、よくわからないままに「ただなら食べたい放題食べよう」との浪費の雰囲気が一挙に広まった。食糧生産活動の怠《おこた》りと食糧浪費、その結果は火を見るよりも明らかであった。

後に明らかにされた資料によると、この時期の食糧生産は実際には一九五八年で二億トン(前年比五〇〇〇万トン増と若干増)、ただし一人あたり供給食糧は二九九キログラムで前年と同じ、五九年は総量で三〇〇〇万トン減の一億七〇〇〇万トン、一人あたり供給食糧では二四七キログラムで、飢餓水準といわれる二五〇キログラム以下に落ち込んでいた。付け加えるなら六〇年、六一年はさらに減少し悲惨な数値になっている。したがって五九年の冬に入り、幾つかの地域で備蓄食糧は底をつきはじめていた。

「少なからざる農機具、家畜が大躍進を支持するために徴発《ちょうはつ》され、その損失はまことに大きかった。この一年、農村の耕地面積は減少し、地力は低下した。これに加えて人民公社での〝共産風〟や〝掛け声ばかり〟の仕事ぶりで秋の収穫はないがしろにされ……旱魃《かんばつ》や水害があいついでやってきて成長率は計画数値よりもはるかに低いものとなった」（蘇暁康他／辻康吾訳『廬山会議』、毎日新聞社、一九九二年）。

鉄生産、水利建設の熱狂的な大運動にも疲弊感が漂いはじめていた。

しかし中央、とりわけ毛沢東は、このような現実をほとんど深刻に受けとめようとしなかった。毛は五八年九月、誇張された下からの報告を受けて、翌年度の見通しをさらに非現実的に語っている。

「今年の穀物生産量はほぼ二倍に増大するだろう。……粗鋼は二倍を超えそうだ。……要するに来年は基本的にイギリスに追いつき、造船、自動車、電力など数項目を除いてイギリスを追い越しそうである。一五年以内にイギリスに追いつくという計画は二年で基本的には実現される」（『毛沢東思想万歳』上）。

こうした主張を見る限り、毛の野心的な大躍進の試みは、数字の上では世界を仰天させるほどの「大成功」をおさめるかに見えていたのである。

緊迫する国際情勢と「大躍進」の崩壊

大陸反攻vs.台湾解放

以上のような当時の毛沢東の「危うい勢い」は国際関係の面でも現れていた。時が重なり連続するように複数の重大な事態が起こった。一つは中ソ関係であり、二つには台湾海峡危機であり、三つにはチベット反乱と、それに続く中国・インドの緊張であった。そして、これらの背後に影のようにつきまとっていたのがアメリカの存在である。米ソ間の「平和共存路線」を推進しようとするフルシチョフの前に、米国当局は「核実験の禁止と核拡散防止」を求めてきた。このことは、五七年に締結していた「国防用新技術に関する中ソ秘密協定」に影響を与えた。一九五八年六月二〇日、フルシチョフはこの秘密協定の破棄決定を中共中央宛の書簡によって通告してきた。

翌七月、大躍進開始の真っ只中、フルシチョフは包括的な説明と双方関係の強化を求めて訪中した。そこで彼はアジア太平洋海域における「中ソ連合艦隊」の建設を提唱した。しかし毛は「自国の海域は自国で守る」とにべなく断り、かえってフルシチョフの毛沢東に対する不信感をいっそう増長させることとなった。

他方、台湾の蔣介石政権は大陸の実質的な混乱をキャッチしてか、この時期、雲南、貴州、四川一帯に飛行機を飛ばし、「大陸反攻」の気勢を上げるようになっていた。フルシチョフ北京滞在中の七月二七日、毛は彭徳懐《ほうとくかい》国防部長（大臣）、黄克誠《こうこくせい》副部長兼軍秘書長に宛てた手紙の中で、「しばらく様子を見よう。……敵（蔣介石側）が漳州《しょうしゅう》、汕頭《スワトウ》、福州《ふくしゅう》、杭州《こうしゅう》を攻めてきたら、それは巧妙なやり方だ」と警戒感を強めている。さらに八月一八日、金門《きんもん》攻撃の準備を指示し、その中で「これは直接には蔣介石に、間接には米国に対するものである。……深圳《しんせん》方面の演習を停止し、英国人を驚かせないようにせよ」とその狙いを指摘している。その上で「追撃は金門・馬祖《ばそ》の線を越えてはならない」と指示した（『文稿』第七冊）。このことは今回の攻撃が「台湾解放」そのものではなく、別の何らかの狙いがあったことを示唆していたのである。

金門・馬祖島への砲撃は八月二三日に突如はじまった。台湾側資料では、二三日の落弾はわずか二時間でなんと五万七五〇〇発（中国側資料では第一日二万八〇〇〇発）、二四日以降三日間で一〇万発の砲撃が金門になされた。二四日以降は双方の海軍・空軍も参戦し、九月二日に最大規模の交戦が起こった。八月二七日、アイゼンハワー大統領は「金門・馬祖防衛に乗り出さざるを得ない」と記者談話で語った。しかし九月四日には、ダレス国務長官が声明を発し、武力行使のほかに「平和的方法によって解決することも可能である」と指摘した（張讃合『両岸関係変遷史』、周知文化事業公司、一九九六年）。

中国はこれにただちに反応した。九月六日、周恩来声明で「大使級による米中会談の再開に応ずる」と発表し、九月一五日にワルシャワでの会談が再開された。九月一八—二三日の交戦を最後に台湾海峡危機は収束したのである。様子を見ていたソ連は、米国との平和交渉に踏み切った「周恩来声明」直後の七日、「米国は台湾問題で慎重にすべきである。ソ連は中国を全面的に支持する」というフルシチョフのアイゼンハワー宛の手紙を公表した。表向きのソ連の中国支持声明に対して、毛は懐疑的であった。彼は周恩来にこの手紙について、「九〇パーセントは肯定できるが、部分的に検討の余地あり。君はどう見るかね」と、冷ややかな気分で問いただしている（『文稿』第七冊）。これらのことから毛の本当のねらいは、

「台湾解放」そのものではなく、ぎりぎりのところで米国がどう出るか、「中国危機」に対してソ連の本当の態度はどうなのかをはかっていたのではないかと推測される。

チベット反乱

さらに一九五九年に入り、チベット統治をめぐって、ダライ・ラマ一四世の独立運動＝「チベット反乱」が大きなうねりとなった。五八年の急進的な社会主義化の波がチベットをも襲い、その年を通して青《せい》海《かい》、雲南《うんなん》、チベットなどで武装反乱が続発していた。「五八年後半から毛沢東は、中央チベットでの反乱を予測し、それを待っていたフシがある」（毛里和子『周縁からの中国』、東京大学出版会、一九九八年）。たしかにチベット反乱が始まる三月以前の二月一八日、毛沢東は「チベットは乱れれば乱れるほどよい。軍隊を鍛え、基本大衆を鍛え、また将来反乱を鎮圧し改革を実施するための十分な理由を与えてくれるからだ」と語って

チベット、ラサの街を行く人民解放軍のトラック　遠景はダライ・ラマの宮殿。1956年ごろ

いる（『文稿』第八冊）。

三月一〇日、「チベット独立」「漢人は帰れ」を叫んだ「チベット反乱」は一挙に爆発し、「チベット独立国人民会議」が打ち立てられた。しかし、三月一七日、「チベットの精神的支柱」ダライ・ラマがインドに亡命し、一九日人民解放軍は一挙にラサに進攻し、わずか九日後の二八日には周恩来総理は国務院命令を発し、「チベット地方政府解散、チベット自治区準備委員会による地方職権行使」が宣言された。「反乱平定」は「民主改革」と並行してすんだ。もちろん各地での抵抗はその後も続き、一九六二年三月になってようやく「平定勝利」宣言がなされたが、それは大量の虐殺、長期の投獄を含み、チベット人にとっては過酷で熾烈《しれつ》なものであった（毛里、前掲書）。

ダライ・ラマのインド亡命は、さらに中印関係の緊張を招くこととなった。あとで触れる「彭徳懐失脚」の余韻冷めやらぬ五九年八月二五日、中印国境で軍事衝突が発生した。九月八日、周恩来はネルー首相に書簡を送った。その文面は極めて温厚なものの言い方をしているものの、インド側が五四年に中印間で締結した「平和共存五原則」を侵犯したことを非難し、同時に「チベット反乱」発生以来、インドが中国側の認めない国境、いわゆる「マクマホン・ライン」さえ大きく越えて中国国内に侵攻し、「初めての武力衝突事件」を起こしたと抗議している。

興味深いことに、これにただちに反応したのはインド政府ではなくソ連政府であった。翌九日ソ連は「中印紛争に関するタス声明」を発表した。そこでは、中印国境紛争を「遺憾」とした上で、ソ連は中印ともに友好関係にあり、「冷戦を煽り立て諸国民間の友好を破るために中印国境で生じた事件を利用しようとする試みは、断固として非難されるべきだ」と力説した（日本国際問題研究所現代中国研究部会編『中国大躍進政策の展開　資料と解説』下、日本国際問題研究所、一九七四年）。

拡大する中ソ対立

これは社会主義兄弟国の中国からしてみれば、不満の残る声明であった。おそらくこの時のフルシチョフの関心は、九月二五―二七日のアイゼンハワー米大統領との会談におかれていたのであろう。米ソ首脳会談は、よく知られているように双方が「平和共存」の意義を強く確認しあったものである。毛沢東は「中印紛争」以前の八月七日に、フルシチョフからアイゼンハワーとの会談実現についての手紙を受け取り、八月二一日に返信している。そしてその中で「私は、貴方がまもなく米国を訪問することによって、米国の好戦的分子を一段と受動的地位に追いやるだろうことを深く信じている」と語っていた（『文稿』第八冊）。それは「米ソ平和共存」に対してやんわりと警告を発したものであった。

九月三〇日から一〇月三日、フルシチョフ一行は米大統領との会談を終え、帰国途中に北京を訪問した。中国建国一〇周年祝賀式典に出席するためであった。しかし中ソ首脳会談では意見の対立ばかりが突出するようになり、とげとげしい言葉の応酬もみられた。これまで蓄積されてきた双方の不満は一挙に爆発した。その深刻さは、予定されていた「共同声明」の発表が流れたことからも明らかであった。

毛は一九五九年一二月に行った「国際情勢に関する講話」の中で、「敵［米国］の狙いは何か。①平和の旗を振ってミサイルを造り、基地を建設し、戦争を用いて社会主義を消滅することが第一、②平和の旗を振って文化や人を往来させ、侵食、変質の方法を用いて社会主義を消滅させることが第二。……アジアは緊張している。日和見主義と争い、マルクス＝レーニン主義は孤立している」とまず語った。そのうえで、四九―五一年の中ソ同盟条約の締結過程と工業建設をめぐる援助の問題、五三年の「高崗・饒漱石事件」におけるソ連の高崗らへのバックアップがあったこと、五六年の「スターリン批判」をめぐる対立、五八年の大躍進政策、「中ソ連合艦隊」提唱、金門《きんもん》・馬祖島《ばそとう》砲撃事件および五九年のチベット反乱と中印紛争におけるソ連の対応などを全面的に批判した（『文稿』第八冊）。この時点で、中ソの対立の溝はもはや後戻りができないほどまでに深まっていたのであった。

食糧不足騒動

再び目を、大躍進政策が行き詰まっていく一九五九年の国内に向けてみよう。一月一三―二六日に党中央農村工作部は全国農村工作部長会議を開催した。会議は全国各地の人民公社化運動を点検し、特に経営管理面での問題が深刻であると判断し、ノルマ管理制、各級請負責任制などを含む「整社運動」（人民公社の整頓）が必要であることを提起した。

五月七日、党中央は「農業五条緊急指示」を発した。五九年の夏作物が減少し、五九年を通して農業生産任務完遂が極めて厳しいと警告した。ほぼ同じ頃、党中央は湖北、河北、広東三省の党委員会が実施した人民公社と農村状況の調査報告を内部回覧した。各報告は食糧問題が極めて深刻だと指摘した。湖北省では春節《しゅんせつ》（旧正月）の頃から四月にかけて食糧騒動があちこちで起こり、全省中一七〇万人の地区が重災区《じゅうさいく》と見なされた。河北省でも三〇余りの県で食糧不足騒動が起こり、広東省では不完全統計でも一万九三〇人が飢餓状態、うち一三四人が餓死といった報告がなされた（『中国共産党執政四十年』、党中央文献出版社、一九八九年）。冬の時点で全国の備蓄食糧は、既にわずか一六五〇万トンしかなかった（一人平均わずか二五キロ）。

　こうした調査、あるいは各地からの報告を踏まえ、一九五九年七月二日から八月一日にかけて、江西省廬山《ろざん》で党中央政治局拡大会議が開かれた。もともとこの会議は大躍進政策の中で発生した幾つかの極左的な行き過ぎ・歪みを是正することを目的としていた。毛沢東は開会の辞で「成績は偉大だが問題も少なくない。ただし前途は光明である」と彼の基本的な判断を述べた。この表現は実は六月二六日に湖南省第一書記周小舟《しゅうしょうしゅう》を招いて情報を聞いたとき、周が使った表現であった（蘇暁康他、前掲書）。会議ではまず毛が提案した一九の問題について、幾つかのグループに分かれて議論・検討された。中南組、華東組、華北組、西南組、西北組、東北組といったグループ分けである。

彭徳懐（1898—1974）　大躍進政策の惨状を看過できず諫言したが、逆に失脚に追いこまれ、後に文化大革命の渦中で悲劇的な死を遂げる

　毛沢東と同じ湖南省出身で朝鮮戦争の総司令官であった彭徳懐《ほうとくかい》は、この会議の前に郷里の湖南省を視察し、当地の食糧生産が減少し「餓死者」まで出ている状況をつぶさに知り深刻に受けとめていた。彼は西北

組に参加しこうした実情を率直に述べた上で幾つかのポイントを指摘した。第一に左傾の誤り（小ブルジョア熱狂主義）が目立ち是正しにくくなっていること、第二に大躍進の勝利を強調しすぎて幹部が傲慢になり農民大衆から遊離しはじめていること、第三に各級党委員会で第一書記の個人決定がはびこり、集団指導が軽視され党内民主が停滞していること、第四に高級合作社の長所が十分に引き出せておらず、人民公社建設は早すぎたのではないかということなどであった。周小舟は中南組の討議に参加していたが、基本的には彭と同様の意見であった。

彭徳懐グループの失脚

彭徳懐は、事態の打開を図るために西北組の議論を整理し、七月一四日あくまで彼の「私信」という形で毛沢東に提言を行った。当時、毛沢東の「皇帝化」は明らかであった。それだけに、彭の行動は勇気が要るものであった。しかし彼は一九二〇年代湖南での農民運動以来、毛とは「同志」的間柄であった。その上極めて実直で責任感の強い性格から、敢えて毛に対して率直に状況を説明し、自分の考えを述べたのである。ただしその要旨は「大躍進政策と毛沢東の指導は正しいもの」と強調した上で、慎重に言葉を選びながら、下部の幹部において「左傾的な熱狂主義の行き過ぎ」が発生したため、上のような深刻な事態になったと語ったのであった。もっとも西北組の討論の場では、彭徳懐は「一人ひとりに責任があり、一人ひとりが一翼を担っている。毛沢東も含めてだ」と率直に真情を吐露していた。

しかし、もはや毛沢東は聞く耳を持たなかった。内々の「私信」ということを無視し、毛は七月一六日に「彭徳懐意見書」という形で政治局拡大会議の参加者に回し意見を求めた。周小舟の他に黄克誠が彭の意見に賛成、張聞天は長文の「彭支持声明書」をしたためた。張の下に胡喬木、周小舟、田家《でんか》英《えい》、呉《ご》冷西《れいせい》、李《り》鋭《えい》が集まり張聞天の意見に同調した。しかし各組に分かれた討議では「意見書」を強く批判した声も大きかった。一通りの意見を聞いたあと七月二三日政治局全体会議が開かれた。毛は「一部の人は肝腎カナメの時に動揺し歴史の大風大波に揺らいでしまう」、「この手紙の幾つかの観点はブルジョア階級の動揺性であり、右傾化の問題である」と反論した。彭徳懐は会議終了後、毛を追いかけ「私信」を公開したやり方に抗議したが、後の祭りであった（蘇暁康他、前掲書）。林彪は彭徳懐を「毛沢東に下野を迫った野心家、陰謀家、似非《えせ》君子《くんし》」と激しく糾弾《きゅうだん》した。

1959年8月、江西省廬山で開かれた第8期中央委員会第8回全体会議　大躍進の実態を検討する会議だったが、彭徳懐らの右傾反党グループを批判する場となった

　大躍進の「左傾の行き過ぎ是正」を目的に招集された政治局拡大会議は、一挙に雲行きが変わった。「右傾批判の場」となってしまったのである。続いて八月二日から一六日にかけて、同じ廬山で党第八期中央委員会第八回全体会議

（党第八期八中全会）が開かれた。彭徳懐批判のトーンは一段と高まった。「当面の主な危険は一部幹部の間に成長しつつある右翼日和見主義の思想である」。彭徳懐と彼に同調した周小舟、黄克誠、張聞天らは「右翼日和見主義反党軍事集団」と決めつけられ、失脚に追いやられた。ちなみに彭徳懐は「意見書」を毛に提出する一ヵ月前にソ連を訪問し、フルシチョフとマリノフスキー国防大臣と会見している。そしてフルシチョフが米国を訪問した翌日（九月一七日）、彭徳懐の国防部長解任が正式に発表されたのである。むろん彭徳懐とソ連の関係は明らかにされていないし、何の関係もなかった可能性が高い。しかし毛は、彭とフルシチョフの関係を疑った。

餓死者四〇〇〇万人

以後大躍進は一段と左傾化、急進化していく。その上五九年から六一年にかけて深刻な自然災害が発生した。しかし、このような雰囲気の中では経済の調整を図ることは難しく、悲劇は雪崩のように加速した。その悲劇の一端を当時まだ一〇歳に満たなかった映画監督陳凱《ちんがい》歌《か》は次のように綴っている。

「大飢饉が突然襲ってきたとき……、都市に住む肉体労働者は、月の穀物配給量を十四キロに落とされた。子供はたったの六キロから九キロだった。いまでも私は覚えている。マーケットの周りで野菜の根や葉のクズを拾い集めては、細かく切り、サツマイモの粉で包んで野菜団子を作った。……河南省では、生産目標で決められた国への売り渡し穀物を確保するために、武装した民兵が、小さなほうきで農民の米びつの底まできれいに掃き出していた。さらに封鎖線を張って、よそへ乞食に出ることを禁止した。まず木の皮や草の根が食い尽くされ、やがて泥にまで手が出された。そして、道端や畑、村の中で人々がばたばたと死んでいった。……後片付けの際、鍋の中からは幼児の腕が見つかった」（刈間文俊訳『私の紅衛兵時代』、講談社現代新書、一九九〇年）。

この飢餓という惨劇の全体像をつかむことは難しい。小林弘二は『中国統計年鑑』で公表された人口数（出生率、死亡率など）をもとに算出して、非正常死者すなわち餓死者数は一五〇〇万人から一八〇〇万人と推計している（宇野重昭・小林弘二・矢吹晋『現代中国の歴史』、有斐閣、一九八六年）。今日では中国内部からの様々な推計を見ることができるようになった。陳凱歌は上の書物で、当時の餓死者を実に二〇〇〇万人から三〇〇〇万人と指摘している。金輝は、各地方も含め今日入手可能なかなりの資料を駆使し、統計的な分析を加え、実に四〇〇〇万人という結論を導いている（『社会』、上海、一九九三年四・五期合版）。大躍進関係の研究に詳しい安藤正士は「五九年から六〇年にかけて各地で深刻な飢饉が発生し、一五〇〇万人～四〇〇〇万人が栄養失調により死亡したと推定されている」と述べている（『岩波現代中国事典』、岩波書店、一九九九年）。これらの数字は、中国側が公式に発表した日中戦争における中国側の死傷者（死者だけではない）二一〇〇万人と比べても、信じがたいほど膨大なものであり、大躍進政策がいかに異常な事態を引き起こしたかが推測できるのである。

「大躍進政策」の是正と鄧小平

芽生えた疑義

ところで、反右派・整風運動ではあれほどまでに積極的に毛沢東の呼びかけに応じ、側近として率先的に動いた鄧小平はどうしたのだろう。ほとんど大躍進の表舞台に出てこない。さらに彭徳懐失脚の廬山会議にも出席していない。『鄧小平文選』第一巻を見ると五七年五月から六〇年三月の期間、すなわち反右派闘争から大躍進にかけての時期のものはまったく採録されていない。B・ヤンは、こうした状況を次のように解釈している。鄧は「毛沢東が強硬な政策を推し進める横で、目立った存在だったに違いない。政府公認出版物から大躍進期間中の講話、演説だけをきれいに削除したこと自体が明白な証拠になっている。鄧小平と毛沢東の関係は、五八年の大躍進時期に絶頂だった」。「鄧は廬山会議に参加しなかった。……［しかし］北京での中央軍事委員会拡大会議には出席し、彭徳懐と黄克誠の批判に加わり激烈にやった」（B・ヤン、前掲書）。

既に幾度も引用した毛の日常的な指示・評語・考え方などを集めた『文稿』を見ても、当時鄧小平（複数人名義のものも含む）に宛てた指示や依頼が最も多いことに気づく。そこからはひたすら毛の手足として懸命に活動していた鄧小平を思い浮かべることができる。したがって、この点でヤンの指摘はあながち誇張した言い方ではなく、鄧は毛の忠実な部下であった。しかし、五九年からの経済の大打撃と大量の餓死者を出すほどの民衆の惨状に直面する中で、毛沢東の目指す理想の世界、その実現のためのやり方に対して、鄧の心の中に徐々に疑義が芽生えはじめていたのである。

七〇年代末に鄧は当時を振り返り、「昔の過ちをいうとき毛沢東同志だけを責めてはいけない。たくさんの同志も同様に過ちを犯している。『大躍進』中、毛同志の頭は過熱したんだ。我々もそうだった」と語っている。毛は「大躍進」を根本から否定はしなかった。だからこそ後に「文化大革命」を発動できたのである。鄧はおそらく後になってではなく、まさに大躍進政策の最中に、これを「過ち」だと気づきはじめていた。もしそうでなければ、「大躍進」停止直後から積極的な経済調整に取り組むはずはなかったであろう。かくして、毛と鄧の間に静かに、しかし深い亀裂が生まれ始めていたのである。

毛沢東離れ

一九五九年の冬から経済危機、飢饉の状況が発生し、時が経つにつれて深刻化していたことはすでに語った。しかし六〇年に入っても、毛沢東には「大躍進」がもたらした危機の認識は乏しかった。二月下旬に広東省党委員会が人民公社の欠点や誤りを指摘し、その是正が切実であることを訴えた報告書を提出した。これに対して毛は「現在の情勢は大変よい。欠点や誤りは部分的なものである。……皆のやる気は大きく、情熱も極めて高い。中国を偉大な、強く盛んな、繁栄した、高尚な社会主義、共産主義の国家に変えようとする雄大な志は大変素晴らしい」と応えた。さらに三月はじめの「公共食堂が立派に運営され、貧農下層中農の指導権が確立され、大衆路線や民主管理がうまくいき、食糧も節約されている」といっ

1959年の第２期全国人民代表大会の開会を宣言する毛沢東主席（左から２人目）　このころから鄧小平の毛沢東離れが始まり、劉少奇（左端）、周恩来（右端）と相談することが多くなった

た内容の貴州省党委員会報告を見て、「躍進の大きな一歩」と喜び、党刊に掲載し公社党委員会に回覧させよと指示している（『文稿』第九冊）。

　当時の状況に対する鄧小平の受けとめ方は対照的であった。もちろん正面から毛を批判することなどできるはずもなかった。六〇年三月の党中央工作（天津）会議でも、「正しく毛沢東思想を宣伝しよう」と題する講話を行い、毛思想の学習と宣伝の意義を強調している。ただしその中でも「マルクス＝レーニン主義を決して忘れてはならない」「我々の党は集団指導であり、毛沢東同志はこの集団指導の代表者なのだ」と力説している。その言い回しは、取りようによっては、毛沢東（思想）を相対化しようとしているとも読み取れる（『鄧小平文選』第一巻）。

　幾つかの書物が示しているように、五九年以来、鄧は毛に指示を仰ぐことが極端に少なくなり、劉少奇・周恩来と相談することが多くなっていった。たしかに、鄧は毛の盧山会議での「彭徳懐処分」に不満であったが、そこでは毛の判断を受け入れ「彭徳懐批判」に回った。やがて始まる中ソ論争でも、毛の忠実な代弁者としてソ連側論客に一歩も譲らず渡り合った。しかしこと国内経済問題に関しては、はっきりと異なった道を歩みはじめていた。その第一歩が以下で紹介する「農業六〇条」の提案と採択である。文革に入り鄧小平批判が始まった六六年一〇月に、毛は「五九年から今に至るまで、鄧はどんな事情についても俺にうかがいをたてに来なくなった」と語っている（寒山碧、前掲書第二巻）。

具体的な経緯を見ておこう。一九六〇年一一月三日、党中央工作会議が開かれた。各地から事態の深刻さを伝える報告が次々と出てくる中で、毛もある程度「行き過ぎ是正」を認めざるを得なくなってきた。党中央は「人民公社の当面の政策問題に関する緊急指示」を発し、平均主義と調達主義の誤りと是正が指摘された。農業政策の穏健派鄧子恢《とうしかい》が試みた人民公社の管理・経済計算の単位を生産大隊から生産隊（以前の自然村）に降ろし集団化を緩める処置をとった。これに対して毛は「鄧子恢同志の報告は大変よい」といわざるを得なかった。続く六一年一月、党第八期九中全会が開かれた。そこでは前年八月の北戴河会議で提起した「八字方針」（調整・鞏固《きょうこ》［強化］・充実・提高《ていこう》［向上］）が採択され、大躍進政策の「行き過ぎ」是正が明確に打ち出された。

農業集団化の見直し

毛沢東も各地での本格的な調査研究を実施することを指示した。この調査後、「経済調整」問題に関する緊急の小組が組織された。劉少奇、鄧小平、経済主管の陳雲や李先念《りせんねん》がメンバーとなり、具体策が講じられた。さらに三月、党中央は広州で工作会議を開催した。ここではその後文革期中に修正主義的な人民公社路線として批判の的になる「農村人民公社工作条例（農業六〇条）草案」が採択された。この案を作成し党中央工作会議に提出したのが党中央書記処であり、その総書記が他ならぬ鄧小平であった。ここで鄧は毛の指示を仰がなかった。毛は「六〇条」の決定に対して皮肉たっぷりに「どこの皇帝が決めたのだ」と不満を吐露していた（同上）。

「農業六〇条」は人民公社、生産大隊の規模を大幅に縮小（三分の一程度に）し、さらに公共食堂や配給制などを取り消し、公社の「自負盈虧《じふえいき》」（損益自己負担）制を採用し、生産隊への経済計算単位としての権限の下放《かほう》をおこなった。さらに各農家がわずかではあるが自分たちが自由に生産活動することができる土地＝自留地を持つことができるようになった。これらは「集団化」という点から言えば明らかに後退であった。しかし農民の側から言えば彼らの希望を受け入れたものとなった。農民たちは飢餓からの脱出を求めて懸命に生産活動に励みはじめた。少なくとも当時、毛沢東自身もこうした政策を了承していたのである。

一九六一年に入ると調整政策は一段と加速した。「農業六〇条」に続いて、党委員会指導下ではあるが工場長責任制を明記した「工業七〇条」、その他「商業四〇条」「手工業三五条」「高等教育六〇条」などが次々と制定され、各分野の全面的な整頓、調整が試みられはじめた。そのほとんどが鄧小平の積極的なイニシアティブで進められたものであった。しかし事態は鄧の予想さえ超えて、脱集団化の道を歩みはじめた。六一年から六二年春にかけて幾つかの省の生産隊で、生産の責任を個人・各家庭に負わせるいわゆる「責任田《せきにんでん》」、「包産到《ほうさんとう》戸《こ》」（各家庭生産請負制）が試験的に始まった。安徽《あんき》省では一挙に広がり八五パーセント以上の生産隊がこの方式を採用してしまった。これを容認したのが同省党書記の曽希《そうき》聖《せい》であったが、彼は他ならぬ大躍進のもっとも積極的な推進者であった。逆にいうならば、そうした地方指導者でさえ、農業集団化の見直しを痛感せざるを得ないほどに、事態は深刻化していたのであった。

白猫黒猫論

広東、広西、河南、湖南などの幾つかの地方でも、労働請負、生産請負の経営管理方式がとられるようになった。党中央農村工作部は調査の結果、これら各種の生産請負制を農業生産の回復、発展に有利であると結論づけ、中央にその正式な採用を提案した。劉少奇、鄧小平はこれに支持を表明した。六二年の共産主義青年団中央委員会の席上で鄧は、

「現在全国には公社所有制、生産大隊所有制、生産隊所有制がある。さらに安徽省では責任田があり事実上、土地を各家庭に分配したもので非合法といえる。……しかしどういった地域でいかなるやり方が生産を回復し発展させるのか、農民大衆の願うやり方を採用し、非合法だというなら合法にすればよい」

と大胆な発言を行った。さらにほぼ同じ時期、かの有名な言い方、「現在もっとも重要なものは食糧問題である。……白い猫だろうが黒い猫だろうが、ネズミを捕まえる猫が良い猫なのだ」と力説した。これらの政策は「三自一包」（自留地、自由市場、自負盈虧《えいき》と包産到戸）と呼ばれ、文化大革命期に鄧の「誤った政策」として集中的に批判されるのである。現実があまりにも悲惨な状態にあっただけに、毛の批判もあえて振り切る覚悟で始めたの

毛沢東（左）と鄧小平　1959年3月のある日、何事かを打ち合わせする二人。その胸の内は？　写真提供：共同通信社

か、あるいは毛もこのやり方を支持してくれるはずと考えたのか、鄧の胸の内は分からない。しかし、少なくとも毛も大躍進の行き詰まりの中で、こういった穏健方式への転換を認めざるを得なかった。いずれにせよ、「廬山会議」以降、調整政策への転換を支持した劉少奇や周恩来でさえ、ものの言い方は穏やかで婉曲的であったのに対し、鄧小平の言い方はきわめて大胆そのものであった。六一年の党中央工作会議の席上では、「生産関係は大変緊張し、党と大衆関係も緊張し、幹部と大衆関係も緊張している。三年来所有関係は破壊された、激しく破壊された。天災は主要な原因ではなく、人災こそ主要なものだ」と断定した。また六二年には「ただ増産できるなら単干（個人経営）であってもよい」とまで言い切ってしまったのである。

劉・鄧イニシアティブ

一九六二年一月一一日から二月七日まで、大躍進の挫折を総括するために党中央拡大工作会議が開かれた。全国各地から多数の省級、市・県級の指導幹部が参加した。俗に言う「七千人大会」である。今日中国での最大規模の会議は、全国人民代表大会と共産党全国代表大会であるが、その規模は大体二五〇〇人前後である。このことを考えれば、同会議がいかに大規模なものであったかが想像されよう。ここで積極的なイニシアティブを取ったのが、劉少奇と鄧小平であった。まず第一段階で、劉少奇が党を代表して書面報告を提出した。この報告を劉は事前に毛に見せなかった。しかし、毛沢東に配慮し「三面紅旗路線」を否定しないという枠をはめた上で、参加者たちに書面報告に対する意見を求め、修正書面報告を作成した。それと合わせて劉少奇が講話を行ったのである。

中共中央拡大工作会議　1962年1～2月に開かれた会議での、右から鄧小平・毛沢東・劉少奇・陳雲・周恩来・朱徳

第二段階に入り、一月二九日に毛沢東が講話を行った。毛は主として民主を発揚し、上と下との風通しをよくする必要があると力説し、「出気会《しゅつきかい》」(気持ちを開放する会)を呼びかけた。さらに三〇日の夜、各大組(グループ)の責任者を集め、

「誤りが生じたら必ず自己批判をしなければならず、他の人に物を言わせて他の人に批判させなければならない。……中央が犯した誤りは、直接的には私が責任を負うことになるし、間接的にもや

はり私にはそれ相応の責任がある。というのは、私は中央委員会の主席だからである」と語った(『毛沢東思想万歳』下)。確かにこれは毛の初めての自己批判であった。しかし、同時にやはり「自分が党の中心であって劉少奇ではない」と言っているようでもある。以後二月六日にかけて、各組に分かれ、様々な問題に対して検討、批判、自己批判が展開され大いに盛り上がった。

鄧小平は、六日に彼としては比較的長い重要講話を行っている。ここではもっぱら毛沢東、劉少奇の講話を受ける形で、党の良き伝統である民主集中制度を蘇らせ、日常活動をしっかりとさせるべきだと力説している。いわく「ここ数年来、われわれは民主集中制度をうまく運用せず、上と下との意思疎通が十分ではなかった。これは広く行き渡った深刻な現象であった」と(『鄧小平文選』第一巻)。しかし、この発言も「大躍進政策の推進」「彭徳懐失脚」などの決定が、毛の強引なイニシアティブでなされたことを思い浮かべるなら、「毛への当てこすり」と取れなくもない。

二月七日、七千人大会は閉幕を迎え、会議全体を総括した「書面報告」第三稿が正式な党の文書として採用された。目標が高すぎたこと、国民経済のバランスが崩れたこと、人民公社の行き過ぎ、農業増産の過大見込み、分散主義など様々な批判と、民主集中制を強化することなどが盛り込まれ、大躍進を「三分の天災、七分の人災」とする厳しい判断が下された。

毛沢東の威信低下

以後ほぼ半年の間に、政治局拡大常務委員会（二月下旬）、科学工作会議と文芸創作会議、中央財経小組会議（三月初旬）、第二期全国人民代表大会第三回会議（三月中旬）、党中央拡大工作会議（四月下旬）、党中央政治局常務委員会（五月上旬）、党中央統一選工作会議（六月中旬）、民族事務委員会工作会議（六月中旬）などと、幾度も重要会議が開かれた。そして様々な分野で「八字方針」を堅持し、政策の調整、組織の再編、反右派闘争以来の知識人政策の変更・名誉回復などが進められた。そしてこれらの会議はことごとく劉少奇、鄧小平、周恩来、陳雲らのイニシアティブによって進められた。毛沢東は事実上すべてボイコットしている。毛が活動を再開しはじめるのは、八月の北戴河会議以降である。

こうした情勢の中で六月、彭徳懐は毛沢東と党中央に対して長文の弁明の書（いわゆる「八万言書」）を提出し、彼の歴史の全面的な再審査を求めた。とりわけ「反党グループの組織化」「外国との密通」問題は事実に反するとの異議申し立てが含まれていた。この「八万言書」の扱いは、九月の党第八期一〇中全会まで待たねばならなかった。しかし、いずれにせよ「大躍進の大挫折」によって毛の権威が大幅に低下し、「民主集中制」が再重視され、他の指導者たちもものを言いはじめた雰囲気の中での出来事であった。しかし、そのことは決して毛の反省を促し、彼の指導姿勢を変えさせるものではなかった。当時の毛の心理状態を李志綏は次のように綴っている。

「［彭徳懐］追放解除の手続きに就いて劉少奇は毛主席の承認を得なかった。また党中央組織部長、したがって政治的復帰の担当者でもある安子文《あんしぶん》も主席の承認を得ていなかった。……『やつ［安子文］は情報がわれわれのところに届くのを妨害し、独立した王国を樹立しようとしておる。やつらは俺に圧迫を加えようとしておる、そう思わんかね？』……毛沢東はまさに〝黄河〟まで追い詰められていたのだけれど、それでもおしまくる決意を固めていた。一九六二年の夏、ずっと引きこもっていた毛主席はついに姿をあらわした。近いうちに二つの大きな党会議を招集するつもりだと私に告げたとき、いよいよ逆襲が始まろうとしているのがわかった」（李志綏、前掲書下）。

毛沢東の反撃

反撃の第一弾は、七月後半から八月にかけて約一ヵ月間続いた北戴河会議（党中央工作会議）であった。毛沢東は八月九日に高級幹部を集めて重要講話を行い、冒頭から唐突に「今日は共産党が崩壊するか、しないかという問題を取り上げたい」と提起した。それは溜まっていた不満を吐き出すかのように、大胆に挑発的に自分の考えを展開したものであった。

「一九六〇年以来、光明の面は取り上げられず、暗黒の面ばかりが取り上げられるか、大部分が暗黒に描かれ、思想が大混乱している。そこで次のような任務が提起される。全面的に、あるいは大部分を個人経営にするということだ。こうしてこそ、食糧の増産ができるのであり、そうしなければ農業はどうにもならないということらしい。……問題は極めて明確だ。つまり両極に分化し、……一方は富裕化し、……他方はますます貧困化していくということだ」。「われわれがいま採用している措置は皆枝葉末節のことを処理するやり方であり、根本を固めるやり方としては階級闘争をやらないことであると言う。だが、われわれは一万年でも階級闘争をやらなければならず、さもなければ、われわれは国民党・修正主義分子に成り下がるのではあるまいか」(『毛沢東思想万歳』下)。

翌九月の二四—二七日に開かれた党第八期一〇中全会で、毛の語気はいっそう強まった。

「社会主義国家には階級は存在しないのか、階級闘争は存在しないのか。今では社会主義国家に階級、階級闘争が存在することを肯定してよい。……階級、そして階級闘争が長期にわたって存在することを認めなければならない。反動階級は復活するかもしれず、警戒心を高めなければならない。……毎年、毎月、毎日、これ［階級闘争］を問題にし、会議を開くごとに取り上げ……比較的すっきりしたマルクス＝レーニン主義路線を守るようにしなければならない」、「階級闘争を絶対に忘れてはならない」(同上)。

これは文革期に有名になった毛沢東の「継続革命論」の原型と言ってよい。そしてこの主張には確かに、五六年の第八回党代表大会で劉少奇が提示した「社会主義制度の基本的な確立と階級関係の根本的な変化によって、当面のわが国社会の主要矛盾はプロレタリア階級とブルジョア階級の矛盾ではなくなった」というテーゼとの重大な差異を見ることができる。

階級闘争の重視

劉少奇、周恩来、鄧小平は、毛沢東の「北戴河会議講話」と「党第八期一〇中全会講話」を異様さととまどいをもって受けとめていた。後に鄧小平はこの時期の毛沢東について次のように語っていた。

「六一年、党中央書記処が主宰して決定した工業七〇条に対して、毛沢東同志は大変満足し賛意を表していた。……毛沢東同志は真剣に『左傾的誤り』を是正しようとしていたのだ。七千人大会での彼の講話も大変良いものであった。しかし六二年七―八月の北戴河会議で彼は再び方向転換をし、階級闘争を重視し、それももっと高い調子で蒸し返すようになった。……そして一〇中全会後になると、毛沢東同志自身が階級闘争に力を入れ『四清運動』に取り組むようになった」（『鄧小平文選』第二巻）。

毛沢東自身、大躍進の大惨状は認めざるを得ず、食糧生産を回復させ、民衆の飢餓からの脱却に力を入れるべきことは認めざるを得なかった。この点では劉少奇・鄧小平にイニシアティブを取らせることは容認できた。しかしそれは戦術的な一時的後退、毛流にいうなら「枝葉末節の問題」であって、戦略的後退にしてはならなかった。だからこそ、調整政策に示された非階級的内容の浸透に対して、六二年八月の北戴河会議では「共産党が崩壊するか、しないか」の問題を提起したのであり、党第八期一〇中全会では「階級闘争」をキーワードにしたのであった。さらにこの一〇中全会では、「彭徳懐復活問題」を切り捨て、同時に農業の各家庭生産請負責任制を主張した鄧子恢農村工作部長を、初めて「党内の修正主義」と断定し粛清したのであった。毛沢東と劉少奇・鄧小平らとの溝、そして亀裂は急速に大きくなっていったのである。

六三年に入って毛は具体的な行動を開始した。五月初め杭州に一部の政治局員と書記処書記を集め、党中央「当面の農村工作問題についていくつかの決定（草案）」（通称「前十条」）を起草した。これは同年二月に決定された農村社会主義教育運動の進め方に関する基本的な考え方を示したものであった。ここで毛は、

「中国社会には、重大でしかも先鋭な階級闘争の状況が現れている。……打倒された地主・富農分子は八方手を尽くして幹部を腐敗させ、指導権を奪い取っている。一部の人民公社、生産隊の指導権は、事実上彼らの手に落ちている、その他の機関の一部にも、彼らの代理人がいる」、「この革命運動は土地改革以来、最初で最大の闘争である」

とまで力説したのであった（『毛沢東思想万歳』下）。

中ソ論争と世界人民革命戦争

ソ連技術者の引き上げ

文革前夜を見る時、国内情勢と同時に国際情勢の動きとそれに対する中国（毛沢東）の対

応を見逃してはならない。一九五〇年代末の世界認識、世界革命方式、対米関係などをめぐる毛沢東とフルシチョフとの確執、中ソの緊迫、台湾海峡危機、チベット反乱と中印国境紛争などについては既に触れた。一九六〇年代に入り中国をめぐる国際情勢は一段と緊迫した。まず六〇年七月、ソ連は突如中国との科学技術協力協定を破棄し、中国に滞在していた一三九〇名の専門技術者を一斉に引き上げ、専門家九〇〇名の中国派遣予定計画の中止を決定した。これによって中国は経済、国防、文化教育、科学研究などの領域、二五〇余りの事業部門が打撃をこうむった。続く同年一一月八一ヵ国の共産党・労働者党の代表が集まったモスクワ会議および翌六一年一〇月の第二二回ソ連共産党大会で中ソの対立は決定的となり、またアルバニアなどわずかの国を除き、多くの社会主義国、各国共産党からの中国批判の声は高まった。

国境地帯に関しても、この頃から一九六二年にかけて断続的に、新疆《しんきょう》ウイグル自治区の中ソ国境地帯で武力衝突が繰り返された。さらに六二年九月にチベットに「侵攻」したインド軍と人民解放軍の衝突をきっかけに、一〇月から翌年一月にかけて中印間で大規模な武力衝突が起こった。そしてまさに中印紛争が白熱していた最中の一〇月二〇日に、いわゆる「キューバ危機」が発生したのである。

これはフルシチョフが米国の喉元《のどもと》にあるキューバにIRBM（中距離弾道ミサイル）を持ち込もうとし、事前に発見したケネディが海上封鎖という強硬な対処に出て「米ソ戦争の危機」となった事件である。しかしフルシチョフがキューバからの攻撃兵器の撤収を約束し、一触即発の危機は免れた。中国は一段とトーンを上げてフルシチョフの対米軟弱姿勢を非難した。しかし中印国境での大量動員による攻勢と合わせ、好戦的な中国の姿勢が目につき、国際世論としては中国に冷たく、孤立化は一段と顕著になっていた。フルシチョフはこの時期に開かれた東欧諸国やイタリアでの共産党大会に出席し、その場を使って中国への激しい非難を繰り返した。

かくして「中ソ公開論争」の幕が切って落とされたのであった。この公開論争は一九六三年二月二七日、『人民日報』の「食い違いはどこからきたのか」と題する社説から始まり、以後一年半余りにわたった。三月、ソ連共産党は中国共産党に対して、世界情勢と国際的な階級勢力の変化は、世界共産主義運動の共通した「総路線」の制定を求めていると提起した。これに対して六月、中国共産党は「国際共産主義運動の総路線についての提案」を返した。そこでは国際的な階級矛盾の激化が主張され、一面的な「平和共存」「平和競争」「平和移行」が批判され、さらに世界革命における反米反植民地民族解放闘争の重要性も強調された。七月五日、鄧小平を団長とする中共代表団がモスクワ入りし、スースロフを団長とするソ連代表団と論戦したが、かみ合わず決裂し七月二〇日中国側は帰国した。

フルシチョフ失脚と核実験成功

中ソ会談の最中であった七月一五日、フルシチョフは米英の指導者をモスクワに迎え、部分的核実験停止問題をめぐって会談に入り、同月二五日三ヵ国間で条約の仮調印が行われた。中国側はこれをソ連の米英帝国主義への投降、中国自身の核開発の権利を剝奪《はくだつ》するものとして強く非難した。そして、九月の「ソ連共産党指導部とわれわれとの意見の相違の由来

毛沢東と握手するフルシチョフ　1962年10月のキューバ危機のあと平和共存路線をとったが、1964年10月、突如失脚した

と発展」と題する文書から始まって、翌一九六四年七月のフルシチョフを「似非共産主義者」と断定した文書まで連続して九編の公開意見書を発表した。いわゆる「九評」である。

しかしこれを純粋な中ソの「イデオロギー論争」と言い切ってよいのだろうか。毛沢東のフルシチョフに対する対抗意識、敵愾心《てきがいしん》は異常でさえある。「九評」が出された直後、甥の毛遠新《もうえんしん》との対話の中で、毛は「[世界の]革命の任務は現在まだ完成されておらず、結局誰が誰を倒したかは未確定である。ソ連ではまだフルシチョフが政権を握っている。ブルジョアジーが政権を握っているのだ」と決めつけている（『毛沢東思想万歳』下）。これはもはや論争ではなく、敵対であり闘争であった。

そのフルシチョフが一九六四年一〇月一五日に突如失脚した。あたかも彼をあざ笑うかのように翌日、中国は自力で初の核実験に成功した。そして「フルシチョフの失脚は、全世界のマルクス＝レーニン主義者の、断固たる修正主義反対闘争の偉大な勝利だ」と歓呼した。多くの人は、中ソ対立は緩和の方向に向かうのではないかと思った。当事者たちもそう考えた。一一月中国は、ソ連「十月革命四七周年祝賀式」に周恩来を団長とする代表団を派遣した。しかしその宴席で、ソ連国防相マリノフスキーが賀龍《がりゅう》将軍に対し「われわれがフルシチヨフを失脚させたように、あなた方も毛沢東を退陣させるべきだ。そうすれば中ソはすぐ仲直りできる」と語った(席宣・金春明/鐙屋一他訳『文化大革命簡史』、中央公論社、一九九八年)。周恩来はそれに強く抗議した上で、帰国後ただちに毛沢東に伝えた。まもなく中国は「ブレジネフ政権はフルシチョフなきフルシチョフ路線」と断定した。

鄧小平の微妙な立場

一九六五年八月、ド・ゴールの特使として訪中したA・マルロー国務相との会見において、毛は「ソ連は資本主義復活の道を歩もうとしている。この点について米国・欧州は歓迎していますが、われわれは歓迎していません」と語った。その後、マルローが「まさか主席は、彼らが資本主義の道に戻ろうとしていると本当にお考えではないでしょうね」と問うたのに対して、即座に「本当です」と答えた(『毛沢東思想万歳』下)。こうした毛の対ソ強硬論に対してブレジネフも対決姿勢を強め、六六年以降は中ソ国境地帯に兵力を増大させた。その規模はフルシチョフ時代の一〇個師団から四三個師団、約一〇〇万、ソ連総兵力の二四パーセントを占めるほどであったと言われる(『中華人民共和国史稿』、黒龍江人民出版社、一九八九年)。

こうした中での鄧小平の立場、態度はいかなるものであったのか。すでに見てきたように、国内問題では「白猫黒猫論」「三自一包」など、毛沢東の主張とは明らかに異なった政策の積極的推進者になっていた。しかし、こと中ソ論争では五〇年代に鄧が見せたように、忠実に毛沢東の代弁者を演じた。会談中「鄧は、ほとんどが北京で起草された声明を中国語で読み上げるだけで、スースロフ（ソ連側代表）が時々差し挟む質問には、石のような沈黙で応じた」。このような鄧の態度をB・ヤンは「当時の状況下で、毛沢東のご機嫌を取ることに終始した結果だ」と解釈している（B・ヤン、前掲書）。

確かに鄧の立場は微妙であった。ここで毛沢東に忠誠心を示すことで、国内でやっていることも決して毛に背くものではない、ということを間接的に言おうとしていたのかもしれない。しかし同時に、愛国主義者として、鄧自身がソ連の対応に不満を抱き、それが反ソ感情をつくっていたことも見逃せない点であろう。八九年のゴルバチョフとの会談で、鄧は当時を振り返って次のように語っている。

「六〇年代半ばからわれわれの関係は悪化して、基本的には断絶したと言わねばなりません。それはイデオロギー論争といった問題を指しているのではない。またこの方面では、われわれも当時主張したものがすべて正しいと認識しているわけではない。真に実質的な問題は、不平等の問題であり、中国人が屈辱を受けたと感じたことでした」（『鄧小平文選』第三巻）。

鄧の民族主義、愛国主義の論調は、内政面での毛との亀裂によって過酷な災難を受けた後でも、不思議なほどに毛の考え方と一致していたのである。

中間地帯論

アメリカ帝国主義とソ連修正主義が結託し、世界を牛耳ろうとしつつある情勢をいかに打破するか、軍事戦略家としての毛沢東の本能が働きはじめた。まず国際構造の特徴をどう分析したのだろうか。一九六四年一月二一日、『人民日報』社説は新しい「中間地帯論」を発表した。もともと四六年に毛は「中間地帯論」を語っていたが、今回の特徴としては、

①世界における反帝闘争の重点は中間地帯、とりわけアジア・アフリカ・ラテンアメリカ（AAA＝第一中間地帯）に移っている

②西欧・カナダ・オセアニアなどを第二中間地帯と設定し、これらと米国との間の矛盾が深刻化している

といったとらえ方であった。

ここではまだ資本主義陣営対社会主義陣営という冷戦の基本枠組みまでは否定していない。しかし「第三の道はない」「向ソ一辺倒だ」と主張していた建国前後からの国際構造認識とははっきりと異なっていた。同時に上で述べたソ連修正主義との闘争のトーンが次第に強まっていった。先走りをおそれずに言うならば、この中間地帯論と反ソ戦略の高まりが七〇年代に入って毛の「三つの世界論」を生み出していったのである。すなわち「三つの世界論」の特徴は、米帝国主義とソ連社会帝国主義（第一世界）の結託した世界支配、それに対抗するAAA諸国（第三世界）、その間で動揺する西欧・東欧など（第二世界）という、冷戦の枠組みとは異なった国際構造認識である。毛の頭の中では資本主義・社会主義陣営間の対立という冷戦構造認識は、すでに解体しつつあったといってよいだろう。むろんこうした解釈に十分に納得できない国内の指導者たちがいたことも確かである。そして、そのことこ

そが文革の中で毛が彼らを攻撃した要因の一つでもあったのだ。

例えば、以下で述べるように林彪《りんぴょう》国防部長は、一九五九年以降の毛沢東のもっとも積極的な礼賛者であった。調整政策の時期にも林彪は毛沢東の「三面紅旗」を讃美し、あるいは毛沢東の著作から要点のみを抜粋し、手帳サイズの小さな一冊にまとめた赤い本『毛沢東語録』を発明し普及させた。彼は米ソとの全面戦争に備えるという毛の主張を支持した。六五年九月には「人民戦争の勝利万歳」という論文を発表し、「世界の農村が世界の都市を包囲する」と、かつての毛沢東の農村革命論を世界革命論にまで拡大した主張を展開した。これに対して軍総参謀長の羅瑞卿《らずいけい》は、米国との対決が第一で、そのためにはソ連を含む反米統一戦線の結成が必要であると説いた。毛の怒りを買った羅瑞卿は、やがて総参謀長を含むすべての職を解任されることになる。

世界人民革命戦争論

毛の軍事革命論の基本は、以前にも指摘したが「弱い我が強い敵をいかに倒すか」であり、その具体的なやり方は「人民戦争論」であった。人民戦争論は、根拠地論、統一戦線論、遊撃戦論、持久戦論などの組み合わせで展開される。毛はこの方式を米・ソとの対決にも取り入れようとした。まず中国自身が「革命の根拠地」になることである。文革の最中の六七年七月に毛は次のように力説している。

「現在世界各地で反中国活動が起こっており、形の上ではわれわれは孤立しているかのようであるが、実際上は、彼らは中国の影響を恐れているのである。……各国の人民は、中国の道は解放への唯一の道であることを認識するであろう。わが国はたんに世界革命の政治的な中心であるばかりでなく、軍事上でも、技術上でも世界革命の中心となり、……世界革命の兵器工場とならねばならないのである」（『毛沢東思想万歳』下）。

この考えは中ソの決裂が決定的になった時に浮上した。

そして、六四年五月から約一ヵ月間開かれた党中央工作会議で、毛は米ソの侵攻に備え中国全土を戦場に想定し、広大な人民戦争を展開するための大後方基地建設、いわゆる「国防三線建設」を提唱したのである。従来、沿海・都市（第一線）に集中していた軍事施設、重工業基地を貴州《きしゅう》、四川《しせん》、陝西《せんせい》、甘粛《かんしゅく》など内陸奥地（第三線）に移し、人民戦争の根拠地にしようとしたのであった。三線建設には、四川の攀枝《はんし》花《か》、甘粛の酒泉《しゅせん》など五大鉄鋼基地、貴州などの炭鉱開発、四川・甘粛・江西などの水火力発電所の建設が含まれ、その費用として、六五年は総基本建設費の三五パーセントと一気に増額された。さらに、六六年から始まる第三次五ヵ年計画期には総基本建設投資額八五〇億元の六〇パーセント近くをも占めるまでになった。この大後方基地こそ、中国での人民戦争の根拠地であると同時に、世界革命支援のための基地でもあった。

ケネディ暗殺後も米国のベトナム戦争介入は一段と激化し、泥沼化の様相を呈していた。六五年二月には、ジョンソン大統領は北ベトナムのドンホイを爆撃し、本格的な北爆が始まった。それは中越国境に接近するもので、やがて中国西南部に対し米軍が爆撃するかもしれないとの現実味が増していた。中国は北ベトナム支援を強めた。大後方基地はこうした国際軍事支援においても役割を果たさねばならなかった。ベトナム戦争はまさに反米民族解放闘争の世界的なシンボルとなっていったのである。

理想社会実現への再挑戦

『人民日報』が「中間地帯論」を発表した一週間後（一九六四年一月二七日）、中国はフランスとの国交を樹立した。米・ソに対して独自の道を歩むド・ゴールのフランスとの関係改善は、第二中間地帯の重視、新たな国際統一戦線の構築を目指したものであった。もちろん第一中間地帯の国々との連携を強める活動にも力が入った。それは周恩来総理のアフリカ歴訪（六三年一二月―六四年二月）によくあらわれている。六四年三月三日の『人民日報』社説では、「先進的なアジアと先進的なアフリカが、いま万丈《ばんじょう》の光芒《こうぼう》を放ちつつ地平線上に現れた」と双方の連帯に強い期待を示した。翌四月に第二回ＡＡ会議準備会議に出席した陳毅《ちんき》外相は、周総理がアフリカ歴訪で示した内容をまとめ、ＡＡ諸国との関係強化のための「対外援助八原則」を発表した。

　六五年一月には、当時アジアでもっとも関係の深かったインドネシアが国連脱退を宣言した。中国はただちに政府の名で「国連がなくても、われわれは立派に生きてゆける。……インドネシアの〝正義の正確な革命的行動〟を断固支持する」と表明した。当時、北京・ジャカルタ枢軸《すうじく》とも、北京・ハノイ・ジャカルタ枢軸とも言われるほど緊密さを示していた。毛の脳裏には、ＡＡ諸国を中心とする「第二国連」といった新たな国際秩序構想が芽生えていたのかもしれない。ただし、インドネシアとの関係は六五年の「九・三〇事件」によって断絶状態となった。中国を除くアジア最大といわれたインドネシア共産党が、スハルト率いる軍によって壊滅的な打撃を受けたことにより「枢軸関係」は解体した。しかし、この頃ＡＡ諸国から多くの指導者がひっきりなしに中国を訪問し、毛沢東との会見が頻繁に行われた。まさに毛は「世界の革命指導者」の観を呈していたのである。

以上見てきた国内・国外情勢の文脈から判断すれば、毛沢東は決して六二年の七、八月から態度を急変させ左傾化したのではなかった。「大躍進」の挑戦は、ある意味で彼なりに構想した理想社会実現に向けての本格的な試みでもあった。それが失敗に終わったことは内心認めざるを得なかったが、再挑戦へのこだわりは放棄できなかった。フルシチョフとの対抗意識からも、中国の最高指導者としての威信からもできなかった。そして劉少奇、鄧小平らが自らの意志に背くものであったとしたら、それを跳ね返してでも、おのれの信じた道を突き進む覚悟がみなぎっていた。党第八期一〇中全会の毛沢東講話がそれを暗示していた。あの「文化大革命」の激震が襲ってくるのも時間の問題となっていったのである。

第五章　プロレタリア文化大革命

文化大革命とは何か

人間の「解放」・社会の「解放」

一九四九年以来の中華人民共和国史の中で、もっとも衝撃的な「政治事件」は何であったかと問えば、おそらく多くの中国人はためらうことなく「文化大革命」と答えるだろう。正式には「プロレタリア文化大革命」、簡略的には「文革」、鄧小平時代以後は「いかなる意味においても革命とか社会進歩とは無縁のもの」と厳しい評価を下し、「災難の一〇年」(一九六六—七六年)と呼ぶようになっている。しかし、いずれにせよ「文化大革命」と呼ばれるこの一大政治事件の全体像をどのように理解すべきかは、必ずしも容易な作業ではない。しかし、近年では当時の大量の資料も見ることが可能となり、例えば「集団的暴力」といった特定のイシューに焦点を当てた研究、特定地方の文革の実態研究といったように、研究の幅が大きく広がり、テーマが細分化してきている(例えば楊麗君『文化大革命と中国の社会構造』、御茶の水書房、二〇〇三年)。

もっとも、私にとっての同時代史である文革は、六〇年代の後半から七〇年代初頭にかけて、まさに燃え盛っていた。そして今では信じがたいことであるが、当時それは紛れもなく

プロレタリア文化大革命　天安門広場を埋めつくす人と旗の波。それは「三大差別」のない平等社会を実現するための「魂に触れる革命」であったのだろうか

毛沢東が発動した「偉大な革命」としてニュースになり、脚光を浴びていたのである。あの頃の世界を見渡すと、米国は拡大する貧富の格差や泥沼化したベトナム戦争にあえぎ、国内で反戦運動や黒人暴動が広がり、世界的にも反米の大きな潮流があった。他方で、国家官僚主義化したソ連の独裁体制への批判、絶望も強かった。六八年春以来進められたチェコスロバキアでの「人間の顔をした社会主義改革」＝「プラハの春」の試みは、まもなくソ連軍によって押しつぶされるのではあるが、ソ連型社会主義に対する社会主義陣営内からの告発でもあった。

こうした中での、毛沢東の「魂に触れる革命」「三大差別（後述）を撤廃した平等社会実現」の呼びかけは新鮮であった。毛の革命主義は物質的豊かさの追求を超越した「精神の解放」をもっとも重視していると見なされた。「スターリン批判」以来、本来人間の解放を目指した社会主義自身が「人間疎外」を生み出していることが明らかにされた。その中で毛沢東の理論と実践こそ「人間の解放、社会の解放」につながるものだとの「神話」が生まれ、世界各地に多くの「毛沢東主義者」を輩出した。しかし後に明らかになったように、毛沢東の進めた文革の「現実」は、およそ「人間解放」とは無縁の非人間的な相克、裏切り、虐待《ぎゃくたい》、殺戮《さつりく》を繰り返し、政治のみならず経済、社会、文化などあらゆる分野で壊滅的な混乱を引き起こしたのである。

豊かさの実現か平等社会か

文革の見直しが始まったのが、一九七〇年代末である。かつてホン・ヤン・リーは、文革とは「中国におけるあらゆる人々を巻き込み、広範なイシュー（争点）に関する議論や様々なレベルでの数々の衝突を引き起こし、……人間の想定しうるあらゆるタイプと、政治行動のあらゆる種類の形態を示した」出来事と表現している（Hong Yang Lee, *The Politics of the Chinese Cultural Revolution*, Univ. of California Press, 1978, p. 2)。確かに政治のみならず、経済・社会・文化・文学、あるいは国家・社会組織・家族・個人など様々な領域で、文革とは何かを語ることは可能である。それだけにリーの表現は正しい。しかし、だからなんだと開き直られれば、文革について何も語ったことにはならない。文革に対してどう切り込めばよいのか。

文革の否定的側面が次々と露呈される中で、党中央指導者から「毛主席の提起した意図は正しかったが、その方法を誤り悲惨な結果を導いた」という解釈が出されるようになった（葉剣英《ようけんえい》「建国三〇周年講話」、一九七九年など）。日本で文革礼賛論に代わる文革の解釈として出てきたのが、「逆説としての文化大革命」論である。「平和を絶対的に希求する結果として戦争が起こる」、「自由を絶対的に希求する結果として独裁が生み出される」といったように、「歴史はしばしば逆説として現れる」という見方がある（市井《いちい》三郎《さぶろう》『歴史の進歩とはなにか』、岩波新書、一九七一年）。

自由・民主の旗を掲げてフセイン政権を倒したブッシュ米政権が、打倒後もイラクでの戦争・殺戮行為を余儀なくされているのはある種の「逆説」といえるかもしれない。加々美《かがみ》光行《みつゆき》はこうした市井の考え方を文革にあてはめ、毛の「徹底した人間解放の革命」がある段階で「逆説」に転化し、凄惨な「悲劇」と化したと説明する。

毛の考えの中には、確かに強烈な「革命主義」があった。もちろん彼が「豊かな中国」の実現を求めていたことは、四五年の『連合政府論』、四九年の「人民民主独裁論」、五八年の「大躍進政策の提唱」などからも明らかである。しかし前章でも見たように、個人経営を復活させれば生産は増大するかもしれないが貧しい層はますます窮乏化する、「それは資本主義の復活だ」と考えるようになっていった。おそらく大躍進の挫折後、資本主義的方式による経済調整政策の広がりの中で、「豊かさの実現」以上に「平等社会の実現」を重視しはじめるようになったと見るべきだろう。この点にこそ、毛と劉・鄧が描いた「未来社会像」とその実現のための道筋＝路線に重大な亀裂が生まれ、次第に大きくなっていったのである。

紅五類・黒五類

しかしかりに「逆説論」で説明しようとするなら、こうした革命主義的な試みが文革を引き起こした後、それが何故、いつ、何によって「逆説」に転化し悲劇を生み出したのかの説

文化大革命時代のポスター　「毛主席の長寿無窮をお祈りする」「プロレタリア文化大革命をとことんやり抜く」「わが祖国は『紅』一面」などのスローガンが読み取れる

明が必要である。ここでキーワードになるのが「出身血統主義」であった。あとでも触れるように一九五〇年代後半以降、中国社会では良い出身階級としての「紅五類」（革命幹部・革命軍人・革命遺族と労働者・農民）、悪い出身階級としての「黒五類」（旧地主・旧富農・反動分子・悪質分子・右派分子）という「階級規定」がなされるようになった。

　とても本来の意味での「階級」とは言えないが、いったん「黒五類」といったレッテルが貼られると、それが「檔案《とうあん》」（身上調書）に書き込まれた。そして公安部門が保管しどこまでも付いて回り、本人の仕事・昇進・社会関係・結婚などに深刻な影響をもたらすようになった。「革命的」であるという主張（紅五類）が逆に新たな「差別構造」を生み出したのである。この他にも教育分野で「重点校」制度が「非重点校」との差別を、労働者の中で「常用労働者」制度が「臨時労働者」との差別を生み出し、社会主義でありながら「新たな差別の社会構造」が生まれ広がっていったのである。

　毛沢東は文革で、こうした「社会主義社会が生み出した差別の構造」を破壊し、新しい平等な社会の創造を目指したのだとする。確かに文革が本格化した六六年秋頃から、紅衛兵《こうえいへい》の活動が活発になり、「黒五類」の紅衛兵も文革に参加し、「檔案」が焼かれ「出身血統主義」が批判されるようになった。六七年一月の「上海革命」を経て、二月、「上海コミューン」が樹立された。にもかかわらず、約一週間後コミューンを提唱した毛沢東自身が、この看板を降ろさせ「上海革命委員会」に替えさせた。この事実が「革命主義」の挫折＝「逆説としての文革」への転化だと見る。なぜなら革命委員会は「革命幹部・革命軍人・革命大衆の三結合」によって構成すべきだと主張されていたからである。つまり基本的には、従来の紅五類が結局はそのまま権力を握ることになり、彼らの存在によって生まれた「差別構造」の解体は不可能になったからであるという。そして「理念としての文革」はここで終わったと見る。

毛沢東（右）と劉少奇　1967年時点ではまだ、並んで人々の歓呼に応えるシーンもあった

熾烈な権力闘争の側面

しかし、それでは、革命主義の徹底した希求の結果として、文革が逆説へ転化したというのだろうか。もう少し他の重大な側面があるように思える。ではどのように見るべきか。文革それ自体を切り離して見るのではなく、やはりその前後の歴史、国際環境全体の中において、関連する幾つかの主要な要素、人間関係などの文脈から見ていく必要があるのだろう。文革の重要な現実として、言うまでもなく権力的危機意識、権力欲、嫉妬、反逆などを含んだ指導者

の確執＝権力闘争が熾烈に繰り広げられた、という側面を見落とすわけにはいかない。

一九八六年に最初に出版され、まもなく発禁になった厳家祺《げんかき》・高皐《こうこう》夫妻著の『中国文化大革命十年史』上下（辻康吾監訳、岩波書店、一九九六年）は、その後改訂版も含め香港で出版されたが、中国人学者による初めての本格的な研究書である。同書は豊富な資料と当時の関係者との接触によって文革を生々しく再現することに成功している。その解釈の基本的な枠組みは、毛沢東グループ（「文革派」）と劉少奇・鄧小平グループ（「実権派」）との権力闘争によって織りなされた政治ドラマであった。

文革とは、大躍進の挫折から調整政策推進の過程で権威・権力を高めた劉少奇・鄧小平らから、毛沢東が林彪国防部長、江青《こうせい》夫人らを使って権力を奪い返す（奪権）闘争、さらには野心を持った林彪、江青ら「四人組」が劉・鄧グループを追いつめ台頭し、やがて毛も絡んだ複雑怪奇な権力闘争の中で滅びていくといった興亡の歴史として描かれている。そこには伝統的な宮廷クーデターにも似た密室の隠微な権力闘争から、何万、何十万、何百万という大衆を巻き込んだ闘争などあらゆる形態の権力闘争を見ることができる。

文革を北京大学の学生として体験した楊炳章《ようへいしょう》は近著の中で、文革は「数億人が関わった一大政治運動であり、実に多くの複雑多岐にわたる事情が存在している」と述べながら、その核心を「主として国家政治活動であり、北京が地方を決定するのであって、その逆ではなく、上層の政治関係が下層の大衆運動を決定するのであって、その逆ではない」と断言している（国分良成編著『中国文化大革命再論』、慶應義塾大学出版会、二〇〇三年）。さらにほぼ文革世代と言える印紅標《いんこうひょう》は、文革理解のためには①共産党内部の対立、②指導層と知識人層の対立、③指導幹部と大衆の対立という根本的対立から政治闘争を見るべきだと強調している（同上）。これらも広い意味での政治権力闘争論といえよう。

毛沢東の危機意識

しかし、権力闘争論という側面からだけで見ていくとするなら、これもまた文革の全体像を説明したことになるのか疑問が湧いてくる。よく知られているように、文革期に掲げられたスローガンでもっとも目立ったものは、「反帝反修《はんていはんしゅう》」（帝国主義と修正主義に反対）、「四旧《しきゅう》打破《だは》、四新創造《ししんそうぞう》」、「中国のフルシチョフ劉少奇打倒」、「第二のフルシチョフ鄧小平打倒」であった。あるいは文革直前の一九六四年に初の「原爆実験」を実施したのに続き、文革の最中六七年に「水爆実験」を成功させ、世界の注目を引いた。まさに文革という国内の一大政治事件が、国際関係と密接に結びついていることを暗示している。こうした国際関係の枠組み・視角から文革を見ていくという発想

紅衛兵の腕章をした毛沢東主席　ソ連を修正主義への凋落と見、その危機意識から自分こそが世界革命の指導者たらんとする使命感に駆られたのか

やアプローチは意外なほど少ない。 しかしこれが大変重要だと確信している（天児慧『中華人民共和国史』)。

様々な試行錯誤を繰り返しながら私は、文革を「毛沢東の危機意識」から解き明かしていくことがカギなのではないかと思うようになった。この「危機意識」は、毛自身が捉え理解した①国際世界の認識と②国内世界の認識および、毛の中にある(a)革命主義と(b)権力主義の組み合わせから生まれている。①―(a)つまり〈国際認識と革命主義〉の組み合わせで考えると、平和共存路線を推し進めようとする米国とソ連の結託によって、世界規模での資本主義・修正主義の結託、蔓延《まんえん》が見られるという危機意識である。①―(b)〈国際認識と権力主義〉の組み合わせで見ると、これまで社会主義の盟主であったソ連の指導者フルシチョフとの隠微な確執があり、彼の修正主義への凋落《ちょうらく》によって社会主義陣営が分裂し、自分こそが世界革命の指導者にならねばという危機意識であった。むろんこれは裏を返せば、今こそ世界革命の指導者は自分であるという、権力欲の膨張でもあると見ることができる。

②―(a)〈国内認識と革命主義〉の組み合わせでは、大躍進挫折による政策後退が「一時的暫定的な処置」ではなく、「資本主義の復活」すなわち「富者と貧者の二極化」を引き起こしているという危機意識であった。そして②―(b)〈国内認識と権力主義〉の組み合わせでは、自らの大躍進政策の「事実上の失敗」と、調整政策の推進による経済の回復を通して劉・鄧の権威と権力基盤が強まり、自分自身のそれらが弱まっているという危機意識であった。

米ソ世界支配への挑戦、フルシチョフ型ソ連指導者への挑戦、理想社会への挑戦、劉・鄧の権威への挑戦、これらが毛沢東という人物の思考と意志によってつくられたインターフェイスを媒体として、入り組み表出していった。もちろん文革は毛沢東の考え、指示によるものだけではない。毛のこうした危機意識とあわせ、林彪グループ、江青グループの思惑と野心、社会の各層における鬱屈《うっくつ》した様々なフラストレーションの爆発などが重層的に存在し、共鳴しあって、あのような激しいドラスティックな一大政治事件が繰り広げられたのであった。

「実権派打倒」の毛沢東戦略

では実際の文革はどのような展開を見せたのだろうか。六五年の時点で毛はたしかに孤立していた。一九四五年の第七回党代表大会で初めて「毛沢東思想」という表現を使い、毛の最高指導者としての権威を高めたのが劉少奇であった。周恩来は建党時期には毛より党内順位は上であったが、三五年の遵義《じゅんぎ》会議で「ソ連留学生派」から指導権を奪い毛に移した最大の功労者であり、以後一貫して外交交渉と実務面で毛の右腕になっていた。

劉少奇（1898―1969）　国家主席まで務めたが、1968年永久除名。のち1980年に名誉回復

そして鄧小平は大躍進期まで、毛に忠誠を尽くし毛がもっとも信頼をおいてきた部下であった。彼らは有能な指導者たちで、いま党・政府内での実権を握っており、しかも毛の意向とは異なった道を歩もうとしている。しかし毛の頑

強な反逆精神は、彼らと妥協する道ではなく、あえて対決する道を選ばせたのであった。

先走って言うなら、劉と鄧と周の処遇は異なっていた。劉は「反革命分子、裏切り者、中中国のフルシチョフ、国民党のスパイ」など最大級の罪状がつけられ、六八年一〇月の党第八期一二中全会で党からの永久除名が決定された。しかも六九年一一月河南省開封《かいほう》の牢獄で不遇の最期を遂げるのであった。鄧小平は同じ党第八期一二中全会で失脚するが、毛は党籍剝奪《とうせきはく》に反対し「留党監察《りゅうとうかんさつ》」の処分にとどめ、江西省の農村で軟禁状態に置かれる。最近の文献では毛は汪東興《おうとうこう》を通じて、失脚後の鄧に対し「第一に忍耐せよ、第二に劉・鄧を分けて考える、第三に何かあれば毛に対して手紙を書いてよい」と伝えていたと言われる(毛毛『わが父・鄧小平〝文革〟歳月』上)。他方、周恩来は微妙な立場を巧みにすり抜けながら、毛の批判をまぬかれ側近として全うするのであった。

なぜこのような違いが出たのか。一つの解釈としては、劉少奇「スケープゴート」説である。劉は「実権派」の中心であり、六二年の「七千人大会」の主役であった。が、実はその後、具体的な方針の策定で、言われたほどに強力なイニシアティブを発揮したのではない。むしろ調整政策の実質的な推進者は鄧小平であり、前述した「農業六〇条」「工業七〇条」など、さまざまな具体策はほとんど彼の下で策定されたのであった。鄧小平こそ中国を毛自身が考えた道と異なった方向に導こうとしている張本人であり、打倒しなければならない。が、指導者として彼の能力をかなり高く評価もしており、完全に潰《つぶ》してしまうには惜しい、後々使いみちのある存在と、毛は判断したのかもしれない。

そして周恩来は調整政策を支持したがその策定者ではなく、国家運営の中心であった。毛はたしかにユートピア的革命主義者であったが、三五年以来党のトップに君臨し続けることのできたある種のリアリストでもあった。周が毛の推進する文革に従う限り、周は毛にとって必要であった。毛はある意味で早くから林彪《りんぴょう》の「野心」に気づき、彼に対するカウンター・バランサーとして周をポストに留めたようにも見える。これに対して劉少奇の毛にとっての重要度は大幅に減少した。しかも「実権派のシンボル」が必要であった。それが劉を最大限の罪状と過酷な死に追いやった理由だと推測するわけである。

劉少奇・周恩来・鄧小平・林彪

もう一つの解釈は、毛との個人的な関係の近さ、ソ連との関係の近さから考える見方である。毛と劉は同じ湖南省の出身者であるが、革命運動期には劉は主に都市・国民党支配区で活動しておりそれほどの接点がない。しかも建国前後からたびたびソ連を訪問し、スターリンらソ連指導者の受けも良かった。ソ連に対して主体的積極的に批判する姿勢も弱かった。国家主席になって以来、毛の権威に挑戦するかのような振る舞いも見られた。

これに対して周恩来は、当初は対抗者であったが、三五年以降は一貫して毛の忠実な部下であった。しかも六四年の訪ソの折には、ソ連側の「毛打倒陰謀の勧め」を毅然としてはね返した。では鄧小平はどうか。彼こそ農村根拠地時代から長期にわたって、毛にとってもっとも頼りになる部下であったし、反ソという点では毅然としていた。こうした点に劉・周・鄧の処遇の差があったのではないかということである。おそらく真実は、この解釈と「スケープゴート」説とを混合したものであろう。

では、毛が劉・鄧を本気で打倒しようと考えはじめたのはいつ頃からだったのか。毛は一九六四年一二月の党中央工作会議で「重点は党内の資本主義の道を歩む実権派をたたくことだ」と語っている（『毛沢東思想万歳』下）。さらに翌年一月の「二三条」の中でも、ほぼ同様の主張をおこなった。後に毛はエドガー・スノーとの会見の中で、六五年初めに「実権派打倒」を決意したと語っている。あるいは六六年一〇月の別の機会にも「警戒心を起こしたのは、やはり二三条のときであった。北京はもうどうしようもなくなっており、中央も手がつけられなくなっていた」（『毛沢東最高指示』、三一書房、一九七〇年）と述べていた。

狙いが定まった後は、いかにして彼らを打倒するかであった。毛は孤立していた。党中央も政府部門も使えない。だからこそ周到に作戦を練り準備し、劉・鄧の基盤を切り崩していかねばならなかった。まず攻撃するための武器を掌握しなければならない。物理的な武器は軍事部門であり、心理的宣伝的武器はイデオロギー部門であった。前者は彭徳懐失脚以降、林彪が国防部長に就任した。

林彪は毛の意向に沿った主張を次々と行い、孤立化していた毛から次第に信頼をかち取っていった。例えば一九六〇年林彪は、軍の基本姿勢として人の要素、政治工作、思想工作、生きた思想が第一と強調した「四つの第一」を提唱した。また六四年、前述した『毛沢東語録』を発明し、毛思想の全国的な普及に貢献し、さらに六五年、「人民戦争の勝利万歳」を発表した。毛は林彪を使い、連携しながら劉・鄧に近かった羅瑞卿《らずいけい》総参謀長や軍の長老らを失脚に追いやり、軍を自分の近くに引き寄せることに成功した。

文革五人小組vs.姚文元論文

政治の重視、思想の重視は、イデオロギー部門への攻勢にも影響を及ぼしていった。毛は党第八期一〇中全会で、含意《がんい》に満ちた発言を行っている。

「ある政府を覆《くつがえ》そうとするには、まず世論を作り出し、イデオロギーを支配し、上部構造を支配しなければならない。……いま小説を書くのが盛んになっているが、小説を利用して反党活動をやるのは一つの発明である」(同上)。

翦伯賛《せんはくさん》は「曹操《そうそう》の名誉回復」を主張し(一九五九年)、呉晗《ごがん》は海瑞《かいずい》の免官《めんかん》に異議を唱えた(一九六一年)。その他「劉志丹《りゅうしたん》」(抗日根拠地の英雄)、「李秀成《りしゅうせい》」(太平天国革命の指導者)など歴史上の人物の再評価が目立っていた。呉晗は「歴史上の人物評価は今日のイデオロギーをもって押し付けてはならない。古人を現代化すると歴史を歪曲《わいきょく》することになる」(『人民日報』一九六二年三月二三日)と主張した。これに対して、後に文革極左派となる戚本禹《せきほんう》の「李秀成自述《りしゅうせいじじゅつ》を評《ひょう》す」(一九六三年)など、階級闘争の観点を強調する反論も目立ちはじめる。

鄧小平らは、農村社会主義教育運動における「後十条」(二一八ページ参照)と同様の発想でこうした文芸論争を党中央の指導の枠内で行わせようとし、六四年六月に「文化革命五人小組」を党中央書記処の下に設置した。小組のメンバーは組長の彭真《ほうしん》をはじめ、宣伝部長の陸定一《りくていいっ》、同副部長の周揚《しゅうよう》、呉冷西《ごれいせい》(いずれも劉・鄧グループ)と中央書記処の康生《こうせい》(江青ら四人組と林彪派を合わせた文革グループ)であった。毛はこの組織の解体に最初の標的を定めた。生贄《いけにえ》にされたのは呉晗《ごがん》であった。彼は彭真が市長も兼任する北京の副市長でもあった。彼の執筆した新編歴史劇『海瑞免官』は、明朝時代の清廉潔白《せいれんけっぱく》な高官海瑞が、官吏の不正・悪逆を見かね断固とした処置をとり諫言《かんげん》した後、皇帝から罷免《ひめん》され故郷に帰るという筋書きで、呉晗は海瑞精神を称《たた》えた。ちなみに「海瑞精神」を賞賛したのは、もとはと言えば毛沢東本人であった。

しかし毛はこの作品を「階級問題」として重視し、文革五人小組に審査を求めた。と同時に、ひそかに江青《こうせい》らを使って上海の新進評論家姚文元《ようぶんげん》に呉晗批判の評論を執筆させるよう指示した。六五年一一月、北京でなく上海の『文匯報《ぶんわいほう》』に姚文元の「新編歴史劇『海瑞免官』を評す」が掲載された。姚は呉晗の意図が歴史の解釈にあるのではなく、六〇年代前半の「単干風《たんかんふう》」(個人経営)や「翻案風《ほんあんふう》」(政治的冤罪の回復)を支持し、ブルジョアジーや地主の復活を図り、かつ毛主席を攻撃した彭徳懐の復活を図ったものだと非難した。姚の評論は政治・文芸領域に大きな衝撃を与えた。毛・林を除く中央政治局常務委員は、姚文元の観点に不同意を示した。北京その他主要都市のメディアは静観の態度をとった。劉・鄧・彭真らはこの問題を文芸領域の問題として枠にはめさせようとした。文化革命五人小組の作成した「当面の学術討論に関する報告提綱」いわゆる「二月提綱」が、それであった。

しかし、そのことはかえって毛に攻撃の口実を与えた。六六年三月、毛は政治局拡大会議で、「われわれは蚊帳《かや》の外におかれ、多くの事柄を知らなかったが、学術界、教育界は事実上ブルジョアジーと小《プチ》ブルジョアジーに握られていた。……呉晗、翦伯賛のごときは……ともに共産党員でありながら、共産党に反対している。これは広範な階級闘争だ」（『毛沢東思想万歳』下）。

さらに同じ三月に、

「左派の原稿［姚文元評論］を没にして右派をかばう者は大学閥であり、中央宣伝部は閻《えん》魔殿《までん》だ。閻魔殿を打ち倒して小鬼《しょうき》を解放しよう。……彭真、北京市委員会、中央宣伝部が、もしこれ以上悪質分子をかばうなら、中央宣伝部、北京市委員会、文革五人小組は解散しなければならない」（同上）。

「二月提綱」問題は、最初の標的にすぎないことが明確になった。毛の反撃が始まったのである。

泥沼化する文化大革命

壁新聞と紅衛兵の登場

毛に名指し批判を受けた彭真は四月二日、自己批判書を作成した。しかし毛は四月二八日、再び彼の名指し批判を試みた上で、次のような意味深い発言を行った。

「北京は針一本、水一滴とおさせない。彭真は自分の世界観にしたがって党を改造しようとした。……私は、地方が立ち上がって彼らを攻撃するよう呼びかけるし、孫悟空《そんごくう》に大いに天宮《てんきゅう》で騒いでもらうとともに、またあの〝玉皇大帝《ぎょっこうたいてい》〟を保護しようとする輩《やから》どもをやっつけなければならない。彭真は党内に紛《まぎ》れ込んだちっぽけな人物で、何らたいしたことはなく、指先で押せば倒れてしまう」(同上)。

事実、彭真はいとも簡単に失脚を余儀なくされた。五月四日から二六日にかけて党中央政治局拡大会議が開かれた。その最中に、毛の「林彪同志に宛てた手紙」(「五・七指示」、これに関しては後述)、さらに文革の第一の綱領的文献とされる「五・一六通知」が発せられた。後者の中で、「二月提綱」は取り消され、文革五人小組は廃止され、新たに「中央文化革命小組」(組長＝陳伯達《ちんはくたつ》、顧問＝康生《こうせい》、副組長＝江青《こうせい》、張春橋《ちょうしゅんきょう》ら)が組織された。これがその後の文革推進の中核組織として機能することになるのである。さらに「通知」では、「党内の実権派」「フルシチョフ類の人物」と「生きるか死ぬかの闘争をする」ことが明確に主張された。

同会議は二三日、彭真、羅瑞卿、陸定一の中央書記処書記の職務停止、楊尚昆《ようしょうこん》の書記処書記候補の職務停止、さらに彭真の北京市第一書記兼同市長の職務解任、陸定一の宣伝部長の職務解任などを決定した。かくして、軍、イデオロギー部門、さらに首都北京の中核指導者たちは、あえなく腰砕けになってしまったのである。

この党中央政治局拡大会議以降は、中央文化革命小組が直接間接に指令を発し、大学など教育機関、文化部門を中心に「造反《ぞうはん》」が起こった。北京大学では聶元梓《じょうげんし》ら七名で陸平《りくへい》学長を激しく批判する大字報《だいじほう》（壁新聞）が貼り出された。清華《せいか》大学《だいがく》付属中学（日本の高校に相当）で最初の「紅衛兵《こうえいへい》」が組織され、やがて北京全体、さらには全国各地で若者たちの紅衛兵運動が展開されるようになっていった。毛は「五・一六通知」の直前まで、約五ヵ月間しばしば姿をくらまし、その後もたびたび北京を不在にし、劉・鄧らを攪乱《かくらん》した。劉・鄧らは毛からの同意を得られないまま、六月初め工作組を組織し北京・清華などの大学に派遣し、「機密保持、学外へ出ることの禁止、デモ行動の禁止」などを決め秩序の維持を図った。

壁新聞　街角の壁に貼り出されたたくさんの大字報（壁新聞）とそれを熱心に読み書き写す人々

司令部を砲撃せよ

毛は満を持したかのように七月一六日、突如武漢に姿をあらわし、揚子江《ようすこう》を遊泳し気力・体力の健在さを誇示した。その後、北京に直行し工作組を強く批判し、その撤収《てっしゅう》と党中央委員会の招集を指示した。〝玉皇大帝〟と暗に非難された劉少奇自身、七月末に行われた北京の大学・高校の文革積極分子大会で講話を行い、「どのように文革が進んでいるのだろうか？　皆さんもよくは分らないだろう。……真面目に答えようとすれば、私にもよく分らないのだ」と先行き不安な心情を吐露している（『新中国四十年史研究』）。

八月一日から一二日にかけて党第八期一一中全会が開かれた。もともと六日に終了予定であったこの会議は、四日に毛が工作組の派遣を学生運動への弾圧、恐怖の押し付けであるとして、はじめて直接に劉少奇らを鋭く批判したことから急転回した。五日、毛は「司令部を砲撃せよ——私の大字報」と題する指示を『光明日報《こうみようにつぽう》』に発表した。それは中央から地方に到る「反動的ブルジョア階級の立場に立った」一部指導者の打倒を呼びかけたものである。名指しは避けられていたものの、その頂点に劉少奇がいることはもはや明らかであった。八日、党中央は「プロレタリア文化大革命に関する決定」（いわゆる「一六条」）を採択し、その目標が示された。

「一六条」は、冒頭で「文化大革命は人々の魂に触れる革命」と形容した。そのポイントは二つある。一つは、当面の目標として「資本主義の道を歩む実権派を叩《たた》き潰《つぶ》す」こと、そしてコミューン方式の新しい権力機構を創出することである。もう一つは、思想・文化・風俗・習慣の「旧い四つ」を打破し、「新しい四つ」を創造することであった。前者は文字通り権力闘争であり、後者は全面的な政治社会文化の変革運動であった。党第八期一一中全会は、毛の指名を経て一一名の中央政治局常務委員が選ばれ、劉はこれまでの二位から八位へ序列が格下げされ、後継者の地位を失ったことが明らかとなった。鄧小平は劉ほどではなかったが、二位に躍進した林彪、周恩来、陶鋳《とうちゆう》、陳伯達の後塵を拝し六位にランクされた。同時に林彪が一人だけ副主席と称されるようになった。

紅衛兵による屈辱的批判・打撃

五月の政治局拡大会議と八月の中央委員会全体会議からも明らかなように、中央レベルでの権力闘争としての文革は、意外にあっさりと決着がついている。党第八期一一中全会で劉・鄧はまだ中央指導者の地位を維持したものの、毛のイニシアティブは圧倒的であった。秋に入ると両者への公然とした批判が始まり、一〇月二三日の党中央工作会議の場で、劉・鄧は自己批判の文書の提出を余儀なくされ、以後事実上の軟禁状態におかれた。そして林彪・江青の指示の下に一二月から各地でデモや抗議集会が組織され、「劉・鄧打倒」のスローガンが全国に響き渡るようになった。ここで華々しく批判運動を進めたのが毛沢東を信奉する若者の組織、紅衛兵であった。

紅衛兵　車上の毛沢東、林彪らを熱烈な歓呼で迎える「革命的な」教師・学生・紅衛兵の群れ

ほぼ同じ時期に、彭真、王震《おうしん》、陳毅《ちんき》、楊尚昆《ようしょうこん》、薄《はく》一波《いっぱ》、陸定一、万里《ばんり》、羅瑞卿、周揚《しゅうよう》ら多くの古参、高級幹部も公開の場に引きずり出され紅衛兵らによって批判闘争が繰り広げられた。それはもはや戦意を失ったボクサーが、リングの上でサンドバッグのように殴られつづけているような状況であった。権力闘争としては、ここで終っていたはずだ。せいぜい引き延ばしても六七年二月、周恩来が主宰した懐《かい》

荒れ狂う紅衛兵大集会　屈辱的な批判を受ける羅瑞卿前参謀総長（左から２人目）と彭真前北京市長（右から２人目）

仁堂《じんどう》での「碰頭会《ほうとうかい》」と少し前の軍事委員会での長老たちの抵抗（いわゆる「二月逆流」）までであった。

中南海《ちゅうなんかい》懐仁堂に集まった譚震林《たんしんりん》、陳毅、葉剣英《ようけんえい》、李富《りふ》春《しゅん》、李先念《りせんねん》、徐向前《じょこうぜん》、聶栄臻《じょうえいしん》ら抗日戦争、国共内戦などで輝かしい戦歴を持つ将軍、古参幹部たちは、屈辱的な批判・打撃にさらされ鬱積《うっせき》した不満を爆発させるかのように発言した。

葉剣英は中央文革小組を名指して「君たちは党を攪乱《かくらん》し工場と農村を攪乱した！　それでも飽き足らず軍隊を攪乱しようとしている！　こんなことをやってどうする気だ！」と非難した。陳毅は林彪・江青らが朱徳を「大軍閥」、賀龍《がりゅう》を「大土匪《だいどひ》」などと中傷したことに対して「かりにわれわれ解放軍が大軍閥や大土匪に指導されて戦ったというなら、解放戦争が勝ち取った偉大な勝利はどう解釈したらよいのだ？」と詰め寄った。

もっとも激しかったのは譚震林であった。

「われわれはもう歳をとったので引退しよう。だが断じて野心家や二面派に渡さない！無数の烈士たちが自分の尊い命と引き換えにした革命の成果を、みすみす無にするわけにはいかないのだ！　……［江青は］則天武后よりもさらに凶悪だ」といった発言であった（席宣・金春明、前掲書）。張春橋《ちょうしゅんきょう》、康生らはその勢いに押された。しかし林彪・江青はさらに強く彼らに反発した。毛は古参幹部たちの意見を退けた。党中央政治局は事実上活動を停止し、以後中央文革小組が政治局に代わって全局を指導し、混乱は激化の一途をたどった。

上海コミューンの挫折

北京での実権派打倒が予想以上に迅速に進む中で、六七年に入り上海でも「上海一月革命」と呼ばれる激しい奪権闘争が展開された。後に江青らと共に「四人組」として断罪される張春橋・王洪文《おうこうぶん》・姚文元《ようぶんげん》らが指揮をとり、「毛主席自らの呼びかけと指導のもとで」、既存の党委員会、人民政府打倒に向けて闘争が繰り広げられた。そして労働者革命造反総司令部、農民総部など三八の造反組織によって、二月五日「上海コミューン（上海人民公社《シャンハイじんみんこうしゃ》）」が設立された。その宣言書は次のように主張した。

「上海コミューンは毛沢東思想の指導とプロレタリア独裁の条件のもとで生まれた斬新な地方国家機構である。……その構成員は、上海で下から上への全面的な大奪権が勝利した後、革命大衆によってパリ・コミューンの原則に基づいて選ばれる」（『毛沢東最高指示』）。

まさに前年八月の「一六条」が提起した公式であった。

しかし、一週間後の一二日、毛は「上海の活動はすべての分野で大変結構である」と満足しながらも、「上海コミューン」という新権力に関しては「やはり穏当なやり方をしたほうがよい」と不同意の発言を行った。ちょうどこの二日前『人民日報』社説は、黒龍江省《こくりゅうこう》で革命的大衆・革命的軍人・革命的党員の「三結合」方式による権力機関としての「革命委員会」が設立されたことを高く評価していた。結局「上海コミューン」は二月二三日、「上海革命委員会」と改称され、選挙を行うこともなくわずか一八日の短命に終わった。毛はなぜ自ら呼びかけたコミューンを自分の手で解消させたのか。

最大のポイントは、やはり文革を米・ソと対決する世界革命として毛が位置づけていたためだったように思われる。前章で紹介した毛の「中国は世界革命の政治の中心であるばかりでなく、……世界革命の兵器工場にならねばならない」といった主張は、まさにこの一九六七年七月の発言であった。そして中国初の水爆実験の成功を世界に向けて発したのはちょうどその一ヵ月前であった。〈国際認識と、革命主義もしくは権力主義〉から捉えられる文革の側面が噴出していた。

確かに国内の徹底した革命を続ける必要はあったが、「実権派」の中枢部分を打倒した今日、米帝国主義、ソ連修正主義に立ち向かうために、早急な体制の建て直しが迫られていた。コミューン方式を全国に広げるなら、当分の間国内混乱は免れない。混乱の機に乗じたソ連、米国の侵攻も考えられなくはない。「文革派」が党と軍の中枢を掌握した後、いったん事態の収拾をはかり、外への準備を図ろうと考えたのであろう。革命委員会方式は、従来の権力機構を基本的には変えないで、毛沢東の信奉者をそれらの中心に配置するということであり、事態の収拾には好都合であった。

蔓延する武闘と極左的事件

三月に党中央は、前年秋以来進めてきた「全国経験大交流」の停止を決定した。この経験大交流は、文革を全国に広めるため紅衛兵ら若者を無料で各地に派遣する大運動であった。さらに五月一四日、北京市革命委員会は毛沢東が批准《ひじゅん》した「重要通告」を発表した。その主な内容は、①むやみに殴ったり、振り回したり、捕まえたりすることを厳禁し、武闘を図り扇動する者や公然と激しく人を打撃する者は国家の法律で制裁を受ける、②国家財産の破壊、交通手段を武闘に利用すること、所属単位の外で武闘することを禁止する、③労働規律の破壊、無断欠勤を許さない、などであった。そして五月二二日に『人民日報』は、「武闘をただちに停止せよ」と題する社説を掲載した。

100万人集会で歓声をあげる紅衛兵　1967年に入ると次第にコントロールを失って紅衛兵同士の抗争・武闘や極左的事件が続発、大量の死傷者を出し、遂に切り捨てられることになる

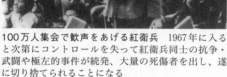

しかし事態は収拾に向かうどころか、一段と混迷の様相を呈した。前年一二月に遇羅《ぐうら》克《こく》が発表した血統主義批判の壁新聞「出身論」をきっかけに、六七年に入り紅五類の紅衛兵組織と黒五類の紅衛兵組織の熾烈な抗争を引き起こした。「二月逆流」の長老たちはことごとく個別的な批判闘争の場にさらされた。加えて林彪、江青らは三、四月頃から「裏切り者摘発運動」、「革命大批判運動」を呼びかけた。これは抗日戦争や国共内戦などの時期にさかのぼって、「実権派」指導者がいかに「反革命的な裏切り」を行ったかを暴き、大批判を展開するものであった。周恩来までもが三〇年代に「反共告示」を行ったとの批判にさらされた。劉少奇には「特別案件班」が設置され、彼の過去がすべて否定されるように「事実」が偽造された。さらに中央文革小組から派遣され、各地に赴いた急進的な紅衛兵グループと、現地でこれに抵抗しようとするグループとの対立や闘争が各地で頻発した。

こうした混乱を象徴するかのような事件が七月武漢《ぶかん》で発生した。五月以来武漢では各造反大衆組織が軍を巻き込みながら武闘を繰り返し、政府機関、工場はほとんど機能停止の状態であった。文革小組の謝富治《しゃふじ》と王力《おうりき》が中央代表の肩書で武漢に入り、一方の大衆組織「百万《ひゃくまん》雄師《ゆうし》」を保守組織と批判し、激しい怒りを買った。この組織は武漢軍区とも連携しており、王力、謝富治を軍に連行し監禁し、四日間にわたって抗議のデモを敢行した。中央はいったん北京に戻っていた周恩来を再び当地に派遣し、彼らを救出した。武漢軍区の陳再道《ちんさいどう》らが北京に召還され、事態は収束したかに見えたが、林彪らは「完全なる反革命事件」として誹《ひ》謗《ぼう》し攻撃を加えた。その後林彪系の軍による威《い》嚇《かく》、毛沢東思想宣伝隊、労働者らを巻き込んで大混乱となった。かくして武漢での死者六〇〇人、負傷者六万六〇〇〇人、湖北省全体では実に一八万四〇〇〇人もの死傷者を出す大事件となったのである。

八月に入り、南京、長春、瀋陽、重慶など各地でも武漢事件と同様の事件が頻発した。さらに同月二二日には、中国駐在英国代理大使事務所焼き討ちといった極左的事件が起こった。

秩序回復へ紅衛兵切り捨て

こうした中で毛は、秩序回復に本腰を入れはじめた。一九六七年九月下旬、彼は華北《かほく》、中南《ちゅうなん》、華東《かとう》各地を視察に回り重要講話を行った。そこでは労働者階級や大衆組織の分裂を回避すべきこと、党内の「実権派」は一握りで幹部の大多数とは団結すべきこと、紅衛兵を再教育すること、その上で「革命的大連合」を実現すべきだと力説した。と同時に極左的グループの弾圧に乗り出した。王力《おうりき》、関鋒《かんほう》、戚本禹《せきほんう》らが「極左派」の「五・一六兵団」リーダーとして拘束され失脚した。毛の指示で労働者宣伝隊、解放軍宣伝隊が組織され、学校に進駐し彼らによる管理が強化された。これによって紅衛兵は活動が封じ込められた。

六八年、「文革の理念＝コミューン」の建設にこだわった若者たちは激しい「異議申し立て」を行った。一月「省無連」、正式には「湖南省無産階級革命派大連合委員会」と呼ばれる組織が「中国は何処へ行く」と題する宣言文を発表した。

「毛主席は英明に天才的にわれわれの国家機構に極めて新しい情勢が現れることを予言した。……毛主席はまた『中華コミューン』の名称を提起した。……なぜコミューンを極力主張しながら、毛沢東同志は二月に突如『上海コミューン』の設立に反対したのだろうか。これは革命人民には理解できないところである」。

そして同宣言文は最後に「広範な革命人民の勝利、新官僚ブルジョア階級の滅亡はどちらも避けることができない。革命委員会が転覆され、中華コミューンが誕生するという世界の歴史を震撼《しんかん》させる革命人民の盛大な祝日は必ずやってくる」と叫んだ。これはまさに毛沢東自身への抗議宣言であった。

しかし「省無連」も「極左派」として厳しく弾圧されていった。六八年七月、首都紅衛兵の代表たちを集め接見した毛は、「反革命の黒幕を追及している」という彼らに対して、「黒幕は私だよ。私を捕まえればよいのだ」と恫喝《どうかつ》を加えた。紅衛兵たちはまさに「毛に使われ、翻弄《ほんろう》され、切り捨てられた」のであった。

毛沢東の夢――ユートピア社会へのこだわり

地方分権論者毛沢東

確かに毛は「階級闘争」を強調し文革を発動した。そしてそれは、これまで見てきたような予想以上の混乱を生み出していった。ではそもそも、毛は文革を通じてどのような国家社会を創ろうとしたのだろうか。開始当初、一九六六年三月の党中央政治局拡大会議で、国家について次のような興味深い、驚くべき考え方を披露している。

「わが国は二八の『国』によって構成されている。大きい『国』もあれば小さい『国』もある。……中央はやはり実権なき君主を戴《いただ》く共和制がよい。イギリスの女王や日本の天皇はともに実権なき君主を戴く共和制である。……［中央は］大方針を掌握するだけとし、その大方針も地方が〝放鳴《ほうめい》〟して提供してくるようにし、中央はそれを加工し大方針にすることである。……中央は名目的な権限を握るだけで、実権は握らないか、または少しか握らないことである。中央が管轄《かんかつ》した工場は多すぎており、すべて中央の手から離して地方に移すことであり、何もかもすべて地方に移すことだ」（『毛沢東思想万歳』下）。

ここにはかなり極端な地方分権論者としての毛沢東を見ることができる。しかし、文革の過程で毛自身が神格化され、中央としての彼に権力が異常なまでに集中していく現実を見ると、本心かと疑いたくもなる。ただ毛は五・四運動の青年期に、湖南自治運動、湖南共和国を提唱しており、その時の主張は「国は大きいほどよくない、国は小さいほどよい」と断じ、当時の中国は大国家主義でありそれはよろしくないとし、「もっとも好ましいのは二七［省レベル］の国に分けることである」と主張した。同時に春秋時代を「上に中央政府がなく、諸侯は並立し、……ゆえに各地は発展することができた」とも語っている（王無為編『湖南自治運動史』上編、上海・泰東書局、一九二〇年）。

コミューン型権力の理念は堅持

確かに政治混乱が一段落した第九回党代表大会以後、地方への権限の下放《かほう》は本格化している。一九六九年に毛は、自ら鞍山鉄鋼公司《あんざんてっこうこうし》の管理権を中央から遼寧《りょうねい》省に下放した。七〇年初めには全国を一〇の協作区《きょうさくく》にわけ、さらに条件が許せば各省で比較的独立した工業体系を打ち立て、石炭・鉄鋼・電力・農業機械、軽工業などの自給自足体制の確立を目指すべしと力説した。これは大躍進期の地方分権化構想をさらに推し進めようとしたものであった。全体的に見ても、中央管轄の企業・機関の地方への下放は七〇年に大胆に進められ、中央直属企業は、六五年に一万五三三社で全人民所有制工業総生産額の四七パーセントを占めていたのが、七〇年にはわずか一四二社で、同総生産額に占める割合も八パーセントと激減している。

さらに国家機関の改革に関しては、国家の社会化と簡素化とでもいうべき方向を打ち出している。一九六六年八月の党第八期一一中全会の「決議」では、「文化革命班、文化革命委員会、文化革命代表大会は……わが党が大衆と結びつくもっとも良い架け橋であり、プロレタリア文化革命の新しい権力機構である。……また、常設の大衆組織でなければならない。……［それらの］代表を選出するにはパリ・コミューンのように全面的な選挙制を取らなければならない」と提起している。毛は権力機構と大衆組織を結合し、指導者と大衆を結合した新しい組織をコミューン型権力と考えた。しかし、このコミューン型の権力創設は六七年二月「上海コミューン（上海人民公社）設立」の時点で毛自身が否定した。もっとも、その後もこの理念は堅持している。

すなわち同じ六七年二月と七月に、毛は「国家機関の改革のもっとも根本的なものは大衆との連携である。……官僚機構を提唱してはならない」、「われわれの党員、公務員が大衆から遊離していること、それはひどいものだ。今度の文化大革命の中で鍛錬を受け改造しなく

見果てぬ夢　文化大革命の彼方に毛沢東は、真に大衆と連携しつつ、自給自足的で、分業による奴隷的服従や差別のない、給与制度さえ不必要なユートピア社会への夢を追っていたのだろうか

てはならない」と繰り返し強調した（『毛沢東最高指示』）。さらに国家機構の簡素化という点では七〇年にこれも大胆に進め、六五年に四九の部・委員会（日本の省に相当）、七の弁《べん》公室《こうしつ》、三一の直属機構と秘書庁があった国務院を、わずか一八の部・委員会と一つの弁公室に、人員も六一〇〇名で元の機構人員総数のわずか一一・六パーセントへと縮小した。これによって「有史以来もっとも規模の小さい国家」となった。

共産主義的な生き方

ではこうした国家の下で人の生き方、社会のあり方は、どのようなものが理想とされたのだろうか。一九六四年二月一日、『人民日報』は「全国は解放軍に学ぼう」と題する社説を掲げた。軍はただ軍事に長けるだけでなく、政治思想をしっかり学び、生産活動もしっかり行っているという面が強調された。さらに同年続けて、「工業は大慶《だいけい》に学ぼう」、「農業は大寨《だいさい》に学ぼう」と呼びかけた。それらはいずれも強靱な革命精神の下に、大油田を開発したり、貧困な農村を豊かにするといったものであった。さらに毛は六六年に「林彪同志に宛てた手紙」、いわゆる「五・七指示」を発表したが、この中で人々のあるべき姿を次のように描いている。

「人民解放軍は大きな学校であるべきである。この大きな学校は政治を学び、軍事を学び、文化を学ぶ。さらに農業・副業に従事し、若干の中小工場を設立して、自己の必要とする諸生産物および国家と等価交換する生産物を生産できるようにする。また大衆（民）活動に携わり、工場、農場の社会主義教育運動に参加できるようにする。……このようにすれば軍と学、軍と農、軍と工、軍と民という数項が兼ねられる。……労働者は工業を主とし、あわせて軍事、政治、文化を学ばねばならない、条件の許すところでは農業・副業に従事する。……農民（林・牧畜・副・漁業を含む）、学生、商業、サービス業、党政機関の工作人員も、条件の許す限りこのようにする」（『毛沢東最高指示』）。

ここには最小限の分業化、専門化を認めるが、できるだけ特化しない、あらゆる能力を開発し、かつ自給自足的に生きる人間像が描かれている。「ハンマーを持てば肉体労働をすることができ、鋤《すき》を持てば田を耕すことができ、銃を持てば敵を撃つことができ、筆を持てば文章を書くことができる」、それはまさに初期マルクスが『ドイツ・イデオロギー』の中で示した人間のユートピア的な生き様であった。また『ゴータ綱領批判』で述べた「人々が奴隷のように分業に服従させられている状態を克服する」ことと重なるものであった。そこには「三大差別」（工業と農業、都市と農村、頭脳労働と肉体労働の三つの格差）はなくなっている。もっともマルクスの描いた世界は、高度な生産力の発展を前提としていたのだが。しかし毛の原点には、むしろ延安での「戦時共産主義的な生き方」があった。給与制度の否定さえ考えていたのである。

「現物支給の共産主義生活を行うことは、マルクス主義的作風の、ブルジョア階級との対立点である。私はやはり『農村作風』『ゲリラ作風』が良いと思う。二〇年間にわたる戦争にいずれもうち勝った。なぜ社会主義を実践するのがいけないのか。なぜ俸給制にするのか。……例えば地位を争い、クラスを争い、超過勤務手当を要求し、頭脳労働者の俸給が肉体労働者の俸給よりも高いなど、これらはいずれもブルジョア階級制度の残滓である。『各人が労働した分だけ取る』と法律は規定しているが、これもブルジョア階級の代物である。……［党内では］長期にわたって現物支給制をとり、……だいたい平均主義の生活を送ってきた。活動にも力を尽くし、戦闘においても勇敢であったのは物質刺激などによるものではなく、まったくの革命精神の鼓舞によるものであった」（同上）。

以上のような主張から浮かび上がってくる毛の国家社会観を要約してみると、人民公社、共同生活、「三大差別の撤廃」を提唱し、革命的情熱を鼓舞した大躍進路線と重なってくる。まさに「歴史は繰り返す」であった。

大躍進のときとの違い

しかし決定的に違うものがあった。大躍進のときは劉少奇も周恩来も鄧小平も毛沢東に追随し、「三面紅旗」を高く掲げた。しかし、今回はそうしなかった。劉も周も鄧も、回復しはじめた経済の発展を維持させること、政治的混乱をできるだけ避けることなどに腐心した。六三年五月、毛沢東が提唱した農村社会主義教育運動（「前十条」）も、同年九月に鄧小平・彭真が中心となってまとめた具体的政策では、党の上からの指導を極めて重視し、「社会主義教育運動の進行は必ず生産工作と密接に結び付けなければならない。運動が進むごとに、生産が遅れてはならない」などの点が強調された（「後十条」）。

一九六四年一二月、第三期全人代第一回会議が一〇年ぶりに開催され、周恩来が政府報告を行った。その中で彼はここ数年来、農業、工業、財政貿易、文化教育などの面で巨大な成果を上げたと自賛した上で、「中国を近代的な農業、近代的な工業、近代的な国防、近代的な科学技術を持った社会主義の強国にしよう」と高らかに呼びかけている。これは明らかに調整政策に対する高い評価と、それを踏まえた、後の「四つの近代化路線」につながる「富強中国の実現」の提起である。六四年は先に触れたように、毛自身によって「解放軍《かいほうぐん》、大《だい》慶《けい》、大寨《だいさい》に学べ」が呼びかけられ、「国防三線建設」が取り組まれはじめた最中であった。それゆえに奇異にさえ感じるあまりにも異なったトーンでもあった。だからこそ毛は彼らに対する大胆な挑戦、闘いを挑んだのであった。

林彪集団の強大化

毛はたしかに勝利した。劉・鄧を打倒し、周を自らの意思に従わせた。彼らが進めようとした調整政策＝近代化路線を否定することができた。国際世界に対しても「中国文化大革命」の意義を、そして「世界革命の指導者」毛沢東の存在を大きくアピールした。しかし、それは泥沼のような国内混乱と、際限のない暴力、恐怖を代償としていた。安定、秩序回復の必要性が急速に高まっていく中で、コミューン方式を棚上げにして革命委員会方式で地方の秩序回復をはかったことはすでに触れた。

「大乱から大治へ」の転換が六七年から六八年にかけて取り組まれた。六七年一月の黒龍江《こくりゅうこう》省革命委員会の成立に続き、二月の山東、上海、貴州、三月の山西、四月の北京など、そして六八年には、一月に吉林《きつりん》、天津、甘粛《かんしゅく》、河南など続々と「三結合」方式による革命委員会が成立していった。革命委員会は九月のチベット、新疆《しんきょう》ウイグル自治区での成立によって完了し、全国二九の一級行政区で新たな権力組織が打ち立てられた。しかし、文革の混乱は実はこの時期に、規模としても激しさの点でも最高潮に達していた。混乱を収拾する主体を喪失していたからである。ただ一つ、軍だけを除いて。

したがって、革命委員会という権力機構の再建、社会秩序の回復は、実際にはほとんどが地方の軍人に依拠したものであった。例えば一級行政区の革命委員会の主任（トップ）の内訳を見ると、省軍区第一政治委員が一六名、副政治委員が一名、軍司令員が九名、副司令員が三名とすべて軍関係者が占めた。したがって当然にもその後、軍の政権における発言力は大幅に増していった。全国各地は事実上の軍事管制体制となったのである。

しかも軍内における「林彪《りんぴょう》集団」の台頭は目覚ましかった。もともとこの集団は、六六年初めの羅瑞卿失脚事件を契機に形成されたといわれる。その主なメンバーは、妻の葉群《ようぐん》、黄《こう》永勝《えいしょう》総参謀長、李作鵬《りさくほう》海軍第一政治委員、呉法憲《ごほうけん》空軍司令官、邱会作《きゆうかいさく》総後勤部部長らであった。彼らは皆三〇年代から抗日戦争期にかけて、林彪の指揮下にいた軍人たちであり、彼に対する忠誠心は強かった。六六年八月の一一中全会で、序列第二位に躍進した林彪は、六七年の「二月逆流」と前後してほとんどの軍長老を事実上の失脚に追いやり、その後北京駐屯部隊内での武闘「五・一三事件」では周恩来を攻撃した。さらに六八年三月、文革中に老元帥たちを保護するか打倒するかで、林彪と対立していた楊成武《ようせいぶ》総参謀長代理、余立金《よりつきん》空軍政治委員、傅崇碧《ふすうへき》北京司令員を解任させる事件が起こった。これらを通して林彪集団は一段と勢力を強化し、権力中枢を掌握する勢いを持った。

毛主席の後継者

一九六八年一〇月一三日から三一日にかけて党第八期拡大一二中全会が開かれた。そのわずか二ヵ月足らず前、ソ連軍がチェコスロバキアの首都プラハに侵攻し、ソ連からの離脱の動きを制圧し、ソ連の脅威が一段と強まっていた折であった。時あたかも、風雲急を告げるかのようであった。同会議は異常な手続きと雰囲気の中で進められた。第八期の中央委員でこの会議に出席した人は四〇名（全中央委員の四一パーセント）、同中央委員候補は一九名（同候補の一九パーセント）しかいなかった。したがって開催に必要な定足数に足らず、第一日目に中央委員補充を行ってようやく過半数を超える五九名を確保できた。その他の参加者は、中央文革小組、林彪系で固めた中央軍事委員会弁事組、各一級行政区革命委員会・大

毛・林体制　1966年８月18日、北京100万人集会で、天安門の壇上から拍手を送る毛沢東主席（左）と林彪。しかし「毛・林体制」はそう長くは続かなかった

軍区の主要責任者など非中央委員が七四名を占めた。異常な構成である。

会議は毛が主宰し、文革の必要性、正しさが強調されるとともに、「二月逆流」に関わった軍長老が強く批判された。劉少奇は「叛徒《はんと》、内奸《ないかん》、工賊《こうぞく》」と最大級の蔑称《べっしょう》が使われ党からの「永久除名」が、鄧小平は毛の強い意志によって党籍剝奪は免れ「留党監察《りゅうとうかんさつ》」の処分が下された。これとは対照的に、林彪は江青らの強い支持も受けながら、近く開かれる第九回党代表大会での「党規約（草案）」に、「毛沢東同志の最も親密な戦友であり後継者」という表現が盛り込まれることが決められた。

第九回党代表大会開催の準備が大詰めを迎えていた六九年三月、黒龍江《こくりゅうこう》省の中ソ国境地帯ウスリー川の中州、珍宝島《ちんぽうとう》（ソ連名ダマンスキー島）で中ソの武力衝突事件が起こった。もともとここ数年小競り合いが頻発していたが、この時はソ連側から装甲車二両、戦闘員七〇名余りが先制突入した。三月四日の『人民日報』『解放軍報』は「新ツァーを打倒せよ！」と題する共同社説を発表し、ソ連の領土侵犯を激しく非難した。むろん当時はソ連もこれに応酬して中国を激しく非難した。その後ソ連は戦車二〇両余り、装甲車三〇両余り、二〇〇名を超える歩兵を動員し、死者は中国側六八名、ソ連側五八名をだすなど大規模な衝突となった（『新中国軍事大事紀要』、軍事科学出版社、一九九八年、等）。

高まるソ連との緊張の中で、四月一日から二四日にかけて第九回党代表大会が開催された。「文革勝利の大会」と高らかに謳われたが、大会に出席した党員代表一五一二名は、党規約に従って下から選出されたものではなく、実際上は林彪グループ、江青ら「四人組」グループらの指名によるものであった。第九期選出の中央委員一七〇名、中央委員候補一〇九名のうち第八期から続いて選ばれたものは、合計でわずか五三名（全体の一九パーセント）にとどまった。また軍人の台頭が目覚ましく中央委員は七七名、同候補は五〇名で全体の四五パーセントを超え、さらに一〇の軍区の司令員と政治委員は一名を除いて全員（六三名）が中央委員に任命された。さらに党中央政治局員は毛を除く二〇名のうち、林彪系が七名、江青系が四名を占めた。そして正式に「林彪同志は毛主席の後継者」と規定され、同大会はまさに「毛・林体制」の確立による新たな革命段階への突入を思わせるものであった。

個人崇拝と皇帝的独裁の逆説

確かに、前述したように七〇年に入り、権力機構の簡素化、多くの中央の権限下放、幹部や知識人の農村に入る運動など、毛が描いた「理想社会建設」への試みが大々的に取り組まれるようになっていった。もちろんこうした試みに誰も抵抗することはできなかった。しかし人々はもはや、かつての「大躍進の熱狂」のように毛の夢を共に見ようとはしなくなっていた。多くの人々は文革の大混乱の中で翻弄され、疲れきっていた。

　文革の混乱は、幾つもの要素が重層的に絡み合っているところに特徴がある。毛は劉・鄧の進めた「修正主義路線」をたたいた後は収拾し、自分の描いた理想社会実現に取りかかればよいと考えたのだろう。しかし林彪、江青にはそれぞれの思惑と私怨《しえん》があった。もちろん毛にも私怨があった。黒五類の人々にも差別への怨念《おんねん》があった。それらは文革の混乱をいっそう深いものとした。さらに文革派内部の武闘は近親憎悪とも言うほどに残虐《ざんぎゃく》で熾烈《しれつ》を極めた。不安の増幅はますます毛の神格化、個人崇拝を加速した。多くの若者たちは、「父よりも母よりも敬慕《けいぼ》する毛主席」と讃美し、「自分たちこそ毛主席の忠実な部下、毛思想の真の擁護者」と主張した。まさに毛への「忠誠競争」が起こり、内ゲバを助長したのであった。

　しかし、いったん嵐が過ぎ去ってみると、多くの人々の心は傷つき疲弊《ひへい》しきっていた。最も傷ついたのは、子が親を、部下が上司を、弟子が教師を、友が友を批判し暴行したことであった。情で結ばれていた家族、グループ、子弟、友人の関係がずたずたに引き裂かれた。信頼するものがなくなり、猜疑心《さいぎしん》、恐怖心、生産の停滞による生活不安が、幹部にも大衆にも襲ってきた。精神的な支柱と物質的な支柱が嘱望《しょくぼう》された。そのことがいっそう毛沢東個人崇拝化を促した。秩序を回復し維持する組織は剝《む》き出しの軍事組織しかなかった。当然にも軍事管制体制の肥大化と社会の軍事化が進んでいった。それは皮肉にも毛が希求した「大同《だいどう》世界」でもなければ、そのために試みた「人々の魂に触れる革命」とも無縁であった。巨大な「皇帝的軍事独裁の国家社会」が出現したのである。その意味ではまさに「逆説」としての文化大革命の結末であったと言えるかもしれない。

中国政治の暗部——謎の林彪事件

仮説的ストーリー

混乱は未だ収拾されなかった。一九七一年九月、「毛主席の後継者」とまで断定された人物が、毛の暗殺を計画し、それが発覚して逃亡中にモンゴルで墜落死したと言われる事件が起こった。当時、毛沢東はまもなく七八歳を迎える高齢で、李志綏《リチスイ》によると肺炎をはじめさまざまな病状が起こっていた。この時林彪はまだ六五歳であった。毛に忠誠を尽くしじっと待っていれば、権力は自然と自分の手に落ちてくるというのに、なぜ林彪は毛の暗殺を図ったのか？　そもそも暗殺計画などあったのか？　毛こそが林彪を追い詰めたのではなかったのだろうか？　いろいろな疑問が浮かび上がってくる。そして今なおさまざまな説がある。

確かなことは、七一年九月に林彪が失脚したという事実、モンゴルで墜落した中国軍機内の焼死者の一人が林彪に違いなかったとの確証が取れたことである。あとは、中国の公式報道を信じるしかない。疑えばすべてが「闇」である。つい少し前、二〇年余り毛の忠実な部下、後継者と言われてきた劉少奇が、最上級の罪状をつけられ失脚したばかりだと言うのに。今度は「最も親密な戦友で後継者」林彪が、「陰謀家、野心家」の大悪党として非難にさらされることになる。中国政治は、舞台裏の「闇」の部分では本当は何が起こっているのか。しかしその奥の深さ、不可解さに驚きおののくばかりでは始まらない。この謎の林彪事件をどう読めばいいのか、すこし憶測も含め探ってみよう。

さまざまな資料や関連書を読みながら、私は次のような仮説的なストーリーを抱くようになった。林彪事件の経緯を見ると、①少なくとも最初に仕掛けたのは毛沢東ではないか。②続いて毛はかなり露骨に林彪側を挑発し追い詰めた。③その挑発に乗った林彪側は、「殺される前に殺す」行動に出るが、毛に事前に知られる。そして④逃亡を図り墜落死に至るという流れである。

中国の公式発表では、①の部分はない。そして②③④については、ニュアンスは違うものの、ほぼ公式発表の流れに沿っている。最も不可解なのは、③の部分である。公式的に言われまことしやかに定着しているのが、林彪の息子林立果《りんりつか》を中心に毛暗殺計画の武装クーデター「五七一（武起義《ウーチーイ》と同じ発音）工程紀要」が作成され、その実施に失敗したということである。しかし、それを本当に裏付ける証拠はどこにもない。②から一挙に④に進んだ可能性も十分に考えられる。しかしこれでは、悪人は毛沢東になってしまう。そこで③のストーリーが必要になったのではないか、という疑問も湧いてくるのである。

林彪（1906―71）　紅軍の創設に功績があり、文化大革命では毛主席の後継者の指名を得たが、クーデターの失敗により逃走、死亡

さらに、もともと毛と林彪の関係をどう見るべきなのか。当時の林彪秘書張雲生《ちょううんせい》は回想録の中で次のように語っている。

「私は文革前の林彪、葉群のノートを見る機会があった。五、六〇年代にすでに彼が毛主席に強い不満を持っていたことを知って驚きを禁じえなかった」（横山義一訳『私は林彪の秘書だった』、徳間書店、一九八九年）。

他方、毛沢東は六六年七月、文革発動の最中に「江青に宛てた手紙」の中で林彪への強い不信感を吐露している。

「彼［林彪］はもっぱら政変のことを述べています。私は深く不安を感じています。……私は彼らによって〝迫られて梁山《りょうざん》に登った〟のです。どうやら彼に同意しないとやっていけないようです。重大問題の上で、自分の本心に違えて他人に賛成したのは、私の一生でこれが初めてでした」（毛沢東／竹内実編訳『文化大革命を語る』、現代評論社、一九七四年）。

二つの文書とも後に加筆された匂いがする。しかし両者の関係は、決して本来的に「最も親密な戦友」であったのではなく、敢えて党規約にそう書き込まねばならない関係だったと見るべきであろう。

毛沢東讃美のウラ

以上のような問題意識をあらかじめ持った上で、少し事件の経緯を追ってみよう。まず第九回党代表大会以後の基本的な権力構図はどうだったか。神格化された毛の意向を受ける二つのグループ、すなわち林彪派（武闘派グループ）と江青派（文闘派グループで後の「四人組」）の提携が中枢にあった。もっとも、両者も信頼関係で結びついたわけではなく、依然隠然たる力を持つ周恩来勢力や軍の長老グループに対して、対抗し連合していたと見るべきであろう。しかし新政治局員の構成から見ても、軍の掌握からいっても林彪派の力がかなり他を上回る状況になっていた。一九六九年から七〇年夏に至る時期の林彪派の動きを、秘書張雲生は「あまりにも順調にきていたため情勢を見誤り、自分の力を過大評価し、毛家湾《もうかわん》［林彪派のこと］はいよいよ図に乗ったのである」と記している（前掲書）。

軋轢《あつれき》として具体的に現れたのは七〇年八―九月の党第九期二中全会の時であった。林彪はここで毛を天才と称賛し、「毛主席の偉大な指導者、国家元首、最高統帥者《さいこうとうすいしゃ》の地位を法律的な形で打ち固めよう」と主張し、空席となっていた国家主席ポストを復活し、毛がそれに就くことを提案したのである。さらに同じ会議で林彪派の陳伯達《ちんはくたつ》は、「天才論」「毛沢東讃美」を一段と声を上げて叫んだ。確かに四ヵ月前に毛は党中央政治局で「国家主席を設けない」という提案をし、多数の賛同を得ていた。にもかかわらず敢えて林彪が再提案したのはやはり裏があったのかもしれない。しかし、「天才論」は彼らだけでなく、「四人組」の王洪文《おうこうぶん》も林彪派と歩調をあわせて盛んにまくし立てていた。しかし毛は王洪文らには目をつむった。何か引っかかる点である。

いずれにせよ毛が拒否することがわかった上で、林彪が国家主席復活を提案したのはなぜか。結果として林自身が国家主席に就くという意図を持っていたからだ、それは林彪による「権力の平和移行」の企みだ、と毛は判断した。そのことが林彪の本心であったかどうかはわからない。林彪が不安を感じ、気に入られようと、これまで以上に毛を讃えようとしたとの解釈も可能ではある。しかしそう判断した毛は、林彪派の巧妙な切り崩しに取りかかった。八月二五日、毛は中央政治局常務委員会拡大会議を開いて、林彪の提案した「国家主席問題」の討論停止を命じた。同時に「天才論の大合唱」を批判した。さらに八月三一日、毛は自ら「陳伯達の〝天才論〟についての若干の意見」という講話を行った。一方で「林彪同志」と意見交換をし、意見の一致を見たと言いながら、他方で厳しく陳伯達を批判した。その後陳は本格的な審査・批判を受け、一一月に党中央は「陳伯達反党問題に関する指示」を発し、本格的な「批陳整風《ひちんせいふう》」運動が始まった。陳が管轄していた党中央宣伝部も改組され「四人組」指導下に入ったのである。

毛沢東の挑発と仕掛け

毛沢東の行動は、林彪を説得しようとするよりも、むしろかなり挑発的である。猜疑《さいぎ》心《しん》の強い林彪の性格がこれに拍車をかけた。七〇年一二月に訪中したエドガー・スノーとの会見で、毛は林彪が唱えた「四つの偉大」と「天才論」を批判している。さらに年末から翌七一年一月に党中央工作会議「華北会議」が開かれた。これは毛が提起し周恩来が主宰したものであり、批陳整風が強調され、また非林彪系の李徳生《りとくせい》などを北京軍区に送り込んだ。林彪派の不安は高まり、二月に毛暗殺計画「五七一工程紀要」が作成された。四月の党中央工作会議では、周恩来が総括報告を行い、黄永勝《こうえいしょう》、呉法憲《ごほうけん》、葉群《ようぐん》、李作鵬《りさくほう》らを政治路線や組織上のセクト主義の誤りを犯したと批判した。同じ頃林彪系が握っていた軍事委員会弁事組の中に非林彪系の紀登奎《きとうけい》、張才千《ちょうさいせん》が着任したのである。毛はこのやり方を後に、「石を投げ（文書などで指示を出す＝批陳）、砂を混ぜ（林彪が掌握する機関に人を派遣する）、壁の一角を崩す（林の掌握する軍事力を瓦解する）」と要約している（席宣・金春明、前掲書）。

これは林彪らの危機感を決定的なものとした。林立果《りんりつか》の下に組織された実行部隊「連合艦隊」は計画の繰り上げ実施を決定し、上海、南京、浙江《せっこう》空軍の幹部らと密かに会合するなど行動を開始した。毛がこの動きを知っていたかどうかはわからない。しかし、さらに仕掛けた。周恩来、張春橋《ちょうしゅんきょう》らが林彪のいる北戴河《ほくたいが》を訪れ、国慶節《こっけいせつ》前に党第九期三中全会を招集し、その後に第四期全人代第一回会議を開催する毛の意向を伝えた。他方で八月中旬から九月上旬にかけて毛は南方を訪れ、各地の軍・党・政府の指導者と会談し、その中で名指しで林彪系の幹部たちを批判した。武漢では「今回の盧山《ろざん》事件はまだ終わっていない」、「林彪も当然責任の一半を負わねばならない」などと発言した。林彪は、近く開かれる三中全会で「後継者指名」がご破算になるとの思いにかられた。

林彪の武装クーデター

九月六日、武漢での毛の談話内容を聞いた林彪派幹部は武装クーデター発動の決断を下した。七日「連合艦隊」は「一級戦備体制」に入り、八日上海郊外で毛の専用列車を爆破するというクーデター計画が実行に移された。しかし、事前に察知した毛は裏をかいて移動し計画を失敗に終わらせ、一二日北京に戻った。北戴河に待機していた林彪、葉群、林立果らは計画の失敗を知って空軍のトライデント二五六号機に乗り山海関空港から強行離陸した。そ

失敗したクーデター計画　林彪らが逃走に用い、モンゴルで墜落したとされるトライデント256号機の残骸

して一三日モンゴル領内ウンデルハンにて墜落した。周恩来は管制塔から二五六号機に引き返すよう呼びかけた。しかし中国国境を越えたとき、周はすぐに毛のところへ行って事態を報告した。「雨は降るもの、娘は嫁に行くものだ。林彪が行きたいなら行かせればよい」。これが毛沢東の返事だった。林彪事件は冒頭でも述べたように、その核心部分が未だに謎のままである。

　また毛と林の対立について、米国との接近をめぐっての対外政策の対立が指摘されている。毛沢東・ニクソン会談の一日目のところで、毛はこの点に関して次のように語っている。

「私の国にも、私たちがあなた方とコンタクトをとるのに反対している反動的なグループがあります。その結果彼らは飛行機に乗って外国に逃亡しました」（毛里和子・毛里興三郎訳『ニクソン訪中機密会談録』、名古屋大学出版会、二〇〇一年）。

　毛がそう語ったことは事実である。しかし、毛が語った中身が事実だったかどうかはわからない。

前にも引用した張雲生秘書は、林彪失脚後、毛体制の中で自分が生き延びるために、肝腎な部分で幾つかは林彪に批判的な書き方をしているはずである。しかし、その彼でさえ対外政策に関しては「林彪は国際問題では玄人でもないし、熱心でもなかった」と指摘し、対米政策をめぐる毛と林との対立には一言も触れていない。これも謎である。もちろん、政治の奥底で熾烈な「暗闘」があったことだけは確かであった。

第六章　革命と近代化の確執

毛・周体制と米中接近

キーパーソン周恩来

現在進行している重大事象の裏側を見ることは難しい。しかし、次の重大局面を創っていくような事態が、実は見えない水面下ですでに始まっているという見方は正しい。一つは、表には現れないが、民衆のレベルで、中国の政治を動かす重大な意識の変化が始まっていた。一言で言えば、明けても暮れても続いていく政治闘争に対する、民衆の不信感の蓄積である。当時の、ある農民と下放知識青年は語っている。

「私は毛沢東に忠実な人間だと思っていました。しかし、林彪事件は私の考えに影響を与えました。事態はトップレベルではいつも変化しているように見えました。彼らの言うことをなんでも信用するというわけにはいかなくなりました」。

「林彪事件は私たちに大きな教訓を与えてくれました。上のほうの指導者は、今日はあるものを丸いといいながら、翌日になるとそれは平らであると言うかも知れない。……私たちはそうした制度に信頼をなくしてしまったのです」（アニタ・チャン他／小林弘二監訳

『チェン村――中国農村の文革と近代化』、筑摩書房、一九八九年）。

毛沢東体制への不信が徐々に増幅していくことは、いずれ社会の変化を促す推進力になる。

そしてもう一つは、そうした社会変化を進める中心的担い手の準備であった。一九六六年の秋に公開批判にさらされ、六八年一〇月の党第八期一二中全会で「留党監察処分」を受け、江西省の農村で軟禁状態にあった鄧小平は、毎日書を読み、過去と将来について分析し、畑で労働をし、さらに家の回りを何十周も走り身体を鍛えていた。娘鄧榕《とうよう》（毛毛）によれば「父のしっかりとして速い足取りを見ていると、将来の闘いに備えて、父の信念、計画、決意がますますはっきりしていき、揺るぎなく固まってきたに違いないと思った」と語っている（H・E・ソールズベリー、前掲書下）。今その後の鄧小平を語りはじめるのは少し早い。

話は林彪事件後である。これによって林彪派が失脚した後、政治・経済・外交の局面を動かしたキーパーソンは、江青ら文革「文闘」派ではなく、周恩来であった。毛沢東は周恩来の考え方が自分と必ずしも一致していないことは承知し、常に警戒感を抱いていた。しかし周に、毛に対する挑戦の野心がないことも確信できた。高崗《こうこう》・饒漱石《じょうそうせき》事件、彭徳懐失脚事件、文化大革命、とりわけ今回の林彪事件でも、周の毛に対する忠誠ぶりは明らかであった。

毛は周を組長とする「林彪反党集団」審査のための中央専案組を組織させ、この問題を処理する全権を与えた。同時に、ソ連との対決姿勢を強める中、西側との関係改善の必要性を感じはじめていた。しかも、毛自身の体調は林彪事件以来一段と悪くなり、肺炎、パーキンソン病などに悩まされ寝込むことが多くなっていた。李志綏《リチスイ》によると、七二年一月二一日に衰弱しきった毛沢東が周恩来、江青を寝室に招き、周に向かって「私が死んだ後は、君がすべてを取り仕切ってくれ。いいかこれが私の遺言だ」と語り、江青は今にも怒りが爆発しそうだったと描写している（前掲書下）。

周は、西側諸国との関係改善に踏み込もうと考えた。それはたんに政治的なものに限定せず、経済・科学技術の交流をも含むものであった。大躍進政策による経済の混乱は、本格的な回復を待つことなく文革によって再び大きなダメージを受け、他方で文革を通して人口の増加は加速し、人々の実質的な経済生活は窮乏の一途を辿っていたからだ。毛は周の考えを支持した。七〇年一〇月にカナダと、一一月にイタリアと国交が樹立され、西側諸国との関係正常化が動きはじめていた。しかし西側との関係改善では、もっと大きな劇的な転換がひかえていた。あのニクソン訪中による米中接近である。おりしも六九年一月に就任したニクソン大統領は、泥沼化したベトナム戦争からの名誉ある撤退を真剣に模索していた。さらに将来的に中国との対決を緩和し、ソ連の勢力拡張を抑制することが必要だと考えていた。

ニクソン・ショックの衝撃

米中関係の改善は、実はニクソンのほうが先に仕掛けたのだった。彼は一九六九年秋に中断していた米中大使級ワルシャワ会談の再開を提唱した。そして七〇年一月一〇日に同会談の再開が実現した。当時はまだ林彪はナンバー2の座におり、対米関係改善には一応「反対」の立場だったと伝えられる。同年一〇月、ニクソンは訪米したパキスタンのヤヒア・カーン大統領と一対一で会い、「高官レベルの特使を北京に派遣する意向」だとのメッセージの伝達を依頼した。カーンは一一月に訪中し、このことを周恩来に伝えた。

一二月九日、中国側は「台湾領土の明け渡しについて話し合うため、ニクソン大統領特使を北京に招きたい」と返答した（ジェームズ・マン／鈴木主税訳『米中奔流』、共同通信社、一九九九年）。これでは話は前に進まない。しかし同年一二月一八日、訪中していたエドガー・スノーとの会談で、毛沢東は「旅行者としてでも、大統領としてでもニクソン氏と喜んで話し合う意向である」とメッセージを送った（『朝日新聞』一九七一年四月二六日夕刊）。

今度は中国側が積極性を示しはじめた。三月二八日、名古屋で開かれていた世界卓球選手権大会で、中国代表団は突然米国チームの北京招待を提案した。米国側はこれを受諾し、四月一〇日北京に到着し、「友好交流」が演じられた。しかも滞在中は周恩来も会見するなど、いわゆる「ピンポン外交」が繰り広げられた。しかし表向きは依然として「米帝国主義打倒、その頭目ニクソン非難」のキャンペーンがなされており、「ピンポン外交」は、政権と区別した中国流の「人民との友好交流」の一環に過ぎないと見られていた。だが四月下旬、周恩来はパキスタンを通じて「会談の議題を台湾問題に限る」という条件を撤回し、ニクソンの特使を受け入れるという旨を米国側に伝えていたのだった（J・マン、前掲書）。そして有名なキッシンジャーの隠密訪中外交が、同年七月、パキスタンのカーン大統領の協力の下に実行されることとなった。

今日公開されたCIAの記録によれば、キッシンジャーは三つの重要事項に関して、かなり踏み込んだ提案を周恩来に行っている。①台湾問題に関して台湾の独立（運動）を米国は支持しない、②ニクソンの第二期政権で中華人民共和国の承認を実現するだろう、③中国の国連加盟も前向きに考える、ということであった。①は明らかに、従来の米国の台湾政策を大きく踏み出したものであった。翌年二月のニクソン・毛沢東会談でも、これらのことは確認されている（毛里和子・毛里興三郎訳、前掲書）。

隠密訪中を終え七月一五日、ホワイトハウスと北京はほぼ同じタイミングで、「ニクソン大統領は中国訪問を希望し、中国は七二年五月以前の適当な時期にニクソン大統領の訪中を招請する」とのメッセージを世界に向けて発信した。当時の私自身の体験も含め、世界には大衝撃が走った。いわゆる「ニクソン・ショック」である。J・マンの力作には、キッシンジャーの訪中の数日後、周恩来が密かにハノイを訪れたこと、七一年末キッシンジャーの二度目の隠密訪中で米中極秘情報交換の合意がなされ、米国が衛星で傍受したソ連軍に関する極秘情報の中国への提供などが生々しく描かれている（前掲書）。ニクソン訪中以前の話である。

中国の国連参加

訪中以前の話として、もう一つのビッグ・ニュース、すなわち「中国の国連参加」が世界にこれも衝撃的に流れ、人々は大きな時代の変化を感じはじめた。ニクソン訪中発表から、わずか三ヵ月後のことである。国連の場では一九六一年以来、中華人民共和国の中国代表権を確保しようとしてきた動きがあったが、米日を中心にそれを阻止してきた。しかし七一年一〇月、ついに中華民国（台湾）の議席を守るために提出した「逆重要事項指定方式」が、賛成五五、反対五九、棄権一五で否決され、逆に中華人民共和国を中国の代表として国連参加を求める「アルバニア案」が、賛成多数で採択されたのである。中国政府はただちに国連参加の意思を表明し、ここに従来の一面的な帝国主義勢力打倒、現状の国際秩序に挑戦といった態度でなく、一つの国民国家として国連という既存の国際システムを象徴する枠組みに参入することになったのである。

世界の目は今や中国に集中していた。毛沢東はどのようにニクソンを迎え、何を決めるのか、その結果世界はどうなるのかがにわかに論じられはじめた。そして一九七二年二月二一日から二八日まで、歴史的出来事となる「米中首脳会談」が北京で開かれた。ニクソン、キッシンジャーの他、ロジャーズ国務長官、スコウクロフト、ウィンストン・ロードなど一五名の公式代表団、総勢六八人の大型訪中団となった。最初にニクソン・毛沢東会談、そして四回のニクソン・周恩来会談、二回の全体会議が開かれた。ニクソンと毛の会談は米中双方の問題に留まらず、世界観、哲学観なども含む幅広いものとなった。毛沢東はこの会談でニクソンが気に入った。「あの男［ニクソン］は本音で話をする。もってまわった言い方をしない。本音と建て前を使い分ける左派

日中国交正常化　1972年９月、田中角栄首相（右）の下で国交正常化が実現した

の連中とはわけが違うな」と語った（李志綏、前掲書下）。

日中国交正常化

会談の実務は周恩来に任された。周は、外交部副部長の喬冠華《きょうかんか》を従えキッシンジャーと共同コミュニケ作成に全力を注いだ。ニクソン訪中のフィナーレを迎えた時に発表された「上海コミュニケ」がそれであった。そこでは、①体制間の相違を相互に認め、「平和五原則」に基づき国際および二国間問題を処理する、②米中ともアジアで覇権を求めず、覇権に反対する、③中国は一つであり、台湾は中国の一部である、④両国の関係正常化はアジアと世界の緊張緩和に貢献する、などが盛り込まれた。筆者は、アジアの冷戦は劇的に崩壊したのではなく溶けるように解体していった、そしてこの米中会談こそ「アジアにおけるポスト冷戦の起点」だと考えている。

中国の国連参加とニクソン訪中は、世界に大きな波及効果をもたらした。中でも日本の対中政策の転換は、二国間関係のみならず国際関係上でも大きな意味を持った。「ニクソン・ショック」を受けて日本の政界でも、中国との関係正常化のうねりが急速に高まった。一九七二年七月、それまで親台湾政策をとりつづけていた佐藤首相に代わって、田中角栄が首相に就任した。彼は迅速に行動に移し九月、日中国交正常化が実現した。「日中共同声明」では、「過去の戦争に対する日本の責任の痛感と深い反省」「中華人民共和国が唯一合法の政府だということ」「台湾に対する中国側の主張に対する日本の理解と尊重」「中国の戦争賠償請求の放棄」などが盛り込まれ、懸案事項を乗り越え未来を切り開くにふさわしい両国の決意が示された。

続いて一〇月には西ドイツと、一一月にはオーストラリア、ニュージーランドと国交樹立。七三年には五月に、米中の間で双方の連絡事務所が北京とワシントンに開設された。さらに七二年一二月に日中プラント成約、七三年八月に日中貿易協定交渉開始など西側との経済交流も本格化の様相を呈した。かくして、外交・政治・経済の一大転換が始まったかに見えた。もちろんその流れは事実である。しかし順調に流れたかと問えば、やはりその後も紆余曲折の過程を辿ったのである。

周恩来と「四人組」の確執

周恩来はニクソン訪中の時はもちろん、他の重要業務に対しても長時間にわたってエネルギッシュに働き、睡眠時間はほんのわずかしかとらなかった。文革、林彪事件の混乱を立て直すには各方面、とりわけ経済面での多くの有能な人材を必要としていた。文革による「冤《えん》罪《ざい》」を処理し、失脚幹部の名誉を回復し第一線に復帰させることが最も手っ取り早かった。七二年四月、『人民日報』に周自身が校閲したといわれる社説「前の過ちを後の戒めとし、病を治して人を救う」が発表された。毛沢東が好んで用いた言い回しであった。社説では、「九〇パーセント以上の幹部は良いか、比較的良い人たちである」とされ、多くの幹部の復帰が示唆された。

しかし、まさにその直後（五月）周が癌《がん》を患《わずら》っているとの診断がなされたのである。毛の指示の下に葉剣英、鄧穎超《とうえいちょう》、汪東興、張春橋を核とする医療組が設置された。そうした事情は、当初は周には知らされなかった。自分の身体の不調にもかかわらず、次々と重大な任務が周の肩にかかってくる。八月一日の建軍記念日には、陳雲、王震、陳再道《ちんさいどう》ら失脚幹部が久々に姿を見せた。周はその後も幹部、知識分子の名誉回復、復活に積極的にイニシアティブを取った。しかし九月、上海の造反派指導者・王洪文が中央に抜擢《ばってき》された後、中央では江青、張春橋、姚文元《ようぶんげん》らとの提携が強まり、周は彼らからの激しい攻撃を受けることになる。

一九七二年一〇月、周が八—九月に提起した「極左思潮批判」を踏まえ、『光明日報《こうみようにつぼう》』に周培源《しゅうばいげん》の「総合大学の理科教育革命に対する若干の観点」という論文が発表された。さらに『人民日報』に王若水《おうじゃくすい》の「無政府主義は似非《えせ》マルクス主義ペテン師の反革命の道具である」など三編の「極左と無政府主義」を批判する論文が掲載された。周恩来は林彪らを「極左」として批判し、左傾的風潮を改めようとしていた。これに対して張春橋、姚文元らは林彪らを実は「極左」ではなく「極右」として非難し、左傾的風潮批判の動きに対して「修正主義」「右からの巻き返し」と攻撃した。一二月、毛は王若水が自分に送った手紙を見ながら、「修正主義、分裂、陰謀、姦計《かんけい》、党や国家への裏切り、これは左か右か？　これは極右である！」と断言し、張、姚の立場を支持した（尹家民『毛沢東与周恩来』、百花洲文芸出版社、二〇〇四年）。

毛は、周恩来はやはり「右」過ぎると見たのだろうか。江青ら「文革派」が勢いづいた。七三年一—三月に開かれた全国計画会議では、国家計画委員会は周の意を受けて「統一計画の堅持と経済管理の強化についての決定」（経済工作一〇条）を作成した。それは会議で討議されたあと二八の省・市・自治区が賛成したが、上海市のみが反対した。上海を基盤とする張春橋は「私は断固反対する、光栄なる孤立だ」と頑張り、この文書を撤回させた。また三月以降、毛はたびたび「孔子批判」を提起し、江青グループがこれに応えた。さらに毛は七三年七月、周の影響力の強い外交部を「大事を討議せず、小事ばかり送ってくる」と批判している。

鄧小平の復活

しかし、策略家毛は江青らを一方的に走らせはしなかった。七三年二月、文革において「第二の実権派」として失脚し、江西省の農村で軟禁中の身であった鄧小平に中央から北京復帰の通達が届いた。党中央が正式に「党の組織生活と国務院副総理職務への復帰」を決定したのは三月一〇日である。周恩来が報告書を提出し、毛がそれに「同意」の二文字を書き記した。毛は疑いなく「鄧小平解放」の最終決定者であった。

鄧の復活に関してはさまざまな憶測がある。寒山碧《かんざんへき》は周恩来主導説である。周自身の病状と国務院の仕事の急増により、特にフランス留学以来の有能な「弟分」鄧の再起を望み、毛の心境の変化をつかみ、鄧の復活を進言し承諾を引き出したと見る（『鄧小平伝』）。B・ヤンはこの説に反対である。「周恩来の説得によってというよりも、毛自身が鄧を呼び戻したのだと考えられないか。毛は、［七二年の右寄り政策で］周に幻滅を感じて、周へのチェック機能として鄧が使えるかもしれないという幻想を抱いたのだ」（B・ヤン、前掲書）。

これにはいささか無理がある。周へのチェック機能としては江青グループを使えば十分であった。事実、以下で触れる七三年八月の第一〇回党代表大会では、王洪文を党副主席にまで抜擢し、かつ周がおこなった「政治報告」でも毛の意図は十分に反映されていた。H・E・ソールズベリーは、周が鄧に対して、毛に自己批判書を書き職務に復帰したいと願い出ることを進言し、鄧はそれに従って「白猫黒猫論」を含め、誤りを犯したことを認めた上で、毛路線と文革の忠実な支持者だと誓った手紙を書き、毛がそれを承諾したことによると説明している（前掲書下）。

むしろここは、大きな転換を遂げいよいよ対ソ戦略を本格化しようとしている対外政策や、混乱の収拾を緊急の課題としている国内政治経済などの面で、敢えて言えば「四人組」は任せるにはあまりにも頼りなかった。高い実務能力を持った鄧小平を必要とするという認識が毛の中にもあったのではあるまいか。それが周恩来の考えとも一致したのであろう。鄧は七三年四月、周が主催したカンボジアのシアヌーク殿下の歓迎宴に予告なしに登場し、「まるで重慶への旅行から帰ったばかりのように賓客と会話を始めた」（同上）。その後一二月にかけて、彼の主な仕事は訪中した外国賓客の接待、会見などであった。それは実に一〇〇回を超える数を記録した。

第一〇回党代表大会が七三年八月に開かれ、周恩来が「政治報告」をおこなった。このことが、当時の彼の地位を物語っていた。しかし内容的に「周恩来らしさ」があったかと言えばそうでもない。主な論調は、「林彪事件の総括」と「米ソ超大国覇権主義、とりわけソ連修正主義社会帝国主義との闘争」をめぐるものであった。もちろん経済発展に力を入れることも強調されたが、「大いに意気込み、常に高い目標を目指し、速く立派に無駄なく」というった大躍進期のスローガンや、「自力更生《じりきこうせい》、刻苦奮闘《こっくふんとう》」、「工業は大慶《だいけい》に、農業は大寨《だいさい》に学ぼされていたのだ。「プロレタリア独裁下での継続革命の推進」といった文革期のスローガンが盛んに引用されていたのだ。

「四人組」の周恩来批判

「政治報告」の草案は江青グループの手によって作成された。彼らの中で、若手の王洪文が「党規約改正報告」を行い、また康生《こうせい》とともに党副主席に抜擢されたことから、勢力を伸張させていたことがわかる。正確に言えばこの直後に江青グループの派閥化、すなわち「四人組」が形成されたと言われる。彼らは九月以降とくに力を入れて儒教批判、孔子批判を展開するようになった。『人民日報《じんみんにっぽう》』、『光明日報《こうみょうにっぽう》』、雑誌『紅旗《こうき》』などでは左傾的な論調が一段と強まり、イデオロギー、宣伝部門を「四人組」が掌握していることは明らかであった。鄧小平は党大会でいまだようやく中央委員の地位を回復しただけであった。

しかしここでも毛沢東の判断と処置は一見、不可解なものであった。ほぼ同じ時期に毛沢東は、江青と周恩来の両方を批判した発言をしている。一一月二五日、毛は「江青は民主の作風が劣り、文化工作で百家争鳴の方針を実行しておらず、……〝江青は文革の英雄的な旗手である〟といったスローガンを流すのは誤っている」といった内容の手紙を政治局各同志に回した。同じ一一月、周恩来が外事活動で誤った話をしたと毛が指摘し、中央政治局は周を批判した。続いて一二月、中央政治局で毛は講話し、「政治局は政治を語らず、軍事委員会は軍事も政治も語らずだ」と不満を吐き出した（『中国共産党執政四十年』）。ある意味では周恩来の指導運営に対する批判とも取れるし、別の角度から見れば「批《ひ》林《りん》批《ひ》孔《こう》」にうつつをぬかす「四人組」らを揶揄《やゆ》したとも読める。

いずれにせよこの時、毛はあわせて鄧小平の中央軍事委員会委員と中央政治局委員への抜擢を提案したのだった。毛は鄧のことを次のように評した。

「小平は断固として問題に取り組む。小平は綿に包まれた針のようで（綿中有針）、柔と剛をあわせもった人間だ。小平の歴史は功績七分、誤り三分だ」。

一二月二二日、周恩来が主宰した中央政治局会議で、鄧の上記の二ポストへの就任が決定した。党は毛自身が直接掌握し、国務院は周と鄧が、軍は葉剣英《ようけんえい》と鄧が取り仕切る。しかし国務院と軍、いずれにも張春橋や王洪文を入れ勢力関係のバランスをとった。これが毛沢東のやり方だった。

しかし「四人組」はこれに満足しなかった。七四年一月一二日、王洪文と江青は北京大・清華《せいか》大批判組の「林彪と孔孟《こうもう》の道」を教材として、「批林批孔運動」を進めるよう毛沢東に建議した。毛は承諾し、以後全国的にこの運動が展開されるようになった。さらに「批林批孔」の中で「四人組」は「現代の孔子とは誰か」を求めるようになり、「党内に大きな儒家がいる」（江青、二月）などと実質的な「周恩来批判運動」へと運動を拡大していったのである。もっとも、鄧小平を得た周の立場は実質的には強化されていた。三月、政治局で、四月に開かれる国連資源特別総会に派遣する中国代表団の団長として、外交部が鄧小平を推薦した。周はしっかりと根まわしをし、毛の同意を得、結局政治局で江青のみが反対し（最終的には彼女も同意)、この人選が決まった(安建設編著『周恩来的最後歳月1966―1976』、中央文献出版社、二〇〇二年)。

周恩来・毛沢東の死

鄧小平vs.「四人組」

鄧は外交部の関係者たちと、国連総会での演説原稿の起草に取りかかった。世界にアピールする、しかも毛に気にいられる形で。これがポイントだった。同年二月、毛がウガンダ大統領との会見で語った「三つの世界論」がキーワードとなった。米ソを現世界を支配する超大国で第一世界と見なし、米ソ以外の東欧も含む先進国を第二世界、アジア・アフリカなど発展途上国を第三世界と区分し、第三世界こそが米ソ超大国支配に挑戦している主力であり、中国はそこに属するといった考え方である。「中国は覇権を唱えないし、将来も超大国にはならない」、鄧はこの言葉を付け加えた。それに目を通した毛は上機嫌で「よろしい」と同意した(毛毛『わが父・鄧小平　〝文革〟歳月』上)。

江青(1914―91)　1966年、文化大革命第一副組長のころ。元女優。毛沢東夫人。毛沢東の死後「四人組」の一人として逮捕され、死刑判決ののち無期懲役に減刑

一九七四年四月、鄧小平が国連特別総会へさっそうと赴いた。病状の悪化が噂される毛沢東、周恩来に代わって、華々

しい国際舞台へ鄧小平が登場したのだ。このことは、まさに鄧が次代の「後継者」という印象を内外に強く与えた。鄧は「文革期の失脚者」といった烙印はどこ吹く風のように振る舞い、まさに「毛沢東の名代《みょうだい》」としての役柄を演じ切ったのである。これ以降、鄧は病状の悪化していた周恩来に代わって、外交事務をほぼ一手に担うことになった。周は六月一日ついに二五年間慣れ親しんだ住家、中南海の西花庁《せいかちょう》を離れ軍病院に入院し、死去するまでの約一年半をそこで過ごすことになる。

秋に入り、党第一〇期二中全会と第四期全人代第一回会議の準備がせわしなく始められた。一〇月、「文革からすでに八年経った。現在は安定が良い。……国民経済を向上させよ」という毛の「通達」が流され、重要会議の準備作業が進められた。一〇月一八日、王洪文は長沙《ちょうさ》で静養していた毛沢東を訪れ、鄧小平は「西洋崇拝、売国主義、修正主義路線を歩んでいる」と告げた。しかし毛はこれに乗らなかっただけでなく王を批判した。そればかりでなく鄧小平を党副主席、第一副総理、軍事委員会副主席兼総参謀長に就けることを提案したのだった。江青は抵抗した。彼女は毛に手紙を書き、喬冠華《きょうかんか》の副総理、毛遠新《もうえんしん》らの政治局委員への推薦などを、再度の手紙では王洪文を全人代常務副委員長へといった提案を行った。毛はただちに「江青には野心がある。王を全人代委員長にして自分は党主席に就こうとしているのだ」と断じた。

周恩来の遺言

一九七五年一月八—一〇日、党第一〇期二中全会が開かれ、鄧小平の上述のポストへの就任が正式に決定された。そして一月一三―一七日、一一年ぶりに第四期全人代第一回会議が開催された。周恩来は悪化する病状をおして「政府活動報告」を行った。そこで彼は六四年の第三期全人代会議で提起した「近代化建設」の呼びかけを一歩踏み込み、「今世紀内に農業、工業、国防、科学技術の近代化を全面的に実現し、中国の国民経済を世界の最前列に立たせ、……わが国を社会主義の近代化された強国にしよう！」と呼びかけた。それは間近に迫る死を前にした周の遺言ともいえる叫びであり、毛以後の総路線となる「四つの近代化」の起点をなすものであった。しかし、当時これが直ちに実行に移されたわけではなかった。

むしろ直面する課題は、その前段階としての「文革混乱」の収拾、生産の回復、行政管理体制の建て直しなどであった。「四人組」にはそうした関心も、その能力もなかった。鄧小平こそがこれらの任務の推進者となった。鄧の政策提案と行動は文字通り「大胆」であった。七五年二月から一一月にかけて、彼は党、軍、重工業、国防工業、農業、商業など各部門での全面的な整頓を試みた。三月の全国省・市・自治区党委員会工業担当書記会議で、鄧は「全党は大局に目を向け、国民経済を発展させよう」と題する重要講話を行い、周の提起した近代化戦略をベースに経済建設の重要性を強調した。とりわけそのネックが混乱した交通・運輸の整頓であった。後の改革開放時代に中核的指導者となった万里《ばんり》が、鄧によって鉄道大臣に任じられたのがこの時であった。万里は全国二〇の鉄道局のうち一九局で、運輸・流通システムの再建に成果をあげ、七五年の積み降ろし作業を超過達成させ鄧の期待に応えた。

鄧の「全面整頓」と「四人組」

五月八日、中央は鉄鋼工業座談会を開催し、六月には工業戦線の全面的整頓を開始した。生産・管理などでの規律の強化、指導幹部の深刻な派閥性、管理能力の低さなどに手をつけ、生産性の向上をはかった。さらに六月下旬から七月中旬にかけて、中央軍事委員会拡大会議を開いた。鄧はここで軍内の派閥性、組織・規律性の弛緩《しかん》、組織の肥大化などを問題にし、軍隊の精鋭化、編制整頓などを提起した。七月には、党組織の思想上、組織上の整頓、中国科学院の整頓などが取り組まれている。

八月には国防工業の整頓に取り組み、同時に国務院計画委員会に「工業発展を速めることに関する若干の問題」(略称「工業二〇条」)の起草を指示した。「工業二〇条」では、六〇年代初めに彼の指導下で作成され、文革期に「修正主義」として批判された「工業七〇条」を「基本的には良いものだ」と評価している。九月には後で触れる「四人組」との先鋭な対立を示した「農業は大寨《だいさい》に学ぶ」全国会議が開かれた。この開幕式で鄧小平は、軍隊、地方の党・行政組織、工業、農業、商業、文化、科学技術の整頓の必要性を力説した。一〇月、鄧の方針を総論的にまとめた「全党全国の諸工作の総綱について」(略称「総綱」)も作成された。「総綱」の中で、鄧ははっきりと「四つの近代化建設が目標」であり、「生産を立派に把握し経済建設を立派にやらなければならないというと、すぐに『唯生産力論《ゆいせいさんりょくろん》』のレッテルを張り、修正主義にしてしまう」と、「四人組」的風潮に正面から反駁し、生産力の回復・発展が重要であることを訴えた。

むろんこのような大胆な政策転換を独自に推進することは、あまりにも大きな危険を伴っていた。文革期に毛から受けた厳しい批判と失脚を思えば、こうした行為が再び毛の怒りを買うかもしれない。それでも敢えて突き進もうとする鄧は、いささか格好が良すぎる。おそらく彼は、病床の周の知恵を借り、毛の同意を巧みに取り付けながら自らの方針を展開したのであろう。例えば、毛が「調整が必要である」と指示したことを受け、鄧は「調整というものは、実際上は整頓のことである。……私は幾つかの分野で整頓について述べ、毛沢東同志にも報告したが、毛沢東同志はこれに賛成した」（『鄧小平文選』第二巻）と、毛の権威を借り微妙に自分流に読み替えて政策を出している。「総綱」の冒頭で「四つの近代化建設」提唱を行ったのも、「毛沢東の建議」だと強調している。が、これは六四年の第三期全人代第一回会議の周恩来「政府活動報告」での提案であって、この時期に毛が進んで提案したという痕跡はない。

　しかし鄧のこうしたやり方を放置していれば、江青ら「四人組」勢力は次第に先細りして行くしかなかった。鄧の「全面整頓」に対してまもなく反撃が開始された。七五年三月姚文《ようぶん》元《げん》の論文「林彪反党集団の社会的基礎について」が、四月には張春橋の論文「ブルジョア階級に対する全面的独裁について」が相次いで発表された。

　姚論文では「経験主義が当面の主要な危険」とされ、周・鄧および古参幹部を暗に指しており、張論文では現段階では資本主義は自然に再生産されるもので、階級的な独裁、政治闘争こそ最優先すべきと力説し、鄧の進めようとした生産優先路線との食い違いを見せた。さらに八月、毛が仕掛けた『水滸伝』批判論争が学術論争の枠を越えはじめた。「宋江《そうこう》は皇帝に投降し修正主義を行い、晁蓋《ちょうがい》の建てた聚義庁《しゅうぎちょう》を忠義堂に改めた」と論評した。「四人組」

は毛のこの指摘を積極的に取り上げた。宋江↓投降派↓革命の裏切り者、現代の宋江↓文革否定の投降派↓誰？　という図式であった。

周恩来の最期

周恩来の病状は悪化の一途を辿った。「四人組」対鄧小平の図式がいよいよ際立ってきた七五年九月、先ほど触れた「農業は大寨に学ぶ」全国会議が開かれた。ここで鄧が全面整頓と、農業の立ち遅れに対する公社の整頓と機械化の必要性を訴えた。これに対し、江青は農村での資本主義復活の危険を強調し、さらに「宋江は晁蓋を棚上げにした。現在主席を棚上げにしようとする者はいないだろうか？　私の見たところ、いる」と断じた（『中国共産党執政四十年』）。右の図式の矛先に鄧小平がいることは明らかだった。

毛は白内障の手術後間もない時期で、一〇月下旬には呼吸困難、心臓、肺、腎臓などに深刻な症状が出るようになっていた。最高幹部との接触もほとんどなく、甥《おい》の毛遠新《もうえんしん》が連絡員になっていた。毛遠新は「四人組」のメンバーで、毛に対し「鄧小平同志の講話では文革の評価が大変少なく、劉少奇修正主義路線の批判も大変少ない」など、数回にわたって鄧批判の見方を伝えていた。毛は甥のこうした見方に賛意を示したのである（『共和国風雲四十年』上冊）。

一一月下旬、党中央は事前通達会議（「打招呼会議《だしようこかいぎ》」）を開き、毛が検閲・承認した「打招呼会議要点」を読み上げた。ここには清華大学党委員会における闘争で、鄧の方針を実施しようとする側を批判し、「当面する二つの階級、二つの路線闘争の反映であり、これ「鄧方針の実施」は、右からの巻き返しである」と記されていた。おりしも鄧のもっとも強い後ろ盾であった周恩来は瀕死の状態に陥っており、鄧は深刻な打撃を受けざるを得なかった。文革による混乱の建て直しが必要だと認めたが故に、毛は積極的に鄧の復活の道を開き、鄧もそれに懸命に応えようとしたのではなかったのか。にもかかわらず何故この時点で、毛は再び積極的に鄧を批判しはじめたのか。

そこには、確かに一方で現状の混乱収拾の必要性を感じる為政者としての毛がいる。しかし同時に、老いてなお文革理念＝「夢」にこだわり続ける毛沢東の姿が浮かび上がってくる。七五年の鄧による「全面整頓路線」は、まさに文革前の「調整路線」の焼き直しであり、「脱文革」なのであった。毛沢東と周恩来、この二大巨頭が正常な思考と行動を困難にしていた中で、鄧は「四人組」に追い詰められていった。そして七六年一月八日、建国以来、激しく揺れ動いた中国政治の中で、一貫して総理の重職をこなした周恩来がついに逝去したのである。三五年一月の遵義会議《じゅんぎかいぎ》以来、「毛を支え、しかし毛にのめりこまず」の立場に終始し、一度も失脚することなく、「不倒翁《ふとうおう》」と呼ばれてきた指導者周恩来の最期であった。

周恩来の死　1976年1月8日、毛沢東を支え、しかし毛にのめりこまず、一度も失脚することなく中国革命を指導してきた周が死去した

悔い改めない走資派

一九七六年は「辰（龍）の年」で、この年には古くから大異変が起こるとされた。まさに中国現代史を大きく塗り替える重大な年となった。一月一五日、北京では故周恩来の追悼大会が多くの幹部や民衆の悲しみの中でしめやかに挙行された。「四人組」の圧力もありそれは質素なものであった。しかし悲しみをあざ笑うかのように、これを機に過酷な権力闘争が再び露呈していった。追悼大会で弔辞を述べた鄧小平は、そのまま権力の座から滑り落ち、七七年七月の再復活を果たすまで一年半余り、人々の前から姿を消すこととなった。周の死は、空白となった総理ポストと党第一副主席のポストをめぐる権力確執を引き起こしていた。鄧の事実上の失脚によって、「四人組」は第二副総理であった張春橋が総理へ、党第二副主席であった王洪文《おうこうぶん》が第一副主席に昇格するとのもくろみがあった。

ただし状況はそのようには推移しなかった。一月二一日と二八日に開かれた党中央政治局会議では、毛の提案を受けて、当時の序列一一位に過ぎなかった公安部長（大臣）の華国鋒《かこくほう》をいきなり国務院総理代行に、病気療養中の葉剣英に代わって、陳錫聯《ちんしゃくれん》を中央軍事委員会日常工作の主宰者とすることが決定された。もちろん「四人組」はこの決定に不満だったが、毛の意向に逆らうことはできなかった。二月中旬から『人民日報』は「カギは資本主義の復活にある」（二七日）、「〝三項目指示をカナメとする〟を評す」など、事実上の鄧小平批判キャンペーンが始まった。が、何故かこの時期には名指し批判は避けられていた。鄧のやり方を支持する声が大きかったのであろうか。

しかし二月二五日、全国省・市・自治区、大軍区責任者会議で党を代表した華国鋒は、

「当面、立派にやらねばならないことは、批鄧《ひとう》すなわち鄧小平同志の修正主義路線批判である」と断言した。以後名指しの鄧批判が始まり、鄧指導下で作成した「総綱」「科学院工作《かがくいんこうさく》匯報《わいほう》」「工業二〇条」が「三つの大毒草」とされ、鄧自身は「悔い改めない走資派《そうしは》」と規定された。華国鋒は明らかに「文革派」の指導者として鄧を批判したのであり、少なくとも表向きは「四人組」との共同歩調を取ったというのが一般的な印象であった。

鄧小平の再失脚

しかし「全面整頓」を進めた一九七六年の経済状況は、恒常的停滞から急速に回復しはじめており、鄧のリーダーシップへの期待が膨らんでいた時だけに、庶民レベルの不安と不満がつのりはじめていた。同時に、周恩来・鄧小平を擁護し、「四人組」のやり方に異をとなえる庶民の動きが表面化していった。最初に顕在化したのは、三月下旬、南京《ナンキン》においてであった。二九日、南京大学、南京郵電学院《ゆうでんがくいん》など一六の大学の学生たちが市街に出てデモを始めた。「周総理に反対するものは誰でも打倒する！」「鄧小平と人民の心は繋がっている！」「張春橋打倒！」などのスローガンが叫ばれ、昼過ぎには鼓楼大街《ころうたいがい》一帯で一四万人規模に膨れ上がった。北京では翌三〇日から連日にわたり、人々が天安門《てんあんもん》広場の人民英雄記念碑前に自発的に集まって献花をし、スローガンを掲げ、詩を朗読し、演説を行い、周総理の追悼活動を繰り広げた（青野・方雷『鄧小平在一九七六』）。

四月一日、鄧小平の「ブルジョア階級地下司令部」に対処するという毛遠新の提案に沿って、華国鋒主宰の党中央緊急政治局会議が開かれた。四月四日の清明節《せいめいせつ》（日本のお盆に相当）に周・鄧擁護の動きは最高潮に達し、五〇万を超える北京の市民が当局の警告にもかかわらず天安門に結集した。そこで彼らは周総理への哀悼を示し、二〇〇〇を超える献花がなされた。それとともに、「四人組」を罵倒《ばとう》し揶揄《やゆ》する詩などを貼り出した。「九霄《きゅうしょう》（高い空）に登りて壊《こわ》さん天《てん》の橋《はし》（張春橋）、清江《せいこう》（江青）に潜《もぐ》りて捕《と》らえん河《かわ》の妖《よう》（姚文元）」といった類《たぐい》のものである。なかには暗に毛批判につながる詩も出された。

事態を重く見た党は四月四日に政治局会議を開いた。北京市革命委員会主任の呉徳《ごとく》は「これを見ると一つの計画的な行動であり、……鄧小平が時間をかけて準備したものである。……ことの性質は明らかに反革命事件である」と断じた。江青は勢いに乗じて花輪の撤去、反革命演説者の逮捕などを主張した。四日の夜半から五日にかけて一万の民兵、三〇〇〇人の武装警察隊が動員され、広範な民衆の抗議のなかで花輪や大字報は一掃され、この運動は封じ込められた。

後に言われるようになった「第一次天安門事件」、別称「四《し》・五《ご》運動」である。事件直後の四月七日、緊急の党中央政治局会議が開かれ、二つの重要な決定が党中央の名で発表された。一つは、華国鋒を党中央第一副主席、国務院総理に任命したことである。二つには、天安門事件を反革命事件と断定し、鄧小平問題はすでに敵対性矛盾に転化しており、鄧小平の党内外のすべての職務を解任し、「留党監察」におくと決定したことであった。華国鋒の昇進と鄧の失脚が深く関連していたことは後に華の命とりの要因となる。

毛沢東の死

鄧は再びすべての職を剝奪された。以後、表向きは激しく広範にわたって「鄧小平批判運動」が全国で展開された。この年の七月末から八月上旬にかけて初めて中国の大地を踏んだ私自身が、ほんの通りすがりではあったが「猫も杓子も」というほどに各地で行われていた批鄧運動を垣間見ることができた。毛は体調が芳《かんば》しくなく、五月のパキスタンのブット首相との会見以来外国賓客との会見を取りやめていた。七月六日、もう一人の革命の元勲で「人民解放軍の生みの親」とも言われた朱徳《しゅとく》がこの世を去った。それから一ヵ月も経ない七月二八日、中国で二〇世紀最大規模（マグニチュード七・八）の地震が河北省唐山《とうざん》を襲い、二四万人の死者、一六万人余りの重傷者を出し、都市そのものが壊滅するほどの惨事となった。

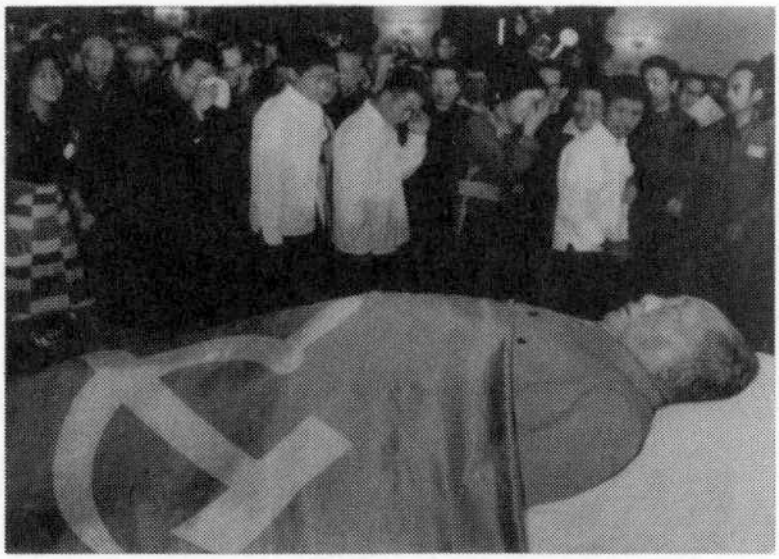

巨星墜（お）つ　長年の同志周恩来の後を追うように同じ1976年の9月9日に毛沢東逝去。中国現代史の中で一つの時代が終わった。写真提供：UPI＝共同

　それからさらに一ヵ月余りが過ぎた。九月九日、中国現代史に最大の影響を与え、深い爪あとを残した巨星毛沢東《もうたくとう》が逝去したのである。党・国務院・全人代・軍の「全党、全軍、全国各民族人民に告げる書」が毛の死を全国に伝えた。これを聞いた人々のなかには、「驚愕《きょうがく》する者あり、打ち沈む者あり、平然とする者あり、心高ぶらせる者あり」であった（厳家祺・高皋、前掲書下）。いずれにせよ、毛沢東の死は一つの「時代の終わり」を意味する最大の節目であり、不可避的に全

社会の本格的な変動の始まりを告げるものであった。

華国鋒体制と鄧小平再復活

「四人組」の失脚

政治面での変化は、毛の死後ただちに水面下での権力闘争から始まった。党主席のポストをめぐり、江青らが動きはじめた。これに対して文革で痛めつけられていた王震《おうしん》ら復活幹部グループ、葉剣英ら軍長老グループらが以前から抱いていた「四人組」への反発を強めた。それは周恩来人脈につながる李先念《りせんねん》ら国務院実務官僚グループや、華国鋒《かこくほう》ら文革穏健派グループとの密かな連携を強めた。一週間後の九月一六日、『人民日報』は「毛主席は永遠にわれわれの心の中にある」と題する社説を掲載した。実はこの中に「既定方針に従って行動せよ」という表現があり、これは文革路線こそ毛主席が定めた既定路線であり、その継承とそれにふさわしい指導者を定めよという意味が込められていたのだった。「四人組」からのシグナルであった。

二日後の九月一八日、毛沢東の追悼大会が天安門広場で厳《おごそ》かに行われた。王洪文党第二副主席が司会し、華国鋒党第一副主席が弔辞を述べ、表向き対立は見られない。しかし江青は九月末から一〇月はじめにかけて清華《せいか》大学などで、

「華国鋒同志の党第一副主席、国務院総理就任はたしかに毛主席が提案したものだ。しか

し毛主席の言わんとすることはこのように明白で、すなわち華同志が党主席に就くことを提案しなかったということである」

と発言した。この主張は反「四人組」陣営の危機感を煽った。彼らは「三要三不要」、つまり「マルクス主義、団結、公明正大が三つのやるべきことで、修正主義、分裂、陰謀姦計《いんぼうかんけい》が三つのやってはならないことである」をキーワードとした。これは七五年五月に毛主席が政治局会議の場で、「江青には野心がある」と言い、彼女を戒《いまし》めた時に使った表現であった。

一〇月四日、『光明日報』は「四人組」御用執筆グループのペンネーム梁効《りょうこう》の署名で、「永遠に既定方針に従って実践しよう」と題する論文を掲載した。反「四人組」グループは、これを「四人組」の攻勢の兆候と見た。少し前から、上海や北京の民兵の武装化が進んでいた。民兵組織を掌握していたのは王洪文である。毛遠新《もうえんしん》が瀋陽《しんよう》軍区を動かしはじめたとの情報も流れた。これらの情報をキャッチしていたのが長年、毛を護衛していた汪東興だった。汪は華国鋒、葉剣英らと秘策を練り機先を制する策にでた。一〇月六日夜、華国鋒は「毛沢東著作集」刊行にかかわった政治局員の懐仁堂《かいじんどう》への招集を行った。まず張春橋がやって来た。次いで王洪文が到着、その後姚文元が入ってきた。彼らは個別に監禁された。その後、姿を現さなかった江青、毛遠新が中南海の自宅で逮捕された。「四人組」逮捕劇は一時間とかからなかった。毛沢東の中にある、もっとも急進的な思想を体現していたグループの崩壊であった。

華国鋒による権力独占

翌一〇月七日、党中央政治局は華国鋒の党主席・党中央軍事委員会主席の就任決定を発表した。中央放送局、テレビ局、新華社《しんかしゃ》などのマスコミ機構も抑えられ、上海などでの武装蜂起計画も封じ込められた。すでに巷《ちまた》では「四人組」逮捕・失脚の噂が流れていたが、一四日、党中央は正式にこの事実を公表した。このニュースで全国はたちまち沸き返り、多くの商店にあった酒がたちまち売り切れ、人々は祝杯を交わし、パレードに繰り出したといわれた。「四人組」がいかに党内外で基盤が弱く、民衆の反発を買っていたかが示された。そして同時に「毛沢東の夢」にこだわり続けることが、もはや党幹部にとっても民衆にとっても、魅力のない疲労感を覚えさせるものでしかなかったことを物語っていたのである。周恩来の死が「毛沢東時代の終わり」の序曲であったとするなら、九月の毛の死はそのクライマックスであり、一〇月の「四人組」の逮捕・失脚は実質的なフィナーレであったと言えるかもしれない。

しかし、中南海の権力闘争はまだ終わらず、新たな段階に突入した。この一連の過程で一挙にトップに躍り出たのが華国鋒であった。党主席・軍事委員会主席に就任し、四月に就いた国務院総理のポストを合わせて三権のトップとなった。形式上は毛沢東を超える権力の独占者である。華は当時まだ五五歳と政治家としては若く、経験や人脈も浅いものであった。しかしそれ故、権力の独占は裏を返せば実質的な権力の脆弱性《ぜいじゃくせい》を物語っているとも言えた。しかも、クーデター的に「四人組」を失脚させただけに、権力の正当性を何らかの形で示す必要があった。彼は毛沢東の権威そのものに依拠した。まず「あなたがやれば私は安心だ」という毛の言葉を「権力継承の遺言」として大々的に宣伝した。その実は七六年四月に華が毛に全国的な情勢を報告した時に、「ゆっくりと焦《あせ》らない」「過去の方針通り行う」「あなたがやっているので安心できる」との言葉を筆でしたためた、その三番目を「遺言」といってアピールしたものと言われている（逄先知他編『毛沢東伝』下、中央文献出版社、二〇〇三年）。

毛の後継者として文革路線の継続、推進を掲げる一方で、トップ指導者として華は、疲弊《ひへい》し、停滞した経済の再建に、ただちに否応なしに取り組まねばならなかった。一九七六年一二月「農業は大寨に学ぶ」第二回全国会議を、さらに七七年四―五月に「工業は大慶に学ぶ」全国会議を主宰した。華は大寨会議で「全国人民は四人組を打倒した後で、わが国の国民経済が急速に発達することを切に望んでいる」と発言し、農業、工業の再建に力を入れることを呼びかけた。七八年二月の第五期全人代第一回会議では、「政府活動報告」の中で「四つの近代化」「近代化された社会主義強国」の建設という周恩来の提起を復活させ、先進的な大型プラントの大量導入など野心的な経済建設構想を打ち出した。この構想は後に「洋躍進《ようやくしん》」政策として批判されることになる。

三権のトップを独占　1977年4月20日、「工業は大慶に学ぶ」全国会議の開会式に臨む華国鋒党主席。軍事委員会主席、国務院総理も兼任した

鄧小平再復活

しかし他方で、「四人組」失脚後ただちに問題にされはじめた鄧小平《とうしょうへい》の再復活に関して華国鋒は、消極的

で極力阻止の動きにでた。仮に三権を独占していたとしても、彼の実績、人脈、指導能力、そして何よりも威信からして鄧小平には歯が立たないことは明らかであったからであろう。一九七六年一二月、華は党中央決定として、「四人組に反対して迫害を受けたすべての人々の名誉回復」を通達すると同時に、「毛主席、党中央、文革に反対するものの名誉回復は断じて許されない」と強調した。後の部分は明らかに鄧復活の動きを封じ込めようとしたものであった。翌七七年三月に党中央は「四人組粉砕」以来、初めて中央工作会議を招集した。ここでも華は「第一次天安門事件は反革命」「文革路線の継承」などを強調した。これに対して陳雲、王震らが同会議で天安門事件の名誉回復と鄧小平の職務復帰を提起したが、それらを実現することはできなかった。

しかし、鄧小平自身も復活に向けて手を打っていた。七六年一〇月一〇日、「四人組逮捕」直後に華国鋒と党中央に向けて、中央の断固とした果敢な行動を強く支持する書簡を送った。そのなかで「心からこの上ない喜びを覚え、思わず万歳！　万歳！　万万歳と叫んでしまいました。華主席をトップとする党中央万歳！」と記していることが伝えられた（青野・方雷、前掲書下、寒山碧、前掲書。ただし娘毛毛の前掲書では「華主席をトップとする」の個所は欠落している。意図的に削除したと考えるのが自然であろう）。

ここでは復活の試みは功を奏さなかった。しかし党内で鄧小平待望論が強まっていく中で、七七年四月、鄧は華宛に二度目の書簡を送った。そこでは華主席と党中央を断固として擁護すること、自分の誤りを「虚心に反省していること」、華主席の「英明・果敢な指導を絶賛すること」などが盛り込まれていた（寒山碧、同上）。しかし同時に注目すべきは、後述する「〝二つのすべて〟という考え方は問題がある」とも指摘したことである。この手紙は五月三日に党内で回覧され、早急な復帰の気運を強めた。

一九七七年七月、党第一〇期三中全会が開かれた。会議は華国鋒の党・軍の主席就任を追認し、「四人組」の反革命断罪と党からの永久追放の他に、鄧小平の全職務への復帰を全会一致で決定した。これにより鄧は党副主席、中央軍事委員会副主席兼総参謀長、国務院副総理のポストに復帰し、華国鋒、葉剣英に次ぐナンバー3の地位を一挙に確保したのである。鄧はこの会議で早速「毛沢東思想を全面的かつ的確に理解しよう」と題する重要講話をおこなった。そのなかで、「個々の字句からだけで毛沢東思想を理解してはならない」、「実事求是《じつじきゅうぜ》が特に重要である」と指摘した。これは表向きは林彪や「四人組」の毛思想に対する態度への批判として問題にしているのである。しかし、やがて「二つのすべて」、すなわち「毛主席の言ったことはすべて一字一句も改竄《かいざん》してはならない、毛主席の言ったことはすべて実行せよ」に対する批判となるもので、華国鋒を早くも当てこすったものと見ることもできる。復活した鄧は、自信に満ちていた。

文革路線から改革開放路線へ

実事求是で対抗

七七年八月、第一一回党代表大会が開かれ、華国鋒が「政治報告」をおこなった。そのなかで彼は依然として継続革命論を「偉大な理論」と称賛し、党路線の中心は「毛主席の旗幟《きし》を掲げ守ること」と強調している。しかし同時に、革命と建設の新たな段階に入ったとの認識に立ち、「第一次文化大革命の終了」を宣言し、「四つの近代化建設」を掲げた。先にも述べたが、ここでの華国鋒の主張は、まさに彼が毛の威信に依拠したために毛の遺産を背負いながら、同時に混乱した経済・社会、そしてむろん政治の混乱を建て直さねばならないというディレンマを物語っていたのである。他方、鄧の戦略は極めて明確であった。政治闘争に明け暮れる雰囲気をいかに一掃して経済再建、経済発展に力を集中するかであった。そのためには、文革路線、毛沢東路線さえ事実上、否定してもかまわない、それを積極的に支持するグループも排除しなければならないという決意だったのだろうか。もちろんできる限り政治混乱を起こさないで「巧くやる」ことが大切だという前提であった。

後から振り返ってみて、鄧の課題は①路線・基本政策の転換、②華国鋒指導部の解体、③最高指導者としての華国鋒の追い落としであった。が、以上の三つを一挙に同時に進めれば大混乱になる。これは避けねばならない。そこで、まず①から手をつけ、徐々に②に取りかかり、ほとんど政策的にも人脈的にも華国鋒を骨抜きにした後、最後に③本人に辞任を迫るといった、極めて巧妙な戦略をとっていたことが見えてくる。

復活した七七年から七八年の前半頃まではもっぱら、鄧は軍、教育、科学技術など広範に全面的な整頓を呼びかけた。そして外国の先進的な科学技術の導入、知識の重視、軍の近代化などを積極的に提唱している。それはまさに七四—七五年に、文革から復活した鄧が提唱した内容そのものであり、再復活の過程で出された「華国鋒への書簡」に見られる「虚心に反省」「自己批判」「華主席への忠誠の誓い」など、忘れてしまったかのようであった。

しかし、この時期もっとも力を入れたのは、①を進めるための雰囲気づくりであった。そして、このためにどうしても越えねばならない大きな山は、やはり「毛沢東思想」の扱いであった。「毛主席の言葉は一言一句変えてはならず、忠実に実行せよ」と主張する華国鋒グループに対して、鄧小平は毛沢東自身の言葉を用いて対抗した。キーワードは「実事求是《じつじきゅうぜ》」である。「事実の中に物事の是非を求める」というこの言葉は、もともと一九四〇年前後の時期に、毛沢東自身が「ソヴィエト留学生派」との党内闘争の時に使ったものであった。レーニンやスターリンの言葉を教条的に信奉し固執する彼らに対し、マルクス＝レーニン主義の真髄は「実事求是」だと開き直り、実践を通して成果を上げ彼らにうち勝った。

胡耀邦（1915—89）　鄧小平との関係が密で、失脚・復活にも浮沈をともにした

民主化を求める声

教条的に「毛沢東思想」に固執するグループ（二つのすべて派）に対して、鄧はこの言葉をぶつけた。「毛沢東思想の真髄は実事求是である」と。まさに「毛沢東思想」を掲げて「毛沢東派」をたたくという戦術であった。そしてこの「実事求是」キャンペーンを先頭に立って推進したのが、鄧のもっとも信頼する部下、胡耀邦《こようほう》であった。胡耀邦のことを少し語っておこう。彼は一九一五年、湖南生まれで二〇歳にみたず長征に参加した「紅小《こうしょう》

鬼《き》」(少年兵)で、建国以降共産主義青年団(共青団)を指導し、五七年から六四年まで同第一書記を務めた。この頃党中央書記処総書記の鄧小平との関係が密になり、個人的にもブリッジ仲間と言われた。文革で迫害され、七二年に復活し、その後七五年に中国科学院の責任者を務め、鄧の「全面整頓」の推進者となり、七六年の鄧の再失脚、七七年の再々復活にも浮沈をともにした。鄧以上に開明的な指導者とも評され、それが後の彼の失脚劇につながるのである。話を戻そう。

すでに七七年の後半頃から中央党校内で始まっていた「実事求是作風の復活論議」は、一九七八年に入り胡の指導で一段と活発になり、五月一〇日、内部発行誌『理論動態』に「実践は真理を検証する唯一の基準である」と題する一文が掲載された。胡が直接検閲したと言われる。翌一一日『光明日報』はこれを特約評論員論文として転載し、続いて一二日には『人民日報』『解放軍報』および全国多数の省級の新聞がこれを転載した。「真理の基準は社会的実践だけである」、「いかなる理論でも絶えず実践の検証を受けよ」。きわめて明快なこれらの主張は、「まるで疲れきった旅人が興奮剤を飲んで一遍に青春の活力を取り戻した」ように、中国人民の思想を活気づけた(馬立誠・凌志軍/伏見茂訳『交鋒』、中央公論新社、一九九九年)。

「四人組」失脚の功労者で党副主席に抜擢された汪東興《おうとうこう》らが、この動きを批判し封じ込めようと画策した。そこで鄧小平が動いた。六月二日、開催中の全軍政治工作会議の席上で鄧は重要講話を行い、一九二〇年代末以来の歴史を振り返りながら、毛沢東がいかに「書物主義」に反対し、教条主義に反対し、調査、実践を重んじてきたかを語りながら、「実事求是の態度こそ、毛沢東思想の根本的観点ではないのか」と訴えた（『鄧小平文選』第二巻）。しかし華国鋒、汪東興らは「これは旗印［毛思想］を切り倒そうとする企み」と反撃し、この論争は秋まで続いた。しかし九月から一一月にかけて、省級の党第一書記二四名、七つの大《だい》軍区《ぐんく》政治委員などが「実事求是論」支持の態度を表明し、政治勢力のバランスが大きく動いた（馬立誠・凌志軍、前掲書）。

「実事求是」論争はやがて、第一次天安門事件の見なおし、さらには毛沢東の相対化へと発展していった。一〇月以降、北京その他の大都市で天安門事件の名誉回復と、文革中の冤罪《えんざい》事件の見直しを求める壁新聞《かべしんぶん》が貼りだされはじめた。続いて毛沢東体制を批判し、民主化を求める声が高まっていく。『北京の春』『探索』『民主の声』『四五論壇』など、各地で青年、学生たちによる自主的な新聞や雑誌が発行されるようになった。北京西長安大街《にしちょうあんたいがい》の西単《せいたん》交差点にあった掲示板には、こうした類の壁新聞が溢《あふ》れ、いつしか「民主の壁」と呼ばれるようになった。鄧は当時この動きを支持した。つまり民衆の下からの民主化要求は、毛の亜流「華国鋒体制」批判と鄧小平支持の声と連動していたからである。一一月一四日、ついに北京市革命委員会は、党中央政治局常務委員会の批准を経て、「天安門事件は完全な革命的行動であった」との決定を宣布した。

脱文革路線の確定

こうした一連の動きとほぼ並行して、共産党の一大転換となる重要会議、党中央工作会議が開かれた（一一月一〇日—一二月一五日）。この会議終了直後の一二月一八—二二日に、党第一一期三中全会が開催された。この党中央委員会全体会議は「文革路線から近代化建設路線へ」の歴史的転換を遂げた会議として有名であるが、実はその前の中央工作会議こそ「関ケ原の合戦」なのであった。参加者は中央の党、軍、行政、人民団体の主な責任者、省級地方と大軍区の主な責任者ら計二一二名である。三六日間にわたる長丁場の会議となった。東北組、西北組、華北組、華東組、中南組、西南組の六小組に分かれて討議がなされ、すでに受け身に立たされはじめていた。華は工作会議の開幕挨拶で、主な議題は経済問題であると強調していた。ただし会議前に鄧小平が提案していた「工作の重点を移す問題」についても、討議すると言わないわけにはいかなかった。

一一月一一日の第一回会議から衝撃が走った。軍の長老譚震林《たんしんりん》が口を切り、文革での「不当扱い」、天安門事件の見直しが「工作重点移行の前提だ」と主張した。一二日に陳雲が同様の趣旨でこれまでの「左傾的誤り」の払拭《ふっしょく》と、近代化建設移行の必要を説いた。陳雲の発言はすぐに大勢の支持を受け、各小組の会議では、胡耀邦《こようほう》、万里《ばんり》、聶栄臻《じょうえいしん》、康克清《こうこくせい》（故朱徳夫人）、趙紫陽《ちょうしよう》らが効果的に発言した。そして非業《ひごう》の死を遂げた彭徳懐、文革期の失脚者らの「名誉回復」、さらに反革命行動とされた天安門事件の見直しなどが次々と決定されたのである。陳雲は再び一二月一〇日、経済問題について重要発言をし、積極性と穏健性、中央と地方のバランスの取れた発展、農業・農民政策への配慮、「左傾思想」の影響による誤りなどを指摘した。それは事実上、華国鋒の経済政策「洋躍進《ようやくしん》」への批判であった。ついに一二月八日と一三日に汪東興《おうとうこう》が、一三日には華国鋒も「二つのすべて」をめぐって自己批判をおこなうはめとなった。

各小組におけるこうした討論の過程で、鄧小平が重要発言をおこなった形跡はない。しかし最初の会議への提案と、閉幕直前の全体会議で総括的な重要講話をおこなった事実から、同会議の設定、進行、意味づけなどの全局面において、鄧こそが中心的なリーダーシップを発揮していたと見るべきである。彼の講話は「思想を解放し、実事求是の態度をとり、一致団結して前向きの姿勢をとろう」と題するもので、政治・経済・人民などのレベルで民主を発揚《はつよう》し、思想を解放し、法と秩序を重視すべきだと訴えた。これは後に「改革開放路線の綱領的文献」と評されるようになった。

続いて開かれた党第一一期三中全会は華国鋒が主宰したが、内容的にはほぼ完全に「脱文革路線」の確定となった。同会議コミュニケは、「全党工作の重点を社会主義近代化建設に移行する」ことを高らかに謳い、「大規模で嵐のような大衆的な階級闘争は終結し」、「経済法則にのっとった経済建設と、それを保証する政治的安定が重要だ」と力説していた。さらに彭徳懐、陶鋳《とうちゅう》、薄一波《はくいっぱ》、楊尚昆《ようしょうこん》ら反毛沢東、反文革として失脚した指導者の名誉回復、七五年の鄧小平「右からの巻き返し」決定の否定、天安門事件の逆転評価などが追認された。

華国鋒体制の崩壊
路線の転換に成功した鄧は、転換の第二段階として華国鋒指導部の解体に重点を移した。この体制を支えていたのは、華国鋒の他に汪東興（党副主席兼党中央弁公庁主任）、呉徳《ごとく》（政治局員兼北京市革命委員会主任）、陳錫聯《ちんしゃくれん》（政治局員兼副総理、北京軍区司令員）、紀登《きとう》奎《けい》（政治局員兼副総理）らであった。まず呉徳が天安門事件絡みで七八年一一月に北京市革命委員会主任を解任され、党第一一期三中全会直後の政治局会議で汪東興が中央弁公庁主任から離れた。そして新設の党中央秘書長に胡耀邦が就いた（宣伝部長兼任）。七九年九月の党第一一期四中全会では、趙紫陽、彭真ら文革で失脚していた実務能力のある指導者が政治局員に抜擢され、鄧指導体制に向けた布石が着々と打たれた。

そして八〇年二月、党第一一期五中全会が開かれ、華体制の屋台骨がほぼ壊滅した。汪東興、紀登奎、呉徳、陳錫聯の党と国家のすべての要職からの辞任が決定された。替わって、胡耀邦と趙紫陽が政治局常務委員に新任され、胡は復活した党中央書記処の総書記を兼ねた。書記処書記には万里、余秋里《よしゅうり》、楊得志《ようとくし》、胡喬木《こきょうぼく》、姚依林《よういりん》とすべて鄧小平か陳雲《ちんうん》の息のかかった者が占めた。また趙は四月に副総理に任命された。さらに五中全会では、文革の「最大の敵」で永久除名され憤死した劉少奇の名誉回復を決定し、人々を驚かせた。かくして華国鋒は党主席、軍中央委員会主席、国務院総理のポストに依然として留まりながら、すでに手足をもぎとられ「死に体」になりつつあったのである。

民主化弾圧者

華国鋒の失脚、鄧小平体制の確立が目の前に迫り、多くの人々とりわけ「民主の壁」に集まった若者たちが期待に胸を膨らませはじめた。そうした状況の中で、民主化の動きに、最初は擁護していた鄧自身がバサッと冷水を浴びせかけるといった事態が起こった。民主化活動家たちは、「四人組」「華国鋒体制」批判の後、さらに政治体制そのものの変革を求めて動きはじめた。七九年一月、『探索』の編集長魏京生《ぎきようせい》は、同誌で「四つの近代化」に政治を加えた「五つの近代化」を主張するようになった。「人権擁護」を主張するグループも出てきた。

鄧はこれらの動きに対して、

「一部の悪質分子は、大衆を扇動し、業務秩序、生産秩序、社会秩序をひどく破壊している。それればかりではない。彼らは人権擁護など人々の耳目を驚かすスローガンを掲げ、一部の人をデモ行進に扇動している。……抽象的に民主の空論を振り回すなら、必ず極端な民主化と無政府主義の大反乱を招くに違いない。安定団結の政治局面の徹底的な崩壊と、四つの近代化の徹底的な失敗を招くに違いない」

と激しく批判した（『鄧小平文選』第二巻）。そして三月末の党中央工作会議「務虚会《むきよかい》」（思想・政治・作風などを議題にする会議）において、「四つの基本原則」を堅持することを提唱したのである。「四つ」とは、①社会主義の道、②プロレタリアート独裁（後に「人民民主主義独裁」の言い方に変更）、③共産党の指導、④マルクス＝レーニン主義、毛沢東思想で、これらを堅持することこそ安定団結の局面を維持する鍵なのだと言うのである。

魏京生ら民主化活動家たちはこの規定に基づいて逮捕され、長期にわたって獄中生活を余儀なくされるのである。実権派打倒のために紅衛兵《こうえいへい》たちを利用し、やがて不要になった彼らを切り捨てた毛沢東の「冷徹な政治手法」と共通したものを感じないわけにはいかない。そここには、いわゆる「改革開放」の旗手、総設計師と言われた鄧小平が、単純な政治改革論者ではないことが十分に現れている。かつての「反右派闘争の旗振り人」、そして後で触れる「第二次天安門事件の民主化弾圧者」の流れにつながっていく、鄧小平の重要な一面を垣間見ることができるのである。

しかし、鄧が政治体制改革の否定者というわけではなかった。八〇年八月、党中央政治局拡大会議で彼は「党と国家の指導制度の改革について」と題する重要講話をおこなった。ここで鄧は、党・中央・個人への過度の権力の集中、党務と行政の混同、幹部の終身制・兼職の多さ、官僚主義などを批判し、党政分離、分権化、民主の発揚、幹部制度の改革、法制化などの必要を力説した。それはある面で民主化につながっていくデリケートな内容を含んでいた。そのためか党指導部内で議論が闘わされ、以後しばらくは「お蔵入り」の状態となった。

鄧小平体制の確立

八一年六月、党第一一期六中全会が開かれた。それはまさに脱文革、脱毛沢東路線への総仕上げの会議であった。会議では「建国以来の党の歴史問題に関する決議」が審議され採択された。決議は、文革について「毛沢東同志が呼びかけ指導したものであるが、……完全な誤りで……事実に基づけばいかなる意味においても革命とか社会進歩ではなく、またありえなかった」と強く断定した。また毛沢東評価については、「文革で重大な誤りを犯したとはいえ、彼の一生を見れば功績が第一で、誤りが第二である。……毛沢東思想は活力ある生命力を持っており……わが党の貴い財産である」と総括された。

八〇年八月の全人代会議で、すでに国務院総理のポストを失っていた華国鋒は、六中全会で文革との関わりも問われ、正式に党と軍の主席からの降格を余儀なくされた。党主席には胡耀邦が、中央軍事委員会主席には鄧小平が就任した。鄧は、政治的混乱をできるだけ少なくするという観点から、従来の中国政治に見られた「敵」の徹底的打撃というやり方を避け、華国鋒を党副主席のポストに留めた。しかしそれは形ばかりのものに過ぎなかった。そして一九八二年九月、第一二回党代表大会が開かれた。それはまさに「鄧小平体制」の確立を内外に示す大会であったのである。が、鄧小平は党の最高ポストに就任しなかった。党主席制を廃止し、党の最高ポストとなった総書記には、鄧がもっとも信頼していた胡耀邦（六六歳）を抜擢した。そして国務院総理は趙紫陽（六二歳）が続投した。この時すでに七八歳の高齢に達していた鄧小平は、自らの時代の始まりから、まさに「ポスト鄧小平」をにらんで船出しなければならなかったのである。

第七章　改革開放・近代化へ邁進

毛沢東「準軍事外交」から鄧小平「改革開放外交」へ

貧しいことが社会主義ではない

既に述べたことだが文化大革命期、第一次天安門事件前後、鄧小平《とうしょうへい》は「生産力第一主義者」「資本主義の道を歩く実権派《じつけんは》」などとレッテルを張られ、度重なる失脚の憂き目を見た。しかし、経済発展重視の考えを変える意思はまったくなかった。毛の死後、彼を意識する必要がなくなってから、鄧は中国の遅れ、混乱した現実、貧困を強いられた民衆の生活を何とか立て直そうと、自らの考えを全面展開している。

八〇年代から九〇年代初めにかけて、鄧が言いつづけていた主張は、「貧しいことが社会主義ではない」、「イデオロギー闘争をするな」、「生産力の発展、総合国力の増大、人民の生活の向上こそ、物事の是非を判断する基準にせよ」といったものであった。彼はこれらの主張をベースにして、経済発展戦略、対外経済戦略を展開していった。まさに文革前に主張した「白猫黒猫論《しろねこくろねころん》」であり、その意味では「悔い改めない走資派」といった毛の指摘は間違ってはいなかった。逆にいうならプラグマティックな鄧の面目躍如《めんもくやくじょ》というところであろうか。そして、このような路線の大転換は言うまでもなく中国の対外政策にも大きく影響していたのである。

一九七〇年代後半の中国を取り巻く国際情勢はどうだったのだろうか？　米中接近、日本、西ドイツなどとの国交正常化などによって大きく転換しはじめた西側諸国との関係改善、強化は必ずしも順調ではなかった。劇的に実現したニクソン訪中によっても、米中国交正常化実現にはまだしばらくの時間を必要とした。日本とは国交を正常化したものの、早期に締結されるはずだった日中平和友好条約交渉が、いわゆる「覇権反対条項《はけんはんたいじようこう》」でデッドロックに乗り上げ、膠着《こうちゃく》したままであった。「北方領土問題」を抱えていた日本は、「覇権主義反対＝反ソ連」を鮮明にすることによって、対ソ関係を悪化させたくなかったからである。

米中関係の停滞は、大統領再選が予想されていたニクソンが七四年の「ウォーターゲート事件」によって失脚したことが大きな理由であった。しかし、またニクソン後の政権が「台湾問題」で、ニクソン政権が中国に譲歩しすぎていたとの認識を持つようになり、従来の「台湾擁護原則」にこだわりはじめたことなども、関係停滞の要因であった。

日中平和友好条約と鄧小平来日

中国にとってもう一つの重要な国際動向は、ベトナム（越）とソ連の動向であった。ベトナムは対米戦争の最中に米中接近が進められたことで、表向きはともかく実際には中国への不信感を強めた。七五年の北の「サイゴン解放」によるベトナム戦争の終結は、当初中越《ちゅうえつ》関係を一段と強化すると考えられていた。ところが、中越関係は悪化の一途をたどった。その背景には、中ソ関係が一段と深刻化していたことがあった。ベトナムは戦後の経済復興を進

来日した鄧小平　1978年10月、日中平和友好条約締結を祝して来日。福田首相に伴われて歓迎の礼を受ける

めるために、「モノ」の支援が期待できるソ連への傾斜を強めざるを得なかった。が、中国はそうしたベトナムの態度を「恩を仇で返した裏切り行為」と受けとめた。いずれにせよ、こうした事情によって中国外交は低迷を余儀なくされた。もちろん、これら国際的要因の他に対外関係の行き詰まりの背景には、「四人組」対「周恩来・鄧小平」の中南海での深刻な権力闘争があり、周の死、鄧の再失脚が大きく影響したことも見逃せなかった。

さて一九七七年七月、再復活をはたした鄧小平は膠着した対外政策の「突破」に乗り出した。旗幟《きし》は鮮明である。日米および西側との関係強化を優先するが、ソ連にも譲歩はしないという態度であった。日中平和友好条約は、七八年に入って膠着状態が一挙に動いた。それまで「覇権反対は第三国を対象としない」と日本が主張していたいわゆる「第三国条項」を中国側が呑んだのである。そして六年間の曲折を経てようやく七八年八月に平和友好条約の締結が実現した。条約締結は日中関係を大きく前進させる弾みとなった。同じ年に日中長期貿易取り決めが締結され、さらに七九年一二月の大平首相訪中による対中円借款供与の合意などと、日本の中国への経済協力の道が大きく開かれた。平和友好条約締結を祝賀して鄧は七八年一〇月に来日し、昭和天皇や田中元首相との会談に臨んだほか、新幹線やトヨタ自動車など先進的技術、施設の視察を精力的におこなっている。

日中関係とほぼ並行して、米中国交正常化交渉も動きはじめた。当初鄧は台湾問題で、台湾との国交断絶、防衛条約の廃棄、米軍施設の撤収《てっしゅう》を強く求め、「ニクソン・キッシンジャーの線」を譲歩しない、台湾との関係を民間レベルに制限した「日本方式」の採用を強く求めていた。しかし、国際情勢の上でもう一つの重大な動きがあった。ベトナムが、六月に親中派のポル・ポトが支配するカンボジアへの侵攻を開始し、同時にコメコンへの加盟に踏み切った。さらに一一月には軍事同盟とも言うべき「ソ越友好協力条約」を締結し、ソ連傾斜を一挙に強めていったのである。

一ヵ月限定の中越戦争

鄧小平のソ連・ベトナム連合への警戒感は強まった。他方、一九七七年に登場したカーター政権は当初、「ニクソン、キッシンジャーがやったような中国側へのおべっかを使ってはならない」とのスタンスであったが、徐々に反ソ色を鮮明にしていった。とりわけ、当時のカーター大統領の右腕、ブレジンスキー大統領補佐官は強烈な「反ソ感情」の持ち主で、中国との戦略的接近の推奨者であった。中国との距離をおこうとする国務省との確執《かくしつ》がある期間続いた後、七八年三月のブレジンスキーの訪中が事態を大きく動かしはじめた。

中国を動かしたもう一つの要因は、七八年九月、ベトナムと米国の間で国交正常化への原則合意が成立したことである。ベトナムがソ連傾斜を強めている中で、もし米越正常化《べいえつせいじょうか》が米中正常化に先んじて実現したとするなら、中国が逆に孤立する可能性が出てくる。中国側の焦《あせ》りが生まれた。鄧はブレジンスキーの提案に前向きに応えた。台湾との関係を民間レベルの交流にとどめる「日本方式」の原則受け入れに踏み込んだ米国に対して、鄧は「台湾の現状維持」「平和的解決」にこだわった米国の立場を「黙認」した。台湾への武器輸出問題も事実上「棚上げ」することを決定した。これによって一二月一五日、米中国交樹立の合意に達し、米越国交正常化を阻《はば》み、米国を中国の側にしっかりと引きとめることに成功した。まさにその直後に、前章で見た党第一一期三中全会における近代化・改革開放路線への「劇的な転換」が公にされたのである。

そして、一九七九年二月、鄧はほぼ一ヵ月に限定し一〇万人余りを投入して「中越戦争」に踏み切った。この戦争は表向き言われたほど「中国の勝利」に終わったものではなかった。むしろ米国との熾烈《しれつ》な戦争を戦い抜いたベトナム兵のほうがはるかに果敢に戦い、国境を越えてベトナム領に入った中国軍を苦しめ、死者約六万二五〇〇人（ベトナム側発表）にも及んだ。この戦いは「恩義」を裏切ったベトナムに対して「懲罰《ちょうばつ》」を加えることが名目上の理由であったが、カンボジアのポル・ポト政権への支援、ソ連に対する牽制の意味が大きかった。しかし、ソ連はその年の一二月、親ソ政権を擁護するためにアフガニスタンに大規模な軍事侵攻をおこない、中国のソ連脅威は軽減することはなかった。それでも中越戦争の「軍事的失敗」は、鄧小平の基盤強化にプラスに作用した。なぜなら華国鋒《かこくほう》の中央軍事委員会主席としての「指導上の誤り」の方が問題にされ、華失脚の一要因ともなったからである。

一国二制度方式での台湾統一

ところで一九七九年一月一日、ついに米中国交が正式に樹立された。その同日、全人代常務委員会の名で「台湾同胞に告げる書」が発表された。そこでは従来共産党が主張していた「台湾解放」という武力進攻方式を改め、平和的な話し合いによって両岸の軍事対立を終わらせ、通航《つうこう》、通商《つうしょう》、通郵《つうゆう》というわゆる「三通」を実現し、親族訪問などによって直接の接触・交流を深め、祖国統一を実現しようと呼びかけた。同じ元日に鄧は「台湾の祖国復帰を議事日程に上せよう」との講話をおこない、二日には米国民主党議員との会見で「われわれは二つの中国を許さない」などと積極的に台湾問題に関した発言を行っている。米中関係に台湾問題がいかに深くかかわっているかを示したものである。

国交正常化を祝賀して訪米した鄧は、一月三〇日の招宴でも「祖国統一は中国人民の心からの願いである」と台湾問題を取り上げた。次項でふれる一九八〇年一月の「重要講話」で掲げた八〇年代の三大任務の一つにも、「台湾の祖国復帰と祖国統一の実現」が強調された。その具体化に向けて、八一年の国慶節《こっけいせつ》前夜、葉剣英《ようけんえい》全人代委員長による「平和統一九項目提案」がなされた。その中で、孫文《そんぶん》指導下の第一次国共合作《こっきょうがっさく》、抗日戦争期の第二次国共合作に続き、共産党と国民党が主導し、話し合いで「台湾統一」を実現するという「第三次国共合作」方式が提唱された。さらにその後、幾人かの中央指導者が発言した内容などを整理・要約しながら、八四年に鄧は、一つの中国に社会主義と資本主義の二つの制度を並存させる、いわゆる「一国二制度」方式での統一実現を提唱した。

改革開放路線が本格化し、日米との関係が強化され、台湾の孤立化が顕著になってきた当時、私自身でさえ一〇年ほど経てば、柿が熟して落ちるように、台湾は自然と中国に吸収されるしかないのではないかと思っていたほどである。それほどまでに客観情勢は中国ペースで進み、鄧は自信満々であった。もちろん、今日を見れば事態はそのように推移していない。そのことはまた後で語ることにしよう。

四つの近代化の実現

国内に目を向けてみるなら、やはり経済の窮乏状態が最も深刻な問題であった。長期にわたる生産の低迷と人口の大幅な増加は、食糧問題を深刻なものにしていた。食糧総生産量を総人口数で割った一人当たり食糧占有量を見てみると、一九七七年は二〇年前の五七年を下回るほどであった。まさに大躍進《だいやくしん》から文化大革命の政治混乱が、人々の生活に何をもたらしたのかを物語っていた。

すでに触れたが、七八年一〇月の訪日に続いて、七九年一月二八日から二月五日にかけて鄧は訪米の旅に出た。鄧はワシントンDC以外に、ヒューストン、シアトル、アトランタなどロケット、航空機、自動車、通信などの大工場のある各地を精力的に視察した。帰途には再度日本に立ち寄り大平首相と会談し、訪米の報告とともに日本とのアジア太平洋協力、経済支援要請などで意見交換をした。わずか四ヵ月ほどの間に、日本と米国という最先進工業国の視察をおこなったことの意味は明らかである。日米のオートメーション化された大型工場の生産現場を前に、「いかにして立ち遅れた中国自身を近代化の軌道に乗せるか」、これが台湾問題をどう解決するかということとともに鄧の頭脳を占めていた。

では日本と米国の、目を見張る先進技術の洗礼を受けた鄧小平が、中国の現実を前にしていかなる手を打とうとしたのだろうか。八〇年一月、多くの中央幹部を前に鄧は上述した「当面の情勢と任務」と題する重要講話をおこなった。これがその後の中国の基本路線となった。鄧は八〇年代にやらねばならない大事として、①「四つの近代化」の建設、②覇権主義に反対し「平和と発展」の国際環境をつくること、③台湾の祖国復帰と祖国統一の実現をあげた。もちろん①が核心であると強調し、②は①に従属するものと位置づけられた。さらに二〇世紀末までに一九八〇年のGDPの四倍増、一人あたりGDP一〇〇〇ドル実現という目標が定められた。なんとしても経済発展を最優先し、「富強の中国」を実現するとの固い意志がみなぎっていた。

しかし日米と中国との差はあまりにも大きい。日米訪問でこう痛感したリアリスト鄧は七九年三月、外国賓客を前に、二〇世紀末までに「四つの近代化」を実現することを基本目標とするが、西側と同じ概念ではない、「われわれの目指すものは中国式の近代化」であると発言した。その内容は必ずしも定かではないが、彼は同会談で当時の中国の経済水準を西側と比較すれば五〇年代のものであり、二〇世紀末に西側の七〇年代の水準にすることさえ容易ではないと語った（『鄧小平思想年譜』、中央文献出版社、一九九八年）。では経済発展のためにどうするのか？　三つの重大な決断があったように思われる。

「先富論」の提唱

一つには、絶対に政治運動や政治闘争を煽《あお》ってはならず、混乱は断固として未然にあるいは最小限に抑え、安定の局面を確保するということである。比較的平和裏に党の基本路線を近代化に転換させた今、華国鋒およびそのグループの指導部からの排除を穏便な方法で実現する。そして下からの政治改革要求＝民主化に対しては、七九年三月に提起した「四つの基本原則の堅持」で抑え切るということであった。

「去年［七八年］〝西単《せいたん》の壁〟に登場したああしたしろもの、あれを生き生きとした活発さなどといえるだろうか。あんなことを無制限にやらせていたらどんな結果になるだろうか。……文革の経験が立証しているように動乱があれば前進はあり得ず、後退するのみで、秩序があってこそ前進できるのである。……いわゆる〝民主派〟や例の下心を持った連中もいる。彼らを見くびることはできない」

と、断固として封じ込め安定確保の重要性を説いている（『鄧小平文選』第二巻）。党第一一期三中全会の転換前、華国鋒グループとの権力闘争時には、彼ら民主化活動家の主張を擁護していたにもかかわらず、もはや危険な対象と見なし、封じ込めようとしていたのである。文革期の毛沢東が奪権の段階で利用し、後に切り捨てていく紅衛兵との関係さえ連想させるという指摘はすでにおこなった。

二つには、中国の経済的な現実を直視し、それぞれの地域的特徴を十分に把握しながら、できる所から、できる事からしっかりやるということであった。鄧は八〇年五月に「各地の具体的条件と大衆の願望から出発するということは非常に重要である。一つの方法だけを宣伝して、どこでもそのとおりにやれと要求してはならない。……当地の条件に目を向けずそっくりそのままやるよう他の地方に要求してはならない」と強調した（『鄧小平文選』第二巻）。これはかつて毛沢東が「人民公社は素晴らしい！」「農業は大寨《だいさい》に、工業は大慶《だいけい》に学ぼう！」などと、各地の実情を無視し平均主義的、画一主義的に自分の考えを押し付けたやり方を事実上否定したものである。

そしてこの発想をもっと前向きに主張したものが、いわゆる「先富論」と呼ばれるものであった。すなわち豊かになれる条件を持った一部の人や地域が他に先んじて豊かになろう（「先富起来《シェンフーチーライ》！」）と、格差が生まれることさえも積極的に容認したのであった。これによって、もともと潜在的に経済発展の条件をもっていた、あるいは幾つかの条件を与えれば短期間で発展できる可能性を持っていた沿海地域、あるいは経済的な才覚、技術を持っていた個人などは積極的に経済活動をはじめることが可能となったのである。

もともと八〇年に提起したが、八三年一月には、

「農村でも都市でもすべて一部の人が先に豊かになることは許されるべきだ。勤労に励み豊かになることは正当なことである。一部の人や地域が豊かになることは皆が擁護する新しいやり方であるということだ。それは古いやり方に比べて素晴らしい」

とまで力説するようになっている（『鄧小平文選』第三巻）。これだけを見れば理にかなっているといえようが、もともと社会主義は一部の階級に富が集中することに対する批判から

改革開放　経済特区深圳で改革開放政策を訴える総設計士鄧小平の看板

生まれ、平等主義の重視を特徴としてきた。特に毛の主張にはこうした傾向が強い。それ故、積極的な格差容認論の発展戦略は、毛と対照的であり大胆な提起、挑戦ともいえるものであった。

四つの経済特区

都市では、文革期に下放《かほう》されていた知識青年たちの再流入によって二〇〇〇万人余りの青年の就業問題が深刻になっていた。彼らは自主的に食糧・衣料・日用品販売などの商店や、レストラン、運送業など小規模な個人経営（個体戸《こたいこ》）を始めるようになった。七八年にこうした個人経営者は一四万人余りであったのが、八三年には七五〇万人へと急増し、七八年から八二年までに建てられたホテル、卸売店《おろしうりてん》、サービス関連店のすべてが私営であったとの資料がある（寒山碧、前掲書第三巻）。彼らは都市における将来の「先富者」の基盤をなしていった。農村でも、さまざまな職業に従事する人々が増えはじめるのだが、それは次節の「人民公社の解体」のところで改めて見ていくことにしよう。

三つには、路線転換の当初から極めて積極的な対外開放路線を主張し、西側の先進技術、資金を大量に導入しなければならないことを強調した。例えば七九年六月、竹入《たけいり》公明党委員長との会見で、鄧は華国鋒「洋躍進《ようやくしん》」の失敗で調整・引き締めを行うが、「三年調整の政策

4つの経済特区と沿海部の対外開放都市

が大量の外国の資金と技術を吸収するというわれわれの既定方針に影響を与えてはならない」と力説している（『鄧小平思想年譜』）。同じ年の全人代会議では、香港《ホンコン》や台湾《たいわん》に近く、海外華人《かじん》の太いネットワークを持っている広東《カントン》省と福建《ふっけん》省に対外経済活動の大幅な自主権を付与し、さらに広東の深圳《しんせん》、珠海《しゅかい》を輸出特別区に指定した。そして翌年、広東の汕頭《スワトウ》、福建の廈門《アモイ》を合わせ、四つの経済特区を設置した。さらに、対外経済交流、技術・資金導入を進めるために、関連法案の制定、各種インフラの整備など対外開放路線の環境整備を積極的に開始したのである。

人民公社の解体

包干到戸＝家庭請負生産責任制

一九七八年末の「歴史的転換の三中全会」は、実はもう一つの重要な課題に関する討議を行っていた。つまり、危機に瀕していた農業の発展をいかにして速めるかという問題であった。ここで討議され、合意された内容が翌年一月一一日に、二つの党中央文書「農業発展を加速する若干の問題の決議（草案）」と「人民公社工作条例（試行草案）」となって発表された。もともと人民公社は、公社（郷）級、生産大隊（行政村）級、生産隊（自然村）級の三級所有制をとっており、生産隊内では農民の共同体意識が強かった。二つの文書では生産隊の自主権を擁護し、公社や大隊といった上級の幹部が無断で土地調達することの禁止、自留地の保護、家庭副業や市での生産物の売買などを社会主義の補完として容認することなどが明記されていた。もっとも人民公社制度自体は、依然として堅持の姿勢であった。しかし農村の事態は、すでにこうした党中央の意向さえ大きく超えはじめていたのである。

著者は八六年の冬、人民公社解体の火蓋《ひぶた》を切った安徽《あんき》省鳳陽《ほうよう》県を訪れ、県の農業部主任の鄧さんから、その状況をかなり詳細に聞くことができた。七八年末、鳳陽県では幹部たちが農民の生産意欲を高め農業を活性化するために、生産隊の下に三〜七戸の作業組を作り、それに農作業を請け負わせること（包干《ほうかん》）を提案した。いわゆる「包干到組《ほうかんとうそ》」である。しかし同県の梨園《りえん》人民公社小崗《しょうこう》生産隊（村）では七九年一月、幹部の討論の末、作業組よりも各家庭が請け負う、いわゆる「包干到戸《ほうかんとうこ》」（家庭請負生産責任制）が良いという意見で固まった。それはかつて大躍進後の調整期に、農業生産の回復のために当地域が先駆けて実施したやり方＝「単干《たんかん》」であった。それだけに再び「走資派」「資本主義のシッポ」と非難される可能性もあった。農民たちは、秘密裏に土地を各家庭に分配すること、これによって農民幹部が牢獄に入れられた場合みなでその家族の面倒を見ることなどを決め、いわゆる「血判状」を作成したのである。

七九年春の耕作時には公社の書記に発見され県党書記に報告されたが、県書記は黙認の態度をとった。そして秋の収穫状況を見て県書記は「生産隊より作業組がよく、作業組より家庭を単位とするのが良い」との報告を省党委員会に出した。当時の安徽省党書記は、後の全人代委員長になる万里で鄧小平に非常に近かった。彼は鳳陽県を視察し、梨園公社と馬湖《ばこ》公社の「包干到戸」を三年間の期限付きで容認した。小崗生産隊はこれまで食糧生産量が一・五〜二・五トン程度でしかなかったが、このやり方で七九年はなんと七トン近くと大幅な増加を実現したのである。八〇年春には鳳陽県の他の村でも家庭請負生産責任制を実施しはじめた。八一年になると全省に広がり、八二年には全国に広がった。もっとも江蘇《こうそ》・江西・湖南など八省にも及ぶ地域で「安徽《あんき》省の〝単干風《たんかんふう》〟を断固防ごう」との呼びかけもなされ、さまざまな抵抗に遭った。

「万元戸」の出現

こうした中で鄧小平自身はどうしていたのか。万里の話によるなら、「当時、華国鋒はまだ地位を保持しており、毛沢東の〝農業は大寨《だいさい》に学べ〟路線を踏襲《とうしゅう》していた。だが鄧小平が私を支持したので、この方法（包干到戸）は普及した」とのことである（H・E・ソールズベリー、前掲書下）。八〇年五月、鄧は中央幹部との談話の中で、さらに前向きの考えを明らかにしている。

「農村政策が緩《ゆる》められてから、家庭請負生産責任制の実施に適しているところではそれが実施に移されたが、素晴らしい効果、急速な変化が現れている。……こういうやり方は集団経済に影響を及ぼしはしないかと心配する同志もいるが、そうした心配は無用であろう。……肝心なのは生産力を発展させることである」（『鄧小平文選』第二巻）。

さらに鄧は八一年九月に、人民公社に関して一歩踏み込んだ主張を行っている。

「われわれは現在、人民公社制度問題について研究を行っているところである。その中心問題は思想を解放し、実事求是《じつじきゅうぜ》、地域の実情に応じて対処し、人民の積極性を結集する。概括すれば責任制を打ち立てることである」(『鄧小平思想年譜』)。

そして、八二年一一月から一二月にかけて、全人代会議が開かれた。ここでは大幅に改定された新憲法が採択・公布されたが、そのもっとも重要な一つが中国社会主義の核心的な特徴とまで言われた「人民公社」の解体宣言であった。

以後、一九五八年から定着していたと思われていた人民公社が解体され、家庭請負生産責任制の実施が猛スピードで進められた。各地で商品作物と呼ばれる野菜・果樹、あるいは養殖などに特化する専業農家も大量に出現した。「万元戸《まんげんこ》」と呼ばれる豊かな農民の出現も始まった。開始わずか三年足らずの八五年六月に、人民公社解体の完了が宣言された。確かに家庭請負責任制の効果は目覚ましいものがあった。これが全国に普及しはじめた八二年の食糧総生産量は三億五〇〇〇万トンで前年比九・二パーセント増、八三年が三億八七〇〇万トンで前年比一〇・六パーセント増、八四年が四億七〇〇〇万トンで前年比五・二パーセント増といった勢いであった。ちなみにそれ以前の一〇年間の伸び率は一～四パーセント強にとどまっていた。

農村工業の奨励

しかし、八五年は三億七九一一万トン、八八年は三億九四〇八万トン、八九年は四億七五五万トンと生産の伸びは停滞し、いわゆる「農業の徘徊《はいかい》」（生産の増加・減少の繰り返し）現象が起こった。言うまでもなく、請負制の採用によって農民の生産意欲は高まった。しかし意欲だけでは生産に限界がある。この現象はまさに意欲による生産の伸びが天井に達したということであった。そこで農村のさらなる発展を目指して農地、農業技術の改良に努める一方で、取り組んだのが農村工業の積極的な奨励であった。八四年三月、党中央と国務院は「郷・村が経営する企業を郷鎮《ごうちん》企業と規定し、それを国民経済の重要な力量と見なすこと」を決定し、積極的に奨励した。もともと人民公社では、自力更生方式の下に、「社隊企業《しやたいきぎよう》」と呼ばれる工業が一定地域ではある程度成長しており、こうした基盤の下に郷鎮企業が発展することになる。

この成長は、ある意味で中国の近代化建設を底辺で支える最大の力になったと言えるかもしれない。農村生産総額中に占める農村工業生産額は、八四年に三二パーセントであったのが、八六年に四三パーセント、八八年に五八パーセントと急速に上昇した。ちなみに二〇〇〇年の郷鎮企業状況は、GDP全体に占める割合で三一パーセント、工業生産総額中で四八パーセント、農村生産総額中で六四パーセント、農村就業中の割合で二五パーセントとなっている。確かにその比率の大きさには目を見張るものがある。ソ連・東欧の改革が行き詰まった要因の一つに農村改革がうまくいかなかったことがあげられているが、早期に家庭請負制と郷鎮企業の奨励に積極的に取り組み、大きな成果をあげた点では、中国は他の社会主義諸国とは際立って違っていたのである。この二つの実施によって農業、農村は相対的にうまく行っていたのだが、鄧はこの間、農業問題に細かな指示を与えてはいない。

資本主義方式の導入

対外開放政策の実施

農業問題に比べて、この時期の鄧は対外開放路線の推進に一段と力が入っていた。もともと文革から復活した七五年の時点で、外国の先進的技術を学ぶ必要性を訴えていた。それだけに七八年の近代化路線への転換が確定してからは、対外開放への取り組みは極めて迅速《じんそく》であった。初期の経済特区の設置、外資導入関連法案の整備などはすでに触れたが、七九年には全人代会議で「中外合資経営企業法」「外国為替管理暫行《ざんこう》条例」などを制定し、八一年にも「中国経済契約法」「中国外国企業所得税法」を採択するなど着々と受け入れ態勢を整備していった。しかし順風満帆であったわけではない。

陳雲（1905―95）　多くの局面で鄧小平と協力関係を保ってきたが、計画経済か市場経済かをめぐって亀裂が生じた

一九八一年一二月、全国一級行政区党第一書記座談会が開かれたが、その席上で陳雲《ちんうん》が重要講話を行った。彼は、「計画を主として市場調節を補とすること」、「深圳《しんせん》、珠海《しゅかい》、汕《スワ》頭《トウ》、厦門《アモイ》の一部で経済特区を試験的に実施しているが、当面はこれだけにとどめ、さらに増やすべきではない」などと、西側方式の導入に釘をさした（『中国共産党執政四十

年』)。これに対して鄧は、八二年の第一二回党代表大会の開幕式で、「われわれは確固として対外開放政策を実行し、積極的に対外交流を拡大する」と言明した。八三年七月にも「外国の智力を利用して対外開放を拡大しよう」と積極的に呼びかけている(『鄧小平文選』第三巻)。

さらに八四年二月には、深圳、珠海などを視察し、

「開放政策を実施するにあたっての指導思想は、引き締めるのではなく緩めるということだ。深圳へ行ってみて印象に残ったのはあの隆盛ぶりである。……特区はこれから開放の基地になり、経済面や人材育成の面で役立つばかりか、わが国の対外的影響も拡大することになるだろう。……今の特区の他、なお何ヵ所かを開放し、大連《だいれん》、青島《チンタオ》のような港湾都市を幾つか増やすことを考慮してもよい」

と強い意欲を示した(同上)。これまで長きにわたって多くの局面で鄧と陳雲《ちんうん》は協力関係を保ってきた。しかし、社会主義の考え方、資本主義方式の導入について、陳雲は開明的であっても基本的には従来の概念の枠の中で捉え、鄧はそれすら突破しようとしていた。ここに初めて両者の間に重大な亀裂《きれつ》が生じ始めていたのである。

陳雲グループとの確執

対外経済開放と同時に、陳雲との亀裂が鮮明化したのは、「計画と市場」をめぐる認識で

あった。実は鄧は早い段階から「市場経済」への強い関心を示していた。一九七九年一一月、『ブリタニカ百科事典』副編集長との対談の中で、早くも「市場経済は資本主義に限るものではない」、「社会主義もまた市場経済を行うことができる」と、新主張の開拓を試みている（『鄧小平生平著作思想研究集成』、吉林人民出版社、一九八九年）。

これに対して、陳雲グループは「計画を主とし、市場を補とせよ」と明確に主張し、抵抗した。例えば陳雲は八二年一二月に有名な「鳥かご論」を唱えた。すなわち、

「経済の活性化は計画指導下の活性化であって、計画指導を離れた活性化ではない。……鳥を飛ばせてやらねばならないが、しかし鳥かごの中で飛ばせてやるしかない。鳥かごがなければ、それは飛んでいってしまう。かりに鳥が経済の活性化だとすれば、鳥かごは国家計画である。……いかなる場合でも必ず鳥かごは必要である」（『陳雲文選』、人民出版社、一九八六年）。

これに対しては鄧は、党第一二期三中全会開催の直前、八四年一〇月初旬に開かれた中国・外国経済協力問題討論会の席上で、歴史経験を総括しながら、

「中国が長期にわたって停滞し落伍してきたのは、鎖国・内向きの政策をとってきたからである。中国の発展は世界と離れてはありえない。国内経済の活性化と対外経済の開放、これは短期の政策ではなく長期の政策であり、少なくとも五〇年から七〇年は不変である」

と力説した（『鄧小平思想年譜』）。そして一〇月二〇日から開かれた党第一二期三中全会は、その後の改革開放路線の指針とも言うべき「経済体制改革に関する決定」を討議・採択したのである。

同「決定」では、「まず計画経済と商品経済を対立させる伝統的な観念を突破しなければならない。……商品経済を十分に発展させる段階は、社会経済発展のためには飛び越えることのできない一つの段階である」とその重要性を強調している。ここでは、確かに計画経済にこだわる陳雲グループに気配りしながら、未だなお「市場経済」という言葉は控え「商品経済」と表現している。しかしその考え方としては、基本的に鄧小平の現状認識と発展戦略が全面的に採用されたのであった。

社会主義市場経済の推進

同時に「決定」のもう一つの特徴は、都市における経済体制改革への本腰を入れた取り組みにあった。農村の改革は、もともと生産自体が自然的条件に大きく依存しており、経営管理制度を変えれば後は基本的には、土地の条件、水や天候など自然のサイクルに沿って活動するしかない。これに対して都市の改革は、市場化一つを進めるためにも、経営管理制度、価格、原材料・製品・労働力など各種市場、所有制、社会保障制度などさまざまな改革が連動して不可欠になり、はるかに複雑で総合的なものであった。それ故に鄧は農村改革の成果が出るのを三年とみたのに対して、都市では三〜五年はかかると判断した。実際にはそれ以上の歳月を要したのだが。八四年あたりから、党書記に権限を集中させていた工場に「工場長責任制」が導入され、科学技術体制や教育体制の改革に関する基本方針が定められるなど、改革の動きは本格化した。

商品経済への移行の重要ポイントは、上級機関・主管部門があらかじめ決定する指令性価格をできるだけ縮小し、市場価格システムを拡大することであった。これは確かに大きく前進した。例えば、八四年から八八年にかけて、国家が定める指令性計画製品は一二三種類から五〇種類へと、また国務院の各専門部門が発する指令性計画製品は、一九〇〇種類から三八〇種類へと大幅に減少した。むろんその後、正式に「社会主義市場経済」の推進が党の基本方針になると、基幹部門を除いてすべて市場価格に移行することになる。鄧小平ブレーンの一人で著名な経済学者呉敬璉《ごけいれん》は「指令性計画の範囲の縮小と市場の部分的自由化は、ともに経済の活力を増加させた」と積極的に評価している（呉敬璉／陳寛他訳『中国の市場経済』、サイマル出版会、一九九五年）。

しかし、これまで圧倒的であった計画経済のメカニズムを壊し、市場経済に対応した新たなメカニズムを創り上げていくことは至難であるとも言えた。なぜなら、先に述べたような総合的な改革が必要であること、各地域で抵抗勢力が存在していたこと、さらには中国の広大な地域性により上からの指示が下に浸透しにくい構造があったことなどが障害となったからである。とりわけ党委員会が掌握する経済運営にメスを入れることは、各地の党幹部の既得権益を奪い取ることでもあった。したがって経済体制改革は、掛け声は大きいものの漸進《ぜんしん》的《てき》な方法を取らざるを得なかった。しかも今日に至るもなお未解決の問題が少なくない。鄧自身は八五年三月にこうしたやり方について、「肝っ玉を大きくし、歩みはゆっくりと、一歩歩けば立ち止まって見るというのが、われわれの方針である」と明確に語っている（『鄧小平文選』第三巻）。

漸進主義的改革

具体的にはどうか。一つは「双軌制《そうきせい》」（二本立て方式）と呼ばれるやり方である。例えば価格改革については、同じ物資・材料に関して指令性価格と市場価格を一定期間並存させ、徐々に市場価格に移行する。いわゆる「二重価格制」である。一定の需要の高い主要機関・部署では鋼材、石炭、建築材、食料品などが指令性価格で確保され、余剰部分を市場に提供して販売するといったやり方である。しかし、これは後で触れる「腐敗」の温床《おんしょう》ともなった。あるいは「試点方式《してんほうしき》」（試験地区方式）も広く取り入れられた。例えば、幾つかの都市で政府機構改革、社会保障制度改革、幹部人事制度改革、労働力市場といった各種の課題に応じた試験地区を設定し、その成否を総括しながらできるものから全国に広げていくといったやり方である。

前述の呉敬璉《ごけいれん》はこのような鄧小平改革を「体制外改革」と名付けた。すなわち従来の意味でもっとも社会主義らしいコアの部分、例えば重工業で大型国有企業のようなものの本格的な改革は後にして、農業部門の改革、外資系企業、郷鎮企業《ごうちんきぎょう》など新しいファクターを社会に植え付けるといった、比較的改革しやすい部分（体制外）から改革を進めていくやり方である。こうした漸進主義的やり方は、まさに社会主義計画経済体制を換骨奪胎《かんこつだったい》させていくようなもので、一気に体制改革を進めて、むしろ長期間混乱に悩まされることになったペレストロイカのソ連や東欧社会主義諸国に比べて、利口なやり方であったといえるかもしれない。もっとも中国自身も改革が深化していくに伴って、さまざまな新たな困難、矛盾に遭遇していくのであった。

保守派対改革派の確執

精神汚染反対

「計画と市場」「経済特区拡大の是非」などをめぐって、陳雲と鄧小平の食い違いが顕在化してきたことはすでに述べた。これとほぼ並行して言論・表現の「自由化」をめぐり、それを「ブルジョア自由化」と見なしてできるだけ制限しようとするグループと、それを中国の発展に不可欠なものとして積極的に進めようとするグループとの対立が徐々に顕著になってきた。前者、保守派の代表格が王震国家副主席、彭真全人代委員長、鄧力群《とうりきぐん》党中央宣伝部長ら長老たちであり、後者、改革派の代表格が胡耀邦《こようほう》党総書記、彼の秘蔵っ子とも言うべき胡《こ》啓立《けいりつ》党中央書記処常務書記らであった。

鄧小平は改革派といわれていたが、政治主張に関しては微妙であった。最初のサヤあてが始まったのは一九八三年一〇月の党第一二期二中全会においてであった。ここで党内の腐敗や文革派一掃のために「整党工作《せいとうこうさく》」の全面的な実施が決定されたが、同時に「精神汚染一掃キャンペーン」も強く打ち出された。実は八〇年代に入り、西側思想の流入などに伴って社会主義、毛沢東思想に対する「信念の危機」現象が生まれていた。とくに注目すべきは『人民日報』副編集長だった王若水《おうじゃくすい》の「社会主義にも疎外《そがい》が存在する」をめぐっての一大論争であった。八三年三月、マルクス没後一〇〇年の学術討論会が開かれ、学術界の大物周揚《しゅうよう》中国文化連合会主席が「疎外とヒューマニズム」を正面から取り上げ、人々に深い感銘を与えた。しかし党第一二期二中全会では、鄧力群《とうりきぐん》や胡喬木《こきょうぼく》社会科学院長らがこうした傾向を「ブルジョア自由化の氾濫」と批判し、「精神汚染反対」を強く打ち出した。実はこの問題提起は鄧小平自身が行っていたのである。二中全会における講話で、鄧は、

「理論界、文学芸術界にはまだ少なからぬ問題があり、かなりひどい混乱、わけても精神汚染の現象が見られる。……精神汚染の実質は、ブルジョアジーその他の搾取《さくしゅ》階級のありとあらゆる腐敗・堕落した思想をまき散らすことである。……一部の同志は人間の価値や人道主義、さらにはいわゆる疎外についての論議に熱中しているが、彼らの興味は資本主義を批判することにはなく、社会主義を批判することにあるのだ」

と強い語調でこうした動向に警告を発している(鄧小平『現代中国の基本問題』、外文出版社、一九八七年)。

政治体制改革

「精神汚染一掃キャンペーン」に関しては、胡耀邦《こようほう》総書記が積極的に対抗した。女性がハイ

ヒールを履き、若者が長髪にし、恋愛曲を歌ったりすることが「精神汚染」とされ、はなはだしくは農民が市場で物売りをすることや請負契約をすることさえ「精神汚染」とされた。胡耀邦、趙紫陽《ちょうしよう》らはさまざまな意見を聴取し、鄧に「精神汚染一掃キャンペーン」は人心を得ないことを訴え、ある程度納得させることに成功した。このキャンペーンはわずか二ヵ月余りで収束した。

以後、再び言論・思想・文芸界に自由な雰囲気が戻り、事態はしばらく胡耀邦主導で推移した。彼の提唱による日中青年交流のための日本青年三〇〇〇人訪中が実現したのも八四年九月であった。同年一二月、中国作家協会第四回代表大会が開かれ、これも胡耀邦に近い胡《こ》啓立《けいりつ》が党を代表し「作家の創作の自由」を重視した発言を行った。さらに八五年七月には、「精神汚染一掃キャンペーン」推奨者の一人、鄧力群が中央宣伝部長の職を解任され、胡耀邦の息のかかった若手指導者朱厚沢《しゅこうたく》が同ポストに抜擢された。

一九八六年に入り、政治体制改革への取り組みの必要性が、開明的な学者、ブレーン、政治指導者の間で議論されるようになってきた。その重要な突破口となったのが四月二八、二九日の雑誌『中国社会科学』主催の「社会主義国家の政治体制改革学術座談会」であった。ここでは著名な、気鋭の政治、社会、法律関係の学者二十数名が集まり、かなり活発な議論が展開された。「制約を受けない権力は腐敗を生む、絶対的に制約されない権力は絶対的に腐敗する」といった英国一九世紀の思想家アクトン卿の主張、三権分立論など欧米流の政治学概念が紹介されている。

春から初夏にかけて政治改革を説く雰囲気が高まっていく中で、鄧小平は六月一〇日、この問題を取り上げ「政治体制改革は早くも八〇年に提起したが、具体化しなかった。今は日程に乗せるときである」と主張した（『現代中国の基本問題』）。さらに七月一四日、北朝鮮代表団との会見の時、「今後五年以内に改革を全面的に完成させなければならない。その中にはいくつかの政治体制改革も含まれる」と発言した。

夏にかけて一挙に政治体制改革論議が盛り上がった。筆者は一九八六年二月以来、北京の日本大使館に勤務し、政治体制改革の動向をもっとも注視してフォローしていた。六月中旬に記した自分のメモでは次のように見通していた。

「政治体制改革の今後はいかに展望されるか。現段階においては三つの可能性が考えられる。第一は、政治体制改革が政治的民主化に向けての具体的な制度改革を引き起こしていくケースである。これには現行制度をほとんど変更しない部分的改革（漸進的改革《ぜんしんてき》）にとどまる場合と、党指導の変化も伴う大幅な改革へと進んでいく場合がありうる。第二は、政治体制改革が学術論争の範囲内で収束してしまうケースである。第三は、政治体制改革が激しい論争や権力闘争に発展していき政治的不安定や混乱を導いていくケースである」。

胡耀邦への批判

一九八七年一月の「胡耀邦失脚事件」までで見れば、第三の、権力闘争から政治的不安定化のケースとして説明できる。八八年後半までで見れば第一の漸進的改革のケース、そして八九年「第二次天安門事件」までを射程に入れれば、再び第三のケースとしてみることができる。さらにその後の江《こう》沢民《たくみん》《チアンツォーミン》時代は、基本的には第二のケースで実質的な取り組みはない。そして胡《こ》錦濤《きんとう》《フーチンタオ》指導部の今日は再び第一で、漸進的改革のケースに入ったと判断されよう。しかし話をもっと短期的に、八六年九月の党第一二期六中全会までで切れば、彭真や王震らが慎重論を激しく提起し、胡耀邦にとって不本意ながら、当会議では政治体制改革を議論しないことが早々と決定された。その意味では第二の学術論争で収束するかに見えた。九月三日には鄧小平も「政治体制改革は複雑であり慎重にことを進めるべきだ」と発言した。

しかし秋に入って、改革派の政治学者、ジャーナリストなどが危機意識を持って動きはじめた。改革派知識人たちは、西安市や安徽《あんき》省馬《ば》鞍山《あんざん》市で大規模な研究集会を開き、政治体制改革の必要性とその積極的な取り組みの必要性を力説した。こうした雰囲気に対応したのか、胡耀邦は中国の主要な雑誌『瞭望《りょうぼう》』一〇月二〇日号で『ワシントン・ポスト』記者団のインタビューに答えて、「政治体制改革は一年以内に必ず提出されるだろう。……改革を阻止しようとする勢力は、一に説得・教育で、二に実践を通して除去する」と積極的な取り組み姿勢を示していた。

鄧はどうしていたか。八七年の反ブルジョア自由化気運が高まる中で出された鄧の発言集によれば、八六年九月の党第一二期六中全会で、鄧は「ブルジョア自由化反対の特別講話」を行ったが、その後下部に伝達されず何の効果ももたらさなかったと不満を述べている。それはある意味で胡《こ》耀邦《ようほう》に対する批判とも取れなくはない。

そして一二月五日、改革積極派の物理学者方励之《ほうれいし》が副学長を務めていた安徽省にある重点大学、中国科学技術大学から民主化を要求する学生デモが発生した。民主化運動は安徽省の他の大学や武漢《ぶかん》大学に広がり、さらに上海そして北京へと一気に拡大した。その過程で「三権分立を中国で実施することは可能である」、「民主化とは多元的なコントロールのことである」とか、「『四つの基本原則』の堅持は科学と対立する迷信、民主と対立する専制、創造と対立する保守、独立と対立する従属を主張することである」などといった、鄧小平《とうしょうへい》をも強く刺激する発言がなされた。やがて学生運動は党内の改革派対保守派といった権力闘争を誘発していくのである。

胡耀邦失脚

ある学生指導者は党内の動きを推測し、こう主張した。

「現在中央の鄧小平・胡耀邦・趙紫陽《ちょうしょう》を中心とする改革派は保守派の強烈な圧力を受けている。もしわれわれの元旦デモが保守派の勢いを加速するなら、それは決してわれわれの望むところではない。そこで今回のデモはスローガンに次のようなものをくわえよう。〝改革支持、鄧小平こんにちは、小平、われわれはあなたを支持します〟と大きく書く。また〝党に反対しない、社会主義に反対しない〟」（天児慧『中国改革最前線』、岩波新書、一九八八年）。

しかし、学生たちは甘かった。それとほぼ時期を同じくして鄧小平は、「旗幟《きし》鮮明《せんめい》にブルジョア自由化に反対せよ」との党内通達を発していたのである。いわば学生運動に向けた

「強烈な恫喝《どうかつ》」であった。一月に入り、学期末試験も近づき学生運動は急速に下火になっていった。

しかし、党内の権力闘争はこの後最大のヤマ場を迎えることになるのである。一月も中旬に入った頃「胡耀邦が危ない」といった噂が流れはじめた。そして一六日午後七時のニュースは同日の胡耀邦の党総書記辞任を伝える「党中央政治局拡大会議コミュニケ」を報じた。保守派からの攻勢に耐え切れず、鄧小平は「泣いて馬謖《ばしょく》を斬る」思いで胡を失脚させたというのが当時の多くの海外メディアの著名な中国ウォッチャーの見方であった。馬謖は諸葛亮《しょかつりょう》に重用された武将で魏《ぎ》軍に大敗した責任で斬罪《ざんざい》に処せられた人物である。

私は、現地の雰囲気を踏まえてそうした見方に反論した文章を『朝日新聞』八七年二月六日夕刊に寄稿した。まず、もしそうであるならば胡の後継は保守派のリーダーから出たはずであるが、実際は胡に次ぐ改革派の趙紫陽が、間をおかず総書記代行（後に正式になる）に指名された。ここでは明らかに鄧《とう》の強い意志が貫徹している。また保守派の勢いを抑えられなくなって鄧が「迫られて」決断したものであれば、改革派からのリアクションもあり政治的混乱はかなり大きなものになったはずであるが、ほとんどそうした状況は生まれなかった。さらに改革開放路線はその後もこれまでのテンポで進められていた。それらから総合するなら、鄧小平自身が主導的な判断と決断で「胡耀邦を切った」とみるべきだというのが当時の私の見解であった。今もこの見解は基本的に正しかったと考えている。しかしいずれにせよ、自ら選んだ後継者を自らの手で失脚させる、さらには政治体制改革の筋道をいかにつくるか、鄧小平戦略は初めて大きな難関、試練にぶつかったのである。

政治体制改革の模索

胡耀邦失脚で保守派の人々が勢いづいたことは確かである。一九八七年春は「ブルジョア自由化反対」「四つの基本原則堅持」の論調がさまざまな紙面で幅をきかせていた。しかし二月の時点で一九名の趙紫陽ブレーンたちにより、第一三回党代表大会「政治報告」草案作成グループが組織され、着々と改革促進に向けての準備が進行していた。五月一三日、党中央は、昼に「宣伝・理論・報道・党校幹部会議」を開き、夜に中央政治局拡大会議を開いた。ここで鄧の意向を受けた趙紫陽は、「われわれには『左』の妨害もあれば右の妨害もある。しかし最大の危険は依然として『左』から来るものである」との重要な指摘をおこなった。以後一気に改革派は自らのペースを回復し、胡啓立、万里《ばんり》らの活躍が目立つようになっていった。

八七年一〇月、第一三回党代表大会が開催され、この時初めて党大会がテレビ中継された。鄧小平が最初に壇上に登場し開幕式を主宰したことが、彼の位置を改めて確認させた。続いて陳雲の腕を取りながら趙紫陽が一緒に入場した。改革推進を基調としながらも保守派の最長老に気配りを見せることで、趙にバランス感覚があるところを示した。バランスという点では中央指導部人事の面にも現れていた。総書記になった趙の前任のポストである総理に保守派の李鵬《りほう》が就き、国家主席には保守派的ではあるが鄧への忠誠心の強い楊尚昆《ようしょうこん》が、全人代委員長には改革派的で鄧に近い万里が就任し、軍事委員会主席は鄧が留任した。政治局常務委員にも改革派の趙、胡啓立、保守派の李鵬、姚依林《よういりん》、中間派の喬石《きょうせき》が選ばれた。

趙は「中国の特色ある社会主義の道に沿って前進しよう」と題する「政治報告」をおこなった。それは二時間を超える長文のものであったが、最大の特徴は「社会主義初級段階論」と「政治体制改革案」であった。前者は、中国の現状を依然、商品経済と国内市場が非常に未発達で、自然経済と半自然経済がかなりの比重を占めた歴史的段階であるととらえ、この段階の課題は「工業化と生産の商品化、社会化、近代化を実現すること」で、あらゆる方針や政策は「この段階を飛び越えることができない」とされた。しかも報告では初級段階は建国以降一〇〇年（つまり二〇四九年まで）は続くと認識された。この主張とあわせて、開放地区を沿海全体に広げ国際経済とのリンケージを強めるといった「沿海地区発展開発戦略」も提唱された。

1987年10月、中国共産党第13回全国代表大会政治報告をする趙紫陽総書記（右）と鄧小平軍事委員会主席。写真提供：共同通信社

経済改革面での混乱

また後者の政治体制改革案に関しては、長期目標として高度に民主的で法制度が完備し、能率が高く活力に満ちた社会主義政治体制を確立すること、短期目標としては能率の向上、活力増強、各分野での積極性の発揚に有利な指導体制の確立が掲げられた。これを見る限り民主化という意味での政治改革は大幅に後退した感があるが、政治体制改革のキー

ワードとして「党政分離」が用いられたことの意味は大きかった。すなわち、共産党指導を政治原則、人事をはじめ重大政策の決定などの政治指導に限定し、政府、人民代表大会、企業などが本来自身で持つべき行政、立法、経営管理などの役割、機能をそれぞれに任せ、党は直接に関与しないように指導メカニズムを組み替えようとする考え方であった。

それ故、「党政分離」は従来党が重視してきた「党一元化指導」の考えと対立するもので、具体的には行政、立法、企業内にある党組（党フラクション）、対口部《たいこうぶ》（行政各部門などに対応して党組織内に設置されている同分野の部署）を徐々に廃止し、党指導は地域指導系統（省級、市県級、区郷級の委員会など）に集約しようという考えであった。しかし部分的にこうした改革を実施してみると、現実には各地で幾つかの政策をめぐって党組織、人民政府、人民代表大会の間で混乱が頻発した。すなわち、これら三者間で具体的なイシューをめぐって一体どこが決定権限を持っているのか、それぞれが主張しあうといった確執が生まれ、政策決定過程がかえってスムースに行かなくなってしまった。やがて政策決定に関する法制化、民主化をより徹底させるべしという論調と、いったん党指導部の権威・権限を再強化し権威主義的な体制のもとで近代化を推進すべしという論調の対立が徐々に大きくなっていった。後者は「新権威主義論」と呼ばれるもので、学界では八八年に話題となり、次節で見る第二次天安門事件の引き金ともなった。

政治改革面での混乱と並行して、経済改革面での混乱も深刻化しはじめていた。一つは八八年から顕著になっていった物価の高騰である。年の初めから食料品、原材料などの物価が上昇しはじめ、春には野菜・肉類の副食品の価格自由化発表が追い打ちをかけた。六月に入り趙紫陽ら指導部はいったん価格改革を中断しようとしたが、鄧小平は「改革は頭を割って血を流すようなものだが、改革をやらねば亡党亡国の危険に陥る。頭を割って血を流してでも改革を推し進めるべきだ」との強い姿勢を通した（『争鳴』、香港、一九八八年七期）。結果はまさに「火に油を注ぐ」こととなった。八八年の小売価格は前年比で一八・五パーセント増を記録し、一月以来月ごとの発表は上昇の一途であった。北京・上海・天津など一三大都市のサンプル調査では、全体の三五パーセントにも及ぶ都市住民の実質生活水準が低下していた（『九十年代』、香港、一九八八年七期）。八九年上半期も八八年を上回る数字で物価高騰の勢いは衰えなかった。

官僚の汚職・腐敗

もう一つの大きな社会不満は、改革や対外開放の「すき間」「抜け穴」を利用して経済不正を行い、「改革のうまみ」を不当に吸い取ろうとする現象が目立つようになってきたことである。一般レベルでは「倒爺《ダオイエ》」「二道販子《アールタオパンズ》」といった闇ブローカーに代表される人々である。北京滞在中の八八年初め、ある食品市場でキュウリを買い占め、タイミングを見てそれを高値で売ろうとする倒爺《ダオイエ》と、それを取り締まろうとする物価管理当局との「イタチゴッコ」が繰り返されていたという事件が話題となっていた。しかしもっと不評を買ったのは、中央から末端に至る権力者および親族など彼らに近い人々が、権力を利用して不当に利益を得る現象であった。例えば、先に述べた「双軌制《そうきせい》」を悪用し、指令性価格で大量に得た安い鋼材を市場に横流しして市場価格で高く売り、不当にもうけるといった類である。彼らを庶民は「官倒《グァンダオ》」(役人ブローカー)と呼ぶようになった。

「官倒《グァンダオ》」の最も有名な例としては、八八年秋に問題視された国務院直属の総合商社「康華発《こうかはっ》展総公司《てんそうこうし》」であろう。同公司はそのトップメンバーに、元石油工業大臣、元石炭工業大臣、元北京副市長などいわゆる「天下り官僚」をズラリとそろえた。その上に鄧小平の息子鄧樸《とうぼく》方《ほう》など「大物」を並べ八七年に発足した。そして同公司以外の「官倒《グァンダオ》」らとも結託して、大量の物資の不正転売を行った元凶として非難の的となった。八八年一〇月、鄧小平自身の判断によって解散に追い込まれた。しかし、こうした政治家・官僚の不正は、まさに「氷山の一角」でしかなかった。少し後になるが九五年に北京市の都市開発に絡んで、北京副市長が自殺し、北京市党書記兼市長の陳希同《ちんきどう》がすべての職務を解任されるという事件が起こった。これも「不正事件」の代表例である。

一九八七年秋に中国社会科学院社会学研究所が全国三三の都市で実施した世論調査によれば、「最大の不満はなに?」という質問に対して「党の不正と官僚主義」を挙げた人が実に八三・七パーセントにものぼり第一位、闇ブローカーの活動が第二位であった(『中国内外動向』三六八号)。八八年の下半期、『九十年代』誌第七期の論文では「一般大衆は中共各級幹部のほとんど例外ない汚職と腐敗を憎んでいる」と論じ、『争鳴《そうめい》』誌第九期では「三信危《さんしんき》機《き》が非常に深刻になってきている。……現在中共が直面している最大の危機は、人心が冷却し、人心がバラバラになっていることである」と指摘していた。

一九八八年九月末、党第一三期三中全会が開かれ、趙紫陽指導部はついに「ここ二年間は経済環境の整備と経済秩序の整頓を重点とする」と宣言し、改革をトーン・ダウンし「調整・引き締め」を行うとの決定を下した。さらに不正問題をめぐって趙は「党と政府機関の廉潔《れんけつ》を保持することは、現段階における党建設の中の極めて重要かつ差し迫った問題である」と、民衆の党不信の増大を深刻に受けとめていた。しかし、政治の混乱も、経済・社会の混乱もいっこうに好転する気配を見せないまま、八九年を迎えたのであった。

第二次天安門事件

胡耀邦前総書記の死

歴史的な事件には必ず幾つかの伏線がある、ということはどこかで書いた。上で述べた物価の値上がりなどによる庶民生活の圧迫、「官倒《グアンダオ》」に象徴される経済不正に対する憤りの鬱積《うっせき》、政治体制改革の試みから生じた政治混乱などが、これから噴出する政治大事件の伏線になったことはまちがいない。さらに言うならば、政治体制改革の行き詰まりは、改革派内部に政治改革を一時棚上げし、権威あるストロングマンに権力を集中させ近代化を推進するという主張、いわゆる「新権威主義論」を強めた。改革派の特に民主化を重視するグループ、方励之《ほうれいし》夫妻、厳家祺《げんかき》、温元凱《おんげんがい》、戴晴《たいせい》らはこれに反発した。一九八八年末から八九年春にかけて、彼らの影響を受けた学生たちは「民主サロン」を組織し、方励之たちは、七九年「北京の春」で逮捕、懲役判決を受け獄中にいる「魏京生《ぎきょうせい》釈放署名」活動などを進めるようになっていた。

八九年は五月に「五・四《ごし》運動七〇周年」、当時輝いていたペレストロイカの旗手ゴルバチヨフの訪中が予定され、さらに七月には「フランス革命二〇〇周年」、一〇月には「中華人民共和国建国四〇周年」と政治に絡む記念行事が目白押しであった。この年に何かしら政治が大きく動くのではと予感したのは多分著者だけではなかっただろう。これらも確かにある重要な伏線であった。しかし、これら一つひとつがいわゆる支流のように流れ、ある所で合流するだけでは激流にはならない。一挙に大滝のような激流に化すには、特別の何かが起こらなければならなかった。歴史は必然の流れをベースにしてはいても、同時にしばしば偶然の産物であるとも言えるのである。

一九八九年四月一五日、その後の一大政治事件を一挙に爆発させた偶然の出来事が起こった。八七年一月の失脚後も依然としてリベラル派指導者として高い人気を保持していた胡耀邦前総書記が、突如心筋梗塞《しんきんこうそく》によって他界《たかい》するといった事件であった。そして以後六月上旬の人民解放軍を投入した民主化要求運動の鎮圧《ちんあつ》まで、二ヵ月近くにわたって「天安門事件」（ここでは七六年の天安門事件と区別する意味から「第二次天安門事件」と表現）と呼ばれる一大政治混乱が発生したのである。それは民主化運動と中央指導部の権力闘争が結合したもので、近年張　良《ちょうりょう》編『天安門文書』（アンドリュー・J・ネイサン他監修／山田耕介他訳、文藝春秋、二〇〇一年、以下『文書』と略）が出版され、その信憑性《しんぴょうせい》も含め話題を呼んでいる。『文書』についての著者の見解をあらかじめ述べておくと、幾つかの留保は必要ではあるが、全般的に資料として利用できるのではないかとの印象である。そこでの叙述も含め、まずこの一連のプロセスを大づかみに整理しておこう。主に四つの段階に分けられる。

「動乱」規定と趙紫陽の反発

第一段階は、四月一五日の胡耀邦の死から四月二六日の「学生運動の動乱決定」までである。ここでは胡を追悼《ついとう》し、名誉回復を求めるデモ・集会などが徐々に拡大し、二二日の追悼集会後エスカレートし、「ブルジョア自由化、精神汚染一掃」への徹底的否定、民間新聞、学生・労働者の自由な組織結成などの要求が見られ、実際に北京市大学学生連合会などが結成された。こうした動きに対して党は警戒を強めた。二四日、陳希同《ちんきどう》や李錫銘《りしやくめい》ら北京市指導部の報告を受けた李鵬《りほう》は、政治局会議を招集し学生運動を動乱と判断し、封じ込めるための指導グループである「動乱阻止小組《どうらんそししようそ》」を設置し、自ら組長についた。いささか不可解なのは、①なぜこの重大な時期に趙紫陽は北朝鮮を訪問したのか（四月二三―三〇日）、②「動乱規定」は鄧小平によって二五日になされたと言われているが、なぜそれ以前に李鵬の手で「動乱阻止小組」がつくれたのかである。

①は趙の「甘さ」で説明できるかもしれない。一つは、学生運動は「暴走しない」との判断であり、もう一つは李鵬ら保守派に対する警戒感のなさ、さらには鄧小平を説得できるとの「思い込み」であった。李鵬の「暴走」で「動乱規定」が通り、鄧がそれに乗せられたのだから自分がきちっと説得すれば鄧は自分の主張をわかってくれると考えたのだろうか。

李が趙の北京を離れた翌日に政治局会議を招集し、一挙に②まで踏み込んだこと、かつその後の「八老会《はちろうかい》」（不定期に集まる八人の老指導者の会）での李先念《りせんねん》、王震《おうしん》、陳雲《ちんうん》らの趙批判の発言を踏まえれば、保守派の間では早期から「趙紫陽追い落とし」の意図があったのではないかと思われる。鄧は二五日、李鵬や李錫銘《りしやくめい》らの報告を受け自らの判断で、この運動を

「動乱」と規定し押さえ込みにかかった。『人民日報』四月二六日には「旗幟《きし》鮮明《せんめい》に動乱に反対すべきである」と題する社説が大きく掲載された。「動乱規定」に対して、帰国した趙が繰り返し撤回を求めるようになり、趙紫陽ら政治改革派と鄧小平・李鵬ら政治保守派との確執の最大のイシューになっていくのである。

学生運動のエスカレートと戒厳令

続く第二段階は、四月二七日から五月一六日の「趙紫陽・ゴルバチョフ会談」までである。学生側からの動きは「動乱規定」に対する抗議、「愛国的民主運動であるとの認知」と当局との「対等な立場での対話」の要求であった。北朝鮮から帰国後、「動乱か、愛国的民主運動か」、学生運動をどう規定するかの判断に悩んだあげく趙紫陽は、「愛国的民主運動」として受け入れることを決断した。『文書』では趙紫陽が公式の会議、あるいは私的な関係などを通じて何度も鄧に「動乱規定」の撤回を求めているが、強く排除されている様子が描かれている。しかし、趙は当初から少数派ではなかった。五月四日、「五・四運動七〇周年」、北京で開催のアジア開発銀行総会などをめぐって学生、趙紫陽グループ、李鵬グループらの激しい駆け引きが繰り広げられた。

アジア開発銀行総会で趙は演説し、

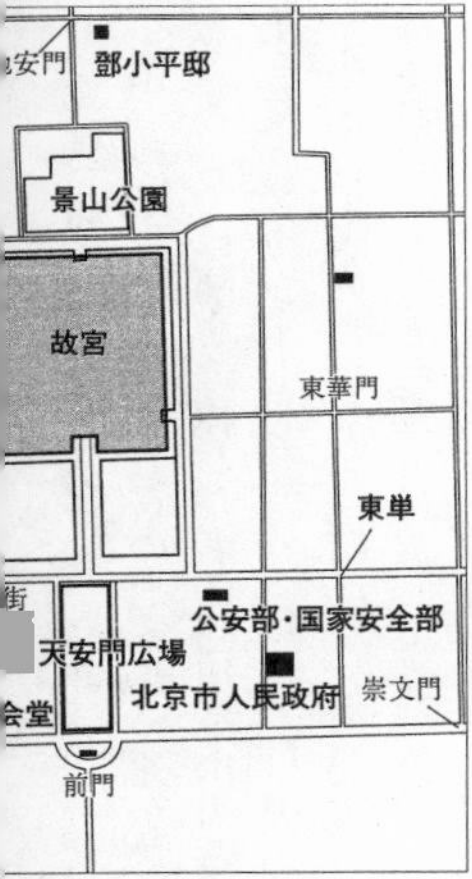

北京市内略地図　故宮・天安門付近

「中国に大きな動乱は起こるはずがない」、学生デモは「民主と法制のルール、理性と秩序の中で解決すべき」と主張し、好感をもって受け入れられた。『文書』では楊尚昆《ようしょうこん》さえも強く支持している。しかし、その後の党中央の議論では趙のこの演説こそが党中央が二つに分裂していることを公にしたもので、学生運動をエスカレートさせ、事態の大混乱をつくったと非難している。学生運動はたしかにその後、大きな盛り上がりを見せハンスト突入など激化の一途をたどった。そして五月一六日、ゴルバチョフ訪中において天安門広場での正常な国賓《こくひん》歓迎会を実行することができず、さらに趙紫陽・ゴルバチョフ会談では、趙自身の口から「重要事項の決定は鄧小平同志が舵《かじ》を取る」との八七年の党中央秘密決議が明らかにされた。

第三段階は、五月一七日から六月二日の天安門《てんあんもん》広場への軍隊の投入直前までである。五月一七日の朝、鄧の私邸で楊尚昆《ようしょうこん》、薄一波《はくいっぱ》を加えて政治局常務委員会が開かれた。鄧は「動乱」の扱い、「五・四講話」などで趙のとった行動を非難し、さらに「北京に戒厳令をしく」結論に達したと発言した。趙はこれにはっきりと反対の意思を表明した（『文書』）。夜の中南海《ちゅうなんかい》での常務委員会でも戒厳令発布には趙と胡啓立が反対し、趙は総書記辞任を申し出た。中南海の外ではデモは最高潮に達し、国家安全部報告で一二〇万人を数え、改革派知識人によって鄧小平批判が公にされた「五・一七宣言」も出された。一九日午前四時、趙は天安門で学生を見舞い、「来るのが遅かった」と対話した後、公に姿を現すことはなくなり、二〇〇五年一月一七日、軟禁生活のまま死去するに至っていった。

新華社報告では一一六の都市で大規模な学生の抗議デモが繰り返された。翌二〇日、国務院総理の立場で李鵬が戒厳令実行命令に署名した。しかし二一日には、北京はじめ各地での大規模な抗議行動もどこ吹く風で、鄧小平私邸では「八老会」が開かれ、趙紫陽批判と彼の失脚、趙の後任問題が討議され江沢民の名が一挙に浮上していた（『文書』）。趙なきあと学生・知識人たちはカナダ歴訪中の万里《ばんり》全人代委員長に期待を寄せ、彼の帰国後全人代常務委員会の招集、李鵬らの解任を求めた。しかし、当局は先手を打ち万里を上海に帰国させ、江沢民の事情説明の下に「戒厳令支持」を声明させる。こうした中で天安門広場には「民主の女神像」が登場し、戒厳令部隊の入城を阻止しようと学生・市民らの行動は続いた。

六・四の悲劇

天安門広場入り口の長安街　学生・市民（手前）と対峙する中国軍兵士。その背後には戦車の隊列が見える。写真提供；ロイター：共同

そして第四段階に入る。五月の末各地ではなお中央当局への抗議行動は続いていたが、徐々に先細りの様相を呈しはじめていた。新華社・公安部・国家安全部報告でも、六月一日の天安門広場はまとまりがなく、学生の疲労感は明らかで、大規模な行動を起こせそうにはなかった（『文書』）。北京の特派員の報告でも「五月末から六月はじめにかけての天安門の座り込み学生は数千に激減し、往時を知る者にとってそれは敗残兵の集まりのように見えた」と記している（読売新聞北京支局『天安門燃ゆ』、読売新聞社、一九八九年）。にもかかわらずなぜ軍隊投入に踏み切ったのか。

六月二日朝、李鵬・喬石《きょうせき》・姚依林《よういりん》の常務委員も参加した「八老会」が開かれ、多数の違法組織が地下活動を計画し、米国・香港・台湾などが支援していることなどが議論された。しかし、参加者の多くから何よりも「これ以上、神聖な天安門広場の放置は許せない」といった意見が強く出され、最後に鄧小平が「みんなの意見に同意する。戒厳令部隊は今夜排除計画を実行に移し二日以内に完了する」と提案して会議を終えた（『文書』）。六月三日未明から戒厳令

部隊は天安門に向かった。各地で学生・市民の抵抗を受けたが、天安門前を東西に走る長安《ちようあん》街《がい》の西側、数キロ離れた木樨地《もくせいち》から西単《せいたん》交叉点にかけての三キロほどの地区は最も激しく、学生、地元市民、バリケードをつくり戦車に向かって抵抗した人々などが銃弾に倒れ、「文字通り血の海となった」(B・ヤン、前掲書)。

しかし軍は六月四日午前一時までに天安門広場に到着し、翌午前六時前までに広場の学生らは一掃された。政府当局のその後の発表でも死者は三一九名、負傷者九〇〇〇名に達している。当時の他の報道では死者二〇〇〇名前後の数が多く、一部外国報道では軍の無差別発砲により三万人も殺されたと報じていた。その後、続々と各軍区、省・自治区の政府・党委員会などが中央への支持表明を行い、九日には鄧小平が戒厳令部隊幹部を慰問する形で久々に公の場に姿をあらわした。そして六月二四日、党第一三期四中全会を招集し、趙紫陽批判報告を採択、総書記に江沢民、政治局常務委員に江の他宋平《そうへい》と李瑞環《りずいかん》を選出、趙紫陽と胡啓立の全職務の解任を決定した。

胡耀邦・趙紫陽と鄧小平の違い

以上が、第二次天安門事件のあらましである。そこで今あらためて鄧小平はこの事件の一連の流れの中で何を考えていたのかを振り返ってみたい。「鄧は四月二六日の社説の言葉遣いが必ずしも自分のものでなく、だまされて社説を承認した感が否めなかった」(同上)との推測は、前にも触れた李鵬の「先行」から考えてあり得る。しかし、動乱の決断、趙紫陽との確執と彼の失脚、戒厳令の決定、江沢民の新総書記への抜擢、天安門広場への軍の突入命令など、いずれをとっても鄧の強い意志が決定的な決め手になっている。五月一七日の趙紫陽と激しくやりあった政治局常務委員会で、鄧が「退却というが、君たちはどこまで退却するのか。退却してはならない」と強い語調で趙の発言を却下したのはその一例であろう。

多くの人々は鄧を改革派指導者（政治改革も含む）と見なしてきた。事実、前節でも指摘したように、八〇年の「指導制度改革」に関する重要講話、八六年前後の政治体制改革の呼びかけといったように鄧は、経済改革と並行して政治改革を進める必要性を語りつづけていた。にもかかわらずなぜこうまで頑《かたく》なに民主化要求を拒否し、武力行使という強硬手段に訴えたのだろうか。本当は保守派であったのだろうか。振り返ってみると鄧は共産党（の指導）に関して揺るぎない信念を持っていたように思える。五七年の反右派闘争では、毛沢東総司令官の行動隊長として「党批判を行った知識人」に仮借《かしやく》なき打撃を加えた。七八―七九年の「北京の春」でも、「第五の近代化」として西側的な政治改革を求める青年たちを徹底的に弾圧した。八一年に共産党に裏切られた主人公を題材にした白樺《はくか》の映画シナリオ「苦《く》恋《れん》」をめぐり、『解放軍報《かいほうぐんぽう》』がブルジョア自由化と批判した論争で、最後に鄧が党員である白樺を「なぜそこまで党と社会主義を憎むのか」と批判し決着をつけた（白樺事件）。

同時に鄧《とう》は前にも述べたように政治安定を極めて重視した。天安門事件の始まる前の二月末、訪中したブッシュ（父）大統領に対して、「安定がすべてに優先する。安定した環境がなければ何事もうまくできない。すでに得た成果さえも失ってしまう」と力説している（『鄧小平文選』第三巻）。そして共産党体制の堅持《けんじ》こそ安定を保証する最大の基盤だと鄧は強く思い込んでいたのだろう。したがって、学生や知識人の要求を受け入れていくと党の指導が崩され、ひいては政治安定の局面が失われ、経済発展戦略自体の後退を余儀なくされると考えた。

市場経済導入による経済改革、西側との関係強化、経済改革に対応した政治体制の効率化、スリム化、再編成などでは胡耀邦、趙紫陽らとほぼ完全に一致していた。しかし、鄧にとって政治はあくまで経済に従属していたのであり、政治自体の発展、改革は危険なものなのであった。この点が政治の民主化自体に価値を見出した胡耀邦や趙紫陽と決定的に異なっていたのである。趙紫陽失脚の批判報告の中で、鄧は「趙紫陽は改革開放と経済方面で幾つかの有益なことをした。しかし『四つの基本原則』を妨《さまた》げ、ブルジョア自由化に関する党の政策に反対した。……前の二人の総書記は『四つの基本原則』とブルジョア自由化反対の問題でつまずいた」と批判している（『文書』）。

ソ連・東欧の崩壊、中国社会主義の堅持

『文書』が明らかにしている興味深い特徴がある。上で述べた動乱規定、趙紫陽失脚、戒厳令、江沢民の新総書記抜擢、天安門広場への軍の突入などをめぐっては、疑いなく鄧が決定的役割を果たしていた。その意味では「半ば毛沢東化」した鄧の独裁的決断であった。にもかかわらず、形の上ではすべて「八老会《はちろうかい》」を開催し、彼らの間でほとんど討議・合意し、八老の意思として決定していたことである。おそらくこれは責任を自分一人で背負わないという鄧の用心深さによるものであったろう。同時に、党中央政治局（常務）委員会が最高政策決定機関として存在しているにもかかわらず、正式には存在しない「八老会」などが、非常時の重大政策の決定をすべて牛耳っていた。このことは中央政治指導者の政治意識、民主意識の程度の低さを見事に表している。

確かにその後の情勢の展開を見るならば、鄧の判断によって、政治の屋台骨を壊すことなく安定を維持し、改革開放路線を推進することができたことは確かである。「共産党指導」を憲法からはずすことを決意したソ連・東欧社会主義諸国が、その後一挙に崩壊し、再建に苦しんできたことを思い浮かべるなら、鄧の判断は「正しかった」と言えなくもない。しかし、かりに幾らかの政治・経済的混乱があったとしても、長い目でみれば経済のみならず政治・社会面で政治的自由を享受した方が、人々にとって幸福感を持つことができたかもしれないという解釈もできなくはないのである。

どちらが良かったのか。『文書』の編者張良《ちょうりょう》は同書の冒頭で次のように記している。

「二〇年は歴史の中でほんの一瞬でしかないが、人の一生には長い歳月である。一九八九年六月四日。あの日の記憶は、それを経験したものには今なおずしりと重い。『六・四』を語ることは北京の長安街一帯に流れた数千人の若者の血の思い出につながる。時のうつろいは血の痕跡を流せても、記憶を流すことはできない。歴史と人民は『六・四』について、民主政治を追求する二〇世紀の世界的潮流の中で起きたもっとも劇的で意義ある事件であったといずれは審判を下すだろう。……規模と広がり、時間的な長さ、さらに影響力の点でも二〇世紀世界における世界最大の民主化要求でもあった。運動はまた、鮮血にまみれた独裁体制の勝利のうちに痛ましい悲劇的終末を迎えた」（『文書』）。

今日、客観的な資料に基づいて第二次天安門事件を分析し、歴史的評価を下すには、やはりなお早すぎるといえるかもしれない。

第八章　大国化する中国の光と影

国際的孤立化の試練

民主化弾圧非難

「六・四の悲劇」による衝撃からまだ覚めやらぬ六月九日、戒厳令《かいげんれい》部隊を見舞い接見《せっけん》した鄧《とう》小平《しょうへい》は強気の重要講話を行った。

「今回の嵐は遅かれ早かれ来るものであった。それは国際大気候（国際情勢）と中国自身の小気候（国内情勢）によって決定されており必ずやってくるものだ。ただ早いか遅いか、大きいか小さいかの問題に過ぎない。……事柄が一度爆発するや、大変明確になった。彼らの根本的スローガンのうち主なものは二つだ。一つは共産党の打倒、もう一つは社会主義制度の転覆《てんぷく》である。彼らの目的は西側に隷属《れいぞく》したブルジョア共和国を樹立することである」（『鄧小平文選』第三巻）。

いわゆる西側諸国の「和平演変《わへいえんぺん》」（社会主義体制の平和的変質）に対して剝《む》き出しの警戒感を強調したものであった。一九五〇年代「反右派闘争」の頃の毛沢東の言い方を思い出さ

せる。しかし同じ講話の中で、

「改革開放《かいかくかいほう》という基本点は誤っているかどうか。誤りはない。改革開放がなければ、今日がどうしてあり得ただろうか。……重要なのは、中国を閉鎖的な国家にしてはいけないことである。……われわれの基本的な考え方はすべて正しい。足りないとすれば、改革開放が足りないのである」

とも力説しているのである（同上）。ここに鄧小平の特徴が際立って浮かび上がっている。

しかし、むしろ国際社会の方が中国に対して門を閉ざしてしまった。米政府は六月五日、民主化鎮圧に抗議して対中武器輸出停止を発表した。六月二〇日には政府高官の対中接触を全面禁止、国際金融機関などに新規の対中借款《たいちゅうしゃっかん》の延期を要求した。英政府もこれに続き対中武器輸出と政府高官の接触を禁止した。日本政府は六月二一日、第三次円借款協議《えんしゃっかんきょうぎ》を当分見合わせるとの見解を発表した。フランス、他のEC諸国などもこれに応じた。七月の先進国首脳会議（G7、アルシュ・サミット）では、中国の民主化弾圧非難、世界銀行の新規融資延期同意などを盛り込んだ「政治宣言」が発表された。その結果、一九八九年の対外貿易は、八八年比でわずかに八パーセント増と落ち込んでしまった。ちなみに八八年の前年比は二四パーセント増であった。

それでも鄧は弱みを見せなかった。このG7の決定に対して鄧は、

「私は一人の中国人である。西側先進国首脳会議での中国制裁の決定を聞いたとき、直ちに一九〇〇年に八ヵ国連合軍が中国を侵略した歴史を思い出した。G7のカナダを除いた六ヵ国とツァー・ロシアとオーストリアを加えたのが当時の八ヵ国連合軍である。中国の歴史を理解しなければならない。これこそが中国の発展の精神的な動力なのである」

と強い意志を示した（同上）。これは当時の他の中央指導者にも反映している。銭其琛《せんきしん》外相は八九年の中国外交を回顧しながら、「世界の新旧枠組みが交替するにあたって、中国はいっそう確固不動に独立自主外交を推進する。……われわれは協力し合える国家が多くなることを切望するが、いかなる国にもすがり求めるようなことはしない」と主張した（『求是』一九九〇年二三期）。

唯一の社会主義の大国

すでに独立自主・全方位外交を展開していたとはいえ、八九年秋東欧社会主義諸国の崩壊が進み、一二月にはマルタで米ソ首脳会談が開かれ「冷戦終結」を宣言するなど、社会主義諸国の弱体化、崩壊が急速に進んでいた。そして九一年七月ワルシャワ条約機構が解体し、一二月ソ連邦が消滅することによって、第二次世界大戦直後から形成・維持されてきた社会主義陣営対資本主義陣営という「冷戦構造」が崩壊したのである。社会主義大国として残存する唯一の国家、しかも西側からの孤立化という現実を前に、鄧《とう》がいかに強い危機感を抱いていたか。

話は少しさかのぼるが、八〇年代の半ば、国際関係を動かす最大のアクターとして米ソ中の「大三角」が論じられる中で、鄧は「大三角といっても中国はまだ弱い国だ」と語っていた。そのことを受けた鄧の重要ブレーンの一人宦郷《かんきょう》は、八七年に次のような興味深い指摘をしている。

「アジア太平洋の情勢を見渡す時、われわれは危機感、緊迫感、重圧感を持たねばならない。……周辺の多くの国と地域が今世紀末には次々と新興工業国・地域の道を歩むことになるだろうからだ。もしわれわれが時期をしっかりつかみ、奮闘して国力をつけなければ一〇年後には大きく取り残されてしまうだろう」（『北京週報』一九八八年第三号）。

アジア周辺から取り残されるかもしれないという危機感と、第二次天安門事件後の西側圧力による孤立化という危機感が、新たな外交スタンスをつくった。

こうした八九―九〇年の中国を取り巻く国際状況を通して、鄧は三つの決断をしたように見える。一つめは、政治体制改革は経済発展がかなりの段階に達するまで基本的には手をつけないという決断である。二つめは、西側の資本、技術などは経済発展に不可欠であるが、それら一辺倒のやり方ではダメで、より包括的、多角的な対外戦略を持つということである。そして三つめには、自分たちの力量（総合国力）は「まだ弱い」ということを再確認し、その上に立った戦略設定が必要だということであった。

東アジア・モデルへの転換

一つめについて、鄧が政治改革に関して慎重だったことは何度も触れた。しかし八〇年代を通してみると、経済改革と並行して政治改革も実施しなければならないというのが鄧の考えであった。八五年四月の「政治上の民主を発展させ、経済上の改革を実施しよう」との講話、八六年六月の「私は党政分離と権力の下放《かほう》を含めた政治体制改革に注意を払うべきことを提案する。……政治体制改革と経済体制改革は相互に依存しあったものでなければならない」といった発言などが、当時の彼の考えを代表している（『鄧小平文選』第三巻）。しかし第二次天安門事件を経て、鄧は政治体制改革のことをほとんど語らなくなった。政治体制の改革を唱えれば必ず「党改革」につながり、党の弱体化をもたらす。これは政治の不安定化につながるから避けるという理屈である。

これに影響されてか、やがて積極的に「党政分離」を否定する論調も生まれていた。例えば九三年初めの「党政合一論」と題するある論文は、

「党の執政の地位を承認するならば、党政が分離できないことも認めねばならない。執政党の地位を認めた上で党政を分離することは、本質的に自己矛盾である。……党の基本路線として経済建設を中心に置くことを確定して以後、二つの機能［執政党と政府］は収斂《しゅうれん》し、党政もいっそう分かち難くなった」

と、これまでの鄧の主張、第一三回党代表大会の論調をさえ正面から否定している（『中

国政治』、人民大学複印報刊、一九九三年九期)。鄧がこのような考えに反対意見を出した様子はない。もっぱら経済の改革開放と政治の安定を力説するだけであった。こうした鄧の変化は、あたかも経済と政治の改革・発展を並行的に追求した西側モデルから、政治を引き締め(権威主義体制の維持)、経済の発展のみを追求する東アジア・モデルへの転換として捉えられそうである。鄧を継いだ江沢民は、まさにこうした方針の実践者であった。

二つめについて、八九年秋から九一年にかけて特に目についたのはアジアを重視した外交の展開であった。周辺地域に対して銭其琛《せんきしん》外相、徐敦信《じょとんしん》外務次官らの活発な根回し外交が展開され、江沢民や李鵬の周辺諸国歴訪が目立った。九〇年の五月にはモンゴル、八月にはインドネシア、一〇月にはシンガポールなどこれまで懸案となっていた国々と国交を正常化し、さらに李鵬総理の二度にわたる東南アジア歴訪(八月、一二月)、中印《ちゅういん》関係の改善、韓国、台湾との経済文化交流の促進などが見られた。そして、同年秋、北京でのアジア競技大会が開催された。

一九九一年に入り、四月には韓国と貿易代表部の設置で合意し(翌九二年に国交樹立)、八月には日本の海部《かいふ》首相が訪中し、中断していた第三次円借款の供与を再開した。さらに一一月には中越《ちゅうえつ》紛争以来対立していたベトナムとの関係正常化が実現し、アジア諸国との関係は大幅に進展した。銭其琛外相は、九〇年の中国外交を回顧して「現在、中国と周辺諸国との関係は建国以来最良の時期にある。これは中国の経済建設に有利であると同時に、アジア太平洋地域ひいては全世界の平和と安定にも積極的な影響をもたらすであろう」と力説した(『北京週報』一九九一年第一号)。こうしたアジア外交の展開によって、貿易、対中投資は比較的良好な増額を示した。

守勢に徹する

鄧の三つめの判断、「中国はまだ弱い」という認識は、八九年秋のリベラル派イニシアティブによる東欧社会主義諸国の解体からソ連邦消滅、そして冷戦崩壊という過程で如実《にょじつ》に示されている。第二次天安門事件で国際的孤立化を強いられ、国内では次項で触れるように「左派勢力」が勢いを盛り返していた。彼らは、社会主義イデオロギーの堅持を重視すると同時に、ゴルバチョフ改革の結果ソ連の弱体化が顕著になっていったため、「中国こそが社会主義の大国として先頭に立つべし」といった主張を展開していた。さらに中国にとって衝撃だったのは「湾岸戦争《わんがんせんそう》」であった。一九九〇年八月、突如クウェートに侵攻したイラクに対して、九一年一月一七日、米国を中心とする国連多国籍軍はハイテク兵器を本格的に使用し、イラク軍を攻撃し、二月二八日に圧倒的優勢のうちに戦争を終結させた。

イラク敗北を目の当たりにした鄧は、江沢民、楊尚昆、李鵬、劉華清《りゅうかせい》ら党軍指導者に、資金を捻出《ねんしゅつ》しハイテク兵器開発に力を入れるよう指示した（『争鳴』一九九一年五期）。しかし鄧は同時に三月上旬、江沢民の訪ソを控えて講話を行い、「われわれは外交カードをもてあそばない。ソ連と組んで米国と対抗しない。……われわれと米国との間には、直接の利害衝突も歴史が残した争いの種や紛糾もない」と極力、米との関係緩和のメッセージを送った（同上、同年六期）。そしてほぼ同じ頃、後に改革開放期の中国外交の基本方針としてしばしば引用されるようになった「二十四文字指示」が内部に通達されたのである。

それは「冷静観察《れいせいかんさつ》、站穏脚跟《たんおんきゃくこん》、沈着応付《ちんちゃくおうふ》、韜光養晦《とうこうようかい》、善於守拙《ぜんおしゅせつ》、絶不当頭《ぜつふとうとう》」の二四文字であり、その意味するところは「冷静に観察し、足元を固め、落ち着いて対処し、能力を隠し、ぼろを出さず、決して先頭に立ってはならない」である。後に四番目の四字熟語をとって「韜光養晦」外交と呼ばれるようになる。まさに天安門事件による手痛い打撃を実感し、かつ自らの力量の弱さを踏まえ、党内保守左派の景気のよいかけ声を強く戒めた彼の指示であった。

さらに九一年八月一九―二一日にソ連では保守派クーデターが起こり、ゴルバチョフが事実上失脚した。事件の最中、鄧は「ソ連に激変が生じ、各国の注目を集めるのは必至だ。巻き返しがあると思うか？　私はあると思う。……われわれはソ連情勢とその発展について論評してはならない」と軽率な発言によって中国が社会主義の先頭に押し出されることを戒めた。そして結局ソ連保守派クーデター失敗の直後、ソ連解体を西側からの「和平演変《わへいえんぺん》」によるものと判断した上で、新たな「十二文字指示」を出した。すなわち「兵臨城下《へいりんじょうか》、敵強我《てききょうが》弱《じゃく》、以守為主《いしゅいしゅ》（軍勢が城に迫ってきたとき、敵が強く我が弱ければ、守りを以て主と為す）」という守勢に徹する方針であった。鄧はそれほどまでに国内の経済回復を重視し優先していたのである。

鄧小平路線の継承と挑戦――南巡講話

左派の巻き返しと鄧小平批判

国内に目を転じてみよう。一九九〇―九一年は、左派の思潮がチャンスとばかりに荒れ狂った。例えば趙紫陽派を追い出した中央宣伝部管轄の『人民日報』は、九〇年一月一五日から一九日まで五日間連続して聞迪《ぶんてき》「社会主義は中国を救える」と題する署名論文を大々的に掲載している。隔月刊誌『当代思潮《とうだいしちょう》』も九一年第二期に、「改革開放なら、社会主義か資本主義かを問わなくても良いのか」を発表した。『真理的追究』『高校理論戦線』など「左派色」の強い雑誌なども、個人経営や郷鎮企業《ごうちんきぎょう》、外資系企業を批判する論調で大いに論陣を張った。人々は「左派の巻き返し」に怯《おび》え、息をひそめはじめた。

こうした中で、突然上海《シャンハイ》から改革開放の雰囲気を再生させようとする動きが沸き起こった。『解放日報《かいほうにっぽう》』九一年二月一五日付の第一面に、皇甫平《こうほへい》という意味ありげなペンネームの論文「改革開放の〝先達羊〟になろう」が掲載された。これは「未《ひつじ》年の九一年を改革開放の年にしなければならない」、「改革開放は上海が困窮を脱し振興を求める唯一の活路だ」、「新しい改革開放の世論環境を作り出さねばならない」などと、改革開放に対して極めて積極的な主張を展開していたのである。同紙はさらに同じ皇甫平の名で、三月二日「改革開放には新しい思考方法が必要である」、三月二二日「開放拡大についての認識をより深めねばならない」、四月二二日「改革開放には才徳兼備の幹部を大勢必要とする」と題する論文を連続して掲載した。ちなみに「皇甫」は上海市街を流れる「黄浦江」、「平」は鄧小平から取ったものである。上海「浦東開発《ほとうかいはつ》」の取り組みが始まった中で、改革開放の気運を一気に取り戻そうとの試みであった。

しかし、これに対する反発も依然根強いものであった。例えば党の機関誌『求是《きゅうぜ》』九一年一六期（八月）は「社会主義の方向に沿って引き続き改革開放を推進しよう」と題する論文を掲載した。そこでは「二種類の改革開放観を区別する重要な違いは、……社会主義か資本主義かを問うことである。こうしてこそ、われわれの改革開放が終始、社会主義の方向を堅持し、重大な誤りを避けるよう保証できる」と主張している。さらに同じ頃、「社会主義観を樹立する七つの問題について」と題する論文の中に以下のような批判が含まれていた。すなわち「『改革は中国第二の革命である』と書いている論者がいるが、こうした提起のし方は検討する必要がある。……改革は社会主義制度を改善し、発展させる活動の一部であり、社会主義革命の内容の一部であって、決してすべてではない」（『交鋒《こうほう》』）。「改革は第二の革命」という言い方は、『鄧小平文選』にタイトルとして用いられている表現そのものである。まさに鄧を直接批判する内容であり、こうした動きは予想以上に根強いものであった。

鄧小平の最後の檄「南巡講話」

しかし、逆境者鄧小平は大胆な反撃を試みた。当時すでに八七歳という高齢にもかかわらず、一九九二年春節《しゅんせつ》の頃の一月一八日から二月二一日にかけて、鄧はまず湖北省の武漢、そして広東《カントン》省の経済特別区である深圳《しんせん》、珠海《しゅかい》、さらにこれからの経済発展のカギとなる上海を訪れた。そしてそれぞれの訪問地で重要講話を行い、改革開放をもっと加速すべきだとの主張を繰り返したのである。例えば以下のように力説している。

「改革開放は肝っ玉をもっと大きくし、大胆に試みよ。纏足《てんそく》の女みたいではダメだ。これと見定めたら大胆に実験し、大胆に突き進め。……『冒進《ぼうしん》』の精神がひとかけらもなく、気迫、気力がなければ、素晴らしい道も新しい道も切り開けず、新しい事業もやれない。……突き進む勇気がないのは、とどのつまり資本主義のものが増え、資本主義の道を歩んでいるのではないかと恐れているからだ。チャンスをつかみ自らを発展させる上で、カギは経済を発展させることである、……私はチャンスを失うことを心配している。つかまないと見えてきたチャンスもすぐに逃げてしまう」。

さらにこの講話では、「資本主義が市場で、社会主義が計画だというのも間違っている。市場も計画も手段であって、……社会主義にも市場があってかまわない」、「カギは社会主義か資本主義か（姓社姓資論争《せいしゃせいしろんそう》）とよく言うが、物事の是非を判断する主要な基準は、生産力の発展、総合国力の発展、人民の生活向上の三つに有利かどうかである」といった大胆な主張も行っているのであった。この一連の講話はまもなく「南巡講話《なんじゅんこうわ》」と呼ばれ、三月の党中央政治局会議を経て、中央二号文件として党の正式文書になり全国末端にまで通達された。

こうした激しい呼びかけは、もちろん前に触れた「左派」保守派を意識してのことであるが、そう遠くない将来否応なく迎える死を身近に感じながら、「改革開放の総設計師」と自他ともに認めてきた鄧の最後の直接行動であり、全国に向けた「檄《げき》」でもあった。

沸き立つ人・モノ・資金の動き

私はこの講話に触れたとき、「反冒進派」を押しのけて断固として農業集団化の推進を呼びかけた毛沢東の、一九五五年七月の有名な講話「農業合作化に関する問題について」を思い出した。

「農村には新しい社会主義的な大衆運動の高まりが訪れようとしている。ところがわれわれの一部の同志ときたら、まるで纏足《てんそく》をした女のようによろよろと歩きながら、速すぎる速すぎると愚痴ばかりこぼしている。……あとさきのことを考えてはならず、大胆に運動を指導していくべきだ」。

南巡講話の鄧の言い回しは、あまりにも毛のそれに似ている。最後の賭けに出たとき、鄧は毛沢東の指導を思い出していたのかもしれない。筆者はこのとき、「鄧《とう》は毛《もう》になった」とも心の中で思った。

馬《ば》立誠《りつせい》は『交鋒』の中で、この「南巡講話」を次のように評している。天安門事件以降、「何か言うと社会主義か資本主義かという際限のない喧騒が人々の心を閉ざし、北風がことさら身を切るように感じられた。こうした折から、一月から二月にかけて、鄧小平が南方を視察し、そのときの談話が東南の風のように凍《い》てついた人々の心を溶かしはじめた。それは現代中国の思想の開放にとって今ひとつの里程標とも言えるものである」。

確かに、それほどまでに「南巡講話」は、その後の雰囲気、状況を一変させた。党中央文件として全国に通達されて間もない七月、筆者は瀋陽《しんよう》、鞍山《あんざん》など幾つかの東北の都市を訪れた。各地の街角の至る所の掲示板に、鄧の「南巡講話」とそれに関連した写真が展示されていた。同年六月には、それまで対外開放政策を沿海地域に限定していたが、これを内陸国境にも拡大する「全方位開放」方針を打ち出した。その年の晩秋、筆者はベトナムから北部国境を越えて広西《こうせい》チワン族自治区に入った。翌一九九三年の春、今度は雲南《うんなん》省のミャンマー国境地帯を訪れた。こうした北京、上海、沿海から遠く離れた辺境地域でさえ、投資ラッシュで対外開放区が次々と建設され、人・モノ・資金の動きは沸き立っていた。九二年の経済は一気に回復し、GDP成長率は前年比で一二・八パーセントと大幅増を記録した。もっともそれは逆に経済過熱による深刻なインフレを引き起こすことにもなり、手綱を引く中央指導部の手腕が問われはじめていたのである。

第一四回党代表大会の三つの布石

第一四回党代表大会は、このような背景の中で同じ一九九二年一〇月に開かれた。今から振り返ってみれば、鄧はここで彼自身の最後の「布石」を打っていたように思われる。それは主に三つある。第一は大胆な改革開放路線の長期堅持である。「南巡講話」はその意味での「布石」であったと言えるかもしれない。なぜなら、第一四回党代表大会「政治報告」に見られる基本路線は、「南巡講話」をほとんどそっくり受け入れたものだったからである。

とりわけ八四年の党第一二期三中全会以来、慎重に「市場経済」という言葉を避け「商品経済」と表現し、以後ずっとこの言い方が用いられてきたが、第一四回党代表大会では正式

江沢民　1993年3月27日、楊尚昆（左）の後を継いで新国家主席に選出される

に「社会主義市場経済」論が採用され、「政治報告」のキーワードともなった。さらに同報告は「非公有制経済はわが国社会主義市場経済の重要な構成部分である」と、従来の考えから大胆に踏み出した指摘をおこなっている。一年後の党第一四期三中全会では、「社会主義市場経済」の概念を具体化するために、その内容を五〇項目の指標にして整理し、以後の取り組みの方向性を示した。そしてこの時期から「改革開放路線は一〇〇年は変えない」というスローガンが頻繁に見られるようになっていたのである。

　第二の布石として、第一四回党代表大会で第二次天安門事件以来トップの座に就いた江沢民を文字通り「中核」とし、鄧小平からさえも相対的に自立させるための「布石人事」を行ったことである。江の下で他の新しい指導者が協力して執政にあたるという権力中枢を築く狙いであった。すなわち江は第二次天安門事件直後に急浮上してトップの座には就いたが、未だに自力で安定できるほどの権威はなかった。大きな不安定要因となる問題が二つあった。一つは、鄧に極めて近くかつ江を超える権威をもつ二人の指導者、すなわち楊尚昆国家主席兼中央軍事委員会常務副主席と、万里全人代委員長の存在である。とりわけ楊尚昆は、実弟と言われる楊白冰《ようはくひょう》軍秘書長と組んで軍に大きな影響力を保持していた。

　このままでは鄧亡き後、江沢民と楊兄弟との権力確執の可能性が高い。そうなれば再び左派勢力が浮上し改革開放に深刻な影響をきたす。おそらく鄧はこのことを強く懸念したのだろう。第一四回党代表大会と翌年春の全人代会議を経て楊兄弟らを引退に追いやった。軍では一度引退していた野心のない人望家劉華清《りゅうかせい》を常務副主席に指名し、軍における江沢民の後見人に当て、江批判勢力ににらみをきかせた。

次代指導者の育成と抜擢

もう一つの懸念材料は、次代を担う中央指導者たちがほとんど江と同世代であり、中央の実績から言えば李鵬、喬石《きょうせき》、李瑞環《りずいかん》らは江に勝っていた。権威の上で圧倒させておかないといつひっくり返されるかわからない。そこで鄧は、楊尚昆引退で空白になった国家主席のポストをも江沢民に掌握させ、党・国家・軍のトップを彼に独占させたのである。これによって他の指導者との立場的な違いは明確になった。その上での課題は、いかに彼らの間に役割分担をさせ、協力関係をつくるかであった。

胡錦濤　二階級特進で中央政治局常務委員に抜擢される

保守派に担《かつ》がれもっとも江に挑戦する可能性を持っていた李鵬は、指導部全体の安定を考えて総理の続投となった。これは「大胆な改革」を主張する鄧から言えば、「政治安定」を重く見たある種の妥協であった。ただし、同時に改革開放の実質的な推進役として、行政能力と実行力で評価の高い「辣腕《らつわん》」朱鎔基《しゅようき》《チューロンジー》を九一年に副総理に抜擢《ばってき》し、第一四回党代表大会ではさらに三階級特進で党中央政治局常務委員兼常務副総理に抜擢し、彼の実行力に期待した。

そして万里の後の全人代委員長に喬石をあて、江沢民とは幾分距離のある「ライバル」李瑞環をやや格落ちだが、それでも重要ポストの政治協商会議主席に就けた。同時に江沢民はかくも権力を独占しながらも、独裁者ではなく彼らの間の「調整者」であることが強く期待された。李鵬、朱鎔基、喬石、李瑞環はそれぞれの持ち場で重要な仕事をこなす。そして江沢民が全体のバランサーとなる。この点では彼はうってつけの人物であったかもしれない。朱建栄《しゅけんえい》は江沢民を「無為の指導者」と評したが、当時の彼をこのように見なすことはまさに言いえて妙であった（『江沢民の中国』、中公新書、一九九四年）。かくして第一四回党代表大会は、ほぼ同世代からなる「第三世代指導体制」を確立したのであった。

さらにもう一つの「布石」があった。最高政策決定機関といわれる党中央政治局常務委員七名の中に、当時弱冠四九歳であった胡錦濤《こきんとう》を二階級特進で抜擢した。筆者はそれを「ポスト江沢民への布石」だと見た。そこまで考えるとは「鄧小平を買いかぶり過ぎている」と言われたことを覚えているが、一〇年後の二〇〇二年、第一六回党代表大会で胡錦濤は江の後継者となった。しかもこの時、「胡錦濤の抜擢は鄧の意向に沿ったもの」との言い方が広く伝えられている。第一六回党代表大会の中央人事では鄧亡き後、江沢民自身が「ポスト胡錦濤」を連想させる若手指導者の抜擢をすることができなかった。それほどまでに中央人事への若手の抜擢は異例のことであり、強力なイニシアティブなしには可能ではない。これらから見れば第一四回党代表大会での胡錦濤の政治局常務委員への抜擢は、将来を見据えた鄧自身による「布石」であったといってもおかしくはない。

「政治芸術家」鄧小平の死

話は少しさかのぼるが一九八七年初め、胡耀邦失脚の余波が強かった頃、共青団中央書記経験者の二人の若手指導者が地方に転勤を命じられた。胡錦濤が省として最貧地区の貴州省党書記へ、王《おう》兆国《ちょうこく》が台湾に最も近く対外開放の拠点の一つである福建省の省長代行（まもなく省長、書記）へ赴任した。当時多くの論者は共青団出身の胡耀邦失脚に関連した「降格人事」と噂したが、筆者はそうは見なかった。彼らを地方で鍛え、後の中央指導者として力量をつけさせるための「鄧の布石」と判断した。もちろん、それは彼ら二人が中央指導者としての資格があるかどうか、力量をつけることができるかどうかが試されていることをも含めての意味であった（天児慧『中国改革最前線』）。

鄧小平の死　1997年2月、中国経済特区深圳にて。逝去した鄧小平の巨大な肖像に献花する人々の列は絶えない

あにはからんや、胡錦濤は貴州省の後、最も統治の困難なチベット自治区の党書記に転任し、九二年に中央に戻った。その後、党中央書記処を取り仕切り、中

央党校校長に任じられ、九七年の第一五回党代表大会では党中央軍事委員会副主席、翌年の全人代会議では国家副主席に就くなど着々と上昇していった。王兆国《おうちょうこく》も九〇年国務院《こくむいん》に新設された台湾弁公室《たいわんべんこうしつ》主任として中央に復帰した。もっとも王兆国のその後の昇進は胡錦濤に比べて劣り、党中央統一戦線部長、政治協商会議副主席を経て第一六回党代表大会で中央政治局員に、二〇〇三年春の全人代で全人代副委員長に昇進した。〇四年の全人代会議の「憲法改正案報告」で久々に脚光を浴び、全人代常務委員会での活躍が期待されたが、その後目立った活躍もないまま引退した。

江沢民指導体制が一段と強化されたのは、一九九四年九月に開かれた党第一四期四中全会においてであった。この会議で「中央指導体制の第三世代への移行が完了した」との公式的な声明が出された。それはおそらく天安門事件で趙紫陽が明らかにした「重要事項は鄧小平同志が舵を取る」という秘密決議の解消さえ意味していたと思われる。これによって鄧は政治指導のすべてから身を引いた。しかしさらになお「鄧自身が生き続ける」ことに政治的な意味があった。江沢民が「集団指導」で無難に問題を処理しさえすれば、鄧が長生きすることは江の権威上昇に有利で、潜在的挑戦者の立場は不利になる。それが同時に政治安定につながるのである。

鄧は第一四回党代表大会で最後の「布石」を打った後、五年間生き続け、静かにこの世を去った。九七年二月の「鄧の死」は、権力継承という点では何の波乱も起こらなかった。これらの布石の打ち方を見ていると、毛《もう》のやり方が「敵」を見据えてからどう打倒するかという「軍事芸術」と言われるのに対して、鄧のやり方は変わり行く状況を的確に判断しながら次々と「ベター・チョイス」をしていくという一種の「政治芸術」と言えるかもしれない。

朱鎔基改革

漸進的な市場化と都市化

鄧に改革開放の推進、加速の指揮者を期待された朱鎔基《しゆようき》が、第一四回党代表大会以降俄然《がぜん》、目立つようになってきた。もちろん彼が期待されたのは、改革開放を推進し経済の高成長を持続させるということであったが、同時に九三年頃から顕著になってきた「経済過熱」をいかに冷却させ、物価上昇を抑制するかであった。ただし高成長を維持しながらという難しい条件がつけられての「船出」であった。ところで、九二年から正式に「市場化」という言葉が公認されたが、以前にも触れたように実質的な市場化は七八年以来、人民公社制から家庭請負生産責任制への転換、非国有制の郷鎮企業の普及、原材料・商品・労働力などの市場形成、価格改革などを通して徐々に進んでいた。

中国の場合、市場化とは①計画経済から市場経済への転換と、②伝統経済から市場経済への転換の二つの意味が含まれていた。①の指標としては工業生産総額に占める非国有セクター（集団、個人、株式、外資系企業）の増大が典型事例である。その割合の変化を見ると八〇年にはわずかに二四パーセントでしかなかったが、九二年には四八・五パーセント、そして二〇〇一年には実に八二パーセントを占めるまでに至っている。八五年時点でも中国自身、社会主義の重要概念の一つに計画経済をあげていたのであるから、その面から見ても社会主義の根本的変化が進んでいると言うことができよう。②の指標としては、産業構造、都市化、階層構造などの変化が挙げられる。八〇年から九二年までの産業構造の変化は、第一次産業就業者が一〇・二パーセント減少しているが、労働者の約五〜六割は農業従事者で、第二次第三次への移行は緩やかである。二〇〇〇年、〇一年を見ると第一次産業就業者は全体の五〇パーセントで止まっている。

人口を基準とした都市化でも、一九八〇年の一九・四パーセントから九三年の二八・一パーセントへと着実に変化しているが、日本の六〇年代高度経済成長期のドラスティックなまでの都市化現象と比べれば、これもはるかに緩やかである。この「漸進的《ぜんしんてき》市場化」の特徴は、第一に明確な目標モデルがなく、市場化がなし崩し的に進められたこと、第二にシステムとして機能させる条件が欠如していたため市場経済への移行、すなわち改革の方法が「漸進的」であったことである（加藤弘之『中国の経済発展と市場化』、名古屋大学出版会、一九九七年）。むろん巨大領域で多様な経済状況、発展条件を持つ中国において、一気に全国的な規模の市場化が進められるはずはなく、こうしたパターンこそ比較的健全な歩み方であったと言えるかもしれない。

過熱経済の軟着陸

しかし鄧の「南巡講話」以降、主として各地方において「開発区ブーム」が沸き起こるなど国内外の投資過熱が顕著となった。どの地方でも指導者たちは「今こそチャンス」と我もわれもと重複したプロジェクト建設をはじめた。確かにそれはＧＤＰを大幅に引き上げるものではあったが、膨大な不良債権と重複の無駄をも生み出すものであった。それゆえに放置しておけば「バブルの爆発」は不可避であった。同時に外資系企業や新しいタイプの個人経営企業、株式経営企業などが増大していく中で、国有企業の不振は一段と加速し赤字は大幅に増える一方であった。したがって朱鎔基《しゅようき》は、経済成長を維持するために外資導入を継続して奨励し、同時に健全な国債を大量に発行する一方で、経済過熱を冷却化するために地方が乱発する不良債権の抑制・整理に乗り出した。

朱鎔基は改革開放の推進という点では鄧小平と同じ考えであったが、権限の下放《かほう》、分権化による市場化の推進という方針をとった鄧小平と対照的で、むしろ彼はいかに地方に「放」された権限を中央に「収」するか、マクロ・コントロールをいかに強化するかに取り組んだのであった。しかもマクロ・コントロールはかつての党による直接の行政命令ではなく、間接的なものでなければならない。その重要なカギは銀行改革と財政改革であった。九三年に朱鎔基は中国人民銀行の行長も兼任し、乱発される債券の発行、無担保の銀行融資などを強く取り締まり、「過熱経済」の軟着陸をはかった。

もう一つの税制改革は、これまで中央と各省の間で用いられていた財政請負制の転換を図ることであった。すなわち請負制は一定の中央への上納分を除きすべて地方が利益を留保できる仕組みであり、これでは沿海地域など経済発展の顕著な地域はますます財政が豊かになるが、中央の取り分はいっこうに増大せず、それによって中央のコントロール能力も弱体化する。ちなみに国家財政収入のＧＤＰに占める比率は、八〇年の二四パーセントから、九三年には一六パーセントに減少、そのうち中央財政の配分比率は、八四年の五六パーセントから九三年には三五パーセントと落ち込んでいた。その上、請負制では、毎年中央と各省間の取り分がネゴシエーションによって決められるという、金に絡まる「不透明な決定部分」を残しており、経済グローバリゼーションの波に乗って発展を図る中国の大きな障害ともなってきた。

納税システムの不備と脱税

こうした状況を前に一九九四年、朱は八〇年代後半にすでに提起されながらも実施できなかった「分税制《ぶんぜいせい》」の本格的な実施を決断し、その推進に取り組んだ。これは想定できる取り立て対象のあらゆる品目を「中央税」「地方税」「中央・地方共有税」の三種類に分類し、「共有税」は中央と地方の配分比率をあらかじめ決めて配分するという制度であった。中央税は消費税、関税、金融・鉄道・銀行本店・国有企業などの所得税・営業税などである。地方税は中央が対象としない企業・機関や個人の営業税・所得税、土地の使用税・付加価値税、農業・牧畜・特産物税などである。共有税は付加価値税（増値税《ぞうちぜい》）と資源税で、中央＝七五パーセント、地方＝二五パーセントが基本である。

分税制が徹底されれば、経済発展が続く限り中央財政の増額は約束され、かつ不透明な中央・地方の財政関係が透明化、制度化されることになる。しかし、「分税制」の採用は当然にも収益の大きな沿海各省からの強い不満があり、かつ中央・地方間の従来の既得権益を壊すものでもあったから、さまざまな形の抵抗に遭遇した。例えば共有税の中で中央の取り分が七五パーセントになっている増値税について、以前の地方の既得権益を確保するために、中央から地方へ税収返還がかなりの割合で依然行われているといわれている。神野直彦は「分税制」改革について、「地方政府の〝既得権〟と妥協せざるを得なかったために、外見上は中央政府の財政力が強化されたように見えるものの、実態的には現状追認的改革に終わってしまった」と厳しく見ている（『NIRA政策研究』第一〇巻、一九九七年）。

税制改革に関しては、二〇〇一年五月に税金徴収の基本法「税収徴収管理法（新徴管法）」が制定され、運用にあたって細かく規定した「税収徴収管理法実施細則」も一〇月に施行された。しかし全体的な法制度の不備、極めて弱い納税意識とその罰則規定の不備など、まだまだ多くの課題を抱えているのが現状であろう。例えば、〇二年のあるデータによると全国の預金総額の八〇パーセントを占める富裕層の納税総額への貢献度は二〇パーセント以下とのことで、一部の金持ちの間では国家の納税システムの不備に乗じて「脱税」が広がっている。もちろん、脱税は個人所得税に限ったものでなく、国税局の調査によると、多国籍企業の脱税額は年間三〇〇億元にものぼると推定されている。

三つのディレンマ

ところで、以前にも指摘したように、鄧小平改革は核心的な部分の改革を後に残し、やり易いところから取り組むという、いわゆる「体制外改革」であった。そのため一定の段階に進んだ後、否応なく「体制内改革」に入らねばならなかった。それが一九九三年の党第一四期三中全会の「決意」であった。三中全会「社会主義市場経済に関する決定」の核心は、「国有企業の経営メカニズムをいっそう転換し、市場経済の要求に即応し、所有権がはっき

り し、権限と責任が明確で、行政と企業が分離し、管理が科学的な近代的企業制度を確立し、……全国的に統一された開放的な市場体系を確立し、……政府の経済管理機能を転換し、間接的な手段を主とする完璧なマクロ・コントロール体系を確立すること」であった。

そこで、まずこれまで部分的にしか手がつけられなかった「国有企業の抜本的改革」が求められたのであるが、それは三重の意味での「ディレンマ」を抱えていた。一つは「所有制」に手をつけることの困難さからくるものである。すなわち建て前上は依然として社会主義所有制を語りながらも、「株式化」によって事実上、従来の所有制を解体していく道を選択した。国有資産が株式化されるのであるから、無条件であれば資本主義と変わらない。何をもって「社会主義」が維持されるのか。当初は政府株（国有株）が半分以上保持されていれば公有制（社会主義）は維持されていると言っていた。

それが九六年の第一五回党代表大会「政治報告」では、「公有制の実現形式は多様化してよいし、多様化すべきである」といって「株式化」を積極的に奨励するようになっている。その上で公有制について「カギは株式支配権が誰に握られているかである。国や集団が株式を支配していれば、それは明らかに公有制である」とまで公有の縛りをゆるめた。

このように「社会主義経済」の中身を次々と変えながらも、結局「社会主義」を看板に掲げる限り政府コントロールにこだわらざるを得ない。したがって政府イニシアティブを確保するために、公開株、非公開株、A株（国内流通のみ）、B株（国際流通）といった複雑な枠組みを作ってしまった。そのため本来の「株式化による企業の活性化」という目的を自ら大きく規制してしまうというディレンマに陥ってしまった。

雇用・失業問題と国家資産の不当流出

二つには国有企業内の労働者再配置・再雇用問題からくるディレンマである。先にも述べたが、国有企業の工業生産額シェアは連続して下降し二〇〇〇年には二三パーセント、〇一年には一八パーセントを占めるに過ぎなくなった。しかし国有企業が抱えている労働者の工業部門シェアは、二〇〇〇年で三五パーセント、〇一年で三二パーセントと集団・外資・私営企業などを圧倒し依然として高い。従来でさえ国有企業は過剰に労働者を抱えているところが多いと言われてきた。しかも外資系企業、私営企業、郷鎮企業などの参入によって、もともと非効率的であった国有企業はますます不振にあえぐようになり、倒産か抜本的な改革が必至になってきた。にもかかわらず雇用制度、失業保険制度、社会の再雇用能力は極めて不十分で、このままで国有企業改革を強行するなら膨大な失業者を噴出させることになり、社会問題が一気に深刻化するというディレンマである。社会保障制度の改革が急がれるのであるが、全国的規模で取り組むには資金がかかりすぎるし、各地方政府に任せると自力ではほとんど取りかかれない地域がかなりあるという問題が出てくる。

三つには、一とも関連するが政府イニシアティブ確保のために設けた「非公開政府株」からくる問題である。非公開であるだけに特定の政府幹部と企業幹部しかこの実態を知らない。しかもこれをどのように管理し運用するのかという制度的な手続き、法律も不十分なままであった。このことから特定の幹部たちがひそかに国家資産を流用し、膨大な不当利益を得るという現象が起こった。もともと改革開放政策が始まって以来、さまざまな「腐敗」現象とその要因があった（これは次章で触れる）。しかし九〇年代後半からの国家資産不当流用問題はもう一つの重大な要因となった。二〇〇三年三月の全人代会議で政府当局は「国有資産管理局」を設置し、国家資産の不当な流出を食い止めるためにようやく本腰を入れはじめたのである。

朱鎔基改革の第二段階

話を少し戻そう。一九九七年、第一五回党代表大会が開かれた。鄧小平死後初めての大会で政治の不安定化が問題にされたが、江沢民はそれをうまく乗り切った。最大の目玉は、李鵬に代わって朱鎔基を総理に就任させたことであり、文字通り改革の大ナタを振るう決断が表明された。党大会が終わってまもなく全国金融工作会議、中央経済工作会議が開かれた。その席上で朱は国有企業改革、金融改革、政府機構改革こそ「今後三年間で解決する三大改革」と大見得を切った。「体制内改革」は明らかに相当の出血を伴う「身を切る」改革であり、たとえ「辣腕」の朱鎔基といえども多くの抵抗、障害にぶつかることは必至であった。その時「これほどの困難な改革に三年間という期限を切るとは、朱は背水の陣をしいた覚悟だ、できなければ朱は死ぬ気だ」と私は感じた。

そこで朱は何を考えたか。彼は経済の開放政策をさらに加速させ、いわゆる「外圧」の力を利用し、あるいは外資を用いて「体制内改革」を推進しようと考えた。そのキーポイントこそ「ＷＴＯ（世界貿易機関）への加盟」実現であった。この試みは八六年にＷＴＯの前身である「ＩＭＦ加盟」申請を行って以来、実に一〇年を超える歳月を費やしていた。しかし例えば農業、自動車産業、情報（ＩＴ）産業、金融業など七業種での例外事項（関税割当管理手段）を求める中国側の要求、これに対してできるだけ例外事項を少なくし、関税の壁を低くしようとする先進諸国の主張、また「知的所有財産保護」など中国に対する制度的不信感などによって双方は折り合いがつかないままであった。しかも第二次天安門事件以降は、中国の政治体制への不信が微妙に影響していた。

朱は一九九九年の四月、最大の抵抗国であった米国に直談判をするために訪米を決意した。しかし、金融、ＩＴ産業の自由化など数項目にわたる大幅な譲歩にもかかわらず、米国は高いハードルを崩さず、この交渉は決裂し失敗に終わった。朱は国内の保守勢力の攻撃にさらされ守勢を余儀なくされた。もっとも中国のＷＴＯへの加盟は、国際経済のグローバリゼーションを推進する意味でも有利との考え方が世界的には強まっていた。九九年七月、日本は小渕《おぶち》首相の訪中を機に他の先進国に先駆けて「中国加盟の二国間交渉合意」を実現した。以後中国と先進各国間の交渉は次々と成果をあげ、二〇〇一年一一月、カタールでのＷＴＯ総会でついに中国の正式加盟が実現したのである。

体制内改革の正念場

ところで、朱鎔基の二〇〇〇年までの期限付き「三大改革」の成果はどうなったのだろうか。〇一年三月全人代会議での朱鎔基「政府活動報告」では、「国有大中型企業の改革および三年間の苦境脱却目標は基本的に実現された。……金融改革の歩調は速まった」とその成果を力説している。九〇年代に入って、ますます赤字が増えるといった悪化の一途をたどる

温家宝　2003年3月16日、全人代会議で朱鎔基前総理（右）の後任として新総理に選任された。写真提供：共同通信社

惨憺《さんたん》たる状況の中で、国有企業を株式化するといっても、どこがその株を買うか、あるいは株式化そのものに対するいろいろな抵抗も当然ある。にもかかわらず発表された政府の報告では、数字上大変いい結果を出している。例えば、国有の大中型の赤字企業が六五九九社あって、この六五パーセントがすでに赤字から脱却した。しかも重点企業の五二〇社中四三〇社は株式制への移行をした。この国有企業は、業種で言えば一四種あって、それがほとんど前年末で黒字化を実現できたという報告である。政府機構改革も中央レベルでは基本的に完成し、地方政府レベルの改革に移行したと言われた。二〇〇二年三月の「政府活動報告」における成果報告はもっと進んでいた。朱鎔基はそれらの成果を誇らしげに披露し、引退の花道を飾ったというわけである。

もっともこれについてはもう一度検証をする必要がある。まず、中国人経済学者に聞いた話だが、国有企業の赤字脱却のトリックは簡単なことで、赤字企業の中で倒産した分はすべてカウントしていない。したがってもし倒産企業も含めて黒字化を計算するなら、その数値ははるかに低くなるはずだと。

あにはからんや、〇二年一二月九―一〇日に開かれた中央経済工作会議で〇三年の改革の重点として掲げられた四項目のうちの三つが、①国有企業と国有資産管理体制改革の深化、

②金融体制改革の着実な実施、③行政管理体制改革の深化であった。これは「三大改革」そのものである。さらに〇三年三月の全人代会議で朱の後任として新総理に就任した温家宝《おんかほう ウエンチアパオ》が最初の記者会見で示した重要課題も「三大改革」に「三農（農民・農業・農村）改革」を加えて「四大改革」に取り組むということであった。「三大改革」はまだ終わっていない。中国の抱える課題はまだまだ大きい。これは次章で述べる。実質的な「体制内改革」の正念場はこれからというところであろうか。

米中関係と台湾問題

クリントン政権と李登輝の登場

一九七九年の米中国交正常化以降、言うまでもなく米中はソ連という「共通の敵」を持っていたために、問題をはらみながらも協調的関係は順調に発展していた。最もネックになっていた「台湾問題」は、米中が正常化してまもなく米国が国内法として「台湾関係法」を採択し、これを中国が内政干渉と言って抗議したこと、その後の米国の台湾への武器供与など、双方の対立の火種として常に存在していた。しかし、「共通の敵」の存在に加えて、鄧小平の改革開放路線の推進が米国との協調を不可欠としていたこと、米国も西側に大きく門戸を開く中国に好感を持っていたことなどによって、八〇年代には「台湾問題」は双方の深刻なテーマにならなかった。

しかし八九年、第二次天安門事件の勃発によって前述のように米国は中国当局を強く非難

李登輝　台湾生まれの本省人として初めて総統になった

し、経済制裁を加えた。同じ時期に中ソ関係の正常化が実現し、さらに「ベルリンの壁」が崩れ、やがて東欧諸国、ソ連といった社会主義諸国の解体によって、第二次大戦後の国際社会の基本的枠組みであった「冷戦《れいせん》」体制が崩壊した。前にも述べたように鄧小平はこの時「守りの外交」に徹し、経済再発展に集中しようとした。しかし、米中関係は人権を重視する民主党のクリントンが大統領に就任したことも加味され、一挙に冷え込んだ。そうした中で再び浮上してきたのが「台湾問題」であった。

一九七一年から七九年にかけて、国際的に深刻な孤立化を余儀なくされた台湾は、蔣経国《しょうけいこく》総統《そうとう》の下で八六年、結社・報道の自由を禁じた「党禁《とうきん》」「報禁《ほうきん》」を解除し、「国民党一党独裁体制」に自ら風穴を開けはじめた。八七年には戦後初めて民間人の「大陸親族訪問」を許可し、中台関係《ちゅうたいかんけい》の新時代到来を予感させた。しかし八八年一月、蔣経国は糖尿病によって突然他界し、副総統の李登輝《りとうき》が後を継いだが、それは台湾生まれの本省人が初めて国民党主席、中華民国総統になったということを意味した。李登輝は蔣経国が基盤を整備した台湾経済の国際化をいっそう進めると同時に、天安門事件による中国の国際的イメージダウンを「新台湾建設」の好機と捉えた。

一国二制度と一国二政府

李登輝は「独裁国家中国」に対して「民主台湾」を売り込むべく、野党の容認、複数政党による選挙の実施など政治体制の民主化を積極的に推進した。また中国との経済交流を香港経由ではあるが本格的に開始した。さらに「全中国を代表する中華民国」といういわば「虚構の中国」にもメスを入れ、いわゆる「中華民国の台湾化」、すなわち台湾本島、金門《きんもん》、馬祖《そ》など現実に統治している地域のみを領土とする「中華民国」への改編を進めた。さらに国際社会に対しても、従来の「中華民国こそ中国を代表する唯一合法の政府」という主張を降ろし、実務的に関係を持てるところとは積極的にそれを強めていくといういわゆる「弾性《だんせい》(柔軟)外交《がいこう》」に転じた。

その上で、中華人民共和国を大陸を統治している現実の政治実体と認め、従来の「三不主義《さんふしゅぎ》」(共産党とは妥協せず、接触せず、交渉せず)を放棄し、中台関係改善のための「対話」の開始を試みた。非政治領域での両岸交流が増大し、実務的な問題も発生するようになった。そこで、それらを処理する機関として九一年、中国側に海峡両岸関係協会《かいきょうりょうがんかんけいきょうかい》(会長汪《おう》道涵《どうかん》)、台湾側に海峡交流基金会(理事長辜《こ》振甫《しんぽ》)が設けられた。その他、中国側には共産党中央に「台湾問題指導小組」があったが、加えて国務院に八八年に「台湾事務弁公室」が設置された。他方台湾側も、九〇年に総統府内に大陸政策の最高方針決定機関として国家統一委員会が、九一年には行政院(政府)に大陸委員会がつくられた。このように双方各レベルでの対話・交渉システムができ、「統一に向けた」交渉が本格化するかに思われていた。

しかし、台湾側は、中国の提唱する「一国二制度」方式による統一は、いくら多くの「自主権」が与えられても台湾はただの「地方政府」（台湾省特別行政区）であり、受け入れられないと拒否した。この時期台湾当局が提唱してきたのは「一国二政府」方式、すなわち「二つの国家、二つの対等な政府」構想であった。これには中国側がまったく応じようとしなかった。歴史にif《イフ》は禁物であるが、もしこの時中国が対話の姿勢を示していたら、台湾は今日見られるほどの強い「独立志向」にならなかったかもしれない。しかしいずれにせよ、対話の機関が生まれそれが機能しはじめた。九三年四月には両岸の民間機関のトップ、汪道涵《おうどうかん》と辜振甫《こしんほ》がシンガポールで中台問題を語る「第一回中台民間トップ会談」が実現した。

台湾海峡の軍事的緊張

この会談の報告を受けた鄧小平は、

「もし台湾が一つの中国という全般的原則を確認し、一つの中国という全般的原則を損《そこ》ねないなら、いかなる問題をも話し合うことができる。……李登輝《りとうき》先生が訪中するなら党主席でも個人の身分でもよい。来るならば彼に大きなお土産を持たせるべきである」

と語った（斉辛《せいしん》論文、『九十年代』一九九三年六期）。しかしここでの「お土産」は「台湾総統を国家副主席に就ける」ということがギリギリの線であって、「一国二制度」方式は譲れず、「対等の政府」など論外であるというのが基本であったと推測される。しかし李登輝

意識＼年・月	93・1	96・11	97・11	98・10	99・10	00・2	00・4
私は台湾人	16.7	24.9	43.3	38.0	39.7	45.0	42.5
私は台湾人で中国人	32.7	49.5	39.4	44.9	45.7	38.4	38.5
私は中国人	48.5	20.5	17.3	12.3	10.1	13.9	13.6

アイデンティティの変化＝台湾人意識・中国人意識（行政院大陸委員会世論調査　数字は％）

は「対等な二つの政府」の立場を断固譲らなかった。それを可能にしたのは、米国、ましてや日本など「外部的支援・要因」によるものではなく、以後一段と強まっていく台湾の自立＝自決意識、すなわち「台湾アイデンティティ」という「内部的要因」であった（上の表参照）。

一九九五年一月三〇日、江沢民は春節《しゅんせつ》前夜の茶話会で台湾に向けて八項目提案を行った。従来の政策を堅持しつつも、「中国人は中国人と戦わない」、「中台首脳の相互往来の提唱」など新しさも含まれていた。これに対して六月李登輝は「両岸の分治の現実を踏まえて統一を目指す」、「両岸の平等な国際組織への参加により対話促進」などの六項目提案で応じ、平行線となった。飛躍的に経済力を増大させた台湾は、急速に国際社会でのプレゼンスを高めていた。李登輝はこのことを背景に同年六月、「非公式」という条件付きではあるものの「米国訪問」を実現した。このことが中国当局を強く刺激した。七月下旬から中国は『人民日報《じんみんにっぽう》』紙上などで、「分裂を鼓吹《こすい》する自白」（七月二四日）、「両岸関係を破壊した罪人」（七月二七日）など李登輝への激しい個人攻撃を繰り広げた。

続いて秋から翌九六年三月の初の住民直接投票による「台湾総

統選挙」まで、台湾海峡付近で中国軍の大規模な軍事演習が続けられた。もちろん李登輝に代表される「台湾独立勢力」への牽制が第一目的であったが、米国・日本など国際社会への警告の意味も含まれていた。しかし三月下旬の激しい軍事威嚇《いかく》に対して、米国は第七艦隊の空母ニミッツとインディペンデンスを台湾海峡に派遣し、中国を武力で牽制した。国交正常化以来はじめての米中の軍事衝突の危険性が高まる軍事的緊張状態であった。「台湾問題」がまさに米中関係を左右する重大問題であることを世界に示したのである。と同時に初の総統選挙で、李登輝が全得票数の五四パーセントを獲得して他の複数の候補に圧勝し、中国の意に添わない「台湾アイデンティティ」の高まりは否定しがたい現実となっていった。

協調を模索する米中・「自立」を強める台湾

米の強硬な姿勢と台湾の「中国へのノー」の意思表示を前に、中国はまず米国との積極的な関係改善を図った。他方、第一期政権で対中外交が揺れ動いたクリントンも、第二期に入ってコンテイン（封じ込め）よりもエンゲイジ（包括関与）を重視するブレーンを集め、関係改善に乗り出した。九六年七月に入りレーク大統領補佐官の訪中、また翌九七年、ARF（ASEAN地域フォーラム）での米中外相会談の実現によって、双方は「協力関係を強める」ことで一致した。三月の両国の緊迫した事態を考えると急速な転換であった。それを踏まえ九七年一〇月末に江沢民《こうたくみん》の訪米が実現した。ここで米中首脳ははじめて両国関係を「戦略的建設的パートナー」と表現し、そうした協調の枠組み作りが本格化したのである。

翌九八年六月、今度はクリントンが訪中し、「パートナーシップ」が再確認された。北京大学で行ったクリントンの特別講演は、超満員の学生らを魅了し、テレビでも大きく報じられた。さらにクリントンは最後の滞在地上海で、台湾の国際活動を規制したいわゆる「三つのノー」（台湾の独立、「二つの中国」もしくは「一中一台」、主権に絡む国際機関への台湾の参加にノー）に言及し中国を喜ばせた。この二年間の米中サミットに象徴される両国関係は、「二一世紀に向けた米中協調の新時代」の到来を予感させるものであった。

それと並行して、中国は対台湾関係の修復にも乗り出した。九八年五月、共産党中央台湾工作会議が久々に開かれ、九五年の「江沢民八項目提案」を確認すると同時に、「台湾同胞の心情を深く理解する」、「台湾人民の利益と願望に配慮する」、「一つの中国を前提にあらゆる問題が討議できる」など一段と柔軟な政策を示した。そして同年一〇月には、延び延びになっていた「第二回中台民間トップ会談」が北京で実現し、第三回会談が翌九九年春に台湾で予定された。江沢民自身も汪道涵《おうどうかん》・辜振甫《こしんほ》会談のあと、辜振甫を招待し相互理解は大いに深まったかに見えた。

しかし、米中台関係はそれほど単純ではない。九八年の後半、中国当局は中国民主党結成など民主化を求める動きを徹底的に弾圧し封じ込めた。米国はこれに不快感を示した。九九年に入り、コソボ紛争などで混迷するユーゴスラビアへの米国主導でのNATO軍の投入に、今度は中国が批判的態度を示した。そして米軍機が駐ユーゴスラビア中国大使館を爆撃し死者が出るという事件が起こった。中国民衆の反米感情は一気に盛り上がった。さらに今度は米国で中国人による米ミサイル技術「盗用疑惑事件」が暴露され、反中感情が高まった。

このように米中関係が今度は一気に冷え込んでいくタイミングを見計らったかのように、同年七月、李登輝《りとうき》は独ジャーナリストのインタビューに答える形でいわゆる「二国論」を展開したのである。すなわち「中国と台湾の現在の関係は国家と国家の関係であり、少なくとも特殊な国家と国家の関係である」。従来の「二つの対等な政治実体」というやや曖昧な表現から一歩踏み込んだものとなった。

李登輝国民党から陳水扁民進党へ

この提唱によって中台関係改善の見通しは一挙に吹き飛び、「デッドロック」に乗り上げてしまった。もちろん「第三回汪《おう》・辜《こ》会談」も無期延期を余儀なくされた。筆者は後に総統を引退した李登輝に会う機会があり、その時「何故、あのタイミングで二国論を打ち上げたのか」を尋ねた。その時彼は、

「共産党が前年の第二回汪・辜会談後、第三回の日程として出してきたのは九九年の春でした。それを突然秋に延期すると言ってきたのです。何かある。そしてよく考えた結果、秋一〇月一日の国慶節、これは中華人民共和国の建国五〇周年だが、これに合わせて汪・辜会談を行い、国慶節の中で大々的に祖国統一を打ち上げる狙いだと読んだ。これでは中国側のペースにはまってしまう。これを拒否しなければならない。そう考えたのが二国論を打ち出した理由です」

とためらうことなく語ってくれた。李登輝は深謀遠慮の政治家だと痛感した。

その後、米中関係は、Ｇ・Ｗ・ブッシュの登場によって、一段とギクシャクした関係に陥った。二〇〇〇年の大統領選挙中から、ブッシュはクリントンの「対中パートナーシップ」を批判し、「中国はコンペティター（競争相手）だ」と主張しつづけてきた。開票の混迷の中でＧ・Ｗ・ブッシュは辛勝した。中国は警戒感を強めながらも〇一年一月、大統領就任後ただちに父ブッシュと旧知の関係にある楊篪潔《ようこけつ》を駐米中国大使に任命した。さらに三月には銭其琛《せんきしん》副総理を訪米させるなど、積極的に協調関係の構築を求めてアプローチしてきた。しかし四月、海南島上空で米偵察機と中国空軍戦闘機の衝突事故が発生し、中国機パイロットの死、米軍機乗組員の強制抑留と米中関係に緊張が走った。しかしブッシュ政権はいわば「人質」にされた米軍機乗組員を救出するために不本意ながらも「アイ・アム・ソーリー」と発言した。双方の抑制行動によって大事には至らなかったものの不信感は高まった。

他方、台湾では二〇〇〇年三月、二度目の総統選挙が行われた。ここで引退を表明した李登輝に替わり、「台独派」陳水扁《ちんすいへん》が僅差で当選し、台湾戦後史上初めて国民党が政権の座を下りることとなった。それは同時に李登輝政権一〇年の歳月の中で着実に「台湾人意識」が高まり、浸透していったことを意味していた。陳水扁の執政は必ずしもうまくいっているとはいえない。民進党《みんしんとう》など陳の支持基盤は議会で過半数を取れず依然として少数与党である。さらに彼が就任した時期から台湾経済のカナメであるＩＴ産業のバブルがはじけ、台湾も深刻な不況に陥った。それを打開すべく李登輝時代に比べ積極的な大陸進出の施策をとったのであるが、急激な大陸への工場移転は大量の失業者を生み出した。民進党が目玉とする環境

国民党が初めて下野　2000年３月、台独派の陳水扁が新総統に当選。初めて国民党が政権の座を下りた。写真提供：サン・テレフォト＝共同

保護政策も社会福祉政策も、野党の抵抗にあって十分な成果をあげるに至っていない。

非統一・非独立・依存共栄関係へ

しかし、それでも二〇〇一年一二月の立法院総選挙で、民進党は八七議席を獲得し第一党に躍進した。国民党は六八議席と半数近くの議席を失い大敗する結果となった。ちょうどこの選挙視察の機会を得た筆者の耳に、幾度か陳水扁政権の経済政策の失敗、生活の苦しさを主張する庶民の声が入った。それでも陳を支える民進党が勝利した。少し先走った話になるが、前回の四年後二〇〇四年の第三回総統選挙でも、陳水扁は僅差で勝利した。前回は国民党系が連戦《れんせん》と宋楚瑜《そうそゆ》に分かれ、陳水扁は「漁夫《ぎよふ》の利《り》」を得た感が否めなかったが、今回は連・宋連合という厳しい情勢の中で五〇パーセントを超える票を獲得した。陳政権の政策的評価は高くない。何が陳の勝利を導いたのか。この問題は次章であらためて述べることにしよう。

いずれにせよ台湾住民は、中国当局の進めようとする「統一方式」には「ノー」という強い意思を表示したことになる。しかし、この事が「台湾独立」の可能性を高めているかといえばそうでもない。一つには、もちろん中国が福建省《ふつけん》に数百基ともいわれるミサイル配備をするなど軍事力行使の意思を示していることがある。二つには、「独立」宣言ともなれば台湾海峡の緊迫・混乱は不可避となるが、米国・日本をはじめ国際社会はそうした状況を望ま

ず、「現状維持・平和交渉」のメッセージを強く打ち出していることである。

そして三つめは、台湾と中国との経済的結びつき、相互依存関係はますます強まり、もはや中台とも相手側を想定しない経済は成り立たなくなるほどに緊密な関係になってきた。例えば、台湾企業の中国への進出は日本企業の進出を上回るペースで、台湾の対中直接投資件数は二〇〇一年に四二一二件と、日本の二〇〇三件の二倍以上である。また特にIT関連企業の中国進出は著しく、〇一年の中国におけるIT機器生産額の実に五六パーセントを台湾系企業が占めた（台湾資訊工業策進会）。さらに長年台湾の最大の輸出先は米国であったが、〇二年に入ってからは二月を除き対中輸出が対米輸出を上回るようになった。〇二年の台湾の全輸出に占める割合は中国が約二五パーセント、米国が二一パーセントと対中依存度が高まった。

相互依存関係　広東省にある台湾企業の靴製造工場で、海外輸出用の欧米ブランドの運動靴を作る中国人従業員。中台の依存共栄関係は構造化の段階に入っている

以上のことから筆者は、中台関係を「統一したくても統一できず、独立したくても独立できず、相互の結びつきはますます強まっていく関係」が容易に変えがたくなってきた、すなわち〈非統一・非独立・依存共栄〉の関係が構造化したと捉えている。

「九・一一事件」と米中接近

その上米中関係にも新しい様相が生まれてきた。G・W・ブッシュの登場以来、彼の強い反中感情、台湾「自立意識」の高まり、米中間の摩擦・対立の増大という趨勢が見られた。これらから判断すると米中関係は悪化の一途をたどり、米台関係は接近を強めると見るのが普通であろう。事実〇一年三月訪中したブッシュは清華《せいか》大学での講演で「われわれは台湾を守る義務がある」と堂々と発言したり、新型キッド級駆逐艦《くちくかん》四隻の台湾への売却を決定したりしていた。しかし同年秋以降の軌跡は予想外の展開となった。忘れ得ぬ「悪夢」が九月一一日にニューヨークとワシントンDCを襲った。いわゆる「同時多発テロ事件」である。世界の関心は一挙にテロリズム対反テロリズムの闘いに移った。

中国はいち早く米国に哀悼の意を表し、共同してテロリズムに立ち向かうことを宣言した。一〇月に開かれた上海APEC《エイペック》でも、江沢民《こうたくみん》はブッシュの「テロとの闘い」を全面的に支持し米中の結束をアピールした。アフガニスタンでのアルカイダ、タリバン掃討《そうとう》を目指した「アフガン戦争」を支持した。もっとも〇三年春のサダム・フセイン政権打倒の「イラク戦争」に対しては、必ずしも支持ではなく距離をとった。しかし、その後の「北朝鮮核兵器開発をめぐる朝鮮半島六ヵ国協議」では、中国のプレゼンスの大きさを米国に見せつけ、米国との協調を強めている。そして「独立傾向」を強める台湾に対して、米国が今度は「中国の意向」に沿って圧力をかけ、抑制するといった状況が生まれた。

不謹慎な言い方ではあるが、「九・一一事件」は急速な米中接近の重大な契機となり、中国にとってまさに〝不幸中の幸い〟となったのである。台湾問題でもG・W・ブッシュは明確に「われわれは台湾の独立を支持しない」と発言し、陳水扁が総統選挙時に同時に実施した「住民投票」にも不同意を示した。しかし、そのことで米中関係は将来安定し、米台関係が悪化していくのかと問えば、それもまた不透明な闇の中にある。幾つもの大きな重荷を抱えながら大国化していく中国のこれからを、どう正しく読み込んでいくのか。この問題に答えることは至難である。が、日本にとって、世界にとってあまりにも重要な問いである。

第九章　ポスト毛沢東・鄧小平の時代

富強の大国

「中華民族の偉大な復興」とは何か

本書の冒頭で提起した問題に立ち返るときがきた。「中華民族の偉大な復興」である。それはつまるところどういうことなのだろうか？　もう一度毛沢東と鄧小平の言葉を思い起こしてみよう。建国前夜の一九四九年九月二一日に、毛は人民政治協商会議の席上で「中国人民は立ち上がった！」と題する講話を行い次のように語っている。

「中国人はもともと偉大な、勇敢で勤勉な民族であるが、ただ近代になって落伍《らくご》してしまった。……わが民族はもはや二度と他人から侮辱《ぶじょく》されるような民族ではなくなった。……経済建設の高まりが訪れるにしたがって、必ず文化建設の高まりが出現する。中国人には文明がないと見られた時代は過ぎ去った。われわれは高度な文化をもつ民族として世界に登場するであろう」（『文稿』第一冊）。

鄧小平は第二次天安門事件の余波により国際的孤立化を強いられる中で、一九九〇年四月

「中華民族を振興しよう」と呼びかけた。そこで彼は、

「西側諸国が中国を制裁《せいさい》しても効き目などない。……四〇年の発展、とりわけここ一〇年の発展を経て、われわれの実力は増強された。中国は倒されるどころかさらに発展するだろう。……中国人は大変聡明である。科学研究の条件は劣り、生活待遇も高くはないが、すばらしい成果を収めてきた。中国人はばらばらであれば力量は大きくないが、力を合わせれば大きなものとなる。……中国人は奮起《ふんき》しよう。次の世紀に中国には大いに希望があるのだ」（『鄧小平文選』第三巻）。

民族としての強い誇り、そして屈辱、それらをしっかりと胸に秘めながら、力をつけ、国際社会から高い評価と敬意を受ける民族として蘇《よみがえ》ろうということであろうか。

そして鄧小平やその後の指導者たちが「中華民族の偉大な復興」として提起した内容は、以下のような目標であった。第一に、経済成長を持続し「富強の大国」を実現すること。第二には、漸進的に政治改革を進め「民主文明を持った政治大国」になること。第三には、台湾問題を解決し「祖国の統一」を実現すること。そして第四には、国際社会において「誇りを持てる大国」「責任ある大国」として振る舞うことであった。もちろん、これらの目標に文句をつける気持ちは毛頭ない。中国の歴史、中国人としての気質を少しは理解しているつもりの筆者には、毛沢東、鄧小平そして今日の中国人エリートたちが本気でそう思う気持ちはよく理解できるし、またそのための努力に対して敬意をはらっているつもりでもある。

持続的な高度経済成長

しかし、これまでも部分的には触れてきたが、そのような中国を実現しようとすると、そのために採用した幾つかの目標それ自身が、ある種のディレンマや問題を内にはらみ引きずり、新たな克服課題となってしまうのである。さらに中国の大国化が真実味を増すにつれて「中国脅威論」も高まっていく。これらをどう考え対応すればよいのか。確かに中国の経済成長は驚異的なものである。これほどの大国が四半世紀にわたって高度成長を持続し、さらに以後もしばらくの間このスピードが維持されるとしたら、それは世界の歴史に類を見ないことである。

したがって、それだけを見て「中国はすごい」「もう中国にはかなわない」とたじろいでしまう。しかし私はこれまでも、一面的な「中国肥大化論」に警告を発し続けてきた。警告する理由を語るには、何故これほどまでに成長してきたのか、「肥大化」のみが改革開放の結果なのかを考えねばならない。私が重大視するのは、経済発展、「中国の肥大化」がいわば成長優先主義の「光」の部分だとしたら、これから触れる幾つかの問題はその「影」の部分として引きずられており、「光と影」の両方からそれらの変容を見ていかなければ、今動いている中国の経済・社会は全体として正しく判断できないということである。

まず「富強の大国」を目指して中国が推し進めているものは、言うまでもなく経済の高度成長を持続することである。本書の冒頭でも指摘したように、二〇二〇年GDP（二〇〇〇年一兆ドル比）四倍増戦略という高度成長路線の推進を唱《とな》えていた。実際の経済成長は党指導者の目標よりも、さらに高スピードで、二〇〇八年にははやくも四兆ドルを突破し、その後も成長の勢いはとどまらず二〇一〇年には日本を抜いて世界第二位の経済大国となった。持続的な高度経済成長のカギを握るのは、①GDPの半分を超えた対外経済依存度に示される外資、外国企業の存在、②安い労働力、安いインフラ・コストなど工場誘致における比較優位の堅持、③成長効率の高い産業・分野への持続的な投資の保障、④増大するエネルギー需要に対応できるエネルギー供給体制の確立、⑤国内市場の一層の拡大、⑥政治体制の安定の持続、などが可能かどうかである。

経済成長と環境汚染　1993年当時、北京郊外の鉄鋼工場から排出される大量の煙。中国の経済成長の象徴であるとともに、環境汚染の象徴でもある

環境汚染・格差・一党体制への異議

①に関して、新幹線建設、北京オリンピック、上海万博などが目白押しの二〇一〇年あたりまでは高いレベルで外資が中国に流れ、外国企業の中国進出も続くと考えられていた。しかし経済成長の発展にあわせて、深刻化している経済格差拡大（沿海と内陸、都市と農村、富裕・貧困階層）の解消のための対策を講ずべしとの声が強まっていく。もし経済レベルの全体を高めながら格差解消に向かうとした

ら、②の「大量の安い労働力」といった比較優位そのものを弱めていくことになる。ただし⑤の国内市場拡大の潜在力を高めることにはなる。④のエネルギー問題は、供給が需要に追いつかない問題と使用量の七〇パーセント前後を占める石炭依存からの脱却という課題がある。石油・天然ガスの開発、外国からの輸入確保など懸命に取り組んでいるが、まだまだ十分とはいえない。十分でないままにエネルギーを確保しようとするならば、石炭依存を継続するしかない。そうなればCO^2、NO^x、SO^xなど環境汚染の元凶を抑制することなどできない。

さらに一方で経済インフラの整備・拡充、国有企業などの合理化を進めるにしても、他方でリストラによる失業者の増大、「一人っ子」の親世代の老齢化による高齢社会への突入、大気・水質など環境汚染・生態系破壊の深刻化、華北《かほく》一帯を中心に広がる厳しい水不足、不平等・不均衡な教育格差などへの対応が、ますます強い社会的ニーズになっていく。

そして、各種社会保障制度の充実、環境保護政策の実施、教育制度の充実などを本気で進めようとするならば、③の成長産業・成長分野への再投資は強い制約を受けることになり、当然にも高度成長にブレーキをかけることとなる。さらに⑥に関わってくることであるが、経済発展は市民層の増大、市民意識の高まりをもたらし、世界的な情報のグローバリゼーションも共鳴し、やがては「一党体制」による政治安定の揺らぎが問われる可能性もあった。そこでもう少し問題を絞り、掘り下げてみたい。

成長優先主義の「影」

一九九〇年代以降毎年、社会科学院社会学研究所グループを中心に世論調査が実施され、毎年『中国社会形勢与預測』（社会科学文献出版社、以下『形勢与預測』と略）を発表している。その結果の特徴はどうか。これによれば従来、社会不安に関する一般市民の関心の四大トップは、ほぼ「治安、腐敗、インフレ、失業（社会保障を含む）」をめぐるものであった。しかし、九八年頃から、「格差」問題を深刻視する割合が増大している。当面重視すべき深刻な問題は、以下の四つであるといえよう。すなわち、第一に歯止めの利かない「格差の拡大」、第二に増大する都市「失業」、第三に低迷する農村・農民・農業問題、いわゆる「三農問題」、第四に深刻化し蔓延《まんえん》する「腐敗」である。もっともこの他にも、先に述べた諸問題や社会治安の悪化などさまざまな深刻な問題を抱えている。が、ここではとりあえずこれらの四つの問題を見ておく。

第一の「格差問題」はどの社会にも存在する。社会主義はまさにこれを超克しようとした。しかし、それは「独裁」と「経済停滞」という逆説を引き起こし「失敗」したのである。改革開放の中国はこれとは逆にまさに「経済停滞」脱却のために懸命に走ってきた。「先に豊かになれる者（地域）から豊かになろう」という鄧小平の呼びかけが確かに効を奏した。しかし皮肉にも、それは日本など資本主義社会以上の深刻な格差を生み出してしまった。さらに皮肉なことは前述したように、このはなはだしい格差こそがいままでは中国の膨大な安い労働力を供給し、外国の投資を中国へ引きつけ続けるという比較優位を保証しているのである。

中国における格差問題は、（1）個人所得格差、（2）沿海と内陸の地域格差、（3）都市と農村の格差、に絞られるだろう。（1）の個人所得格差では、GDPは二〇〇三年ですでに一兆二〇〇〇億ドルに達し世界の第六位の規模となったが、一人当たりで見るとようやく一〇〇〇ドルを超えた程度で、先進国と比べるとまだかなり低い。ちなみに日本は三万二〇〇〇ドル強、シンガポールは二万四〇〇〇ドル、台湾は一万三〇〇〇ドルである。もっとも中国都市部だけで見ると二〇〇一年で一人当たり二二〇〇ドル強で、上海だけで見ると四五〇〇ドルを突破している。財政部のある研究所の〇二年の調査によると、人口の一〇パーセントに過ぎない上位富裕世帯の所得は都市全体の四五パーセント、上位二〇パーセントの富裕世帯で取ると中国全所得のほぼ半分をも占めるようになっている。これに対して、下位二〇パーセントの低所得者層の所得はわずか六パーセント、下位一〇パーセントの最低所得者層で見ればわずか一・四パーセントの所得しか占めないという結果がでている。

深刻な「格差問題」

（2）の沿海と内陸の格差をジニ係数（所得や資産の分配の不平等度を測る尺度）でみると、二〇〇二年で地域間の格差は一対二・二、最大一対三となっている。ここ一〇年余りの沿海と内陸の所得格差は、九〇年代初めにやや縮小の傾向が見られたが、その後再び拡大する傾向にある。地域間格差は、最も豊かな上海市と最貧の貴州省の間で一〇・七倍にまで広がっている。しかも東部沿海では新興生産基地である広東省や福建省、江蘇省、浙江《せっこう》省の成長が目覚ましく全体の水準を底上げしている。

また（3）の都市と農村に関しても、かなり大きな差が形成されている。ジニ係数でみると九〇年が一対二・二であったのが、二〇〇一年では一対二・七九と拡大している。都市の雇用吸収力が高まる一方、農村の雇用吸収力低下が格差拡大の最大要因である。複数の経済専門家の分析によれば、都市と農村の所得格差は〇二年の段階で約六倍と指摘されている。農民所得を見ると〇三年の平均が二六二二元と、それ自身は九〇年の六八六元、九五年の一五七七元に比べて一定の伸びを見せてはいるが、都市と比べて明らかに低い所得、伸び率である。しかも農業生産活動による収入は一九九六年以降ほとんど横ばい状態である。

胡鞍鋼《こあんこう》は「当面の中国の経済発展における地域格差は建国以来最大であり、これからの五～一〇年はさらに拡大することが予測される。すでに、世界における地域格差最大の国家の一つとなった」と指摘している（『形勢与預測』二〇〇一年）。同様に、『中国青年報』〇三年一二月一七日に掲載された「社会発展におけるもっとも深刻な問題」をめぐる地方幹部一〇〇人余りを対象としたアンケート調査の結果では、第一位が「収入格差」問題であった。ちなみに、第二位「失業」、第三位「腐敗」、第四位「地域格差」で、一位と四位をあわせれば、「格差問題」がいかに深刻になってきているかが読み取れるであろう。

失業とレイオフ

毎年訪中の機会がある筆者でさえ、深圳《しんせん》、北京、上海などを訪れるたびに十数年前のそれらと比較し、なんと飛躍的に発展していることかと驚く。かつて建物も薄汚れ、明かりも暗かった北京空港が新東京国際空港や他の先進国に引けを取らない華やかな空港に変貌してしまった。新設された上海の浦東《ほとう》空港も同様である。環状高速道路も次々と拡張されている。

北京王府井《ワンフーチン》の東側の地下にできた新東方《しんとうほう》市場と呼ばれる巨大なモールは、米国のそれに匹敵する。上海の市街通りはネオン、イルミネーション、広告など華やかで東京感覚で歩ける感じだ。これらを見て、中国はもはや先進国並みになったと感じる人は少なくない。自家用車、携帯電話、パソコンなどの急増、ファッション、ライフスタイルなども、東京や香港、台北《タイペイ》などと変わらない。

しかし二〇〇三年の暮れ、モールを歩いて気づいたことだが、なぜか人が少ない。北京在住のある友人は、モール内の商品や食べ物は結局普通の人には高すぎてあまり来ない、それでも人数は少ないが金持ちが来てかなりの金を落とすから、このモールは維持されているのだと教えてくれた。〇一年の夏に会った若い研究者は所得格差を深刻に受けとめ、「政府発表の数字はデタラメで、一般の都市住民や農民の生活は悪化し、こうした人々の不満は鬱積している」と語っていた。同じ人物に〇三年一二月にも会ったので、「いまも君の見方は変わらないか」と尋ねたらきっぱりと「変わらない」と答えていた。

第二の「失業」に関してはどうか。改革開放が始まってしばらくの間、都市労働者は赤字企業でも最低限の給与は保証され、表に出てくる失業率は少なかった。九〇年代半ば以降、国有企業改革が本格的に取り組まれはじめてからも政府公式統計では三パーセント程度で数字上は深刻ではなかった。もっとも国有企業改革が本格化してから、公式数字上も徐々に失業者は増えていた。〇一年は三・六パーセントに増加、〇三年の都市部の失業者数は七九三万人、失業率四・二パーセントと過去最高水準である。しかし問題は数字には表れない失業者の多さであった。

数字上の失業者に加えて、大量の一時自宅待機者（レイオフ）がいる。彼らの中で再就職のできない事実上の失業者が、二〇〇〇年末で約七〇〇万人（再就職者七八〇万人）、〇一年末は五一五万人に減少している。しかし、幾つかの書物からそうした潜在失業者をカウントすれば失業率は三～五ポイントアップすることが推測されている。そうすると〇三年段階で、失業率はおおよそ七～一〇パーセントが数字上確認できる。政府のブレーン胡鞍鋼も「一九九三年以降、都市部の失業者（レイオフを含む）は約六〇〇万人から二〇〇〇年には一七〇〇万人（ほぼ七・五パーセント）まで急増し、建国五〇年来の最高水準に達している」と指摘している。

北京空港　1999年11月にオープンした新ターミナルビル。先進国に引けを取らない華やかな空港だ

持続的・構造型失業

しかし失業状況はもっと厳しいという見方も、権威者の中で広く指摘されている。丸川知雄は詳細なデータと幾つかの分析方法を用いて、都市における潜在失業者を国有部門、集団所有部門に限っても四〇八〇万人（約二〇パーセント）と算出し、これは中国労働部とＩＬＯが行った推計調査結果一八・八パーセント、国家計画委員会推計二五パーセントと類似した数字となると論じている

（中兼和津次編『現代中国の構造変動2　経済』の丸川論文）。話題の書、ゴードン・チャン『やがて中国の崩壊がはじまる』（栗原百代訳、草思社、二〇〇一年）でも九〇年代末の都市失業者状況を公式発表の六倍以上が実際の数と指摘しており、これらとほぼ同程度となる。

胡鞍鋼は右の指摘に続いて、深刻化する失業の要因について、第一に、現在労働年齢人口が絶えず増加する時期にあるため、中長期にわたって多くの雇用機会を創出しなければならないという深刻な問題に直面していること、第二に、大規模な産業構造調整段階にあり、失業者が急増していることは、持続的で長期的な構造型失業であること、第三に、市場経済への移行過程にあり、国有経済の雇用総人口における割合が急速に減少しているが、非国有経済は国有企業からの失業者全員を吸収しきれずにいること、第四に、経済成長は「資本深《し》《ほん》《しん》化《か》」（資本効率化）の過程に入っており、特に工業部門における国有企業の資本集約度が大幅に上昇し、省力化が大幅に進むことによって、新たに増加した失業者を吸収するどころか、大量の余剰人員を生み出してしまっていること、以上の四点を強調している（『中国経済新論』二〇〇二年六月）。

「三農問題」

では第三の「三農問題」はどうか。改革開放政策がとられるようになった一九八〇年代は、人民公社の解体から家庭請負生産責任制の採用、郷鎮企業の発展などによって農村は急速に豊かになり、「万元戸《まんげんこ》」と呼ばれる富裕層が各地で出現した。しかし九〇年代以降、農業原材料価格の高騰、農産物買い上げ価格の低迷、郷鎮企業や食糧生産の伸び率の低下が続いた。これらに加えて二〇〇〇年に入り一億五〇〇〇万人を超えるといわれる農村の潜在失業者を抱え農村・農民・農業問題は深刻化している。農村問題の権威者、陸学芸《りくがくげい》は九〇年代後半以降の「三農問題」について次のように指摘している。

「農業を主としている大部分の農民、特に糧食・綿生産を主としている地区の農民の収入増加は緩慢《かんまん》か停滞している。……特に九七年以後、農産品の総量は基本的に安定してきているが、市場価格はこの四年間で三〇パーセント以上も下落した。したがって農業を主とする農民の収入は実際には下降している。……九七年以降、農民の純収入は増加するどころかむしろ減少し、負担は軽減どころかかえって重くなっている。ここ数年農村の幹部と民衆の矛盾は厳しく、社会衝突は増加し、上訪《じょうほう》（陳情）、集団上訪、飛び級上訪が大量に増加しているのである」（『形勢与預測』二〇〇一年）。

さらに九四年の分税制改革が農民負担の増加をもたらしたとの報告がある。分税制はもっぱら中央政府と省政府の間の財政関係を調整するものであり、省以下の政府間関係（省と地区、地区と県、県と郷鎮）は改革の対象から外された。しかも財政支出の責任が制度化されておらず力関係に基づく政府間交渉の結果、より多くの収入が上級政府に集中し、多くの支出責任が下級政府に押し付けられるのであるが、多くの下級の県、郷鎮においては公務員の賃金さえ払えないという状況が生まれ、これら負担増がまた農民の肩にかかっていくという現象が全国に見られたのである。

二〇〇一年一月に開かれた中央農村工作会議では、減少する農民収入、農民生活維持への対応を重点課題とし、農業生産の質と効果を上げ「税費改革」を加速し、農民負担の軽減に取り組むことを決定した。香港の専門家唐文成《とうぶんせい》は「中共上層部のもっとも頭の痛い問題は、農民収入が一貫して減少傾向にあり、郷鎮企業が後退し、農民負担が増大し、農村経済が停滞状態にあること」であると指摘している（『鏡報』二〇〇一年五期）。〇三年三月の全人代会議でも、「三農問題」の深刻さが提起されているが、その後抜本的な改善は図れないままである。

しかし〇四年三月の全人代会議では、「三農問題」に対する具体的な対策案も提示されるようになっている。こうした農村における厳しい状況の発生と合わせて九〇年代以降、内陸農村から大量の農民が沿海都市に流入する現象＝民工潮《みんこうちょう》が起こり、都市内における都市住民と劣悪な生活環境に置かれた農民の間の新たな矛盾・対立などが発生し、深刻な社会矛盾を生み出している。陸学芸《りくがくげい》はこれを出稼ぎ農民問題が「都市の中の村」をつくり出し、都市と農村の「新二元構造」が生まれていると表現している。もう一つの農民問題であった。

腐敗・汚職問題

第四に、深刻化する「腐敗」の蔓延《まんえん》の問題を見ておこう。九〇年代の終わり、中国社会科学院の著名な研究者何清漣《かせいれん》は中国社会における腐敗の実態を実証的に、しかも本格的に明らかにした衝撃的な著書『中国現代化の落とし穴』を出版した（坂井臣之助・中川友訳、草思社、二〇〇二年）。ちなみに彼女はこの本の出版のためにやがて権力者当局からの強い圧力を受け、米国に亡命せざるを得なくなった。同書では、他国との比較から中国の腐敗状況を理解する意味で、ドイツのある大学調査報告（一九九五年）とトランスペアレンシー・インターナショナルの調査（二〇〇一年度）を紹介している。前者によれば世界四一ヵ国の清廉《せいれん》度《ど》で、中国は最下位のインドネシアに次ぐ世界第二位の悪さ、また後者でも中国の腐敗指数は世界第二位の悪さになっている。

すでに八〇年代の後半から腐敗・汚職問題は重大問題と認識されるようになっていた。前述のように、「倒爺《ダオイエ》」（ブローカー）、「官倒《グアンダオ》」（役人ブローカー）といった言葉が出てきたのはこの時期であり、第二次天安門事件の要因のひとつに「幹部の腐敗」に対する民衆の不満の高まりがあった。しかし九〇年代に入り件数も規模も膨らんでいった。〇四年二月に当局が明らかにした「腐敗事件立件数」は、ここ一〇年で実に一六〇万件以上という膨大な数である。代表的なものとして、北京の実力者陳希同《ちんきどう》党書記兼市長集団汚職事件（九五―九七年、首都再開発、香港上場企業の買収などで不当利益を得る。王宝森《おうほうしん》副市長自殺）、厦門《アモイ》遠華《えんか》公司《こうし》密輸汚職事件（九四―九九年で約八〇〇億元の密輸、脱税約二七〇億元で史上最大規模の経済犯罪・汚職事件）などがあげられるが、氷山の一角でもあった。

腐敗に関する党政幹部の受けとめ方を見ておこう。「二〇

●最も深刻な問題		
①腐敗：24%	②社会治安：17%	③収入格差：16%
●2番目に深刻な問題		
①失業：20%	②国有企業：17%	②収入格差：17%
●3番目に深刻な問題		
①腐敗：21%	②国有企業：14%	③社会風潮：13%

党政幹部アンケート調査　「2000年に存在する社会問題で何が深刻か」（140人中128人回収）

〇〇年に存在する社会問題で何が深刻か」との問いに対するアンケート調査（二四〇人中一二八人回収）の結果は以下の通りであった。最深刻と認識した問題のトップは「腐敗」（二四パーセント）、二位「社会治安」（一七パーセント）、三位「収入格差」（一六パーセント）であった。ちなみに次に深刻と認識した問題の一位「失業」（二〇パーセント）、二位「国有企業」と「収入格差」（一七パーセント）、三番目に深刻と認識した問題は一位「腐敗」（二一パーセント）、二位「国有企業」（一四パーセント）、三位「社会風潮」（一三パーセント）であり、総合ポイントで「腐敗がトップ」となっていた。

全人代会議を間近に控えた二〇〇四年二月後半、人民網《じんみんもう》が行ったネット・アンケート調査「全人代・全国政協について最も注目する問題は？」との問いに、わずか一〇日間でネット利用者四万人からの回答や意見が集まり、最も関心を集めた問題は「腐敗対策」の八四パーセントであった。ちなみに二位は「経済発展の地域間のアンバランス」すなわち「地域格差」（五七パーセント）である。

物質的欲望の解放ゆえに

何故このように腐敗は蔓延し深刻化しているのか。その要因を探っていくと、確かに「関係」（コネ）を重視する一方で法治・遵法《じゅんぽう》観念の希薄さといった政治文化的要因がある。あるいはさまざまなレベルでの政策決定における不透明性と、チェックと罰則の規定・実行メカニズムの欠如や脆弱性といった政治制度的要因があり、これによって権力と腐敗は歴史的な問題であり続けてきた。しかし、それでも毛沢東時代には今日に見られるほどの深刻な腐敗現象は総じてなかった。改革開放はいうまでもなく「豊かさの追求」であったが、それが「向銭看《シャンチエンカン》」（拝金主義）の風潮を蔓延させ、同時に「上に政策あれば下に対策あり」のしたたかな対応によって、各レベルの権力者はあの手この手で利益をむさぼるようになっていった。前にも述べたが、株式化という政策によって国有財産に手がつけられはじめ、それがさらに闇の部分で幹部らに流用され、腐敗の深化の要因になっている。

何清漣《かせいれん》は腐敗問題について次のように分析している。

「富の追求のゲームにまったくルールがない状態で、長らく貧困にあった数億の民の物質的欲望が解放されると、たちまち前代未聞の金銭への飢餓感が形成された」、「政府は権力が市場に進出するのを制限しないばかりか、最高幹部子女が特権を利用してビジネスに邁《まい》進《しん》するのを容認した。これが極めて悪質な模範としての作用を及ぼし、腐敗行為は世に氾濫することになった」、「経済倫理の激烈な変化に関して、驚くべき〝道徳の大地滑り〟が出現した」（前掲書）。

上述した八〇年代後半からの「官倒《グアンダオ》」「倒爺《ダオイエ》」現象などはまさにこれらの象徴であった。

「痛み」を伴いながらの発展

もちろんこうした状況に対して、トップリーダーたちが手をこまねいて見ていたわけではない。その幾つかの事例を紹介するならば、九九年成克傑《せいこくけつ》全人代副委員長、江西副省長の汚職事件では両者ともに死刑を執行するなど厳しい態度で臨んだ。二〇〇一年一月九日、江沢民主席は、「腐敗の予防と根絶に全力をあげよ」と呼びかけ、党中央規律検査委員会の尉健《いけん》行《こう》書記は「反腐敗の任務は依然として重い」とその重大性を訴えている。

しかしその後、胡錦濤体制になってからも事態の深刻さを告げる報告が依然続いている。例えば〇三年一月二九日、中央政治局では、反腐敗闘争の対策のための会議を開催し、二月二〇日にも、中央政治局が、前回に続いて反腐敗闘争の対策会議を開き、胡錦濤総書記が「中高級幹部の腐敗事件解決を優先せよ」と指示している。〇四年二月一四日、全人代会議を控えて温家宝総理は、清廉《せいれん》政治・腐敗反対推進の特別スピーチを行った。このように、腐敗に対する警告、撲滅の呼びかけは数限りないが、しかし現状の改善が極めて困難なのが実情である。

以上のような「格差」「失業」「三農」「腐敗」の現状と克服の困難さに加えて、前にも触れた環境破壊・汚染の深刻化、水不足、石炭エネルギー依存脱却、高齢化社会への突入、普通教育普及の困難さ、一般農民・労働者の労働状況の劣悪さなど、さまざまな重大問題が山積している。輝ける経済躍進も、まさに「痛み」を伴いながらの発展であると認識すべきなのである。

民主文明と祖国の統一

政治体制改革のディレンマ

二〇〇四年現在の胡錦濤指導部は、「中華民族の偉大な復興」の第二の課題である漸進的な政治改革を進め、「民主文明を持った政治大国」を目指している。しかし、そのことは「一党指導体制のあり方」を常に問い直すことになる。少なくとも改革開放路線の開始当初から今日まで、この問題が浮上しては党自身によって否定され、しばらくしてまた浮上し叩かれるといった繰り返しであった。目下、「民主」を語っても共産党体制を変更する気配などはない。「共産党統治が政治安定をもたらし、それが経済発展の政治的保証である」という主張が依然有効性を持っているからである。その言い方は、たしかに法整備、法治意識の未成熟な一定の期間においては納得できるかもしれない。しかし近代化それ自体が法制度の充実を不可欠にしており、「一党体制」はいずれ変更を迫られても不思議ではない。「政治安定を確保しつつ政治体制の転換をいかに図るか」、指導者たちに柔軟で独創的な発想と高度な指導技術が求められる問題である。

前にも述べたように、第二次天安門事件以降、共産党指導者たちはそれ以前のような政治体制改革は主張しなくなった。しかし、農村の末端レベル（村《そん》）での村民委員会幹部の直接選挙（村長選挙）は、九〇年代を通して積極的に推進されてきた。都市でも末端で、従来よりは「自律的な」社区委員会の建設が進められるようになってきた。政策決定過程の透明化、法やルールに基づいた政策形成などには積極的に取り組んできたといえる。しかし、天安門事件以前の政治改革が、どちらかといえば党の役割や機能を制限し、政治的多元化もある程度許容していこうとしていたのに対して、それ以降は党の絶対的指導を強調し、それに挑戦する可能性のあるものはことごとく、芽のうちから徹底して摘み取ってきたのである。

九八―九九年に話題となった新興気功集団「法輪功《ほうりんこう》」は、急速に全国に広がり、一時期一億人を超える会員を擁したとまで言われた。これに対して共産党は、法輪功が政治組織ではないにもかかわらず徹底的な弾圧を加え、事実上解体に追いやった。その最大の理由は、もしこの集団が政治勢力に転化した場合は極めて重大な対抗勢力になると判断したからであった。

二〇〇〇年代を通して、新聞などメディアでの報道も多様化し、自由度も増したと言われるが、それでも共産党批判はもとより、共産党の弱体化につながるような論調（例えば三権分立論など）は控えられている。もっとも「一党体制」といっても、かつてのような階級、イデオロギーを前面に押し出した「革命政党」としてではなく、「政治的統合と安定の役割」「社会の多様な利害の調整」などを果たす「執政政党」へと変化したのである。言い換えるなら、近代化を推進する牽引車《けんいんしゃ》、政治安定の保証者としての「権威主義的政治体制」こそが、現在の「一党体制」の本質なのである。

人々の不満・要求を汲み上げる政治システムは可能か

しかし、二〇二〇年時点で九二〇〇万人（人口の約六・五パーセント）を超える党員を有する共産党はまぎれもなくエリートの党であり、権威主義的に人民の上におおいかぶさっているといっても過言ではない。なぜなら党が自らを「最も広範な人民の代表」と言いながらも、人民が主体的に自らの代表を選ぶ権利も制度的なシステムも実質的にはないからである。中国の政治文化の特徴として、エリートと庶民の断層性を指摘しておかなければならな

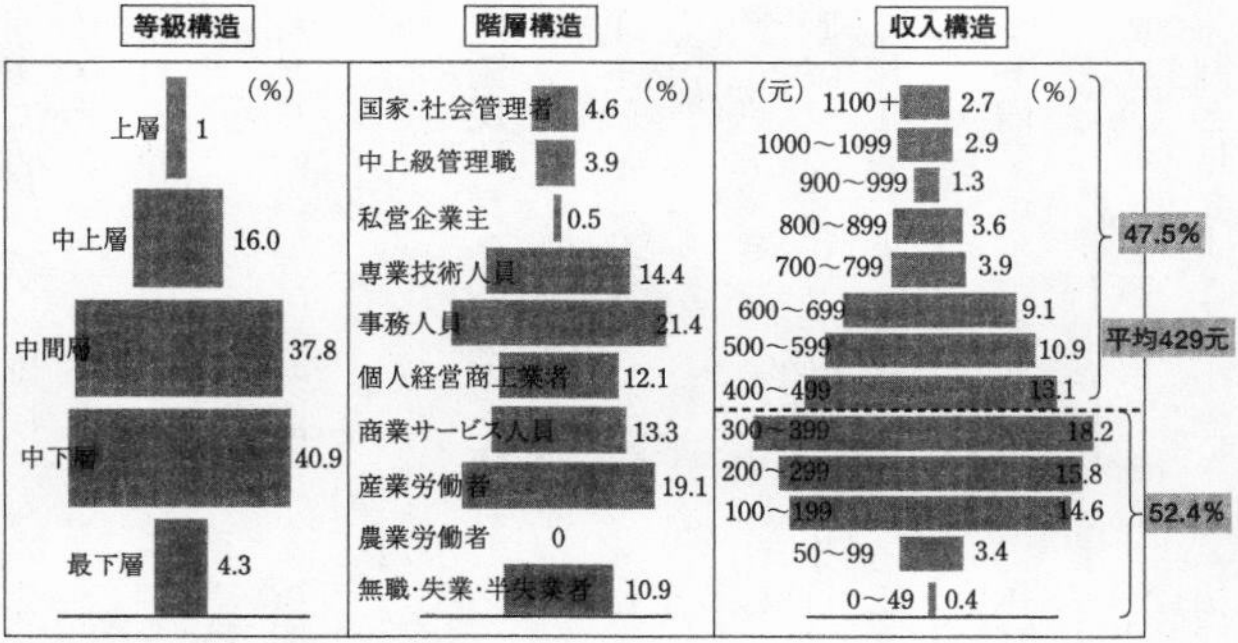

合肥市市区階層分化形態図

い。歴史的に見れば官僚・郷紳《きょうしん》などの士大夫《したいふ》階層と「老百姓《ラオパイシン》」と呼ばれた庶民の間の断層である。儒教文化とは、エリートをまさにエリートたらしめるために身につけねばならない教養であった。本書の前半に扱った革命も、まさに士大夫の「救国意識」によるものであった。

共産党政権になって形の上で「人民共和国」になったものの、やはりエリートが権力を握りつづけてきた。第二次天安門事件はエリート反体制活動家たちの「異議申し立て」という限界性を最初から持っていたものの、何かしらの政治的限界の突破が期待される中身を含んでいた。しかし事件の「武力鎮圧」という経験は、人民による党や政治体制への異議や批判を許さず、そうした行動を強く躊躇《ちゅうちょ》させるようにしてしまった。それでも改革開放によって他方でまちがいなく、社会の構造的変化、とりわけ階層分化は進んでいる(上図参照)。一定の勢力としての市民を生み出し、彼らの中に権利意識も強まっている。

その上、農民も都市民衆も幹部の不正、社会的不平等、生活苦などに対してものを言うようになっている。もし、こうした人々の不満や要求を汲み上げ、政策に反映していくような政治システムが創り出されないならば、将来において政治への異議申し立てが爆発する可能性は高まっていく。胡錦濤政権はそのことを感じ取り、「人《ひと》をもって本《もと》と為《な》す」、「執政《しっせい》は民《たみ》の為《ため》」を強調するようになっている。疑いなく、これからの指導部は政治安定を重視しながらも、緩《ゆる》やかな政治制度改革を試みていくことになるはずであった。

国民政党への静かな変容

では、これまでの政治体制変容の特徴をどのように理解すべきか。私はこれまで、①エリート政治（共産党統治）と②民主主義概念・システム、それに③経済社会の地域的不均等（階層、富、情報、教育程度など）による政治的影響を組み合わせながら中国政治体制の特徴を考えてきた。毛沢東《もうたくとう》時代はエリート内において皇帝型で、毛の意志を下部にまで直接反映させるという意味で中央集権的であった。それをまとめると〈エリート内皇帝主義＋中央集権主義〉型一党体制と見ることができる。鄧小平《とうしょうへい》時代も基本的には変わらないが、地方分権化を進めた点と脱社会主義イデオロギーの推進という点で、毛の時代とは異なる。〈エリート内皇帝主義＋地方分権主義〉型一党体制といえよう。

そして江沢民時代は中央レベルでの意思決定が個人によらないで指導者レベルでの集団合議という形をとるようになった。その意味で〈エリート内集団主義＋地方分権主義〉型一党体制と見なすことができる。私はかつて鄧小平時代と江沢民時代を合わせて「カスケード型権威主義」と表現したことがある。まさに中央の大権威の下でカスケード（小滝群）のように地方各地で多様なタイプの権威主義が見られるという意味での表現であった。では二〇〇〇年代の胡錦濤指導部はどのような体制であったといえるのか。あるいはどのような体制を目指していたといえるのだろうか。

今日中国の政治体制が抱えている最大の要因は、改革・開放の進展によって緩やかにではあったが従来の労働者、農民、知識階層といった社会構成から、多様化、多元化する社会階層が出現し、彼らがさまざまな利益や価値観を有するようになってきたことである。陸学芸を研究組長とした社会科学院の大型調査の成果、『当代中国社会階層研究報告』は、今日の階層構造を上は国家・社会管理者層から下は無職・失業・半失業者層まで一〇種類に分けて特徴づけを行っている（三七九ページの「合肥市市区階層分化形態図」参照）。まさに各階層の利益や価値観などに対応するため、共産党自体が従来の「労働者階級の前衛」という位置づけに留まることなく、「三つの代表」（先進的生産力、先進的文化、最も広範な人民の利益代表）、および「中華民族の前衛」と位置づけをしなおした。事実上の「階級政党としての党」の放棄、多様な階層を内包する国民政党への静かな変容といってよいだろう。

したがって「一党体制」を維持するにせよ、民衆・市民の不満や要求を力で封じ込めることには限界があり、必ずそれらを政策決定過程に取り込んでいくメカニズムを創っていかなければならない。しかし前述した格差・失業・三農問題・腐敗など、解決が極めて困難な、言い換えれば彼らの不満を増幅させていくような深刻な課題が立ちはだかっている。これらへの対処こそが、指導部に問われていることであり、指導体制の威信を高めるカギなのである。

台湾統一のための武力行使の不可能性

「中華民族の偉大な復興」の第三の内容は、台湾問題を解決し「祖国の統一」を実現することである。これは現状の方針のままでは難しいかもしれない。何故なら「平和交渉にこだわるが、いざということになれば武力行使を決断する」といった発想自体が壁にぶつかっているからである。もし「武力行使」をすれば、以下のような意味で中国自身が大きなダメージを受けることは明らかである。

まず大陸に参入している台湾資本・台湾企業の撤退、西側諸国の激しい抗議、投資と企業参加に大きなブレーキがかけられるだろう。これは経済発展を基調とした「富強の大国」戦略を大きく狂わせることになる。もちろんかりに北京オリンピック前に「武力行使」が実行されていたならば、「中華民族の偉大な復興」のシンボルでもある「オリンピックの成功」はかなりの打撃を受けていたであろう。おそらく七九年のソ連の「アフガン侵攻」がモスクワ・オリンピックを台無しにした以上のダメージが予想された。しかも、台湾の軍事的な反撃能力を過小評価することはできず、戦闘になればかりに中国が勝っても軍事的にもかなりの犠牲を伴うことになるだろう。

したがって、この時期以降の段階で「台湾統一のための武力行使」は、政権指導部において理性的選択が可能な限り事実上不可能に近いオプションだと判断できる。二〇〇二年の夏、中国における台湾政策のブレーンの一人と意見交換をした。その時、彼自身が、「武力行使選択」の可能性が極めて少なくなっていることを吐露《とろ》していた。他方で一般の若者の中でも、「平和的な交渉で統一を実現することは望ましいが、統一のために武力行使することは反対だ」とはっきり意思表示をする者も出てくるようになっている。彼らの多くは「一人っ子」世代で、個人の権利を主張する「市民意識」を持ち、自ら戦争に参加する気持ちなどないとはっきり言う。

根付く台湾人意識

他方、台湾側はどうであるか。前章で述べたように九〇年代以降、「中国人意識」が急速に風化し、「台湾人意識」が台頭してきていることは事実である。二〇〇四年三月の第三回総統選挙は、世界的に見てもまれに見る大接戦であったが、前回（二〇〇〇年）と比べて少なくとも明確な点は、陳水扁の得票率は三九パーセントから五〇パーセントへと大きく伸び、連戦《れんせん》（二三パーセント）、宋楚瑜《そうそゆ》（三七パーセント）の前回得票率（計六〇パーセント）が、今回は五〇パーセント弱と減少したことである。「台湾人アイデンティティ」に関して、〇三年一二月台湾訪問の際に会った民進党《みんしんとう》系のある要人との対話を思い出す。彼は〇四年三月の総統選で「われわれは必ず勝利する」と言った。まだいずれの世論調査も「陳水扁不利」の予想であった時期にである。そこで私はなぜそう確信するのだと問うた。彼は「この四年間で台湾人意識が大きく成長し、劇的に変化した。連戦陣営はこのことが十分にわかっていない。わかったとしてもこれに有効に対応できないからだ」と語っていた。

総統選挙の結果は、連・宋連合の強さ、陳政権の政策的不評、中国当局の慎重な対応などにもかかわらず、僅差だが陳水扁が勝利した。その要因としてはやはり、「台湾人アイデン

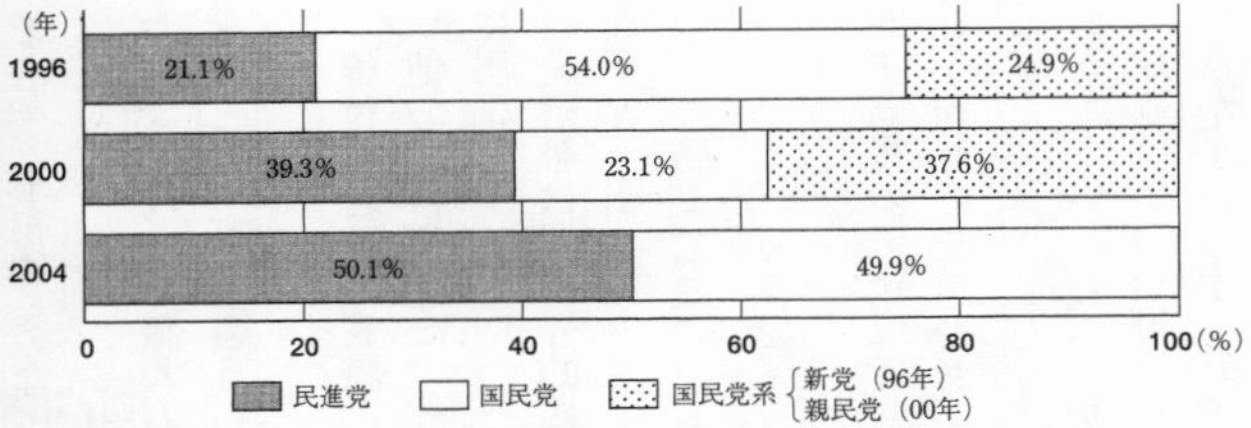

台湾での過去3回の総統選挙における絶対得票率の推移

ティティ」がしっかりと根付き、台湾の人々の心に浸透していったことを指摘せざるを得ない。もともと台湾人は大半が漢民族である。なぜ今日「台湾人意識」がかくも強まっているのか。歴史的に見れば、日清戦争によって清朝から切り捨てられたという意識、半世紀にわたる日本統治という現実、内戦の敗北から外省人《がいしょうじん》の大量流入による摩擦・対立、その後の国民党の恐怖政治、大陸における共産党統治への反発、これらによって大陸とは違う「われわれ」＝「台湾」を意識するようになった。しかし九〇年代以降はさらに以下のような要素が加わっている。

一つは、外省人における大陸と一体感を持った「中国人意識」の風化である。長期にわたる台湾での生活は外省人一世ですら大陸との距離感を強めさせた。死の少し前に蔣経国《しょうけいこく》が語った「私も台湾に住むようになって四〇年を超え、半ば台湾人になった」という有名なセリフはそれを物語っている。さらに外省人一世の多くがこの世を去り、二世三世の時代へ移行しているが、彼らの多くは大陸を「知らず」、故郷とは感じなくなっている。二つには、世代交代と関連するが、まさに大陸にアイデンティティを感じない中年、若年者が社会の主流になってきたことである。彼らの多くは経済的に大陸との依存関係は必要であっても、そのことと「一つの国になる」ことは別という意識を持っている。三つには、台湾が国際社会の「正式の一員」になれないことへの強い不満、そしてその最大の原因こそ中国政府の姿勢、つまりかたくなな「台湾封じ込め」政策にあるという反中国感情である。

中台関係ソフトランディングの正念場

少し先走って、陳水扁以降から二〇二〇年までの台湾政治の流れと中国の台湾政策に対するリアクションを概観しておこう。陳水扁第二期政権の汚職・経済政策などの失敗から、二〇〇八年より二〇一六年まで国民党の馬英九が台湾総統として台湾の政策を取り仕切った。彼は中華民国という大陸とは異なった国家を主張していたが、「一つの中国」を鮮明にし、この点で共産党政権は馬英九を受け入れていた。中国は馬政権の取り込みに尽力し、台湾の大陸への産品輸出に対して特別優遇措置をとったり、ＷＨＯへのオブザーバー参加を認めるなど次々と格別の配慮を行った。また二〇一五年には両岸トップに当たる習近平・馬英九のトップ会談をシンガポールで初めて実施した。

しかし馬英九国民党が大陸に飲み込まれてしまうのではないか、と危惧した台湾の住民たちの多くが抗議の行動をおこした。例えば二〇一四年三月の学生・市民による「ひまわり運動」などである。二〇一六年の総統選挙で民進党の蔡英文の支持は広がり、再び「独立志向」の強い民進党政権が実現した。蔡英文は経済政策で時として財界、住民からの批判を受けるものの、「一国二制度」に対する毅然とした拒否、独裁に対する民主の堅持、そして台湾アイデンティティの尊重などを前面に押し出し、台湾住民からの圧倒的な支持を獲得して今日に至っている。

「中国脅威論」をどう克服するか

国防費の大幅な増強

そして「中華民族の偉大な復興」の第四の点は、国際社会において「誇りを持てる大国」「責任ある大国」として振る舞えるようになることであった。すでに中国は国連常任理事国であり、米・ソ連（ロシア）とも張り合う政治大国であった。経済もGDPで言えばもはや経済大国である。そして軍事的には世界最大の兵員を擁し、核兵器、ミサイル兵器などを積極的に開発し、すでに軍事大国と呼べる力量を持っている。その上、第二次天安門事件直後から国防費の大幅な増加傾向が続いている。

国防費は政府公式発表だけを見ても（二〇〇四年現在）、過去一五年間、前年比で二〇〇三年の九・六パーセント増を除き毎年二ケタ台の高い増加を示しており、〇四年も一一・六パーセント増で、二一〇〇億元（約二五四億ドル）と依然他の予算と比べ突出している。しかも専門家たちの多くは、この額で二五〇万人の兵士を養い、かつ戦闘機、戦艦などの装備更新、ハイテク兵器、宇宙軍事開発などは不可能と見ている。一般に欧米日の軍事専門家による見積もりは、公表額の二〜三倍と見るものが多い。米国防総省の報告は〇二年末の時点ですでに中国国防費を六五〇億ドルと算出している（二〇二〇年は一七八二億ドル）。いずれにせよ、中国の軍事力の増強、近代化、ハイテク化などは猛スピードの勢いであることは確かである。

こうした中国のいわゆる「総合国力」の大幅な増大は、国際社会にある種の「中国脅威論」を浮上させることとなった。中国と周辺諸国との間の長い歴史において、もともと「中国脅威論」は存在していた。①そもそも他国を圧倒する大国であること、②伝統的な「華夷《かい》」

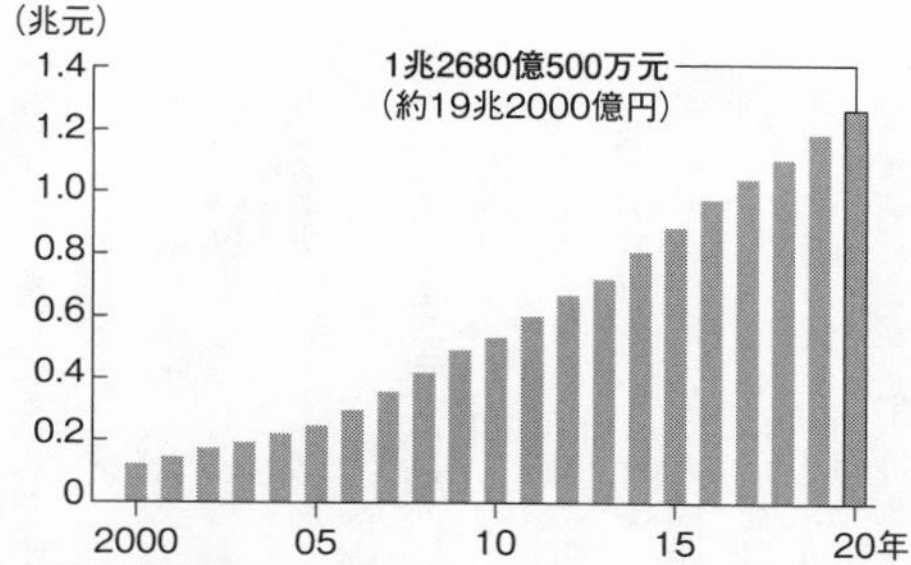

中国国防費の推移2000—20年　2016年までは実績、17年以降は予算額

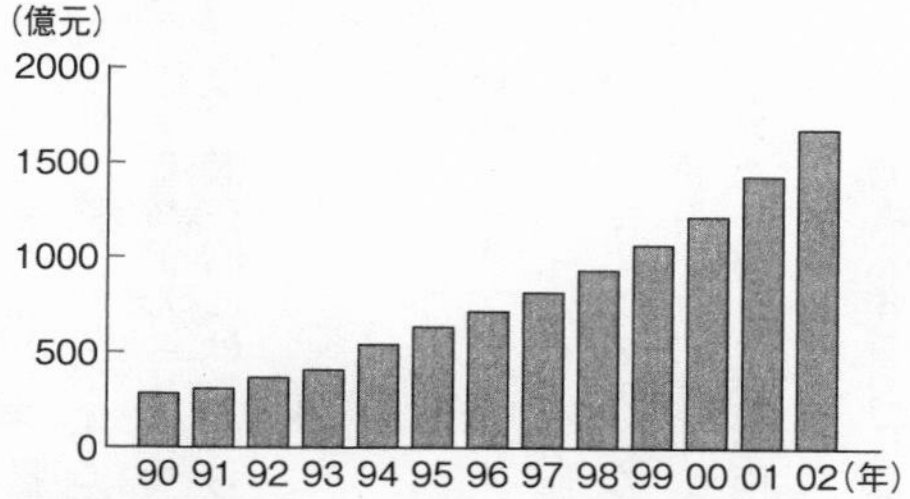

国防費の推移1990—2002年（国防費実績　02年のデータは概算もしくは速報値　『中国統計年鑑』）

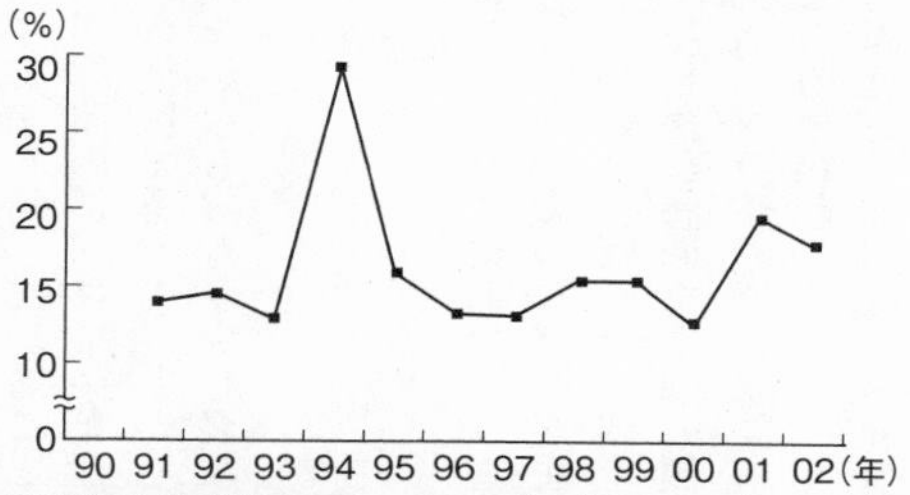

国防費の伸び率1990—2002年（02年のデータは概算もしくは速報値『中国統計年鑑』）

秩序論《ちつじょろん》」を持ち自らを中心・上位、周辺を下位として扱うビヘイビアを持っていること、③「共産主義独裁国家」であることの脅威感、そして④毛時代に周辺諸国に向けて「革命の輸出」がはかられた過去の記憶などが、歴史的な「中国脅威論」の要因であった。しかし、冷戦崩壊以後に浮上した「脅威論」は、潜在的にはこれらを含みながらも、もう少し異なった要素が加わっていた。

『やがて中国との闘いがはじまる』

外部環境的な面で言えば、冷戦崩壊後は東アジア（東南アジアを含む）においてソ連の軍事プレゼンスの大幅な後退とそれに伴う米軍の撤退計画をもたらし、「力の真空」が生じ、そこに中国のプレゼンスが大きく浸透していくのではないかといった「脅威感」の浮上であった。九二年の全人代会議において、南シナ海の大半、尖閣諸島《せんかくしょとう》を含む海域を中国の領海と規定した「領海法」を制定した。まもなく南シナ海の南沙諸島《なんさしょとう》（スプラトリー諸島）をめぐって中越《ちゅうえつ》の軍事衝突が発生した。さらに同地域でフィリピンとも紛争が起こった。

その後、前述したが一九九五年秋から九六年三月にかけて台湾近海で猛烈な軍事演習を繰り返し、台湾総統選挙を威嚇《いかく》した。また九三年から九六年にかけ、世界の反対を押し切ってモラトリアム中であった「核実験再開」を強行した。これらは確かに中国脅威を実感させる事件であった。もっとも、米国の東アジアにおける軍事プレゼンスが大きく減少したわけでも、中国が「力の真空」を埋めたわけでもなかった。それゆえ、こうした動向は周辺諸国にとっては「脅威」であっても、米国や日本にとって直接に「脅威」を強く感じさせるほどのものではなかった。

しかし、九〇年代終わりごろから浮上した「中国脅威論」は、少し様相が異なっていた。幾度も触れた三〇年を超える高度経済成長による経済プレゼンスの大幅な増大と、顕著に見られる軍事力の増強、そして民族主義の高揚を背景とした「大国意識」の台頭などが、今度は日本、米国も含めて「中国脅威論」を再浮上させることになった。九六年に出版された『ノーと言える中国』（『中国可以説不』）は、日本はもとより米国に対してさえ「ノー」といえる「強い中国」にすることを主張していた。世界の企業と資金が中国へ、中国へと向かっていくのに反して、日本はバブルの崩壊とともに、経済成長ゼロパーセント前後、産業の「空洞化」、失業者の増大などと低迷が続き、圧倒的優位を誇った経済さえも中国に抜かれるかもしれないという「脅威感」が高まった。『ノーと言える中国』の少しあとに、米国では『やがて中国との闘いがはじまる』（R・バーンスタイン、R・H・マンロー／小野善邦訳、草思社、一九九七年）という本が出版され話題となった。著者たちは当時、「いずれにしろ、まもなく世界第二位の強国となる中国は、……アメリカにとって戦略的な友好国どころか、長期にわたる敵対国になることは間違いない」と断定し、「中国脅威論」を煽《あお》った。

第一〇章　習近平の時代と世界への挑戦

習近平指導体制の特徴と国家戦略

習近平への権力集中

二〇〇八年に北京オリンピックを、二〇一〇年に上海万博を成功させ、中国は「胎動」から「飛翔」の段階に入った。北京オリンピックは参加者人数がそれまでの最多を記録し、金メダル獲得数も米国を抜いて初めて世界第一位となった。上海万博は開催期間中に入場者数が七〇〇〇万人を超え、史上最多を記録したほどに、大々的に開催された。この時期に至っても経済の成長はとどまるところを知らず、二〇一〇年にはついに一九六九年以来世界第二位の経済規模を誇っていた日本を抜いて、中国がＧＤＰで世界第二位に躍り出た。米国に次いで、中国は世界をリードする国として世界に羽ばたいていった。そして、その中国を率いていく新しいリーダー、習近平《しゅうきんぺい》《シーチーピン》が登場したのである。

二〇一二年の第一八回党代表大会と翌一三年の全人代会議は、初めて戦後生まれの指導者を選出するという意味で新しい時代の始まりを示した。習近平が一二年一一月に党総書記に、一三年三月に国家主席にとトップの座に就いた。党の序列ナンバー２の李克強《りこつきょう》《リーカーチアン》も戦後生まれである。革命・戦争を知らない彼らの就任はそれだけでも新しい時代の始まりと言えるかもしれなかった。習近平は父親がかつて党政治局委員、国務院副総理を務めたという高級幹部の子弟ではあったが、それまで必ずしも強い人脈を持っていたわけではなかった。彼は文革終了後、下放されていた西北の貧困農村から北京に戻り、推薦入学で清華大学に入った。一九七九年、卒業後は一時期、国務院、軍事委員会で秘書的な仕事をしたが、一九八二年に河北省の正定県副書記からその経歴をスタートさせた。その後、福建省、浙江省と地方での活動が長く続き、二〇〇七年に上海党委員会書記に就任した。同年一〇月の第一七回党

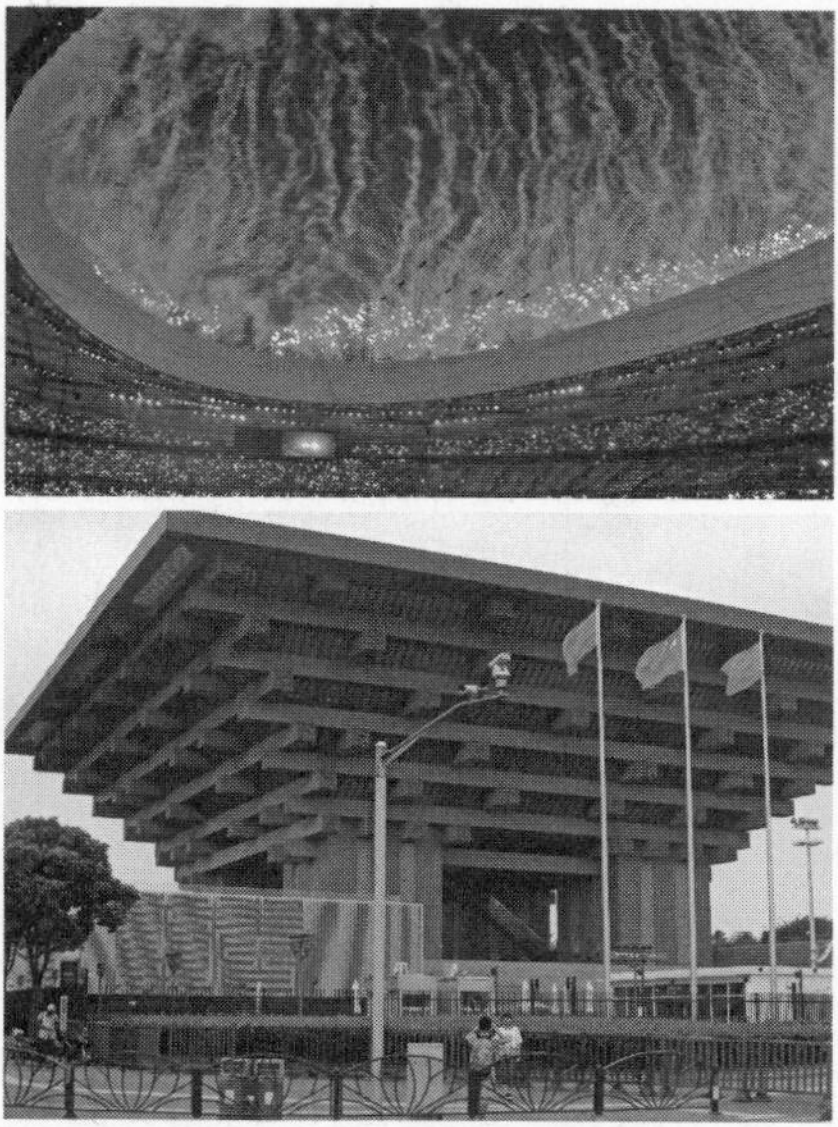

北京五輪と上海万博　2008年8月8日、大量の花火を使った五輪開会式の演出は世界を驚かせた(上)。2010年5月1日に開幕した上海万博の中国館は、現在、中華芸術宮となっている（下)。加藤千洋撮影

代表大会で一挙に党中央政治局常務委員に昇格し、以後中央の要職を次々とこなし、一二年の第一八回党代表大会で党のトップの座に就いた。中央に登っていく過程では主に江沢民系の人脈に支えられ、中央入りした後は、これに加えて時には共産主義青年団（共青団）人脈の人々と連携をしながら地歩を固めていった。一時期、彼は江沢民派とみなされていた。しかしおそらく二〇一二年以降は江沢民系、共青団系の人々と距離を置き、徐々に対立を強め、自分のイニシアティブによる指導部体制の強化を目指して行動するようになった。

例えば、江沢民系派閥は軍・国家・公安などで強い力を持っていて、特に胡錦濤時代の一〇年間には軍の二人の副主席、国防部長ら、党中央の政治局常務委員、国家副主席、全国人民代表大会常務委員会委員長などのポストを握っていた。また江沢民・曽慶紅《そうけいこう》につながり公安系のボスであり、石油派の黒幕と言われた周永康《しゅうえいこう》がいた。習近平は剛腕をもって、彼らとその部下たちをやがて汚職摘発に絡め次々と失脚に追い込んでいった。さらに江沢民と強いつながりを持っていた賈慶林《かけいりん》（元北京市長、元政協主席）系の人物で、ポスト習近平の有力候補の一人と言われていた孫政才《そんせいさい》も第一九回党代表大会の直前に突如失脚に追い込まれ、明確な理由も不明なまま政界を去った。

ついで強い影響力を持っていたのは共青団系である。その代表格は党の総書記ポストを江沢民から引き継いだ胡錦濤である。その後継者とも言える人物が李克強、党中央弁公室主任の令計画《れいけいかく》、さらには習近平第一期政権の国家副主席に李源潮《りげんちょう》、二期政権の国務院副総理に胡《こ》春華《しゅんか》ら共青団出身者がトップレベルのポストを占め、共青団の影響力は増大していた。しかし習近平はこの共青団の勢力に対しても、かなり強い姿勢で打撃を与え、令計画、李源潮は失脚、その他の共青団系中央政治局委員も失脚した。党内ナンバー2の李克強もポストとしては国務院総理であるが、重要政策の決定はことごとく習近平に握られ、得意の経済も習近平のブレーンである劉鶴《りゅうかく》がイニシアティブを握った。若手のホープ胡春華も独自色を出せるような状況ではなくなった。あるいは軍において数少ない胡錦濤系の人物と言われていた房峰《ぼうほう》輝《き》総参謀長・中央軍事委員会委員も、第一九回党代表大会の前に失脚に追いやられた。以上のように、習近平が権力を掌握した一期目は激しい権力闘争が繰り広げられ、習の対抗馬の人物や勢力がことごとく潰されていったのであった。

習近平の権威化

他勢力排除の一方で、習近平の中核的な指導体制はどのように形成されたのだろうか。一般的には、第一九回党代表大会で習近平指導体制はかなり強固なものになってきたと判断できる。対抗馬排除に続く次の手は、習への制度的な権力の集中である。江沢民時代以降、党総書記は国家主席、中央軍事委員会主席の主要三権の他には、基本的には役割分担制の分権的な集団指導体制であった。従来様々な分野において実質的な政策立案、審議、決定の機関として機能してきたのが、各分野での「党中央領導小組」――例えば外交分野では党中央外事工作領導小組、財政経済分野では党中央財経領導小組など――であった。そのトップ（組長）の幾つかを党総書記以外の人物が担当するのが通例であった。胡錦濤時代では例えば、経済財政問題は温家宝、思想・宣伝問題は李長春、治安問題は周永康、党建設工作は習近平がそれぞれの領導小組の組長になり分業体制が敷かれた。しかし第一八回党代表大会以降、ほとんどの領導小組組長のポストは習近平自身が独占していった。その上、二〇一三年一一月に特に重要な国内外の安全保障、治安問題を総合的に統括する国家安全保障委員会や、長期的な経済社会建設に関連する改革深化領導小組、中央網安全和信息化領導小組を新たに設置したが、これらのトップも習自身が就任した。政治・経済・社会・文化などあらゆる分野の問題の状況把握、立案や審議など、すべてを習近平個人が指導し掌握することになったのである。

これにとどまらない。権力の集中にあわせて習近平の「権威化」も進められた。様々な大胆な戦略の設定、主導的な政策実践はやがて最高指導者としての習近平の権威化を促すことになった。二〇一二年の末に習は「中国の夢」の実現、すなわち「二つの一〇〇年」(共産党創立一〇〇年＝二〇二一年と、中華人民共和国建国の一〇〇年＝二〇四九年)を成功裏に迎えることを提唱した。二〇一三年六月には訪米し、当時のオバマ大統領に「二一世紀の創造的な新型大国関係」樹立を呼びかけた。二超大国で協力・共存しつつ世界をリードし様々な問題解決にあたろうという呼びかけであった。しかし対中不信感を募らせ、強硬路線に舵を切りつつあったオバマ大統領からは賛同を得ることができなかった。そこで習近平は同年九月に「一帯一路構想」の提案・推進を掲げた。その具体化のために初めての中国イニシアティブの国際銀行である「アジア・インフラ投資銀行」(AIIB)も設立した。

このように世界に向けて「偉大な指導者」習近平のイメージを作り、売り込むことに合わせて、二〇一六年一月に習に近い地方の幹部らが率先して、習自身を「党の核心」と呼ぶようになり、その声は急速に党内に浸透していった。そして同年一〇月の党第一八期六中全会でついに「習近平は党の核心」という正式決定がなされた。「党の核心」の表現は建党以来、毛沢東、鄧小平、江沢民に次いで四人目で、この肩書がつくことは、これまでのケースから類推して重要事項の最終決定に極めて大きな権限を持つことが承認されたと判断してよい。

習の権威を高める活動はこれにとどまらない。二〇一七年に入り、習近平に近い人々からさらに「習近平思想」という言葉が登場するようになった。そして秋の第一九回党代表大会では「党規約」に「習近平『新時代の中国の特色ある社会主義』思想」という習個人の名前を付けた党の指導思想を盛り込むことに成功したのである。

第一九回党代表大会は、指導体制と長期戦略の設定の点で習近平の目論見を実現させた大会であった。指導部人事を見ると、党中央政治局常務委員会では、注目されていた六八歳を超えた王岐山《おうきざん》の留任は見送られたが、一八年三月の全人代会議では国家副主席への就任が決まり、彼の反腐敗・政敵打倒の貢献に応え、かつ対米関係、対外経済で指導的役割を期待したと考えられる。またポスト習近平候補といわれた若手の指導者たちの政治局常務委員（トップ七人）への抜擢が見送られた。さらに政権の運営、各政策決定で自分の考えをスムースに政策に反映させやすい指導者を次々と抜擢し配置することができた。国家機構の中心である全国人民代表大会のトップ（常務委員会委員長）には、習の長きにわたる緊密な友である栗戦書《りっせんしょ》を、経済全般に関しては習の腹心の劉鶴を副総理に格上げしてあてた。人事の要である党中央組織部長は、清華大学時代の同室の友であった陳希《ちんき》を当てた（人材育成・思想部門の中心組織・中央党校の校長も兼任）。全体的な戦略構想や対外戦略は、学術界で活躍した

毛沢東と並んで販売されている習近平グッズ　江西省共青城市、胡耀邦陵園の土産物店にて。2017年3月、加藤千洋撮影

経歴の王滬寧《おうこねい》を中核に据え、それを外交経験の豊かな楊潔篪《ようけっち》と王毅《おうき》が支えるといった布陣となった。敢えて言えば、軍関係で習の強力な右腕になる人物が見当たらなかったが、それでも「紅二代」で既知の友であった張又俠《ちょうゆうきょう》を副主席に昇格させ、軍事委員会主席の習を補佐する体制ができた。このようにみれば、ほぼ思う存分にリーダーシップを発揮できる自分の指導体制を固めることができたといえよう。

　同時に注目すべき点は、この大会の「政治報告」で示された二〇三五年という節目の設定がなされたことである。そこにはもう一つの含意があった。彼の「政治報告」をテレビの実況放送で聞いていた時、私は習近平は何らかの形で三五年までは指導権を握ろうとしているのではないかと強く感じた。その後、二〇二〇年の党第一九期五中全会でこのことが話題とされるようになった。三五年に習は八二歳である。肉体的にはともかく精神的には革命家であり続けようとした毛沢東の最期がちょうど八二歳、鄧小平が天安門事件で民主化運動鎮圧の指揮をとったのが八四歳で、一九九二年に「南巡講話」と呼ばれる開放の加速を訴えた最後のメッセージを発したのが八七歳であった。二〇一八年春の全人代会議では国家主席の任期制が廃止された。習近平は間違いなく長期政権を狙っていると読み取ることができる。これらによって、まさに「習近平時代の到来」を思わせる大会となったのである。

中国のトップに就いた後の習近平を見ていると、リーダーとしての姿は鄧小平よりも毛沢東にシンパシーがあるように見える。ある意味では習近平、そして父親の習仲勲《しゅうちゅうくん》は毛沢東の唱えた文化大革命の犠牲者であり、毛沢東は否定すべき対象だったのではないか。しかし、中華民族の代表としてその復興を図ろうとするならば、毛沢東の心意気や指導スタイルに共感するところが多いのではなかろうか。「大国の風格を持て」、「大国の指導者としての気概を持て」、習近平のこういった主張は、「韜光養晦」（陰に隠れて力を養え）の鄧小平よりも、堂々と「第三世界の指導者」としてふるまった毛沢東の方に共感があったのではないか。正式な表現は、「習近平『新時代の中国の特色ある社会主義』思想」と長たらしいが、「習近平思想」を党綱領に正式に書き込ませ、「毛沢東思想」と同列にまで高めることができた。それは、たぶん習の野心を表している。後述するが、習の提示した「一帯一路」構想も実は毛沢東が一九七〇年代に提唱した「第三世界論」と共通した発想がもとになっている。もちろん新たな時代の中で毛とはかなり異なった面もある。しかし、最高指導者としての発想や振る舞いは毛沢東に共通したものがあると言えそうである。

習近平の目指す目標と一段と巨大化した経済・軍事

では習近平は、中国の将来像をどのように描いているのだろうか。膨大な「政治報告」では数々のバラ色の目標が提唱されている。二〇一二年末に彼は、自分たちの目標とすべきは

「二つの一〇〇年」を成功裏に迎えることだと宣言した。一つ目の一〇〇年は「中国共産党創立一〇〇年」で二〇二一年になる。もう一つの一〇〇年は「中華人民共和国建国一〇〇年」で二〇四九年になる。第一九回党大会の報告では、その間の二〇三五年に中間目標を設定した。経済はすでに量から質を目指す段階に入っており、国有企業の戦略的再編、環境改善、ハイテク・金融の役割を重視した資本市場の健全な発展を目指し、三五年までには「美しい中国」を実現し、中華文化の国際的影響力を高めると主張した。

「報告」に見られる個々の具体的な目標をまとめてみると以下の三点に絞れる。

第一は、国内経済社会に関するもので、従来の成長戦略に伴う環境破壊など深刻な弊害、不均衡・不平等社会が産み出されており、それらの改善、社会福祉の充実、グリーン社会の建設などを経済発展と同時に目指す重要課題とした。

第二は、中国の国際的影響力を高めることを狙った対外発展戦略である。ここでは「一帯一路」(One Belt, One Road) 建設が最重要課題で、中国以西地域の鉄道、高速道路、空港、港湾など流通インフラの建設を進めている。この建設を通して、ユーラシア大陸、アフリカに至る広大な地域で経済を発展させ、人々を豊かにする「人類運命共同体」の創設が目指されている。中国はそのためにＡＩＩＢなどの国際金融機関を設立した（詳しくは後述）。しかし、もし「一帯一路」建設が十分な成果を上げることができなかったら、国際的に中国は威信を大きく失い、その地位も低下することになり、国内の経済社会建設問題にも負の影響をもたらすだろう。

第三に、二一世紀中ごろに軍事大国を完成させ、米国と肩を並べるハードパワーを持つことである。これによって米国イニシアティブの国際秩序は大きく揺らぐことになるだろう。以上の三つの目標は極めて野心的である。相当のエネルギーを注がねば実現性は遠のくだろう。彼の行方には大きな落とし穴が待ち受けているかもしれないのである。そして二〇三五年からの第二段階では世界一流の軍隊を建設し、トップレベルの総合国力を持つ近代化した社会主義強国を実現すると言明した。

次に習近平の対外認識、基本戦略をより具体的に考えておこう。この点で極めて重要な文書は、二〇一四年一一月二八日と二九日に開かれた党中央外事工作会議——重要な転換のときにこの種の会議が開かれる——の時の重要講話（以下「一四年一一月講話」と表記）である。先に触れた「韜光養晦《とうこうようかい》」という路線を二〇〇八年の前回の党中央外事工作会議で、当時のトップ、胡錦濤が今までの一方的な受け身の外交ではなくて、韜光養晦は堅持するけれども、やるべきことは積極的にやるという表現で微妙な修正をした。

二〇一四年の外事工作会議での習近平講話の内容を分析してみると、（1）世界が多極化している動向は変わらない。じつは習近平政権の登場後は、外交関係の核心は米中関係であって、それ以外の国との間には、日本も含めて「韜光養晦」という受け身的な外交はやらないとはっきり言うようになった。中国が上の立場としてふるまうということである。ところが、この講話では「多極化が基本的な趨勢」だと言っている。これは、冷戦が終結した直後から、中国がずっと言い続けていることで、習近平が登場してきたころに多極化という表現はほとんど聞かれなくなっていた。それが再び言われ始め、「多極化の中でイニシアティブを発揮し、米国を包囲する」というのが大枠での方針となった。米国を追い詰めるためのマルチテラルな枠組みと考えたほうが良い。

（2）世界の矛盾と闘争が先鋭化している。これは国際政治全体を見渡すとまさにそのようである。ヨーロッパでのEUの混迷、米国内での社会の分断、イスラム世界とキリスト教世界との対立、あるいはイスラム内部での対立。それから、アジアにおけるパワー・バランスの変化などが一般的に言えるわけで、この認識は当然であろう。

（3）国際システムの変革が進む方向性は変わらない。つまり、国際システムそのものは変わっている、それを自分たちの有利な方向へ積極的に変えようとの意図が読み取れる。これらのことから、習近平指導部は国際システムの変革に関して非常に前向きに考えていると判断できる。ただしアジア太平洋地域の繁栄と安定の動向は変わらないとも言っており、中国の存在を強調したいとの意図が読める。

一四年一一月講話では国際社会においては「特に広範な発展途上国のために発言する」と主張している。要するに、発展途上国を代表するということを改めて強調することでリーダーシップの立ち位置を明確にしようとしているわけである。前述したが、毛沢東時代の一九七三年から七四年にかけて、毛沢東が三つの世界論という有名な発言をし、米ソ超大国支配に対して第三世界である途上国がチャレンジする、その代表として中国は先頭に立つのだという言い方があった。発想としてはこれと非常に似ている。

では世界的に影響力を増大させている中国の直面する世界・対外戦略は、どのように理解すべきか。ここではまず新型コロナ・パンデミック（大流行）発生前の段階に限定してみておく。二〇一四年五月、中国指導者は当時の低迷しつつある経済状態を「新常態（New

順位	国名	単位：百万 US$
1	米国	21,433,225
2	中国	14,731,806
3	日本	5,079,916
4	ドイツ	3,861,550
5	インド	2,868,930
6	イギリス	2,830,764
7	フランス	2,715,818
8	イタリア	2,001,466
9	ブラジル	1,839,077
10	カナダ	1,736,426
11	ロシア	1,702,496

世界各国のGDP　2019年

Normal)」と表現し、経済が厳しい段階に入ったことを示したが、少し前に、新たな対外戦略として、既に触れたように「一帯一路」戦略を掲げるようになり、その金融支援としてアジアインフラ投資銀行（AIIB）を設立し、周辺国に参加を呼びかけた。まず中国以西の広大なユーラシア空間において、中国がイニシアティブを発揮できる「影響圏」をつくることを明確にした。

さらに言えることは、東シナ海、南シナ海などアジア海域において一方的な自国領有主張や軍事基地建設など拡張主義的な行動を進め、日本とアメリカをはじめ、東南アジア諸国や台湾の強い反発を買ってきた。中国は言葉の上では「東アジアの運命共同体」の構築などを語っているが、対中警戒感の高まりは同地域では、もはや広く共有されており、地域統合も東アジア共同体論もあり得ない話という空気が強くなっていた。中国が目指している方向を能力と意図という面から見れば明らかに大国化、大国外交である。

それを数字でみておくと、国内総生産（GDP）

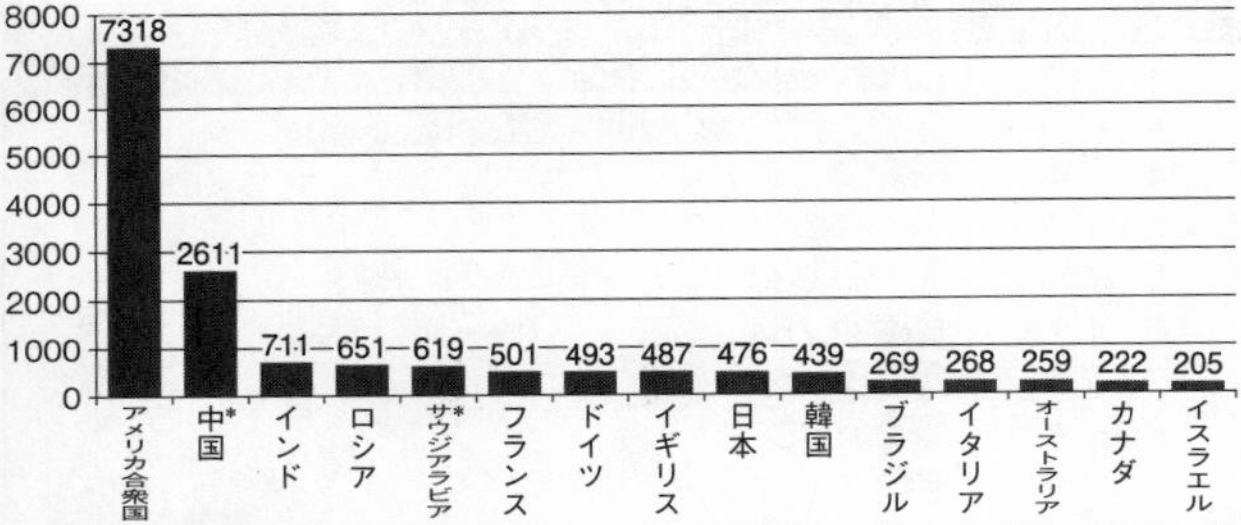

主要国の軍事費　上位15位、米ドル換算、億ドル、*は推定値、SIPRI発表値（2019年）
（出典）「主要国の軍事費をグラフ化してみる（最新）」『ガベージニュース』、http://www.garbagenews.net/archives/2258794.htmlより加工

は、アメリカが二一兆ドルに対して、既に中国が一四兆ドルと急追している（前ページ図表参照）。日本は円安の問題もあるが、五兆ドル前後の状態が続き、経済のパワーでかなり差がついてしまった。

また、軍事費を世界各国比較してみると、アメリカが依然断トツであるが、アメリカは少し前までは世界の軍事予算全体の五〇パーセント以上を占めていた。しかし今日ではすでに全体の五〇パーセントを割り込んでいる。これとは対照的に、中国の軍事力が急激に増加していることが特徴的である。二〇一八年の全人代会議で発表された中国の軍事予算では、一九兆円を超える規模になっている。一方で日本は、五兆円前後の予算にとどまっている状態で、国防費の規模としては四分の一近くの大きな差ができてしまった。中国はその上で、既述したように、二〇三五年からの第二段階で、トップレベルの総合国力を持つ強国造りを目指すと言明した。

中国主導の国際秩序を目指す

二つのシルクロード＝「一帯一路」構築の戦略的意味

中国の目指す新国際秩序を考える場合、二〇一三年来旗を振り続けてきた「一帯一路」構想を明らかにしておかねばならない。それは、陸のシルクロード（一帯）と海のシルクロード（一路）を構築するという考えである。「一帯」とは、かつての陸のシルクロード、すなわち中国西部から中央アジアを経由してヨーロッパへと続く「シルクロード経済ベルト」を指し、これを近代的な輸送路にする。また「一路」とは中国沿岸部から東南アジア、スリランカ、アラビア半島の沿岸部、アフリカ東岸を結び、東シナ海、南シナ海、インド洋の航路に拠点を作り、それらを結ぶ「二一世紀海上シルクロード」を指す。そして、今後、数十年かけて、二つの路上を挟むアジア、欧州、さらには北部アフリカの地域空間を舞台にし、経済を発展させ東アジア経済圏、中央アジア経済圏、欧州経済圏などを創り出していくことが構想されていた。具体的には、これらの地域に道路や港湾、発電所、パイプライン、通信設備などインフラ建設を進め、金融、製造、電子商取引、貿易、テクノロジーなど各種アウトバウンド投資を積極的に展開して広大な経済圏を創造し、当地域の産業活性化および高度化を図っていくプログラムのことであるといえよう。

もともとこの構想は、習近平の国家主席就任直後に打ち出された対外新戦略の挫折から始まる。「一帯一路」構想浮上の流れを簡単に見ておくと、習近平は国家主席就任間もない一三年六月、訪米してオバマ大統領と会い、米中両国の間で「二一世紀の創造的な新型大国関係」の構築を呼びかけた。しかしオバマは習のこの提案を無視した。これより一〇年ほど前の時期、一九九七年のアジア通貨危機以降に盛り上がった経済を軸とする「東アジア共同体」構築の構想が、二〇〇五年一二月の「第一回アジア首脳会議」において、共同体参加国の範囲をめぐって日本と中国が対立し、結局この構想自体が空洞化し挫折してしまった。

オバマの習近平提案の拒否の後間もなくして、習近平は米国に対抗した構想を打ち出したが、これが「一帯一路」戦略の提唱であった。米国の直接的な影響力の弱い地域（中央アジア、アフリカなど）を取り込み、同時に米国との関係が最も濃い地域（ヨーロッパ）にくさびを打つ戦略であった。その意味で「一帯一路」戦略は「中国の米国への挑戦」とも言えるものであった。それは中国がまず直接、米国と向き合わない中国以西の地域、すなわち中央・西アジア、ヨーロッパ、アフリカに至る広大な空間において、流通などインフラ建設をベースに経済開発を進め、同地域で中国イニシアティブの「運命共同体」を構築するという壮大な計画であった。言い換えるなら、「一帯一路」建設を通してパックス・アメリカーナと呼ばれてきた前世紀からの国際秩序を転換させ、パックス・シニカとも言うべき新たな世界秩序の構築に向かう空間の基盤づくりを暗に示していたのである。このように、「一帯一路」構想は単に対象地域の経済発展戦略ではなく、中国イニシアティブの安全保障を含めた安定的な共同空間の構築を目指したものである。そのためにまず、経済圏を創造し、それを土台として明らかに強い政治的意味を持つ影響圏の構築を試みていた。

整理しておくならば、「一帯一路」とは、①中国の対外経済発展戦略であり、②中国の国際的な影響力の拡大を意図したものであり、③その目標としての米国イニシアティブの国際秩序を打破し、中国イニシアティブの新たな国際秩序＝習近平の言う「人類運命共同体」の構築を目指すものであった。少し具体的にみておくと、地域空間としては、北はロシアから、南は南シナ海からインド洋に広がり、西には中央・西アジア、ヨーロッパ、アフリカを含む広大な地域が、一帯一路構想の空間である。この空間の中心に中国を据え、国内の複数の都市を拠点とする。例えば雲南省の昆明とか、福建省の厦門、あるいは、内陸にある新疆のウルムチといった都市を中核に成長させて、それが国外の内陸の拠点都市や沿海の拠点港湾都市とつながってベルトを形成するイメージである。

基本的に国内での産業インフラはできているわけだから、それを国際的に広げていくということになろう。その鍵は対象国のインフラ（鉄道、航空路、港湾、情報拠点）の建設である。では、その空間で何をするのかというと、ここでのプロジェクトの重点は、エネルギー、生産物、通信・情報、交通などの輸送拠点とネットワークの形成、域内貿易の強化と同時に、各種製造業、原子力発電などの開発、農水産業へのテコ入れなどを行う。それらの実現を重要な目的として国際金融組織AIIBを作ったのである。

国内戦略の視点から見るならば、二〇一四年五月に河南省を視察した時、習近平は経済状況に関して「新常態」という表現を用い、高度経済成長を推進した経済構造の転換の必要性を説いた。その要因は、「生産年齢人口の減少と農村部における余剰労働力の枯渇による労働力不足である」（関志雄『中国「新常態」の経済』日本経済新聞出版社、二〇一五年）。有り余るほどに保有する外貨を使い、戦略的に意味のあるユーラシアの広大な地域のインフラを整備し、その地域に中国の企業家らを送りだし、現地の労働力を活用して経済を発展させる。それは国際的にも国内的にも「一挙両得」ともいえる戦略構想であった。「一帯一路」戦略はすでに、構想する段階から実践する段階に入っている。結局のところ参加各国が真に「一帯一路空間を運命共同体」とみなせるようになるには、中国からの一方的な「頂層設計」(トップダウン方式)ではなく、関係各国が主体的に参加できる政策決定メカニズムの改善・制度化こそが重要になってくる。もしそうでなければ、この構想は習近平が叫んだ単なる政治スローガン、あるいは「絵に描いた餅」で終わってしまう可能性もある。その点で、対象各国はこの構想をどのようにみているのだろうか。

「一帯一路」の推進の現実と対象国からの反発

まず概況を見ておくと、二〇一三年に、中国が「一帯一路」構想を提唱した後、しばらくの間は順調に発展しているように見えた。特に開発戦略を基本にして経済成長を強く望む発展途上国では、経済発展のためのインフラ整備が喫緊の課題となっており、そのための資金の確保さらにはインフラ建設技術の導入などが必要とされた。しかし、世界銀行やアジア開発銀行などの既存の国際金融機関の保有資金だけではかなり不十分であった。その意味では中国が豊かな外貨を使ってAIIBなど国際金融機関を立ち上げたことは、こうした国々のニーズにかなったものであった。そして、それを基盤にして提起された中国の「一帯一路」構想は、途上国にとって魅力的なプランであった。事実、あるインドネシア研究者に、同国の「一帯一路」構想の印象を聞いたところ、経済開発に積極的に取り組んでいることから、総じて「一般的には肯定的なイメージを持っている」と回答があった。

「一帯一路」構想は途上国のみならずEUでも、中国からEUへの投資の起爆剤として期待された。二〇一七年六月の第一九回EU・中国首脳会議では従来独自に進めてきたEU域内の交通網の整備計画を中国の「一帯一路」構想と連結する新たな道が開かれた。同会議においてはさらに金融面での協力支援を進める構想が合意され、欧州投資基金とシルクロード基金（二〇一四年一二月、習近平が提唱）の相互協力の覚書が調印された。二〇一七年五月の「一帯一路」国際協力サミットは、一三〇ヵ国の政府関係者、二九ヵ国の首脳が出席し北京で大々的に催された。

「一帯一路」の推進以降、EU‐中国における貿易量の大幅な増加という点も確認しておくべきである。例えば中国と欧州間のユーラシア大陸横断鉄道「中欧班列」では、沿線諸国の開通線路は中国三五都市と中央アジア・欧州三四都市の間で五七に上った。その結果列車数は二〇一三年の八〇車両から一七年には三二七〇両まで急増した。二〇一七年の中国と「一帯一路」関係国との貿易伸び率（人民元ベース）は一七・八パーセントと増加した。「一帯一路」各国で受注したプロジェクト額は一四四三億ドルで前年比一四・五パーセントも伸びた。

そこで金融面での担い手として期待されたAIIBが、二〇一五年一二月に発足した。設立当初の加盟国は五七ヵ国の規模であった。二〇二一年一月現在では、一〇三まで増加した。確かに開業より五年となり、加盟国・地域はこのように増加しているが、二〇二一年一月時点での投融資額は約二二〇億ドルで、当初の想定の半分以下に留まっている。

建設資金の確保に関してAIIBに依拠するだけでは決して十分ではない。実は中国のA

ＩＩＢに対する出資は、中国政府が個別に行っている海外投資に比べて決して大きなものではなく、むしろ全体での割合は減少している。例えば、中国国家開発銀行と中国輸出入銀行は、「一帯一路」地域に一二〇〇億ドルの貸し出しを行うことを決定した（富士通総研、二〇一八年三月七日、金堅敏）。これに対して、ＡＩＩＢが打ち出したエネルギー・インフラ建設への投資額はわずかに二五億ドル（一七年）でしかなかった。さらに同銀行に対する各国からの大口の出資はまだ期待できない状態である。ＡＩＩＢ、シルクロード基金の資金調達や運営が順調に進まなければ、「一帯一路」建設はますます中国に依存する傾向が強まっていかざるを得なくなる。中国国家開発銀行は、二〇一三年以降、「一帯一路」沿線国との間でエネルギーや航空、金融、ハイテクなどの分野で一〇四の事業に対する融資協定に合意し、融資額は一三〇〇億ドル余りに上った（中国網、二〇一七年四月二六日）。中国の単独出資は当然ながら国益優先の対応になり、そのことから中国と現地関係国との摩擦を生み出していると考えられる。

では、「一帯一路」構想は、中国以西の広大な空間において「輝ける未来」を約束する「美しい」構想となっているのか。ＡＩＩＢの制度も当初予想していたように順調に機能しているとは言えず、それは次第に以下のような国内外の様々なレベルから批判や抗議を生み出し、厳しい現実に遭遇することとなった。前途は「洋々とした」ものではなく、中国の利益と現地各国の利益の衝突をどのように調整するか、また国内の増大する格差や矛盾への対応とこの構想とのバランスをどのようにとるのかなど、さまざまな難関が待ち受けている。

対象国からの不満としては、第一には、中国からのインフラ建設投資による膨大な負債を抱え、返済能力を超え国内の資源開発権の中国への譲渡や、港湾の租借を強いられるなど、自国の経済主権が脅かされ、反発するケースが各国で発生している。典型例としては、一八年のマレーシアの総選挙の結果がある。ナジブ政権が敗北し、マハティール政権が再び成立したのは、中国資本による国内の高速鉄道建設における膨大な負債を抱えることに対する国民の反発を背景にしていた。インドネシアにおける中国融資による高速鉄道建設の中断も同様の性格のものであった。スリランカ、ミャンマー、パキスタンなども同じ問題を抱えている（平川均他編著『一帯一路の政治経済学』文眞堂、二〇一九年）。

第二の不満は、各地におけるインフラ投資の多くが、具体的な建設の段階になるとことごとく中国企業、中国人作業員によって進められ、これに対して現地の反発が増大していることである。例えばこの構想に対して、「中国・北京に駐在のEU二八ヵ国の大使のうちハンガリー大使を除く二七人が、中国の「一帯一路」を批判する報告書に署名した」とのドイツメディア「ザ・ディプロマット」の報道が流れた。また中・東欧では、中国企業による投資・買収に「想定していた水準の大型投資が少ない」、「現地雇用拡大への貢献が限定的」などの声も多く、「中国＝落胆」論が急速に広がり始めているとのレポートもある（日本経済新聞、二〇一八年一〇月一二日）。あるいは西欧を中心とした中国企業による「先端技術企業の買収」を契機に、「中国＝脅威」論が強まりはじめている。また、欧州で最も積極的に中国との関係強化を目指した「東方開放戦略」を提唱してきたハンガリー政府の中でも、中国の対応が期待していたほどではないことに対し「中国＝落胆」論が急速に広まりつつある。

第三に、「一帯一路」戦略はじつは国内の経済成長の低迷と関連している。「新常態」と呼ばれた二〇一五年前後、国内における民間企業の低迷、国内雇用の縮小が深刻になっていく中で、中国政府は民間企業に対して、「一帯一路」建設に関わる地域への進出を奨励した。ある海外の報告書では河南省鄭州のケースを挙げながら「鄭州を「帯」と「路」の貨物輸送のハブにすると言う構想は、やはり「一帯一路」構想を地域投資のための口実として利用しているに過ぎない」と批判している。しかも、それは上述したように現地労働者の雇用摩擦を引き起こしており、同時に国内における農民工ら低所得労働者の解雇の増大等を引き起こし、いわば国内外からの挟み撃ちの状況になっている。

第四に、安全保障面でいくつかの国との緊張・摩擦を引き起こしていることも重要な問題である。中国当局は「一帯一路」構想は経済的・文化的な協力が主であって、地政学的な野心は存在しないと主張してきた。しかし、一部の国々では、中国が建設した鉄道や港湾等が有事の際には軍事目的で利用されるとの疑念が起こっている。例えば中国と領土問題を抱え、軍事衝突を繰り返した過去を持つインドの反発がある。インドは「二一世紀海上シルクロード」の実態は「真珠の首飾り戦略」(中国が整備する南シナ海・インド洋の港を結ぶとインドに掛けられた首飾りのような形状となる)であり、さらにパキスタンを南北に縦断し、印パの対立地域カシミールも含む「中パ経済回廊」計画への中国の全面的支援にも反発する声が高まり始めている。

このように「一帯一路」は単に経済発展戦略ではなく、安全保障を含めた安定的な共同空間の創造を暗示しており、明らかに強い政治的意味を持っている。こうした「一帯一路」建設を通して、パックス・アメリカーナからパックス・シニカとも言うべき新たな世界秩序の構築に向かう意図を内包している。そこでパックス・シニカは可能なのか？　難題として、一つには、当然ながら米国からの強力な反撃を引き起こす。二つには、中国が「一帯一路」空間において強いイニシアティブを発揮できるようになるには、中国とこれらの国々との強い信頼関係、互恵関係、協力関係がなければならない。しかし上述したように中国とこれらの国々とのあいだには、様々な摩擦・齟齬が生まれ、ぎくしゃくした関係が目立つようになっている。「一帯一路」建設の行く末には懸念が浮上しつつある。それに加えて、二〇二〇年はコロナと「米中対立」が一段と深刻化した時代でもあった。

中国の権威的運命共同体論と「圏子」論

「一帯一路」に象徴される「頂層設計」のやり方で、習近平が海外に向けて強調し始めたのは、大国外交の推進の気概と風格を持って「人類運命共同体を構築しよう」と主張し始めたころからである。そもそも、それまでの東アジア共同体の議論は、アジアで唯一の共同体と言える東南アジア諸国連合（ＡＳＥＡＮ）をドライバーにして、日中韓がエンジンとして機能するのだという言い方であった。二〇一五年末にＡＳＥＡＮ経済共同体の設立が宣言された。今まではＡＳＥＡＮ共同体に関しては、アジアで初めての制度化された地域統合の実現と高く評価されてきたのだが、今日ではほとんどそういう意味での注目度がなくなってきており、むしろＡＳＥＡＮの結束に対して、中国は事実上の切り崩しを行っている。特にＡＳＥＡＮの親中派的な国と、中立的な国、そして反中国的な国を分けて扱うという動きがある。そういったプロセスの中で習近平の「アジア運命共同体」が提唱されていることを踏まえておかねばならない。中国はASEANの自立的な成長、確立を望んでいるわけでなく、あくまで中国の傘の下での共同体を求めているのであろう。

中国は、東南アジアのみならず、さらには中央アジアを含む運命共同体をつくるのだと言うようになってきた。一般的にみて、中国のやり方は自分たちの枠組みをまず先につくり、それは実体がなくてもかまわない。問題はその枠組みに入る意志を持つのか、入らないのかという論法を持って相手に対応を迫る。「一帯一路」の問題もそうだし、AIIBも同様である。

南シナ海問題を見てみよう。南シナ海では中国は九段線（=「牛の舌」線）ともいう自らの境界線を主張してきた。それは国民党時代に一方的につくった自国の領海の概念だが、これを認めるか、認めないかが国際的な論争になっている。そして、中国はそれを絶対に認めさせる、認めない国は、敵対勢力であり戦うという考え方である。それから、防空識別圏でも一方的な主張を行う。したがって、相手国の状況を考慮し、お互いに隣国といかに調整して合意し、ある共通のルール、枠組みをつくって紛争を処理するかという発想ではない。もちろん、だから中国とはつき合わないということではなくて、現実にはそういうやり方であるということを留意しておく必要がある。

習近平の大国外交を考える場合、どうしても考えておかねばならないのは権威主義的思考の強さである。日本人として記憶に残るのは、二〇一四年一一月、APEC首脳会談出席のために北京を訪問した安倍首相を迎えたときの習近平の態度、中国側の振る舞いは、客を迎えるホストの対応ではなく、どうしても自分のほうが上だということを見せつけるためのしぐさ、舞台だった。その後、東京のある場所で日中の有識者による討論会が開かれた。その際、中国の権威主義について出席していた在日の中国人教授と議論になった。彼は、中国は権威主義じゃない、日本のほうが権威主義だという言い方をしたのに対して、筆者は中国の権威主義こそが問題だと論争になった。中国の人間関係のつくり方というのは、昔からよくいわれる関係（クワンシー）、圏子（チュアンズ＝サークル）という言葉に象徴される。関係は特別な人間関係を意味し、その中で大切な考えはどちらが上か下かの確認である。年齢、地位、職業、経験の豊かさなどによってどちらが上か下かが無言のうちに決まり、そのことが関係におけるビヘイビアに強く影響する。関係の在り方を容認すれば、上からは特別の配慮がなされる。

圏子はいわば関係の束と言っていいだろう。圏子に入ればお互いが助け合う。ところが、圏子の外にいる人間とは敵対的になる。これをきちんと見ていくことがキーポイントである。圏子の中にいる人間は、相互扶助であって、助け合う。時にサポートする人が多大な犠牲を払ってでも困っている身内を助けることがある。持ちつ持たれつの精神が非常に強い。二〇一二年一一月の習近平重要講話でも、習は「義理とか信義とか情義を重視して周辺外交に力を入れる」と言っているが、具体的にどうするのか、「あなた方に特別な配慮をしましょう」という話だが、配慮するためには、自分たちの圏子に入ることが前提で、そして中国のイニシアティブを認めるべきということになる。権威主義的であるかどうかの問題では、とくに圏子の外との関係の場合には、中国は非常に強圧的権威的な立ち位置をとろうとする。日本も、確かに権威的な部分はあるが、物事を決める決定的な要素はルール、制度である。特に現代社会においては、ルールや制度を無視して何かをすることはかなり困難である。中国はその点が異なっている。

米中関係、協調から対立への転換

米中貿易紛争——米国からの反撃

習近平政権が本格的に始動して間もない二〇一四年、中国はGDPが一〇兆ドルを超え、また外貨準備高が四兆ドル弱と世界の中で突出した。このような状況の中で、AIIBなど中国イニシアティブの国際投資銀行を立て続けに提起し、米国イニシアティブへの挑戦を実践に移したのであった。これに強い警戒感を示し、中国ペースの国際経済・金融動向に歯止めをかけ、本格的に米国主導の確保・回復を試みるようになったのが、二〇一七年一月からのトランプ政権の登場であった。それを象徴する出来事が「米中貿易紛争」の発動である。確かに米国の貿易赤字は後述するが膨大なものとなっており、その約半分が中国からの輸入によるものであった。しかし、それは単純な米国の大幅赤字の解消目的ではない。二一世紀半ばごろにかなりの広範な分野で、中国が先頭に立つ可能性が見え始めてきたことに対する米国の反撃とも言えるものであった。

貿易紛争は、二〇一八年春以降いよいよ本格化していった。周知のように、中国は天井を知らない持続的な経済成長によって、二〇一〇年日本をGDPで追い抜き世界第二の経済力を持つに至った。さらにその勢いは、米国の経済力をも射程に置き、二〇二五—三〇年頃にはGDPで肩を並べるのではないかとの観測も現実味を増し始めた。そうした中で深刻化していく米中貿易紛争は、これまで世界のナンバー1として君臨してきた米国に対する、新たなチャレンジャー中国の覇権争奪に挑む第一歩であった。習近平政権は、「中国の夢」「中華民族の偉大な復興」を掲げて、世界にチャレンジングな戦略を打ち出していった。上述した「一帯一路」戦略のほか、「強軍建設戦略」などである。

中国の挑戦に深刻な危機感を抱きはじめた米国は、二〇一八年の軍事予算を大幅に増額すると同時に、経済面での中国に対する反撃を開始した。大統領選挙中も訴えてきた膨大な対中貿易赤字の深刻さに対して、大統領就任後、トランプは本格的に問題解消に乗り出したのである。「米国第一主義」を主張し、トランプの経済戦略の知恵袋ナバロ教授が作成した「ナバロ・ペーパー」（二〇一六年九月に公表）では、以下の三点、①相手国の為替操作、②相手国の重商主義と不正貿易、③米国の貧相な貿易交渉の解消、が重要であると指摘している。特に中国に対しては「膨大な非関税障壁を調整するように求め、中国の鉄鋼の不当な廉売も見逃さない」と徹底抗戦を主張していたが、トランプ大統領の誕生によって現実になった。

米中貿易の大雑把な数字を見れば、米国の大幅な入超＝中国の大幅な出超が基本構造である。二〇一四年米国の対中貿易赤字は三四二六億ドル、二〇一六年は三四七〇億ドルに、一七年は三七五〇億ドルに膨らんでいる。米国の赤字全体は七三七一億ドルであるからその半分以上を中国が占めることになる。ちなみに米国の赤字第二位は日本であるが、その規模は二〇一六年で六八九億ドルと中国に比べ圧倒的に少ない。一七年春から夏にかけて米中双方は話し合いによる問題の解消を目指したが、妥協点を見出すに至らなかった。

北京で二〇一八年五月三、四日に米中通商協議が開かれたが、それに先立ち、米国が提示した「枠組みの草案」は、中国に対して、二〇一八年六月から二年間で対米貿易黒字を二〇〇〇億ドル削減すること、過剰生産を助長する「市場を歪める補助金」はすべて即時廃止すること、知的財産権の保護を強化し外国企業に対して技術移転を求める慣行を撤廃することなど極めて厳しい要求を突きつけた。同年春以来、ムニューシン財務長官と劉鶴副首相が貿易摩擦解消のための交渉を行ってきたが、問題解決には至らなかった。これらは無論中国側の呑める内容ではなかった。そこでトランプ政権は、中国製輸入製品に対して高関税をかけるという方針に踏み切ったのである。

しかし、貿易摩擦に対する米国の攻勢が激しさを増す中でも、当初中国側は比較的楽観視していたきらいが見られる。例えば中国国際経済交流センターの張燕生《ちょうえんせい》首席研究員は、米中の経済の力の差が縮小している中で貿易摩擦が起こるのは必然であると指摘した上で、「GDP成長に対する輸出の貢献度は、一七年にはかなりプラスになった。一八年は仮に米国との貿易摩擦が激しくなっても一七年を少し下回る程度と見ている。……一八年のGDP成長率は六・九パーセントに届かないにしても政府目標である六・五パーセント前後の達成は問題ない。……今日の経済はもはや輸出主導ではなく、内需主導と言っている。中国は国内の消費を拡大し、世界から輸入を増やす。これに加えて巨大経済圏構想「一帯一路」に伴う発展途上国の需要を取り込めば、発展を維持できる」と、貿易摩擦が中国経済にもたらす影響についてかなり楽観的な見通しを立てていた（日本経済新聞、二〇一八年四月二三日）。

他方で八月に入り、米中政府はランクを下げマルパス米財務次官、王受文《おうじゅぶん》商務次官らが米首都ワシントンで貿易協議を行い、通商に加えて為替問題も議論された。米側は、中国当局が貿易摩擦の悪影響を補うため、通貨・人民元を対ドルで安く誘導しているとみているが、中国側はそれを強く否定しており合意に至っていない。一九年五月にはさらに米国が二〇〇〇億ドル相当、中国は六〇〇億ドル相当の輸入品に追加関税を課した。このように、米中双方は簡単には引けない段階で、まさに「チキンレース」の様相を呈してきた。ただし、二〇一九年末から、新型コロナの発生、パンデミック化によって世界の貿易が一挙に縮小していき、貿易赤字幅も減少傾向にある。

ハイテク分野における米中紛争

注意しておくべきことは、米中の貿易紛争は単なる米国の貿易赤字の解消を目指すものではなく、これからの経済発展の担い手とも言うべき高付加価値のハイテク、IT産業における主役の争いをも意味していたのであり、それが一挙に表面化し深刻化してきた感がある。世界知的所有権機関（WIPO）によれば、先端技術の指標となる国際特許出願件数は二〇一七年で、米国は五万六〇〇〇件余りだが、二位の中国が四万九〇〇〇件とかなり接近し（日本経済新聞、二〇一八年七月二日）、二〇一九年ついに件数の多さは逆転した。しかも企業別にみると、躍進著しい中国のファーウェイとZTE（中興通訊）が世界の一位と二位を占めるまでになってきた。

もともと米国が強い警戒感を持つようになったのは、中国が二〇一五年に提起し、二〇一七年一〇月の党代表大会で本格的な取り組みを呼びかけた「中国製造二〇二五」であった。

これによって、さらに産業の高度化を目指す戦略を具体化するようになった。その基本的な戦略目標として、（1）イノベーション主導の発展戦略の推進、（2）スマート製造を核として推進、（3）基盤技術産業を強化するプロジェクトの実施、（4）製造業のエコ化の推進、（5）ハイエンド装備製造業の振興が掲げられた。従来進めてきたキャッチアップ型経済発展戦略をイノベーションを軸に転換させようとしたもので、政府の主導によってこれらの開発に積極的に取り組み、市場シェアの大幅な拡大を目標としたものであった。

米国が「中国製造二〇二五」に対して強い懸念を抱き、これを標的にして中国のIT、ハイテク産業への攻勢を強め、自らの覇権を堅持する意図を強めたことは当然であるといえるかも知れない。例えば、ZTE（中興通訊）が米国技術・部品を含む製品をイランと北朝鮮に不適切に輸出したことに対して、米国は同企業に取引禁止措置を決定した。取引禁止措置により、米国企業はZTEに製品やサービスを販売することが禁じられ、ZTEは実質的に事業ができない状態を余儀なくされた。ZTEは二〇一八年に入り米国に科された罰金に預託金を合わせた一四億ドル（約一五七〇億円）の支払いを終えこの禁止措置を解除した。

その後米国でビジネスをしているハイテク器メーカーへの締め付けが本格化するようになった。それは二〇一八年八月一三日に成立した「二〇一九年国防権限法（NDAA二〇一九）」に基づくものであった。中国のハイテク器メーカーとはファーウェイ（華為技術）、ZTE（中興通訊）、ハイク・ビジョン（杭州海康威視数字技術）、ダーファ・テクノロジー（浙江大華技術）およびハイテラ・コミュニケーションズ（海能達通信）の五社である。さらに米連邦通信委員会（FCC）も一九年一一月一〇日、ファーウェイやZTEなどを国家安全保障上のリスクをもたらすおそれがある中国メーカーと断定し、それらが製造した機器を、米国内のブロードバンド企業と移動体通信企業から排除させるための規則を可決した。さらに、米司法省、国土安全保障省、国防総省、国務省など米政府は、中国電信（チャイナテレコム）が米国で営業するための事業免許を取り消すようＦＣＣに要請し、検討に入っている。ＦＣＣは、米国のネットワークから排除すべき、中国政府から補助金を受け取っている中国製の機器のリストを作成することを、五対ゼロで可決した。安全上の脅威と疑われる機器の交換費用を通信事業者に補償するプログラムの開始も決定した。これらの措置はいずれも、中国企業の機器やサービスが、米国人に対する諜報活動に利用されるおそれがあるとの懸念に基づいて、米国の電気通信における中国の役割・影響を厳しく取り締まろうとする米国政府による大きな取り組みの一環となっている。「中国製造二〇二五」をターゲットとした米国の対中攻勢は、これからの世界経済のイニシアティブをめぐる争いにもなってくる以上、どちらもひくことはできず長期の争いになっていくかもしれない。

新型コロナウイルス・パンデミックと米中関係

今日の世界では主要な問題に関してはほとんどが「米中関係」に収斂していく傾向がある。台湾問題、香港問題、北東アジアの安全保障問題など然りである。二〇一九年末から始まる新型コロナ騒動も例外ではなかった。前年の中国は米中貿易対立の他に、大量の不良債権問題、民間企業の低迷問題などによって経済的な不況を余儀なくされた。一九年暮れから二〇年春にかけての中国での新型コロナウイルス感染の急速な広がりによって、経済停滞は一段と加速し、中国ベースの世界経済の展開は完全に壁にぶつかったと思われた。

しかしながら他方で四月に入り、米中の二つの動きが顕著になり米中の関係及び世界情勢の見通しが再度不透明になってきた。第一はコロナウイルス感染が一挙に世界的規模に広がり、とりわけ米国における感染拡大は猛烈な勢いで、世界最大規模の被害国になったことである。米国自身が経済社会面、国際関係などでの深刻な打撃を免れなくなった。第二には中国の感染がピークを越え、生産再開の宣言を出し、経済復興が軌道に乗り、さらには世界各地のコロナ感染被害に対して積極的な支援活動に取り組み始めたことである。

まず第一の点から見ておこう。コロナウイルス感染は、二〇二一年四月五日時点で世界の感染者は約一億三一〇〇万人、死者約二八五万人で、アメリカでは感染者数三〇七〇万人、死亡者数五五万五〇〇〇人を超えており、いずれも世界最多の状況となっている。そのためおそらくパンデミックが収束の段階になっていったとしても、米国の経済復興は時間のかかることになるだろう。他方中国も、二〇一九年一二月の時点で「初動」が遅れ、国内のみならず世界へのウイルス感染拡大を引き起こす原因となった。しかし、その後武漢でのロックダウン、コロナ対策の病院建設を二週間で完成させるなど急ピッチで対策をすすめ、三月に入りほぼ沈静化に成功したと公言するまでになった。

二〇年四月以降、中国は国内経済再建に止まらず、全世界を射程に入れてコロナ問題解決の支援を積極的に展開し始め、さらにはコロナを克服したとして「中国モデル」「中国方式」の優位性を世界にPRしているのである。このような情報戦は、完全に内向きになってしまった米国のリーダーシップに比べて、かなり効果的である。中国当局の振る舞いは、明らかに戦略的な発想に基づくもので、コロナ・パンデミックが収束し様々な分野での再建が始まる時点で、中国が先んじてイニシアティブを持って世界への影響力を拡大しようとする意図は明確である。

しかし中国のコロナ感染後の経済復興の状態を見てみると、決して楽観は許されない。中国の二〇年一―三月経済統計によれば、GDPで前年同期比マイナス六・八パーセントと、はじめての落ち込みを見せ、さらには国有企業に比べて、民間企業および外資系企業の生産の減少はかなり深刻である。その上欧米をはじめ世界各国は、依然として新型コロナ騒動の渦中にあり社会が停滞し、一般的なものの需要が急減している（日本経済新聞、二〇二〇年四月一五日）。中国がいくら生産再開に踏み切っても、生産したものを輸出するニーズが激減しているということである。三月二七日の党中央政治局会議で、習近平が繰り返し強調したことは積極的な「内需の拡大」であった。このことは、これまでのような輸出拡大による経済成長の推進という考え方を修正しつつあると読める。この方向性は、一〇月末の党第一九期五中全会の決議で一段と鮮明になった。いわゆる「双循環」と呼ばれる国際大循環と国内大循環の結合であるが、力点が国内需要の拡大におかれていることは言うまでもない。筆者はこの方法が最も理にかなっていると考えるが、これがうまくいくならば、人口一四億という巨大な国内市場を掘り起こすことになり、再び安定成長の軌道に乗せることができるかもしれない。

ただ前途は多難であることも否定できない。中国は専門家の間でよく言われるように「三重苦」（民間企業の低迷、不良債権の累積、米中経済対決）に苛まれてきたが、加えて新型コロナ騒動である。コロナウイルス感染はまだ各地で再拡大の可能性を残しており、予断は許されない。中国自身の経済、社会もこのように厳しい局面に置かれており、建て直しには相当の時間がかかることを強調する専門家も少なくない。

さらに認識しておかねばならないことは、中国は世界に対して打ち消すことができない厳しいハンディを背負っている事実である。まず、新型コロナの発生源の確定はともかく、このパンデミックが中国発であり、大量の中国の人およびモノの移動によって一挙に世界規模に拡散してしまった。特にイタリア、スペイン、イギリス、フランスなどヨーロッパ諸国は積極的に中国の投資を受け入れ、「一帯一路」戦略に参入したのだが、今回のパンデミックによる大打撃が中国への不信感を募らせることとなったのではないか。仮に中国がどれほどの支援を行おうとも、事態が一旦収束に向かった後、これらの国々が中国流の経済発展、とりわけ「一帯一路」戦略に対して以前と同様に積極的に受け入れるだろうか。はるかに懐疑的になり、単純に「中国回帰」ということにはならないだろう。

米中新冷戦への警鐘と中国の近未来

相互不信の連鎖は断てるか

最後にコロナ・パンデミック後の米中関係について見ておく。本来二つの超大国は協力・補完しあって世界的な困難に立ち向かうべきだが、双方は一段と不信感を募らせ批判の応酬に明け暮れている。とりわけ、コロナの発生源をめぐって米国軍が持ち込んだとする中国外交官の説と、それに対する米国高官からの痛烈な反撃。続いて米国当局が、発生源を武漢感染症研究所でのコロナの漏洩であると発言し、中国当局は猛反発した。さらにオーストラリアも国際的な新型コロナの発生源などに関する国際的な独立調査（発生源を客観的に明らかにするための作業）の必要性を呼びかけたが、この意味するところは何であろうか。

ＷＨＯ事務局長の中国に配慮した発言をトランプ大統領が批判し、拠出金停止を宣言し、これに対して事務局長は米国政府に反論するなど、パンデミックに対する指導体制が全く混乱してしまった。欧米諸国の大混乱に加えて、アフリカ・中東におけるコロナ・パンデミックの進行を考えるなら、世界は極めて無秩序な方向に向かっている。イアン・ブレマーは、ここ十数年来来るべき未来の国際社会を一国覇権でもＧ２でもないＧ０の時代と予言してきたが、現状ではまさにＧ０状況の出現と言うべきであろう。

これからの世界は経済低迷が一段と厳しくなっていくことは疑いない。それ故、今は各国ともこれまで以上に救いの手を欲していると思われるが、差し出す手が即、中国では、多くの国が躊躇するだろう。もっとも、ヨーロッパの経済再建で、中国拒否、米国傾斜になるとは言い切れない。日本でさえ、中国の影響力拡大への警戒心は高まっているが、経済再建を全面的な米国依存、中国の影響力排除で進めることは不可能である。とりわけ今回の新型コロナ騒動で中国からの原材料、中間財の輸入がストップしてしまった。完成品輸出に重きを置く日本の製造業は中国抜きにして将来を考えることはできない。さらにはこれからの有望産業として期待されていた観光業も、中国からの来日客がストップして大打撃を受けている。

バイデン政権の登場で米中関係は変わるか？

ではこれからの世界をどのように見通せばいいのか。米中が何らかの形で手を携え、協調もしくは協力する関係を構築するのは無理なのであろうか。折しも二〇二〇年末に注目された米大統領選挙もようやく決着し、対中強硬派のトランプ政権に代わって、これまでは協調派、穏健派とみられてきたバイデン民主党政権の誕生となった。中国にとって、バイデンはオバマ政権時代の副大統領で中国との重要項目についての交渉の経験もあり、中国もよく知る人物である。しかしこのトランプ政権の四年間で米中関係は根本的に変化し、早期に修復される見込みは少ない。バイデンは二〇年一一月一六日の記者会見で、「中国に対抗する必要がある」と明言した。またトランプ政権で混迷した通商政策を三原則に基づいて見直すと表明した。三原則とは、①国内投資で米製造業を立て直し、②労働・環境対策を重視して通商交渉に臨む。さらに③制裁関税などでは「懲罰的な手段は採用しない」とも述べた。彼はTPPには言及しなかったが、オバマ元大統領は「TPPがなければ中国がアジアでルールを確立し、米企業は締め出される」と繰り返していた経緯があり、バイデンもこれに前向きだと予想される。

中国の押さえ込みについては、同盟国とより緊密に協力する一方で、自国の主張を強めている中国への牽制はトランプ政権と同様に続けることになるだろう。多国間主義、国際協調路線を重視する。「Quadrilateral Security Dialogue（日米豪印戦略対話）」や「インド太平洋構想」などは、同政権下で動きがさらに加速するだろう。経済分野でも米国の対中圧力は続くだろうが、米中貿易戦争とも呼ばれたトランプの関税制裁や輸出規制の連発とは異なって、バイデン政権が最も重視する手段は多国間アプローチで中国に対抗することだ。中国経済への依存を少なくする方針が鮮明になっていくだろう。その意味で、就任して時間をおかず、日、英、独、仏、伊、豪、加など西側先進国と緊密に連携する枠組みを固める動きを開始するかもしれない。また同氏は人権問題にも関心が高く、新疆ウイグル自治区とチベット自治区、内モンゴル自治区、朝鮮族などの少数民族問題についても、トランプ政権以上に中国に圧力をかける可能性がある。

トランプとバイデンは性格や考え方、ビジョンなど正反対のように見えるが、中国への対抗意識や非介入主義という部分では似ており、バイデンはマルチの方法によって脅威に対抗する傾向を強めるだろう。中国にもっぱら依存を強め、多額の支援を受けてきたパキスタンやミャンマー、ラオスなどの国々との関係、ＡＩＩＢ加盟国や「一帯一路」参加国、いわゆる中国が独自に築きつつある経済圏にも、米国および同盟諸国のかかわり方次第ではひびが生じてくる可能性も否定できない。

デカップリングの陥穽

二〇一八年三月の米中貿易戦争の本格化以来、幾度かトップレベルでの改善のための調整、合意がなされ、米中関係が好転に向かうかに思われた時もあった。しかし、トランプの大胆な決定によって米中の切り離しを意味する「デカップリング」が進んでいった。その約一年後に中国発の新型コロナウイルスのパンデミックを正面からかぶり、最大の被害国となった米国の感情的な反発、大統領選挙レースでの両陣営からの対中強硬のアピール合戦も重

アジア文明対話大会　2019年5月、北京。習近平は自ら提唱し開催した国際文化交流イベントで演説し、アメリカへの警戒感を語った。加藤千洋撮影

なり、米国の対中攻勢は一段とヒートアップしていった。ポンペオ米国務長官は、過去のニクソン以来の対中関与政策に対して「古いパラダイムは失敗した」と宣言した。あわせて、テキサス州ヒューストンにある中国総領事館の閉鎖を決定した。これに対抗し、中国政府も四川省成都の米総領事館の閉鎖を決定した。

　新冷戦の様相は次第に強まっている。一九九〇年前後のソ連・東欧諸国の崩壊により冷戦構造が解体して以来、米国イニシアティブで市場、金融、製造業、ハイテク産業などのグローバル化が進展し、経済・社会面での相互依存、カップリングの状況が急速に進んだ。金融・経済の国際化＝多国籍化に加えて、原材料調達から製造・販売・商品に至るサプライチェーンの形成が国際社会の主流となっていた。一九九七年のアジア通貨危機、二〇〇七〜一〇年のサブプライムローンに端を発したリーマンショックと呼ばれた世界金融危機などは、金融・経済面での国際的なカップリングの連動によって引き起こされたものであった。

二〇一九年あたりから米中対立の中でデカップリングの議論が浮上した。アップル、アマゾンなど米国のIT産業が独占していた最先端技術情報分野の産業に、新興の中国系通信企業（ファーウェイ、アリババ、テンセント、百度《バイドウ》など）が割り込み、質量ともに国際的なシェアを急速に拡大していた。デカップリングはそうした状況に対する米国側の強い危機意識の反映と考えられる。既述したが、特に低価格で5G通信技術を提供できるファーウェイのハードウェアは巧妙に中国当局の情報部門とつながり、安全保障にとって危険であるとの認識が強まった。

対中新同盟の形成に向けて、二〇二〇年八月段階で米国が決定した五分野での中国企業の排除は以下の通りである。①アプリストア：Tiktok（ダウンロード数世界一位の動画アプリ提供）、テンセントなどのアプリを排除。②スマートフォンアプリ：米国製アプリの中国製スマホへの事前インストールを禁止。③クラウドサービス：馬雲《ばうん／マーユン》（ジャック・マー）が創業したアリババなど中国企業を排除、④海底ケーブル：中国出資のケーブル利用禁止、⑤通信キャリア：米通信網から中国の通信事業者を排除（日本経済新聞、二〇二〇年八月七日）。このような認識は、米国のみならず英国、カナダ、豪州、ニュージーランド、日本、インドなどにも共有されるようになった。ポンペオ国務長官はさらにEUや韓国などを含め三十余りの国の参加を期待していた。

米中のデカップリングはIT通信産業にとどまらず、安全保障や地域的な勢力圏争いとしても広がっている。ポンペオ国務長官は、中国共産党を標的に有志の民主主義国による新たな連帯を図るときだと力説した。そして対中新同盟を提唱し、対中包囲網の構築を欧州、太平洋諸国に迫った。このスタンスはバイデン政権に基本的に引き継がれている。英国ジョンソン首相は人権問題、ファーウェイ問題などで米国との協力推進を確認し、二〇二七年までにファーウェイ製品の排除を決めた。フランスは香港の一国二制度の維持を中国に要求し、新型コロナ対策でも米国と協力し合うことを確認した。これに対してドイツの対中政策は、ファーウェイ排除に保留の態度をとるなどより緩やかであった。ただし二〇二〇年一一月末、ドイツも「法の支配」の尊重と権威主義の否定、開かれた市場の尊重を訴え、明らかに厳しい対中態度をとるようになった。南シナ海一帯でも、自らの領有を主張し人工島の軍事要塞化、空軍・海軍などの配備を着々と進めている中国と、「航行の自由」作戦を展開する米国との緊張関係は深まっている。

同年七月、豪州も南シナ海における中国領有権を否定する書簡を国連事務総長に提出し、米国と歩調を合わせた。東シナ海でも、中国海警局の船による尖閣諸島周辺の接続水域への進入が連続一〇〇日を超えた。海上保安庁巡視船は高度な緊張感をもってこうした進入に対応している。日本は米国に追随すべきか、日本もこうした米中対決の雰囲気の中で少しずつ中国との距離を置きながら、米国イニシアティブの陣営の中に参加しつつあるかのように見える。しかし中国イニシアティブの未来の国際秩序にそのまま参入することはできないとしても、今の時点で不可避の選択として米国に追随することが妥当かどうか、この点も慎重に検討しておく必要がある。

第一に、そもそもデカップリングの考え方には、ゼロサムゲーム的な発想が前提となっており、これまでのグローバル化を進めていた相互依存的関係の構築、非ゼロサムゲーム的発想が米中間において急速に弱まる可能性がある。しかし、様々な分野において今なおカップリング、相互依存関係が進展している世界において、構造的なデカップリング＝新冷戦構造が形成されるのだろうか。米国をはじめ西側諸国の本音は、「中国とのハイテク競争には勝ちたい、中国イニシアティブの国際秩序の形成はごめんだ。しかし中国のまだまだ拡大する巨大な市場は何としても失いたくない」ということだろう。

第二に、米国は対中戦略、世界戦略として今後一貫して徹底した対中対決政策を堅持するのだろうか。巨大化した中国による世界リーダー交代という挑戦は、米国にとって受け入れ難く、強い姿勢で対抗することは容易に予想される。しかし米国がどんなに強く対決しても、また対決すればするほど自分自身がかなりの犠牲を強いられることは明らかである。グレアム・アリソンの『米中戦争前夜』は、「ツキディデスの罠」というキーワードを用い、古代ギリシャ時代のペロポネソス戦争におけるスパルタのアテネ警戒感の増幅を例に挙げて、米国の対中警戒感を分析している。そして戦争の可能性は予想以上に高いと判断し、それを回避する手立てを思索している。

筆者自身の中間的な判断としては、ようやく大統領選挙の混乱がおさまり、新しい指導体制が確立されたが、少しずつ米国の中国への対応は微妙に変化するのではないだろうか。もちろん民主党陣営でもこれまでになく対中不信は強く、様々な面で対中強硬政策は続くだろう。しかし米国は徹底的な勝利を目指すのではなく、ある段階で相対的に有利な妥協点を見つけることを目指すだろう。トランプ政権のエスパー米国防長官が、二〇年八月に、「中国との建設的で良い結果を追求する関係が重要だ」と語ったことは考慮すべき点である。あるいは、産業界では米国のＥＶ（電気自動車）メーカーのテスラが新型コロナ禍、米中対立下にもかかわらず同年四―六月期決算で一億四〇〇〇万ドル（約一一〇億円）の黒字を出した。その最大の要因は上海のテスラ新工場の生産と販売の成果であった。つまり米中対立下でも、全体として縮小しているにせよ、米中協力の枠組みは生き続けているということである。

第三に、中国側の戦略と本音をどう読み解くかである。二〇二〇年七月末の党中央政治局会議、および一〇月の党第一九期五中全会では、二〇三五年に向けての基本戦略の策定に入ることを決定した。おそらく経済力、軍事力で米国と肩を並べる目標をより具体化することになるだろう。中国としては強気の姿勢を続ける米国に対して、毅然とした姿勢を見せつつも対決を避け、たくみに世界における影響力の拡大を図ることに主眼が置かれるのではないか。最もヒートアップしているＡＩ分野について「米中関係は悪化し続けている。それでも中国のＡＩ関連企業は資金調達に成功し、海外展開を加速している」、「米国が中国を抑えこもうとすればするほど、中国の技術面での自立化が進んでいるように見える」、「中国がＡＩ関連の研究で主導権を取る流れが加速する可能性がある」（英紙フィナンシャル・タイムズ）といった意見もある。

股裂き状態の回避に向けて、では日本はどのようなスタンスで向き合うべきか。安全保障や政治体制の面から考えるならば、米国および西側諸国との連携を強めて行かざるを得ない。しかし中国との関係を断って成長戦略は描けない。しかも習近平指導部による日本企業への秋波は止まらない。彼らが米中対立の中で最も重視しているのは、米国に阻害されにくい中国独自のサプライチェーンの構築といわれ、そのためには「ものづくりに強い日本企業との協力は欠かせない」と中国経済専門家は強調する。米中のデカップリングの進展が、それぞれの国に関わっている第三国の経済・社会を股裂きにする可能性は大いにある。

股裂き状況を避けるためにはどうすれば良いのか。米中の世界におけるヘゲモニー争いは避けることはできないが、そのことによって世界全体が米中新冷戦を構造化してはいけない。民主主義を重視する国や勢力と連携し、安全保障を含む関係を強化しながら、同時に中国とは敵対的な関係にならない努力、そして経済社会面での様々な協力、共存関係を発展させていくことを心がけるべきである。もちろん、経済にもナショナリズムはしっかりと存在し、自国利益優先の論理は貫かれている。しかし他方で経済では共益、win-win の論理も無視できない。経済の共益増大を通した人々の相互の理解、信頼関係をつくることは地道ではあるが今後重要な在り方になってくるだろう。これを可能にできるのは、特に日本の経済界だろう。

対立を受け止めながらも共益増大・相互理解重視の考え方をする人々は、米国においても欧州においても決して少数ではない。誰もが米中主導権争いに振り回されることなく、感染症のパンデミックや、自然災害など地球環境の悪化、生態系の破壊など、人類が立ち向かわなければならない山積している課題に協同して取り組みたいと考えている。米中超大国の主義主張に翻弄されない第三勢力（国、地域、市民を含めた）の結集が求められているのである。幸いにして、バイデンの思考は、基本的には協調的である。

不透明感強める近未来の中国

最後に、膨張する中国をどう見るか、そしてアジア太平洋の中の中国をどう見るか。中国を考察するときに、「表」の現象と「裏」の現象をどう解釈するかという問題がある。表を見ればこう言えるし、「裏」を見れば別のことが言える。例えば、中国は「表」では民主を否定していない。各国は公平・平等でなければならないと言っている。しかし「裏」では独裁的な行動をとり、公平・平等とは言えない大国主義、権威主義の行動をとる。それが一時的で詭弁であると言い切れないところに、この矛盾した表現への解釈が問われているのである。中国の民主の部分を拡大する努力、市民生活や環境の改善をサポートすることは我々の役目でもある。

したがって分析に当たっては、思い込みの判断を避け、まず事実をしっかりと押さえてから取り組むべきである。そこで、少なくとも事実として言える重要な点は、まず中国の成長率が減少鈍化してきたことである。これを中国当局は二〇一四年に「新常態」の特徴として位置付けた。経済成長の減退は、二〇一五年の全人代会議で、目標は七パーセント成長、二〇一六年で六パーセント台後半と低下している。二〇〇七年から二〇一〇年ぐらいまでは一〇パーセント近い成長を続けていたから、成長率は大きく落ちつつあることは確かである。おそらくまだ下落するだろうといわれているが、少なくとも個人所得、購買力は伸びてきている。二〇一七―一八年のGDP成長も六パーセント台後半であった。その後コロナ禍で見通しは狂ったが、回復基調にある。

経済が安定成長に入ったことには二つの側面があって、安い廉価な労働力としての比較優位が落ちてくる一方で、消費能力が高まるという二面性があるわけだから、人口ボーナスはだんだん減ってくるけれども、個人消費が高まっていく中で経済成長率はある程度、維持されると見ていいのではないか。党第一九期五中全会以降、とりわけ「内需」の掘り起こしを重視する政策転換を明確にした。中国の広大な潜在的市場を考えるなら賢明な方針だろう。そして、このように考えると少なくともまだ一〇年ぐらいは経済成長を維持できる。

維持できれば、それが何パーセントになるかは別としても、例えば五〜七パーセントの維持でいくと、今後一〇年前後を経ることで、量的には間違いなくアメリカを抜いて世界第一位、最大の経済規模になるだろう。これは事実として認識しておかなければならない。だから、経済力として世界第一位の中国が比較的近い将来、実現する。そのことによって中国の国際社会における政治経済的インパクトも大きく変わってくるだろうと判断できる。

少子高齢化の進む北京の下町　2010年3月、加藤千洋撮影

もちろん、急激に経済混乱が起こったり、政治的な激震が走ったりすれば別であり、それが発生しないとも断言できない。あるいは、少子高齢化に伴う人口オーナス（社会負担）の問題、あるいは財政赤字の蓄積による債務負担の増大など、「裏」の不透明な部分が着実に増大している。

ただ、このことは習近平政権もよく承知してはいる。第一九回党代表大会「政治報告」で主張されてきたこと、つまり成長一辺倒から社会福祉政策への政策転換の重要性がそのことを示している。中国は、これまで社会福祉制度にはほとんど本格的に取り組んでこなかった。年金制度とか医療・介護の施設の問題、人材育成の問題それから環境汚染なども深刻な問題である。また大きな経済社会格差を作りだしている状態で、一人当たりのGDPが九七七〇米ドル（二〇一八年）で、中所得国の上のほうに到達している状態である。

格差の問題を考慮してみると、実際に特別に豊かな一部の層――例えば、年収一億円の人の数は中国より日本のほうが多いが、年収五億円になると、中国のほうが圧倒的に多いと言われるように、富が集中している一部の人々――をはずしたところで全体を見ていかないといけない。そうしたときに、中国は社会政策は相当力を入れてやっていかないと問題は深刻になる。今後もう少し詰めて検討する必要があるが、対外援助増が徐々に負担になっていくのではないか。現在、「一帯一路」を進めるためにAIIBを設立したが、出資規模が一〇〇〇億ドル。その半分は中国が持つと言っているが、本当にそれが続けられるのか。

今後の中国を見ていく場合、一番目は、中国は世界のリーダーになることができるかという問いがある。中国指導者自身はそうなることを熱望しているが、果たしてそれはうまくいくのか。新しい二一世紀の時代において、筆者はリーダーシップを相対化してみる必要があると考えている。つまり、すべての面で一つの国、一人の指導者が全部を率いていくといった絶対的リーダーというのは、新しい世紀には出てこないのではないか。例えば経済面のリーダー（国）、国際秩序・安定面のリーダー、あるいは環境、医療に関するリーダーとか、リーダーシップといっても、いろいろな分野におけるリーダーシップと考えて、それぞれに優れたリーダーシップが相互に作用し合う構造が、これからの時代の基本的なフレームワークになるのではないだろうか。

国際社会はすべての面で中国をリーダーとして扱うことは無理であるが、ある面では、中国のリーダー的なプレゼンスを受け入れていかなければならないだろう。筆者の個人的な思いとしては、中国は軍事的な強国になり安全保障面での世界のリーダーを目指すよりも、この間急速に発展してきたIT産業をさらに発展させ、他のIT先進国と協力してデジタル化を進め、さらには環境にやさしく、感染症・自然災害に強い、社会管理もしっかりした新しいスマート社会創造のリーダーになればいいのではないかと考えている。そうすれば世界は中国に親しみを感じ、敬意を増すことになるだろう。

二番目は、中国がアジア太平洋地域の安定要因か不安定要因か。中国自身は、自分たちが積極的に介入することによって安定的な要因として機能するのだと言っており、本人たちはそう思っている。しかし外から見れば、それが新しい秩序形成という意味で、既存の秩序をぶち壊す不安定要因になるというアンバランスな状態となっているのである。

問題は、現実に大きくなっている中国をどのようにアジア太平洋地域で安定的にソフトランディングさせるかということである。そのときに考えておかなければならないのは、①ソフトランディングのためのどのような受け皿を作っておくか、②中国内部自体が政権交代をはじめ政権運営などで不透明であり、ルールがない、あるいは見えないために、いったん不安定化すれば深刻な政治混乱を伴う可能性が高い。言い換えるなら、志向的には覇権的か協調的か、国内で見ていくと、社会の不安定要因が増大していくのか、安定的なのか。今日の中国では社会の不安定要因は、習近平政権第一期の時は力によって封じ込めている側面が強かった。第二期では諸情報によれば、習政権自身への支持が増大しているようにも思われるが、これが真実なのか否か。

三番目には中国と周辺諸国との関係で、経済の相互依存はますます強くなるが、政治・安全保障の緊張は減少していない、むしろ部分的には緊張は増大しているといえる。これは留意すべき現象で、よく考えてみると、日中関係だけではない。中台関係、香港問題もそうだし、東南アジアでも中国の膨張に対して政治的には警戒を強める。だから、アメリカのプレゼンスに期待するというのは、多くの周辺アジア諸国が共有する意識である。韓国を見ても中国に対する警戒感が非常に強くなっている。朝鮮日報や東亜日報など幾つかのメジャーな新聞のアンケート調査を見ても、中国脅威論は六〜七割、一九年は八割を超えるような状態になっている。このように見ると、中国と周辺諸国との関係は、ほとんどが類似したパターンである。

以上のように、中国を取り巻く国際環境は決して良好なわけではない。そこで現段階で外交を中心に中国の対応を予測してみるなら、次のようなことが言えるのではないだろうか。

第一は、「中国脅威論」の払拭に努力し、ソフトなイメージをアピールする。東南アジア諸国へのアプローチには、すでにそうした兆候が見られる。第二は、米国との対決をできるだけ回避し関係の改善を図る、「一帯一路」戦略に見られる西方外交の展開——ある面では伝統的な「遠交近攻」外交と言える——を試みてきた。とりわけ、英国のEU脱退前後から原子力発電プラントの供与をはじめ英国における中国の経済拠点の建設を試み、さらには経済・環境協力などでEUとの連携を図ってきた。しかし、新型コロナ問題から関係は冷却状態である。前述したEU大使の「一帯一路」への不満に見られるように、必ずしも中国はEU・英国の取り込みに成功してきたとは言えない。ASEAN、日本との関係修復の試みがそうした動きに対応している。

四番目には、やはり米中関係のヒートアップの問題がトゲになっている。貿易問題は直接関係する問題である。ここでの一方的譲歩はあり得ず、ハイテク産業面での対立は、深刻化の様相も呈し始め「落としどころ」が難しい。また「一帯一路」推進も思っていた以上に懸念の壁は大きく、場合によっては国内問題に発展する可能性もある。

確かに総合的に言えば、中国のGDP、軍事力、ハイテク産業の劇的な発展で、米国との各種力量の差も縮小してきている。しかし、このままの勢いで中国が米国を追い抜くと考えるのは、いささか分析が甘い。米国の底力はまだまだ侮れるものではない。今日猛威を振るうコロナ・パンデミックでは、世界最大の感染者数、死者数を出し、その被害を正面から受けながらも、GDP成長率は二〇二〇年第3四半期でプラスに転じ、二一年は幾つかのシンクタンクでは堅調な伸び、中にはV字型回復を予想する専門機関もあるほどである。さらに、軍事力に関しても中国の増強を意識して、二一年度予算はなんと七七兆円で、急増している中国軍事費一九兆九二〇〇億円を大幅に上回っている。

五番目には、香港・台湾問題である。香港は、一九九〇年代後半から二〇一〇年頃まで、様々な課題と紆余曲折したプロセスを経ながらも基本的には中国政府と比較的良好な安定的な関係を維持してきた。しかし習近平政権になって以降、言論・政治活動の自由が次第に締め付けられ、香港返還以来の「一国二制度」が徐々に形骸化していった。習近平は香港住民の抗議の声を一切無視し、香港国家安全法制定、より厳しく制限された選挙制度など強硬路線をひたすら推進している。それに対する香港市民の抵抗は、明らかに劣勢であるが、根強い。台湾に関しても、ひまわり運動と呼ばれる学生市民運動や蔡英文政権の支持の広がりなど、中国当局の「一国二制度」による台湾統一構想を拒否する声が高まっている。にもかかわらず、強硬な姿勢は崩していない。この状況は、統合と分離という統治をめぐる議論でもあるが、他方で独裁主義と民主主義という政治制度をめぐる対立でもある。事態は政治に対する考え方、民主主義をめぐる価値の問題になってきており、解決は容易ではない。

これらのことから今後の見通しは、一見「安定した習近平政権」下にあって、着実に国際的影響力を強めていくのだが、それでも中国外交は、見通しとしてはこれまでよりもはるかに厳しい、不透明感が漂いはじめているといえるのではないだろうか。ただし、最後に二つの点を強調しておかなければならない。すなわち、①中国は西欧が生み出し、世界に広げたデモクラシーの理念に本気で挑戦するのか否か。②台湾の人々が中国との統一を望まない割合が増大してきている今日、本気で武力統一に向けて一線を越えるのか。①はまさに二一世紀の人類が問われる文明的課題とも言えよう。直近では、香港民衆が市民的権利・民主主義を死守しようとするのに対して、中国当局の態度はこれまでのところは歴史の後退と見えるかもしれない。②の問題は徐々に切実で深刻な課題になりつつある。特に台湾に関しては、習近平としては「一つ目の一〇〇年」である二〇二一年を控え、「中国の夢」の重要な柱に祖国の統一を掲げてきた。しかも長期政権を党内外で納得させるためには、台湾問題解決に関しては、具体的な成果を上げるか、少なくとも具体的な見通しを立てねばならないだろう。そのために習は台湾に対して、かなり強めの「アメとムチ」の政策を使う可能性が高まっているのではないか。もちろんその成果が挙げられるか否かは別の問題であり、いくつかの他の重要なファクターも絡まってくるので、その判断は簡単にはできない。ただ言えることは、その中で台湾、台湾人自身が極めて重要なカギとなってきたということであろう。

おわりに――西欧的発展と異なる道への挑戦?

二〇一〇年、中国のGDPが日本を追い越してまだ一〇年も経たないうち、あるいは軍事費の追い越しでも一〇年そこそこにしかならないが、すでにGDPでは日本の三倍を、軍事費では四倍を超えるほどになってきた。一般的に今日の中国の変容を見る場合、鄧小平が進めた改革開放への政策決定が、毛沢東時代を転換させる大きな節目となり、その後は基本的には改革開放の流れが引き続いて進められてきたと理解されてきた。しかし二〇一七年一〇月、中国共産党第一九回全国代表大会で第二期政権を任された習近平総書記は「政治報告」の中で、今の時代が「新しい時代」だということを強調した。まず目を引いたのは、毛沢東の戦略目標を「站起来」(立ち上がろう＝建国)、鄧小平の戦略目標を「富起来」(豊かになろう＝富国)に対して、自らの時代を「強起来」(強くなろう＝強国)と規定し、前二者との違いを鮮明にした。さらに毛沢東思想、鄧小平理論に並ぶ自らのオリジナルな考え方として「習近平『新時代の中国の特色ある社会主義』思想」という表現を党規約に書き込んだ。ここで強調したのは、毛沢東時代は無論、鄧小平時代に対してもそれとは異なる「新時代」だということを示したかったのであろう。

極めて貧しかったにもかかわらず、米ソを向こうにして「大国外交」を展開した毛沢東時代はともかく、鄧小平時代と習近平時代は何がどう違うのか。

第一に、鄧小平は「先富起来」（条件・能力のある地域、人々から先に豊かになろう）という「格差是認」政策をとり、利益追求の優先で経済は急成長したが、格差拡大、環境汚染、腐敗蔓延など負の現象も深刻化した。それに対して、習近平は、改革開放は堅持しつつも、スローガン的な面は否定できないが、徹底した腐敗撲滅、「共同富裕」、グリーン社会の実現で、「美しい中国」の建設を呼びかけている。

第二に、鄧小平は経済成長優先のために国際紛争・摩擦を極力避け平和的環境重視の姿勢をとり、「韜光養晦《とうこうようかい》」（三二六頁）政策を堅持した。これに対して、習近平は鄧小平のこの政策を放棄し、加速的に軍事力を増強し、主権に絡む問題や影響力の拡大に関しては積極的に主張し行動する「大国外交」を展開した。

第三に、鄧小平時代の近代化政策は、基本的には従来西欧社会が歩んできた工業化とそれに伴う経済・政治・社会への変化であり、天安門事件以後は開発独裁を採ってきたが、大枠では西欧モデルを追求していたといえる。これに対して習近平時代は西欧型発展の道を最終的な目標とせず、中国独自の発展モデルを提示しているようにも見える。その全体像は、経済では、国家にとって重要な大型基幹企業の国有制は堅持しつつ、それ以外は積極的に市場メカニズムに委ねる。政治では儒教の賢人統治、人治の発想を統治のベースに、統治システムとしては民衆にも耳を傾ける近代的な制度を取り込むが、被統治者が指導者を選び、交代の権限を持ち、政策決定に主体として参加する西欧型は否定する。さらには高度なハイテク技術・産業を活用した未だ西欧社会も実現していない高度な管理社会、スマート社会を実現するといったものであった。

これらの点で確かに鄧小平の時代とも異なってきている。彼らの意図を拡大してみれば、西欧中心に生み出され世界の公共財として普遍化されてきた人権、市民権、権力観といった価値観や議会制、三権分立、選挙、多数決原理といった制度・メカニズムに対する歴史的な挑戦をしていると言えるかもしれないのである。

本巻を結ぶにあたって、改めて中華人民共和国の歴史とは何であったのかを問うてみよう。枝葉を落として幹の部分だけを見ていくと、共産党が主役の歴史、しかもそれぞれの時代の指導者の野心的、恣意的な考え方に翻弄され、民草の声が花開くことなく圧殺されていく歴史であったといえるかもしれない。建国、民主主義への期待の歓びにわくなかで次第に人々の自由が奪われ、やがて反右派闘争の嵐が吹き荒れた。続いて人類史上最多の餓死者を出した大躍進の惨劇が広がった。その後もそれに懲りることなく指導者は再び文化大革命と呼ばれる大粛清事件を引き起こした。恐怖と飢えに苛まれ続けた文革を打破したのは文革の犠牲者の一人であった政治に長けた指導者であった。民衆は歓喜したが、やがてその指導者の指揮のもとに天安門事件という新たな悲劇が起こった。しかし、この指導者は貧しい中国という現実の課題を克服するために全力を傾注したことも間違いない。それが後々の指導者たちに引き継がれ、ようやく建党一〇〇年を目前に世界に冠たる大国になったのである。

このように歴史を見ていくと、公式的には「人民の歴史」と言われるが、実際には突出した指導者の構想した絵をキャンバスに描いていったのが、「歴史」と言っても過言でないかもしれない。言うまでもなくその指導者とは、毛沢東、鄧小平であり、今日の習近平もこれに繋がってくる。誤解を恐れず表現するならば、彼らは中国王朝史に登場してきた皇帝に相当する存在であり、中華人民共和国史とは共産党王朝史であったといえるかもしれない。彼ら三人は独裁的な皇帝で、暴君であったが、勇気と知恵を持ち、時には民の声に耳を傾ける啓蒙君主でもあった。しかし三者とも、個々の人々の基本的な人権や自由平等の権利には冷淡であった。まさに儒教的な賢人為政者であった。

しかし他方で、中国の社会・歴史に意味ある一石を投じながらも、彼らに握りつぶされ、切り捨てられ、無視されてきた無数のエリート、民草が存在してきた。近くは、二〇〇〇年代に芽生え始めた市民社会をリードする人々である。彼らは今日権力に圧殺されている状態だが、生き続けている。おそらく習近平の時代は中国共産党王朝の最後となるのではなかろうか。そして中国の新たな時代は、歴史の表面に登場できなかったこれらの人々の中から創り出されてくるのではないか、と期待をも込めて結びたい。

学術文庫版のあとがき

中国発の新型コロナ・パンデミックが世界で吹き荒れている。いつの時代でも、良くも悪くも中国は世界の話題の中心となってきた。

私が現代中国について研究を始めようと思ったのは、一九六〇年代の終わりから七〇年代の初頭にかけてであった。当時は中国の国内では文化大革命が真っ盛り、ベトナム戦争での米国の撤退や米中国交正常化の動きがでてき、世界的な冷戦構造の溶解が始まっていた。また日中国交正常化に向けて各界の動きが顕在化してきた頃でもあった。第二次大戦後、世界の眼がもっとも熱く中国に向けられていた時代であった。

五里霧中の思いで中国研究を始めたが、本当に学んでも学んでも手応えがつかめないような日々であった。毛沢東が死んだ時、彼の精神は生き続けると思っていたのだが、鄧小平によって見事にそれが覆《くつがえ》されてしまった。金儲けに走る人々、自由を享受する人々、そうした人々が中国社会に膨れ上がっていくうちに、やがて西側の国々とそう変わらない社会が誕生するのではないかと感じていた。しかし自由と民主を求める学生たちの運動が第二次天安門事件によって完全に押しつぶされた。東欧・ソ連の社会主義諸国は、若者たちの行動によって崩壊したのだが、中国共産党体制は生き延びた。その後民主や自由を求める声が時として表面化するが、共産党一党体制を堅持するためにそれらはいつも押しつぶされてきた。

ちょうどそのころ、論壇では「変わる中国論」と「変わらぬ中国論」が盛んに議論されていた。「激動の中国」「転換期の中国」の論調があれば、他方で「中国、三千年の体質」「絶望の中国」「悠久の中国」といった不変化を強調した書物も散見された。どちらが一体本当の中国なのか？　思案を続けた後で私の出した結論は「変わって変わりにくい中国」であった。「激しく変わるファクター」が「変わりにくいファクター」をいかに侵食し徐々に変化を引き出していくか、あるいは侵食されることなく「変わりにくい」特徴を維持し続けるのか。これがこれまでの、そしてこれからの中国を見る一つの切り口であろうと思われる。しかし「変わりにくさ」は半端ではない。

本書の原本が刊行されてから、ほぼ一六年が経った。原本刊行時には「胎動する巨龍」だった中国は、いまや世界の中心となりつつある。そこでこのたびの文庫化にあたっては、原本の第九章で二一世紀の見通しを述べた部分を割愛し、新たに第一〇章を書き下ろした。

この一六年の間に、胡錦濤の時代から習近平の時代へと移り変わったが、この期間でも「激しく変わる」「変わりにくい」中国が同じように浮かび上がってくる。世界第二位の経済大国に躍進し、一人当たりの経済水準も大幅に伸び、ハイテク技術・産業が急激に発達してきた。人々の生活や社会の仕組みも大きく変わった。世界に対するプレゼンスも今や飛躍的に増大してきた。英国のシンクタンクは、二〇二八年についに中国は米国を抜いてGDPで世界第一位に立つと予想した。しかしながら政治的自由、市民的自由は未だに厳しく制限され、共産党批判は許されず、習近平への服従も「伝統的な皇帝」を思い起こさせるほどに強要されている。まさに「変わって変わりにくい中国」そのものといえよう。

これからの中国がどのような道をたどるのか、あるいはたどるべきなのか、この問いにチャレンジするには、人類の英知を結集する必要がある。決して大げさな言い方ではない。権力とは、民主とは、発展とは、調和とは、自然とは、民族・人類の共存・共生とはなど、これらすべてに切り口と判断が求められ、それらを束にして中国それ自身に向き合わねばならない。もちろん中国の未来を見るための最も重要な手立ては、中国の歴史そのものを掘り起こし、引き出される意味を見出していくことであろう。そのことを改めて強く教示してくれたのは、本シリーズの本巻以外の各巻であった。本シリーズの企画者、編集者に改めて謝意を表したい。

二〇二一年、コロナ禍の中で新しい生命の胎動が始まっている厳冬の頃

天児　慧

主要人物略伝

孫文《そんぶん》（一八六六―一九二五）　中国革命の父、中華民国の創始者、国父と呼ばれた革命政治家。広東《カントン》省中山《ちゅうざん》県（当時は香山《こうざん》）の貧しい農家に生まれる。孫逸仙《そんいっせん》、孫中山《そんちゅうざん》ともいわれる。ハワイで西欧の近代的教育を受けるが、やがて清朝打倒の革命を決意、一八九四年に秘密結社興中会《こうちゅうかい》を組織。一八九五年に最初の武装蜂起を企て失敗。以後宮崎滔天《みやざきとうてん》、犬養毅《いぬかいつよし》らの協力を得、日本を拠点に東南アジア、欧米の華僑に革命を訴える。一九〇五年には幾つかの秘密結社の大同団結を図り中国同盟会を東京で結成、「三民主義」「建国方略」の方針の下に革命の流れをつくる。辛亥革命《しんがいかくめい》勃発を米国で聞き急遽帰国、一九一二年中華民国臨時大総統に就任。まもなく袁世凱《えんせいがい》と交渉し、大総統の職を彼に譲り、清朝崩壊を実現。しかし袁との対立により第二革命、第三革命を起こす。袁の死後も北京では北洋軍閥の支配が続き、孫文は広州国民政府を樹立。ロシア革命以後、新生ソ連と接近し、「連ソ、容共、労農扶助」の三大政策をかかげ、国民党もソ連共産党型の革命政党に改組。北上宣言を行うが、北京入京後、病で死す。「革命いまだ成らず」の遺訓は有名。

蔣介石《しょうかいせき》（一八八七―一九七五）　孫文後の二〇世紀半ばの中国を代表したトップ・リーダー。軍人、政治家。浙江《せっこう》省奉化《ほうか》県渓口鎮《けいこうちん》の商家に生まれる。蔣中正《しょうちゅうせい》ともいう。中華復興を志し日本に留学、陸軍に入隊。中国同盟会に入会後孫文に従い、反袁第二、第三革命で活躍。一九二四年黄埔《こうほ》軍官学校の校長に。孫文死後、国民革命軍総司令として北伐を推進。儒教伝統思想の信奉者のゆえに反共意識が強く、国共合作を放棄。二八年北伐完成。しかし共産党は農村で勢力を拡大。他方満州事変など日本の侵略も拡大。蔣は「安内攘外（先に国内を安定させてから、後で外患《がいかん》を掃《はら》う）」の方針を堅持し、共産勢力一掃を優先したが、国民の声におされ西安《せいあん》事件以後、「一致抗日」の第二次国共合作を決断。第二次大戦後まもなく、再び国共内戦が勃発。当初は国民党有利であったが、毛沢東の人民戦争に翻弄され、国民党内部の腐敗、蔣介石独裁への反発などにより敗北。一九四九年以後台湾を拠点に大陸反攻を目指す。国際的には西側の支持を得て国連の安保理常任理事国となったが、徐々に中華人民共和国を支持する声が高まり、一九七一年秋の国連で「中国代表権」をめぐり敗れ、国際的にも孤立。「大陸光復」の夢はかなえられないまま他界。息子蔣経国が継承したが、以後中華民国は徐々に「台湾化」が進んでいった。

李大釗《りたいしょう》（一八八九―一九二七）　中国共産党の創設者の一人。河北《かほく》省楽亭《らくてい》県出身。日本に留学し早大で学ぶ。一九一八年北京大学教授兼図書館主任となる。ロシア革命に強い影響を受け、五・四《ごし》運動期には反袁世《えんせい》凱《がい》・対華二十一ヵ条反対運動などを組織し、庶民、人民のレベルからの革命、日中関係の構築を重視。陳独《ちんどく》秀《しゅう》とともに中共創立の中心的人物となる。中共側からの国共合作の積極的推進者であったが、二七年張作霖《ちょうさくりん》軍に逮捕され処刑。毛沢東の思想形成にも強い影響を与えた。

毛沢東《もうたくとう》（一八九三―一九七六）　中国革命最大の功労者、建国の父、一九四五年以後死に至るまで「党主席」。湖南《こなん》省湘潭《しょうたん》県韶山《しょうざん》で富農の三男（兄二人は夭折）として生まれる。少年の頃、『三国志』『水滸伝』『西遊記』などの読書に耽り、湖南省一帯を無銭旅行し体力、気力を鍛える。五・四運動期に李大釗《りたいしょう》、陳独《ちんどく》秀《しゅう》らの影響を受けマルクス主義者となり一九二一年七月の中国共産党創立大会に参加。当初は労働運動の組織化に熱心であったが、二五年以降、中国革命の鍵として農民・農村を重視するようになる。二七年第一次国共合作分裂以降、農村根拠地、農民革命軍の建設に取り組み、やがて湖南、江西《こうせい》、福建《ふっけん》一帯を中心に広大な根拠地（中華ソヴィエト共和国政府）を築いた。しかし当時、党内では冷遇され主流派ではなかった。繰り返される国民党の包囲討伐に抗しながらもついに根拠地を放棄。長征《ちょうせい》の途上で党内の実権を掌握。その後抗日戦争、国共内戦を戦い、中華人民共和国を樹立。以後、過渡期の総路線、中ソの友好・対立、農業集団化、反右派闘争、大躍進、文化大革命、米中接近、日中国交正常化など、七六年の死に至るまで人民共和国史の重要部分にすべて中心人物として関わってきた。四五年には「毛沢東思想」が党の指導思想となり、文革では毛沢東個人崇拝が絶頂に達した。しかし深刻な政治的冤罪《えんざい》、経済的混乱なども引き起こし、毛の死後、彼に対する批判も表面化した。そこで鄧小平《とうしょうへい》は毛沢東評価を「誤り三分、功績七分」（三七開）で行った。

周恩来《しゅうおんらい》（一八九八―一九七六） 建国以後死に至るまで「総理」、外交家としても国際的に有名。原籍は浙《せっ》江《こう》省紹興《しょうこう》。江蘇《こうそ》省淮安《わいあん》県生まれ。二〇歳代の初め日本、フランスに留学。一九二一年中共に入党、やがて党在欧支部の指導者になる。二四年秋に帰国。国共合作時期に黄埔《こうほ》軍官学校（校長蔣介石《しょうかいせき》）の政治部主任となる。二八年の第六回党大会後、中央政治局常務委員、中央組織部長、軍事委員会書記となり、党の実際の中心的人物となる。三五年一月、長征途上に貴州《きしゅう》省遵義《じゅんぎ》での党中央政治局拡大会議（遵義会議）で、それまで党内で実権の無かった毛沢東が新指導部のトップに選出された。ここで毛選出の決定的役割を果たしたのが周恩来であった。以後、周は毛に変わらぬ忠誠を尽くし、実務的な方面で彼の片腕として生涯を全うした。周の主な功績を見ると、一九三六年一二月の「西《せい》安《あん》事件」で蔣介石と彼を軟禁した張学良《ちょうがくりょう》との間に入り一致抗日、第二次国共合作の実現、四五年八月末からの蔣介石・毛沢東巨頭会談（重慶会談）、五〇年二月の中ソ友好同盟相互援助条約締結、五四年の中印首脳会談、ジュネーブ和平会談、五五年のバンドン会議での「平和五原則」の提唱、七二年のニクソン訪中による米中接近などで極めて重要な役割を果たした。また今日の「富強中国」の実現につながる「四つの近代化」（六四年、七五年）も彼の提唱であった。夫人は鄧穎超《とうえいちょう》。

劉少奇《りゅうしょうき》（一八九八―一九六九） 国家主席、毛沢東の後継者であったが文革で批判され、失脚、非業の死。湖南《こなん》省寧郷《ねいきょう》県生まれ。一九二一年モスクワ東方共産主義労働者大学に入学、中共に入党。二七年第一次国共合作崩壊後、上海、天津、東北などの国民党支配区（白区）での地下工作に従事。四五年の第七回党大会では、党規約改正報告で「毛沢東思想は党のすべての活動指針である」と高い毛評価を行った。直後党中央副主席となり、以後文化大革命まで毛沢東の最有力後継者と見なされてきた。ソ連指導部との関係もよく、建国直前のソ連訪問など幾度か重大局面で対ソ交渉の重要な役割を果たした。しかし、建国以降、農業集団化、フルシチョフの「スターリン批判」をめぐる党内調整、大躍進政策などで毛沢東の急進路線は次第に強まっていき、劉は基本的には毛に追従しながらも徐々に「留意」し始めた。一九五九年毛に代わって国家主席に就任。その後、党は大挫折に終わった大躍進政策を放棄し、経済調整に乗り出したが、その推進者が劉少奇と鄧小平《とうしょうへい》であった。以後、毛との関係が徐々に冷え、両者の政策的距離も広がっていった。劉はこうした差を調整可能な差異と認識していたが、毛は「敵対矛盾」と捉え、やがて文化大革命を発動し、劉少奇および彼に近い指導者を打倒した。劉は六八年に党籍剝奪・永久除名となり、六九年に獄死した。毛の死後鄧小平が権力を掌握する過程で八〇年、劉は名誉回復された。

彭徳懐《ほうとくかい》（一八九八—一九七四）　軍人として有名。毛に諫言し失脚。湖南《こなん》省湘潭《しょうたん》県出身。一九一六年、湖南の湘軍《しょうぐん》の兵士となり、以後、二六年国民革命軍に編入され北伐に参加。二八年中共に入党、井岡山《せいこうざん》で毛沢東・朱徳《しゅとく》軍と合流。抗日戦争開始後は八路軍副総司令として華北根拠地を樹立、百団《ひゃくだん》大戦を指揮。国共内戦期は人民解放軍副総司令として、また朝鮮戦争では人民志願軍の総司令として朝鮮戦争を指揮するなど軍人として活躍。五四年国務院副総理兼国防部長に就き、軍の近代化、正規化を主張し、毛の人民戦争、遊撃戦方式の軍編制とのズレを見せる。一九五九年大躍進政策の失敗が顕在化し、大量の餓死者が発生する中で、大躍進政策の転換を求め毛沢東に「意見書」を提出。これが毛の怒りをかい、「右派日和見主義反党軍事集団」の頭として批判、失脚。六五年毛の提唱した三線建設の西南建設委員副主任に任命されたが、やがて文革の開始後、再び非難の的となり、迫害され病死した。七八年に名誉回復される。

鄧小平《とうしょうへい》　トンシァオピン（一九〇四—九七）　革命期、建国期は毛沢東の忠実な実践者。中国近代化の総設計師。四《し》川《せん》省広安《こうあん》県協興郷牌坊村《きょうこうきょうはいぼうそん》で地主の長男として生まれる。一九二〇年に勤工倹学《きんこうけんがく》で渡仏、周恩来らと活動。二六年モスクワ経由で帰国。周恩来指導下の党中央で活動後、まもなく広西《こうせい》に入り農村根拠地建設に従事。三一年江西《こうせい》で毛沢東の農村革命論に基づき活動。一時、毛沢東派として失脚。復活後軍の政治委員として活躍。抗日戦争、国共内戦でその指導力が高く評価される。建国後は、西南地域の平定、統治を任され、やがて中央に抜擢される。五二年政務院副総理、五五年党中央政治局委員、五六年第八回党代表大会では「党規約改正報告」を行い、党中央書記処総書記となる。反右派闘争、大躍進政策では毛沢東の「旗振り人」として陣頭指揮をとるが、大躍進失敗後、プラグマティックな経済建設重視の立場をとるようになり、毛との亀裂が顕著となる。文革で「実権派ナンバー2」として失脚するが、劉少奇《りゅうしょうき》の処遇と大きく異なってやがて復活。七六年再度失脚するが、毛死後の一九七七年に再復活。以後、華国鋒《かこくほう》主席を失脚させ、「四つの近代化」「改革開放路線」を基軸とした鄧小平路線を推進する。政治改革には行き詰まり第二次天安門事件などが起こるが、経済の改革開放は堅持し、大胆に市場化の道を歩み、今日に至る中国の驚異的発展の基礎をつくる。六二年の「白猫黒猫論」、九二年南巡《なんじゅん》講話での「物事の是非を判断する三つの基準論」などは彼の考え方をよく表している。

林彪《りんぴょう》（一九〇六―七一）　軍人として輝かしい戦歴。文革で毛沢東の後継者として指名、林彪《りんぴょう》事件で失脚。湖北《こほく》省黄岡《こうこう》県出身。一九二五年中共に入党。二六年に黄埔《こうほ》軍官学校に入学。北伐軍に加わり以後、軍人指導者の道を歩む。長征では毛の第一方面軍の先鋒を務め、三六年紅軍大学（三七年抗日軍政大学に改称）の校長を務めた。三七年、山西《さんせい》省平型関《へいけいかん》で八路《はちろ》軍を率い日本軍を破る。国共内戦では東北野戦軍を率いて三大戦役である遼瀋《りょうしん》戦役、平津《へいしん》戦役を指揮し、輝かしい功績を立てる。建国以後、五五年に政治局委員候補、五六年に政治局委員、一九五九年には失脚した彭徳懐《ほうとくかい》に代わって国防部長に就任。その後、『毛沢東語録』の普及、毛思想の活学活用などを唱え、大躍進で落ちた毛沢東の権威回復に尽力した。そのことにより文化大革命では毛沢東の「戦友」として劉少奇《りゅうしょうき》・鄧小平《とうしょうへい》らの「実権派打倒」に多大な功績を上げた。六九年の第九回党代表大会では、党規約に「毛主席の後継者」と明記された。しかし、まもなく毛からの信任を失い、焦った林彪グループは毛沢東暗殺計画を企て失敗し、軍機による逃亡を試みたがモンゴルで墜落死した（林彪事件）といわれる。

陳雲《ちんうん》（一九〇五―九五）　中国共産党きっての経済専門家。組織部でも影響力を持つ。上海《シャンハイ》市青浦《せいほ》出身。一九二五年「五・三〇運動」に参加し、入党。主に労働運動、上海の地下組織で活動。一時期、モスクワで駐コミンテルン中共代表を務め、帰国後三七年党中央組織部長に就く。その後東北へ派遣され党中央東北局副書記兼東北軍区副政治委員になり、東北の解放と経済回復に貢献。建国後は、財経委員会主任、大躍進失敗後の党中央財経小組長などを歴任しもっぱら経済・財政面の活動に従事した。陳の考えは市場調節、財政収支・需給バランスを重視するもので、毛の考えに対立、文革期には冷遇される。一九七八―八二年に復活し党中央副主席、政治局常務委員、中央規律検査委員会主任など要職に就き、鄧小平《とうしょうへい》とともに近代化建設での重要な役割を果たす。しかし、基本的には「計画を主とし、市場を補とする」との政策を基本としており、やがて積極的な市場経済化論者の鄧との対立が目立ち、「保守派の長老」と見なされるようになる。ただし天安門事件などでは党指導の堅持で鄧小平とも歩調を合わせ、最後まで政策決定に大きな影響力をもった。

胡耀邦《こようほう》（一九一五―八九）　開明派の指導者。鄧小平《とうしょうへい》の腹心といわれたが、鄧によって失脚。湖南《こなん》省瀏陽《りゅうよう》県出身。三三年に中共に入党。延安では抗日軍政大学政治部副主任。建国後は五七年に共青団中央第一書記に就く。この頃から中央書記処総書記の鄧小平との関係緊密に。文革中迫害を受け湖北省に下放される。七二年復活、七五年に科学院の責任者となり、科学院改革の「要綱」をまとめる。七七年鄧が建国後二度目の復活を果したあと、「真理の基準論争」などを仕掛け華国鋒党主席グループ追い落としの陣頭指揮をとった。八二年の第一二回党大会で党の最高ポスト総書記に就任。文字どおり鄧の後継者となったが、八七年一月、前年の学生運動への対応の「甘さ」などで責任を取らされ失脚。八九年四月に心筋梗塞により死去。胡の死が引き金となって民主化を求める第二次天安門事件が起こった。

趙紫陽《ちょうしよう》（一九一九―二〇〇五）　改革積極派の指導者。鄧小平によって抜擢され鄧によって失脚。河南《かなん》省滑《かっ》県生まれ。一九三八年中共に入党。建国後華南地区、とりわけ広東《カントン》省で農村工作などを担当。六五年には最年少で広東省党委書記に就任。文革期には「陶鋳《とうちゅう》一味」と見られ失脚。七一年に内蒙古自治区党委書記として復活、七四年広東省党委第一書記、七五年四川省党委第一書記兼省長に。ここで「四川の経験」と呼ばれる積極的な改革を実施、その成果が認められ七九年、中央政治局委員、国務院副総理に抜擢される。八〇年九月には華国鋒《かこくほう》に代わって国務院総理となり、以後八七年まで総理として改革開放を推進する。一九八七年胡耀邦《こようほう》の失脚により党総書記への転進となり、改革開放の舵取りを任された。しかしこの時期から改革の矛盾も露呈し、第二次天安門事件が勃発した。趙は民主化要求の学生運動を「愛国的民主運動」と評価し、「動乱」と断定した鄧小平・陳雲《ちんうん》・李鵬《りほう》などと対立し、やがて失脚した。以後、「軟禁状態」に置かれたままであった。

江沢民《こうたくみん》　チァンツォーミン（一九二六— ）　江蘇《こうそ》省揚州《ようしゅう》出身。上海交通大学電気機械学部卒業。党幹部であった養父が抗日戦争中に戦死し、「革命烈士」の子とされる。一九五五年モスクワのスターリン自動車工場で研修。帰国後は機械工業部系のテクノクラートとしての道を歩む。八二年に新設の電子工業部副部長、八三年に同部長兼党書記になる。一九八五年、上海の実力者汪道涵《おうどうかん》に見込まれ上海市長に、続いて八七年上海市党委書記に就任。同年一二月に発生した民主化要求の学生運動では、学生と直接向かい合い説得したといわれる。八九年、天安門事件に際しては改革開放の急先鋒であった上海の『世界経済導報』紙を停刊に追い込み、「経済開放、政治安定」の手腕が評価され、同年六月失脚した趙紫陽《ちょうしよう》に代わって、党総書記に抜擢される。その後同年一一月に中央軍事委員会主席、九三年には国家主席に就任し、党・国家・軍の三権を独占することになった。以後、ライバル的存在であった喬石《きょうせき》、李鵬《りほう》、李瑞環《りずいかん》らを順次引退に追いやり、二〇〇二年に総書記を、〇三年に国家主席を胡錦濤《こきんとう》に譲るまで、先頭に立って指導力を発揮した。しかし中央軍事委員会主席のポストは〇四年九月まで保持し、その後もなお影響力を残している。九七年鄧小平の死後も経済の改革開放と政治の安定を重視する政策を継承し、「大国化する中国」の建設に貢献した。

朱鎔基《しゅようき》　チューロンジー（一九二八— ）　湖南《こなん》省長沙《ちょうさ》出身。一九四九年新中国誕生とともに中共に入党。清華《せいか》大学電機工程学部卒業後、東北人民政府に入るが、高崗《こうこう》の中央入り（国家計画委員会主任）とともに、朱も同委員会に転職。五七年には「右派」のレッテルを貼られ失脚。七八年に名誉回復し、八三年に国家経済委員会副主任になる。八七年上海市党委副書記、八八年上海市長に転任。八九年八月、中央に抜擢された江沢民《こうたくみん》に代わって上海市党委書記に。経済改革の手腕を鄧小平《とうしょうへい》に買われて九一年には国務院副総理に就任。その後不良債権処理、分税制導入、社会主義市場経済の推進、経済過熱の軟着陸などで成果を上げる。九七年には党内序列三位になり、九八年には国務院総理に就任。二〇〇三年春に引退するまで、アジア通貨危機の乗り切り、国有企業改革、金融改革、行政改革など次々と断行。また幹部の腐敗問題にもメスを入れ「辣腕」「豪腕」といった評価を受ける。

胡錦濤《こきんとう》　フーチンタオ（一九四二—　）安徽《あんき》省績渓《せきけい》出身。一九五九年清華《せいか》大学水利工程学部に入学。六四年中共に入党。七四年より甘粛《かんしゅく》省基本建設委員会で秘書、副主任に就く。当地で宋平《そうへい》に見込まれ、共青団甘粛省委書記になり、八四年胡耀邦《こようほう》と喬石《きょうせき》の推薦により共青団中央第一書記に就任。その後八五年から貴州《きしゅう》省党委書記に、八八年よりチベット自治区党委書記に任命され、内陸貧困地区の発展と安定に指導力を発揮した。九二年に中央政治局常務委員に抜擢され、九三年には中央党学校長を兼任。九八年には国家副主席となった。二〇〇二年江沢民《こうたくみん》の後継者として党総書記に、〇三年には国家主席に就任した。〇四年九月には、中央軍事委員会主席に就任し、名実ともに中国指導部のナンバー1になった。しかし就任後は江沢民に気配りせざるを得ず、胡錦濤色を十分に強めたとはいかなかった。外交面では先進国首脳会議（エビアン・サミット）の招待を受けて出席し、朝鮮半島六ヵ国協議を積極的に推進している。国内的には就任直後のＳＡＲＳ問題に陣頭指揮をとり、また政治の透明化などを進めている。

温家宝《おんかほう》　ウェンチアパオ（一九四二—　）周恩来《しゅうおんらい》、李鵬《りほう》、朱鎔基《しゅようき》に続く国務院総理。天津市出身。北京地質学院卒業。地質鉱産部門の技術員、行政指導員として活動。もともと胡耀邦《こようほう》、趙紫陽《ちょうしよう》の信任が厚く、一九八六年党中央弁公庁主任、八七年中央委員、中央書記処候補書記に抜擢される。胡耀邦、趙紫陽の失脚後、江沢民の信頼を受け、九二年には中央政治局員候補、中央書記処書記、九七年には中央政治局員、九八年には国務院副総理に任命される。同年建国以来最大規模の、揚子江の大洪水には陣頭指揮をとって高い評価を受ける。二〇〇三年国務院総理就任直後に中国を襲ったＳＡＲＳでも、胡錦濤総書記と分担しながら、その鎮静化に指導力を発揮。国際舞台でも、訪米、訪欧などに積極的に取り組み、着実に外交的評価を高めた。

習近平《しゅうきんぺい》　シーチンピン（一九五三—　）陝西省富平出身。父は一九二八年以来の中国共産党の古参幹部で八大元老と言われた習仲勲。夫人は軍歌舞団団長であった彭麗媛。第五代の中国共産党総書記で、第六代党中央軍事委員会主席、第七代中華人民共和国主席を兼任。

文革後期の一九六九年から七年間、陝西省延川県に下放される。七四年に共産党に入党。七五年に模範的な「工農兵学員」の推薦入学制度によって清華大学化学工程部に無試験で入学。七九年に卒業後、国務院弁公庁及び中央軍事委員会弁公庁で耿飈《こうひょう》副総理の秘書を務めた。その後福建省アモイ副市長、福州市委員会書記などを経て二〇〇〇年に福建省長となった。二〇〇二年、四九歳で浙江省の党書記に就任、同時に省軍区党委員会第一書記を兼任。二〇〇六年上海市で大規模な汚職事件が発覚しトップ指導者が失脚する中で、習近平は〇七年に上海市党書記に就任。同年一〇月の第一七期党中央委員会第一回全体会議で、習は中央政治局常務委員の二階級特進を果たした。同時に党中央書記処常務書記、中央党校校長に任命された。二〇一〇年一〇月の第一七期五中全会で習は中央軍事委員会副主席に選出され、胡錦濤の後継者として二〇一二年の第一八期一中全会で総書記の地位に就いた。習は特定の派閥から推されたというよりも、軍部の強い支援と「紅二代」といわれた革命幹部二代目グループの支持を受け、それにいくつかの派閥の均衡の上に地位を獲得したと見られる。一三年三月に国家主席、国家中央軍事委員会主席に選出された。その後、各分野における指導グループ（領導小組）のトップの大半を習自身が占め、さらには「核心」、習近平「新時代の中国の特色ある社会主義」思想などの肩書を獲得し、突出した共産党指導者となった。江沢民以来、共産党のトップは慣例的に二期一〇年となっていたが、二二年で一〇年になるが第二〇回党大会では習近平が継続してトップの地位を維持しそうな勢いである。

李克強《りこつきょう》　リーカーチアン（一九五五―　）安徽省定遠出身。共青団の大先輩胡錦濤とは同郷の間柄である。一九七四年三月―七八年三月、安徽省鳳陽県大廟公社で労働に従事し七六年五月に入党し一一月から党支部書記を務める。七〇年代末に入試制度が復活し、鳳陽県でトップとなり北京大学に入学。一九八二年北京大学共青団委員会書記、八五年共青団中央書記処書記に就任。九三年共青団中央書記処第一書記に昇格し、中国青年政治学院長を兼ねた。九八年以後、党務に転じて河南省党委員会副書記、同省省長、同省書記などに就任。二〇〇四年遼寧省党委書記、二〇〇七年には二段跳びで政治局常務委員に選出。胡錦濤総書記の後継者候補の一人。李は国務院党組副書記、中央財経領導小組成員として温家宝の補佐となった。しかし後継者争いでは軍部や保守派が推したとされる習近平の後塵を拝し、一二年の第一八回党代表大会直後の一中全会、習近平に次ぐ序列二位となった。一三年三月の第一二期全人代会議では、李は国務院総理に選出された。その後習近平指導体制の下で積極的に補佐役としての任務をになっている。

馬《ば》雲《うん》　マーユン、ジャック・マー（一九六四―　）
浙江省杭州生まれ。一九八八年、杭州師範学院英語科卒業、同年から九五年まで杭州電子工業大学にて講師として英語、国際貿易を教える。九八年から九九年にかけて中国対外経済貿易合作部の下部組織である中国国際電子商務中心に所属、公式サイト及びインターネット商品取引市場を開発。九九年、杭州に研究開発センターを設立。アリババグループを創業。〇五年中国Yahoo!を買収し、馬は会長に就任。〇七年ソフトバンク取締役に就任。一九年アリババ会長の職を引退。中国の起業家で初めて『フォーブス』に名前が掲載された人物。

歴史キーワード解説

中国同盟会　一九〇五年、孫文《そんぶん》が中心となって、興《こう》中会《ちゅうかい》、光復会《こうふくかい》、華興会《かこうかい》など清《しん》朝打倒を目指す中国革命の秘密結社を東京・内田良平宅で結成した組織。「駆《く》除韃虜《じょだつりょ》、恢復中華《かいふくちゅうか》、創立民国《そうりつみんこく》、平均地権《へいきんちけん》」の強い漢民族主義と、「軍政―訓政《くんせい》―憲政」の革命三序、段階的政治体制変革論を示す。後の国民党の前身。

国共合作　中国の二大革命政党であった国民党と共産党が、一度目は北京政権打倒の国民革命期（一九二三―二七）、二度目は抗日戦争期（一九三七―四五）に組織的に打ち立てた協力関係をいう。第一次は孫文指導下でいまだ少数政党であった共産党が党籍をとどめたまま国民党に入党するという形式をとり、各部署で共同して指導にあたる体制をとった。特に農民、労働者工作部門で共産党員は重要な役割を果たした。第二次は形式上は共産党支配地区、紅軍が蔣介石国民政府の下に編制されるという形をとったが、実際はそれぞれが独自の指揮、勢力のまま日本と戦争をするという形であった。国共合作期以外は、両党は激しく戦った。

長征　一九三四年秋、江西《こうせい》・湖南《こなん》・福建《ふっけん》一帯で農村根拠地を築いていた共産党勢力（中華ソヴィエト共和国臨時政府）は、五回目の国民党の包囲討伐攻撃によって、根拠地放棄を決定。最初に湖南、広西（現広西チワン族自治区）など西に向かい、やがて北上して四《し》川《せん》、甘粛《かんしゅく》などの厳しい山岳、草原などを越え、国民党の追撃を受けながら応戦、回避を繰り返し、約一万二五〇〇キロの行程を走破し、翌三五年一〇月、陝西《せんせい》省呉《ご》旗鎮《きちん》にたどり着いた驚異の「戦いの旅」。この途上、貴州《きしゅう》省遵義《じゅんぎ》で開かれた党中央政治局拡大会議において毛沢東が党内指導権を掌握した。また三五年八月には、中華民族の危機を訴え「一致抗日」を呼びかけた「抗日八・一宣言」（作成者はモスクワにいた王明《おうめい》といわれる）が発せられた。長征後、共産党は延安を拠点として抗日戦争、国共内戦を戦い抜き勢力を拡大していった。

国共内戦三大戦役　一九四五年一〇月、内戦回避・

平和統一で合意した「重慶会談紀要」(蒋介石・毛沢東会談メモ)にもかかわらず、四六年六月から東北・華北地域を皮切りに国共内戦が本格化した。開戦当初、国民党勢力が軍事的、政治的、経済的に、さらには国際環境の上でも圧倒していた。兵力的には国民党正規軍四三〇万人に対し、共産党軍は一二〇万人を保持しているのみであった。毛沢東はこの内戦を〈戦略的防御→戦略的対峙→戦略的反攻〉の三段階で捉え、防御の段階では主に遊撃戦争で攪乱した。一九四七年一〇月、対峙から反攻の段階に入る「人民解放軍宣言」以降、事態は共産党主導で展開するようになった。勢力比を逆転し、共産党側の内戦勝利を決定づけたのが、四八年九―一一月の遼瀋《りょうしん》戦役(林彪《りんぴょう》の東北野戦軍主力)、四八年一一月―四九年一月の淮海《わいかい》戦役(劉伯承《りゅうはくしょう》・鄧小平《とうしょうへい》の中原《ちゅうげん》野戦軍と陳毅《ちんき》の華東《かとう》野戦軍主力)、平津《へいしん》戦役(林彪・羅栄桓《らえいかん》の東北・華北野戦軍主力)であった。

中国人民政治協商会議　「共同綱領」　一九四九年九月に、新中国樹立に向けて各党派・団体からなる統一戦線組織として人民政治協商会議が作られ、全国人民代表大会が五四年に成立するまで最高権力機関を代行した。この第一回全体会議で採択された「共同綱領」は中央人民政府の施政綱領で、七章六〇条から構成され、正式な憲法ができるまで臨時憲法の役割を果たした。ここでは中華人民共和国を「新民主主義すなわち人民民主主義の国家」と規定し、社会主義、共産党指導という用語は皆無であった。

中ソ友好同盟相互援助条約　一九五〇年二月一四日に締結された中ソ間の安全保障に関する同盟条約。四五年八月にソ連と国民党政府との間で調印された中ソ友好同盟条約を破棄し、より強固に協力し合う、直接には日本および日本と結託する国を仮想敵国とする軍事同盟である。しかし、東北・新疆《しんきょう》地区におけるソ連の特権を容認した秘密協定もあり、中国としては内心不満も残るものであった。後に中ソ関係が悪化し、この同盟条約は事実上形骸化していたが、一九八〇年の期限満了後消滅した。

過渡期の総路線　社会主義への移行を過渡期と捉え、その時期の基本任務(総路線)として工業化と農業・手工業・資本主義商工業の社会主義改造を主な内容としたもの。もともと建国以降は比較的長期間、社会主義でない新民主主義社会と理解されていたが、一九五二年後半頃から毛沢東は社会主義化を主張するようになり、五三年六月の党中央政治局拡大会議で正式に党の方針として採択された。以後、「ソ連モデル」の第一次五ヵ年計画、農業集団化などによって社会主義改造が進められた。五四年の中国憲法にも「過渡期」の規定がなされたが、五六年の第八回党大会における劉少奇の政治報告では「社会主義改造は基本的に勝利した」と宣言した。

スターリン批判　一九五六年二月、第二〇回ソ連共産党大会で、フルシチョフが行ったスターリンの独裁、粛清などに対する全面的批判。中国指導部はとりあえずフルシチョフ演説を支持したが、やがて毛沢東は、全面否定に賛成せず、スターリンは否定面三分、肯定面七分で評価すべき（〝三七開〟）と主張するようになった（『人民日報』編集部論文「プロレタリアート独裁の歴史的経験について」）。その後の中ソ対立の重要な要因の一つ。

百花斉放・百家争鳴から反右派闘争　前者は一九五六年春に提唱され、スターリン批判を意識した中国共産党独自の自由化政策のスローガンで「双百」と略される。毛の提唱を受け陸定一《りくていいつ》党宣伝部長は、文学芸術活動と科学研究で自由な独立思考を持つべきと呼びかけた。しかし知識人たちは社会主義改造への不信もあって自己の見解を語ろうとしなかった。そうした中、毛は五七年二月「人民内部の矛盾を正しく処理する問題について」を講演し、「言うものに罪なし」とまで言い切った。これによって知識人、民主諸党派指導者たちは社会主義や共産党指導について大いに率直に批判し始めた。しかし六月、こうした批判の動きを危険な右派の企みと決めつけ、大々的な「反右派闘争」を展開するようになった。毛の指示を受けて陣頭指揮をとったのが鄧小平《とうしょうへい》である。反右派闘争は文化大革命の前哨戦とも言える大政治冤罪《えんざい》事件となった。

廬《ろ》山《ざん》会議　(1)一九五九年七―八月の党中央政治局拡大会議と、それに続く党第八期八中全会のことを指し、急進化し餓死など惨劇が顕在化し始めた大躍進に対して、毛沢東に諫言した彭徳懐《ほうとくかい》国防相を「右派日和見主義反党軍事集団」の頭目と決めつけ失脚させた会議。これにより会議当初、より穏健なものにしようとした大躍進はいっそう急進化し、餓死者二〇〇〇万～

四〇〇〇万人ともいわれる大挫折をこうむった。以後、林彪《りんぴょう》が国防相に就き、軍内の影響力を強め毛沢東の個人崇拝を煽る。

(2)一九七〇年八—九月の党第九期二中全会のこと。この会議で林彪・陳伯達《ちんはくたつ》らは毛沢東の天才論を煽り、同時に毛の反対を承知のうえで国家主席復活を提起。毛は彼らの主張の裏に、林彪の野心を感じ、やがて批陳《ひちん》運動を行うなど林彪グループを挑発した。危機を感じた林彪は毛暗殺計画を練ったが事前に発覚、逃亡したがモンゴルで墜落死という林彪事件の引き金となった。

中央文化革命小組　プロレタリア文化大革命が本格的に始まった一九六六年五月に、それまで文芸界の整頓を任務として組織されていた文化革命五人小組（組長は彭真《ほうしん》、鄧小平の影響が強い）を解体し、文化大革命の指導中核として設置される。組長が陳伯達《ちんはくたつ》、副組長に江青《こうせい》、張春橋《ちょうしゅんきょう》、顧問に康生《こうせい》などその後の文革推進派が参加。

紅衛兵　文化大革命期に毛主席に忠誠を誓う若者たちの文革推進（造反）グループ。一九六六年五月、清華大学付属高級中学（日本の高校に相当）で「紅衛兵」という名称がつけられたのが始まり。毛の呼びかけに熱烈に呼応して、文革初期の実権派打倒運動に大きな影響を持つ。当初は出身階級のよい「紅五類」のみで組織化されたが、後に出身血統主義批判がなされ、悪い階級「黒五類」の若者も紅衛兵を組織。様々な紅衛兵グループが入り乱れ、武闘が繰り返され混乱を増幅した。一九六八年以降、社会秩序の回復を優先し始めた毛は、解放軍の介入を指示し、紅衛兵の指導者を「極左分子」として逆に批判、紅衛兵は政治に翻弄されながら抹殺されていった。

ニクソン・ショック　一九七二年二月、毛沢東は、それまで「米帝国主義の頭目、ニクソン」と激しく罵《のの》り対決していたニクソン大統領を突然北京に招いた。ニクソンも大統領就任以降、泥沼化したベトナム戦争からの「名誉ある撤退」、「台頭するソ連への対抗戦略」として中国との対話を望んでいた。キッシンジャー大統領補佐官と周恩来総理の間の「秘密外交」を終え、七一年七月、突如米中当局は「七二年の早い時期にニクソン・毛沢東会談の実現」を発表。これに対して世界では「ニクソン・ショック」と表現。米中関係改善、アジアの緊張緩和・平和共存への大転換点となった。

三つの世界論　一九七四年二月毛沢東が、かつて提唱した「中間地帯論」を応用し、世界を米ソ超大国の第一世界、日本・西欧・東欧先進諸国の第二世界、アジア・アフリカ・ラテンアメリカの発展途上諸国の第三世界と三つに区分し、その後の中国の基本的な国際構造認識となった考え。同年四月、鄧小平が国連資源特別総会で演説し、第一世界は現代の最大の支配者、抑圧者であり、米ソ間では覇権争奪をしている。第二世界は第一、第三世界に対して二面性、動揺性を持っている。第三世界はもっとも深刻な抑圧、被害を受けているため、超大国の覇権主義に対してもっとも革命的で、世界の変革の主力となる。中国は第三世界の先頭に立つと表明した。ただし戦略的には中国は第一世界のソ連を「最大の敵」と警戒し、ソ連覇権主義反対を外交の重点に据えた。

四人組　江青《こうせい》（毛沢東夫人・政治局員）、王洪文《おうこうぶん》（党副主席）、張春橋《ちょうしゅんきょう》（副総理）、姚文元《ようぶんげん》（政治局員）の四人を中心に上海を活動の拠点とし、毛の革命理念を忠実に実行しようとしたグループの蔑称《べっしょう》。毛沢東の文化大革命を積極的に推進し、中央文化革命小組の活動を通して権力の中枢に入っていった。林彪事件以後は周恩来・鄧小平の実務路線に対抗し、周の死、鄧の再度の失脚で権力を掌握するかに見られたが、毛の死直後に華国鋒《かこくほう》・葉剣英《ようけんえい》・王震《おうしん》・汪東興《おうとうこう》らの策謀によって一網打尽に逮捕され、失脚した。一九八〇年に裁判で「死刑・無期懲役」などの判決を受けたが、すでに全員死す。

「北京の春」と四つの基本原則　一九七八年秋から翌七九年春にかけて北京で広がった民主化要求運動を「北京の春」という。七八年秋には、鄧小平失脚を決定し、「反革命事件」とされた第一次天安門事件が「大衆の革命的行動」と逆転評価され、鄧小平待望論も高まった。北京市西の繁華街「西単《せいたん》」には無数の壁新聞が張り出され、「民刊」と呼ばれる自主的な雑誌が発行された。魏京生《ぎきょうせい》は四つの近代化に加えて「第五の近代化＝政治の近代化」を提唱した。これに対して皮肉にも彼らに待望された鄧小平は七九年三月、党中央工作会議「務虚会《むきょかい》」において、「四つの基本原則」（社会主義、共産党指導、プロレタリア独裁、マルクス＝レーニン主義・毛沢東思想の四つ）を堅持することを提唱し、これに違反する民主化活動家を逮捕、運動を鎮圧した。鄧の政治姿勢を考える場合、五七年の反右派闘争、八九年の第二次天安門事件とあわせてこの時期の主張を見ると興味深い。

社会主義初級段階　この表現が最初に使われたのは一九八一年、党第一一期六中全会での「歴史決議」においてである。以後、指導者や学者らが議論し、八七年の第一三回党代表大会での趙紫陽《ちょうしよう》「政治報告」において体系化され党の正式な基本認識となった。そこでは中国の現段階を社会主義ではあるがその初級段階であると規定し、最優先される課題は、①貧困と遅れた状態からの脱却、②農業国から近代的な工業国への移行、③自給自足的自然経済から発達した商品経済への移行、④「中華民族の偉大な復興」を実現していくこと、などが提示された。これによって大胆な経済自由化を可能とする理論武装ができた。一般に初級段階は二〇五〇年頃までと理解されている。

鄧小平二十四文字指示　「大国中国」として振る舞いつづけた毛沢東の外交に対して、中国の力量を依然「弱い」と認識しプラグマティズムに徹した鄧小平《とうしょうへい》の外交を象徴する表現。冷戦崩壊、湾岸戦争と激変する国際情勢に直面し、動揺する中国の指導者たちを前に、鄧小平は中国のとるべき外交の基本的なスタンスとして、「冷静観察《れいせいかんさつ》、站穏脚跟《たんおんきゃくこん》（足元を固め）、沈着応《ちんちゃくおう》付《ふ》（落ち着いて対処し）、韜光養晦《とうこうようかい》（能力を隠し）、善《ぜん》於《お》守拙《しゅせつ》（ぼろを出さず）、絶不《ぜつふ》当頭《とうとう》（決して先頭に立ってはならない）」という指示を出した。またほぼ同じ頃、「兵臨城下《へいりんじょうか》、敵強我弱《てききょうがじゃく》、以《い》守為《しゅい》主《しゅ》」という「十二文字指示」も出し、米国、日本などとの摩擦を避け、経済発展、総合国力を高めることを訴えつづけた。鄧の死後、こうした路線を継承しつつ、江沢民《こうたくみん》政権、そして胡錦濤《こきんとう》政権は徐々に「大国化する中国」を意識した外交に転じつつある。

南巡講話　第二次天安門事件の後遺症で依然経済停滞が続いていた折、一九九二年一月から二月の春節（旧正月）にかけて、鄧小平は高齢をおして南方の開放都市（深圳《しんせん》、珠海《しゅかい》、上海《シャンハイ》など）を訪れ、改革開放の加速を呼びかける重要講話を行った。そこでは、社会主義でも市場経済はやれること、〝姓社姓資《せいしゃせいし》（社会主義か、資本主義か）〟のイデオロギー論争をすべきでないこと、「生産力の発展、総合国力の増強、人民の生活向上」の三つに有利か否かが物事の是非の判断基準であることなど大胆な主張がなされた。三月に党中央二号文件として全国、下部に広く伝えられ、以後、地方各地の投資、対外開放区建設のブームが起こり中国経済は再び高成長軌道に乗った。

社会主義市場経済　鄧小平の南巡講話で積極的な市場化の推進が提唱され、同じ一九九二年一〇月の第一四回党代表大会で、社会主義体制と市場化を積極的に結び付ける理論としてこれが提起され、党の基本方針として採択された。共産党指導下での実質的な資本主義化を意味するが、全面的に自由競争と市場の動きに委ねるのではなく、政府も価格管理、所得の再分配などで必要に応じて関与していく方式と理解されている。九三年一一月の党第一四期三中全会では「社会主義市場経済体制を打ち立てる若干の問題に関する決議」が採択され、国有企業改革、近代的企業の確立などが提示された。

二つの一〇〇年　二〇一二年に習近平が総書記に就任した直後、二つの一〇〇年を成功裏に迎え「中国の夢」を実現しようと呼びかけた。一つ目の一〇〇年は二〇二一年で一九二一年の共産党創立一〇〇年記念日、二つ目の一〇〇年は二〇四九年で一九四九年の中華人民共和国建国一〇〇年記念。一つ目の一〇〇年で小康社会を実現し、住民の所得を二〇一〇年比で倍増する。二つ目の一〇〇年で富強・民主・文明・調和を備えた社会主義現代国家の建設を達成し、中等先進国の水準に達することを目標として掲げた。

「一帯一路」戦略　二〇一三年より本格化した中国と欧州を陸の鉄道・高速道路と南シナ海・インド洋から地中海につながる海上輸送によって経済交流を活発化し、そこに含まれる広大な地域の経済発展と政治的連携を中国のイニシアティブによって密にしようとする巨大政治経済圏構想。二〇世紀のアメリカ主導の国際秩序に対して新しい国際秩序をも構想に入れている。

参考文献

近現代中国一般

姫田光義他編『中国20世紀史』、東京大学出版会、一九九三年▼冷戦終結までをカバーしたものであるが、中国近現代史を共産党の立場からだけでなく、国民党、民衆などの視点、かつ国際的視点も含めて包括的に議論している。欄外に人物、重要事項の説明などもなされており、詳しく教科書的に現代中国を知りたい人には便利。

宇野重昭・小林弘二・矢吹晋『現代中国の歴史』、有斐閣、一九八六年▼豊富な資料の活用、それに基づく分析は今日でも通用している。しかし出版年からして改革開放時代以降がカバーできていないことは仕方ない。

天児慧『中華人民共和国史』、岩波新書、一九九九年▼新書判でコンパクトに現代中国をまとめているが、文化大革命、天安門事件など歴史解釈に関してはオリジナルな内容が豊富。今日の改革開放路線、大国化する中国の光と影をバランスよく描いており、現代中国理解のために役立つ。

H・E・ソールズベリー／天児慧監訳『ニュー・エンペラー』、福武書店、一九九三年（一九九五年に福武文庫として上下巻分冊で刊行）▼国際的に著名なジャーナリストの遺作。中国国内で繰り返した膨大なインタビューをもとに毛沢東と鄧小平を中心に現代中国史を描く。米中関係、中ソ関係、毛の日常生活などの歴史の舞台裏の描写も興味深い。

野村浩一他編『岩波講座現代中国』全六巻・別巻二巻、岩波書店、一九八九―九〇年…※

毛里和子他編『現代中国の構造変動』全八巻、東京大学出版会、二〇〇〇―〇一年

岡部達味他編『原典中国現代史』全八巻・別巻、岩波書店、一九九四―九六年

中兼和津次監修『シリーズ現代中国経済』全八巻、名古屋大学出版会、二〇〇二―〇四年

中国研究所編『新中国年鑑』、大修館書店（のち新評論）、年刊
中国総覧編集委員会編『中国総覧』、霞山会、隔年刊
現代中国人名辞典編集室編『現代中国人名辞典　一九九五年版』、霞山会、一九九五年
山田辰雄編『近代中国人名辞典』、霞山会、一九九五年
天児慧他編『岩波現代中国事典』、岩波書店、一九九九年
三菱総合研究所編『中国情報ハンドブック』、蒼蒼社、年刊
毛里和子『現代中国政治』（改訂版）、名古屋大学出版会、二〇〇四年▼わかりにくい中国の政治を豊富な重要資料を駆使しながら、党・国家・軍の関係、社会主義とナショナリズム、エスニシティーの関係、指導体制などを詳細かつ理論的に解説する。
唐亮『現代中国の党政関係』、慶應義塾大学出版会、一九九七年
国分良成『現代中国の政治と官僚制』、慶應義塾大学出版会、二〇〇四年
岡部達味『中国の対外戦略』、東京大学出版会、二〇〇二年
天児慧『東アジアの国家と社会1　中国――溶変する社会主義大国』、東京大学出版会、一九九二年
ジョン・K・フェアバンク／市古宙三訳『中国』上下、東京大学出版会、一九七二年▼「伝統と近代」という問題を中心に、欧米文明とは異なった中国の文明を、アメリカ人の立場からいかに理解するかを論じたもの。また原題の *The United States And China* が示すとおり、米中関係も論じられている。

中華人民共和国以前

西順蔵編『原典中国近代思想史』全六巻、岩波書店、一九七六―七七年▼洪秀全、康有為、梁啓超、孫文、李大釗、陳独秀、魯迅ら近代中国の代表的な革命家、思想家の作品が紹介され、当時の政治社会的な主な動向や問題点が理解される。各巻の解説も中国近代思想の理解を深める意味で役に立つ。
野沢豊編著『中国国民革命史の研究』、青木書店、一九七四年

横山宏章『中華民国』、中公新書、一九九七年
家近亮子『蔣介石と南京国民政府』、慶應義塾大学出版会、二〇〇二年
村松祐次『中国経済の社会態制』、東洋経済新報社、一九四九年（一九七五年復刊）
田中恭子『土地と権力――中国の農村革命』、名古屋大学出版会、一九九六年
天児慧『中国革命と基層幹部』、研文出版、一九八四年
小林弘二『中国革命と都市の解放』、有斐閣、一九七四年

建国から大躍進期まで

徳田教之『毛沢東主義の政治力学』、慶應通信、一九七七年
小島朋之『中国政治と大衆路線』、慶應通信、一九八五年
戴晴／田畑佐和子訳『毛沢東と中国知識人』、東方書店、一九九〇年
R・マックファーカー他編／徳田教之他訳『毛沢東の秘められた講話』上下、岩波書店、一九九二、九三年
薄一波『若干重大決策与事件的回顧』上下、中共中央党校出版社、一九九一、九三年▼一九五〇年代副総理、国家経済委員会主任として活躍した著者のメモアール。公式的な文献では見えてこない、一九五〇年代の重要な政策決定のプロセス、要因、指導者の判断などを理解するうえで、極めて重要な文献といえる。とくに毛沢東の政策決定のやり方を理解するうえで大いに参考になる。
蘇暁康・羅時叙・陳政／辻康吾他訳『廬山会議　中国の運命を定めた日』、毎日新聞社、一九九二年
『共和国走過的路一九五三―一九五六』、中央文献出版社、一九九一年
日本国際問題研究所中国部会編『新中国資料集成』第一―四巻、日本国際問題研究所、一九六三―七〇年
日本国際問題研究所現代中国研究部会編『中国大躍進政策の展開　資料と解説』上下、日本国際問題研究所、一九七三、七四年

調整期から文化大革命前期（六九年）まで

加々美光行編『現代中国の挫折』、アジア経済研究所、一九八五年▼文化大革命研究が本格化し始めた段階で、文革を思想、紅衛兵、教育、労働者、地方の状況など多様な側面から描き出そうとした最初の重要な研究成果。

厳家祺・高皋／辻康吾監訳『文化大革命十年史』上下、岩波書店、一九九六年▼中国において文革を研究対象として扱った最初の研究書。基本的には、毛沢東、四人組、林彪グループが仕組んだ権力闘争として描かれる。原書は一九八六年に天津人民出版社から出版されたが、まもなく発売禁止。その後、香港で出版。第二次天安門事件以降、新たに加筆され毛沢東以後にも言及。

席宣・金春明／岸田五郎他訳『「文化大革命」簡史』、中央公論社、一九九八年

竹内実『毛沢東』、岩波新書、一九八九年

楊麗君『文化大革命と中国の社会構造』、御茶の水書房、二〇〇三年

国分良成編著『中国文化大革命再論』、慶應義塾大学出版会、二〇〇三年

張雲生／横山義一訳『私は林彪の秘書だった』、徳間書店、一九八九年

アニタ・チャン他／小林弘二監訳『チェン村——中国農村の文革と近代化』、筑摩書房、一九八九年▼英米の研究者が一九七五年から八二年にわたって広東省の村で行った農民インタビューの記録で、文化大革命、人民公社の解体、農村工業の広がりなどの過程を農民の視点から描写した農村社会の変容を知るうえでの貴重な成果である。

安建設編著『周恩来的最後歳月1966—1975』、中央文献出版社、二〇〇二年

『国際共産主義の総路線についての論戦』、外文出版社、一九六五年▼中ソ対立の主な論争点を中国の立場から見ていくうえで有用な資料集。例えば、平和共存、社会主義への平和移行をめぐる問題など。

大東文化大学東洋研究所編『現代中国革命重要資料集』全三巻、大東文化大学東洋研究所、一九八〇—八四年▼一九五〇年代から八〇年代初頭までの新民主主義革命期、社会主義改造期、大躍進期、文化大革命期とい

った各時代の重要な文献を集めたもの。必ずしも網羅的ではないが、日本語文献としてはかなり包括的で貴重なものである。
新島淳良編『毛沢東最高指示』、三一書房、一九七〇年
加々美光行訳編『資料中国文化大革命』、りくえつ、一九八〇年

文化大革命後期（七〇年）から第一一期三中全会まで

岡部達味『中国は近代化できるか』、日本経済新聞社、一九八一年▼豊富な資料、北京滞在経験などを生かしながら、この時期の中国が抱えている課題を「発展途上・社会主義・大国」の苦悩として理論的に分析し、今日でも示唆に富んだ研究書として生きている。
藤本幸三編訳『中国が四人組を捨てた日』（原著・童懐周編『天安門詩文集』）、徳間書店、一九七九年
松井やより『人民の沈黙――わたしの中国記』、すずさわ書店、一九八〇年
渡邊俊彦編『中国自由への鼓動』、日中出版、一九八一年
青野・方雷『鄧小平在一九七六』上下、春風文芸出版社、一九九三年
香港中文大学学生会編『民主中華――中国大陸民間民主運動被捕者文集』、遠東事務評論社、一九八二年
毛里和子・毛里興三郎訳『ニクソン訪中機密会談録』、名古屋大学出版会、二〇〇一年
毛里和子・増田弘監訳『周恩来キッシンジャー機密会談録』、岩波書店、二〇〇四年

改革開放の始まりから第二次天安門事件まで

天児慧『中国改革最前線』、岩波新書、一九八八年▼一九八六年から二年間中国に滞在した著者が、豊富な見聞、実体験をもとに「改革開放」の中国の生き生きとした現実と困難を描写したもの。様々な地方、階層の声が紹介され「記録」としての価値があると、前出・四六三頁※の別巻二で評された。

加藤千洋・天児慧『中国大陸をゆく』、岩波新書、一九九〇年

岡部達味『中国近代化の政治経済学』、ＰＨＰ研究所、一九八九年
岡部達味・毛里和子編『改革・開放時代の中国』、日本国際問題研究所、一九九一年
鄧小平『現代中国の基本問題について』、外文出版社、一九八七年▼改革開放をめぐる経済・政治・外交政策に関する鄧小平の基本的な考えがほぼ網羅されており、彼の考えを理解するのに便利な書。
斉辛／伊藤正監修／六木純訳『風にそよぐ中国知識人』、文藝春秋、一九八三年
李洪林『理論風雲』、三聯書店、一九八五年
方励之／末吉作訳『中国よ変われ』、学生社、一九八九年
劉賓雁／陳逸雄訳『中国の幻想と現実』、学生社、一九九〇年
厳家其／末吉作訳『中国への公開状』、学生社、一九九〇年
矢吹晋編訳『チャイナ・クライシス重要文献』第一―三巻、蒼蒼社、一九八九年
加々美光行編／村田雄二郎監訳『天安門の渦潮』、岩波書店、一九九〇年
張良編／アンドリュー・Ｊ・ネイサン他監修／山田耕介他訳『天安門文書』、文藝春秋、二〇〇一年▼第二次天安門事件後、党中央の極秘文書を大量に海外に持ち出し編集し、二〇〇一年初めに英文で出版された話題の資料集。中国当局はニセモノ説を強調し、監修者はホンモノと判断したうえで公表に踏み切ったと語っている。部分的には、手を加えた可能性もあると感じられる個所が無くはないが、全体的に見て、信憑性は高いのではないか。幾つか留保をしてもなお、同事件をめぐる中国指導部の様々な対応、さらには中国の政策決定を考えるうえで極めて重要な資料的価値をもっている。
江之楓／戸張東夫訳『鄧小平最後の闘争』、徳間書店、一九九〇年

大国化する一九九〇年代以降の中国

朱建栄『江沢民の中国』、中公新書、一九九四年▼一九八九年の天安門事件後に、江沢民が党の総書記・軍の主席に就任したが、いまだ鄧小平後の中国のゆくえは不透明と言われた。その時期に、タイトルが示すよう

に大胆に「江沢民時代」を予測したのが本書である。著者は中国人という利点をフルに生かしながら、中国の内面から江沢民の特徴や位置づけを分析しそのように判断し注目された。
朱建栄『中国二〇二〇年への道』、NHKブックス、一九九八年
天児慧『現代中国――移行期の政治社会』、東京大学出版会、一九九八年
天児慧編著『中国は脅威か』、勁草書房、一九九七年▼当時話題となっていた「中国脅威論」を国内政治経済社会動向、国際関係から、さらには「肥大化する脅威」「混乱の脅威」など多面的な視角から総合的に分析したもので、中国脅威論を考えるうえで必須の参考書になる。
毛里和子編『市場経済化の中の中国』、日本国際問題研究所、一九九五年
津上俊哉『中国台頭』、日本経済新聞社、二〇〇三年
馬立誠・凌志軍／伏見茂訳『交鋒』、中央公論新社、一九九九年
何清漣／坂井臣之助他訳『中国現代化の落とし穴』、草思社、二〇〇二年▼「大国化」「肥大化」する中国の影の部分に焦点を当て、幹部の腐敗の実態と構造などの解明に迫った力作。本書（中国版）を出版後、著者は政治的圧力を受け米国に亡命する。
加藤弘之『中国の経済発展と市場化』、名古屋大学出版会、一九九七年
小島朋之『富強大国の中国――江沢民から胡錦濤へ』、芦書房、二〇〇三年

習近平の時代（学術文庫版の追加）

スーザン・L・シャーク／徳川家広訳『中国――危うい超大国』、日本放送出版協会、二〇〇八年
リチャード・マグレガー／小谷まさ代訳『中国共産党――支配者たちの秘密の世界』、草思社、二〇一一年
習近平『習近平――国政運営を語る』、外文出版社、二〇一四年
王逸舟『創造性介入――中国外交的転型』、北京大学出版社、二〇一五年
天児慧『「中国共産党」論――習近平の野望と民主化のシナリオ』、NHK出版新書、二〇一五年

天児慧・青山瑠妙『超大国・中国のゆくえ2　外交と国際秩序』、東京大学出版会、二〇一五年
天児慧編著『習近平が変えた中国』、小学館、二〇一八年
天児慧『中国政治の社会態制』、岩波書店、二〇一八年

全集・選集・伝記・ルポルタージュその他

『建国以来毛沢東文稿』第一―一三巻、中央文献出版社、一九八七―九八年▼一九四九年以降六〇年代前半までの毛沢東のメモ、談話、毛の名義で出された指示、文書などをほぼ網羅した膨大な資料集。もちろん『文稿』においてもいまだに十分に明らかにされていない事件などもあるが、かなり詳細にかつ包括的に毛沢東の意思決定の発想や背景を理解することが可能となってきた。その意味で中国現代史を理解するうえで極めて重要な第一次資料である。
東京大学近代中国史研究会訳『毛沢東思想万歳』上下、三一書房、一九七四、七五年
竹内実監修『毛沢東集』全一〇巻、北望社、一九七〇―七二年
『毛沢東選集』第一―五巻、人民出版社、一九五一―七七年
竹内実・和田武司編『民衆の大連合――毛沢東初期著作集』、講談社、一九七八年
『鄧小平文選』全三巻、人民出版社、一九八三、八九、九三年
寒山碧『鄧小平評伝』第一―三巻、東西文化事業公司、一九八四―八八年▼比較的早い時期に書かれた鄧小平に関する本格的な伝記である。もちろん解釈をめぐって幾つかの疑問はあるものの、豊富なデータを使いながら鄧小平の軌跡を丹念に再現し、かつ中国共産党の歴史を再考するうえで大いに役立つと判断される。日本語に抄訳された伊藤潔訳編『鄧小平伝』(中公新書、一九八八年)も鄧を理解するうえで便利。
毛毛／藤野彰・鐙屋一訳『わが父・鄧小平――「文革」歳月』上下、中央公論新社、二〇〇二年
ベンジャミン・ヤン／加藤千洋・加藤優子訳『鄧小平　政治的伝記』、朝日新聞社、一九九九年
『劉少奇選集』上下、人民出版社、一九八一、八五年

『周恩来選集』上下、人民出版社、一九八〇、八四年
『陳雲文選』全三巻、人民出版社、一九八四、八六年
エドガー・スノー／松岡洋子訳『中国の赤い星』、筑摩書房、一九七五年
山本市朗『北京三十五年』上下、岩波新書、一九八〇年▼一九四四年三菱鉱山社員として中国に派遣された著者が、以後帰国することなく共産党政権樹立、工業建設、反右派闘争、大躍進、文化大革命、近代化路線の転換をつぶさに体験し、庶民の目線から現代中国の歴史を描く。
馮驥才／田口佐紀子訳『庶民が語る中国文化大革命』、講談社、一九八八年
陳凱歌／刈間文俊訳『私の紅衛兵時代』、講談社現代新書、一九九〇年
西条正『中国人として育った私』、中公新書、一九七八年▼一九四五年中国東北部生まれの著者が一九六四年帰国し、容易に外国人がのぞくことのできなかった中国社会の内部を赤裸々に描いている。社会主義社会にもかかわらず形成された階級差別、厳しい檔案制度（身上調書制度）、餓えに苦しむ庶民など当時の中国の素顔が描かれている。
西条正『二つの祖国をもつ私』、中公新書、一九八〇年
張承志／小島晋治・田所竹彦訳『紅衛兵の時代』、岩波新書、一九九二年
李志綏／新庄哲夫訳『毛沢東の私生活』上下、文藝春秋、一九九四年▼一九五四年に毛沢東の主治医に指名され、以後七六年の毛の死までもっとも身近な人物として、様々な政治闘争、事件における毛の心理、葛藤などを生き生きと描く。女性問題など知られざる毛の一面も明らかにしている。誇張、事実誤認もあるであろうが、それでも生身の毛を考えるうえで一級の資料的価値はある。
ユン・チアン／土屋京子訳『ワイルド・スワン』上下、講談社、一九九三年▼祖母（軍閥将軍の妾という身分を逃れ動乱期を果敢に生きる）、母（共産党の幹部として活躍し、やがて文革期に受難）、そして著者（紅衛兵として文革に参加、後に英国に渡りそこに留まる）の三代の女性の生きざまを描きながら激動の近現代中国史を語る。

ジェームズ・マン／鈴木主税訳『米中奔流』、共同通信社、一九九九年
田中明彦『日中関係１９４５—１９９０』、東京大学出版会、一九九一年
古川万太郎『日中戦後関係史』、原書房、一九八一年

年表

西暦	中国	日本	世界
一九〇〇	8義和団事件、八ヵ国連合軍が鎮圧、北京占領	6八ヵ国共同出兵	
一九〇一	9清朝、北京議定書（辛丑和約）に調印、中国の半植民地化進む		
一九〇二		1日英同盟成立	
一九〇三	12黄興・宋教仁・陳天華、華興会を結成		
一九〇四		2日露戦争（―〇五）	1ロシアで血の日曜日事件
一九〇五	8孫文、東京で中国同盟会結成 9清朝、科挙を廃止、官制改革進める	9ポーツマス条約締結	7シベリア鉄道開通
一九〇六		11南満州鉄道株式会社設立	
一九〇七		7日露協約	8英仏露三国協商成立
一九〇八	9清朝、憲法大綱発表、国会開設の約束		
一九〇九		7日韓併合の方針確定	
一九一〇		8日韓併合条約（韓国併合）	
一九一一	10武昌の新軍・中国同盟会、蜂起し辛亥革命おこる		
一九一二	1中華民国成立、共和制へ、臨時大総統に孫文 2宣統帝溥儀退位、清朝滅亡、袁世凱が北京で臨時大総統に就任 8孫文ら中国同盟会を解散して国民党を組織		
一九一三	10袁世凱、正式に大総統に就任		

一九一四	7孫文、東京で中華革命党を組織	8対独宣戦（中国山東省）	7第一次世界大戦始まる
一九一五	1日本、対華二十一ヵ条要求、5月袁世凱要求承認 12袁世凱、帝政復活を宣言、翌年3月取り消し	1対華二十一ヵ条要求	
一九一六	6袁世凱死去		
一九一七		11石井・ランシング協定	11ロシア革命
一九一八		8シベリア出兵（—二二）	11第一次世界大戦終結
一九一九	5北京大学の学生中心にベルサイユ講和条約反対、反日の五・四運動おこる 10孫文、秘密結社の中華革命党を公開政党とし、中国国民党を組織	5講和会議で旧独利権継承	1パリ講和会議開催 3コミンテルン結成
一九二〇			1国際連盟成立
一九二一	7コミンテルン指導下で陳独秀を委員長とする中国共産党結成	12四ヵ国条約締結	11ワシントン会議開催
一九二二	2主権尊重・領土保全の九ヵ国条約（日本対華二十一ヵ条要求中の第五号要求を削除）	2九ヵ国条約締結	12ソヴィエト社会主義共和国連邦成立
一九二三		9関東大震災	
一九二四	1第一次国共合作、共産党員の個人としての国民党入党を認める 国民党第一回全国代表大会、打倒軍閥・打倒帝国主義政策	11孫文、神戸大で大アジア主義講演	11モンゴル人民共和国成立
一九二五	3孫文死去 5上海で五・三〇事件、反帝国主義運動広まる 7広州で中華民国国民政府樹立	3治安維持法成立	1ムッソリーニ独裁を宣言
一九二六	7蒋介石、国民革命軍総司令に就任、北伐開始		
一九二七	4蒋介石、上海で四・一二反共クーデター、国共分裂、合作終わる	5山東出兵（—二八）	

一九二八	5済南事件、国民革命軍と日本軍が衝突 6張作霖、日本関東軍により爆殺。国民革命軍、北京占領、北伐完了		8パリ不戦条約調印
一九二九			10世界恐慌始まる
一九三〇	12蒋介石、共産党根拠地包囲戦開始		1ロンドン海軍軍縮会議開催
一九三一	9満州事変、関東軍の柳条湖での鉄道爆破事件で戦火広がる 11江西省瑞金で毛沢東を主席とする中華ソヴィエト共和国臨時政府樹立	6中村大尉事件 7万宝山事件	
一九三二	3満州国建国、清朝最後の皇帝・溥儀が執政に就任	5五・一五事件	7ドイツでナチスが第一党
一九三三		3国際連盟脱退	10ドイツ、国際連盟脱退
一九三四	10共産党軍、瑞金を放棄して長征（大西遷）開始（—三六年10月）	12ワシントン海軍軍備制限条約廃棄	
一九三五	1共産党中央政治局拡大会議（遵義会議）、毛沢東主導権獲得 8中国共産党、八・一宣言、内戦停止・一致抗日 12日本の華北侵攻に対し、北京で学生中心に一二・九運動		7コミンテルン第七回大会開催
一九三六	12西安事件、張学良が蒋介石を軟禁し一致抗日迫る	2二・二六事件	
一九三七	7盧溝橋事件発生、日中戦争勃発 9第二次国共合作成立 12日本軍、南京占領（南京大虐殺）	12日本軍、南京で虐殺事件	
一九三八	5毛沢東、日中戦争に関して「持久戦論」発表	4国家総動員法制定	9ミュンヘン会談
一九三九		5ノモンハン事件	9第二次世界大戦始まる

一九四〇	1毛沢東、中国革命の現段階と展望を論じた「新民主主義論」発表	9日独伊三国同盟に調印	
一九四一		12太平洋戦争開始	6独ソ戦開始
一九四二		6ミッドウェー海戦	
一九四三	11カイロ会談（中・米・英）	11大東亜会議開催	11カイロ会談、テヘラン会議
一九四四			6連合軍ノルマンジー上陸
一九四五	5毛沢東、新民主主義論ベースの国家建設構想「連合政府論」提起 8毛沢東・蒋介石重慶会談	8終戦	8第二次世界大戦終結
一九四六	6国共内戦始まる	5極東国際軍事裁判始まる	3チャーチル「鉄のカーテン」演説
一九四七		5日本国憲法施行	3トルーマン・ドクトリン発表
一九四八			6ベルリン封鎖（―四九）
一九四九	10中華人民共和国成立（主席毛沢東、政務院総理周恩来）		3ソ連、原爆実験成功
一九五〇	2中ソ友好同盟相互援助条約締結（日本が仮想敵国の軍事同盟） 6土地改革法公布 10中国人民義勇軍、朝鮮戦線に出動	8警察予備隊設置	6朝鮮戦争勃発（―五三）
一九五一	12三反五反運動始まる	9サンフランシスコ講和会議	
一九五二		4日華平和条約締結	11米国、水爆実験成功
一九五三	1第一次五ヵ年計画始まる		3ソ連、スターリン死去

一九五四	8毛沢東、「過渡期の総路線」提唱、段階的社会主義化を提示 12党中央委員会「農業生産合作社の発展に関する決議」採択 2高崗・饒漱石事件 6周恩来、印、ビルマ訪問、平和五原則確認の共同声明 9第一期全人代第一回会議開催、中華人民共和国憲法採択、公布	10中国紅十字会代表団来日	9東南アジア条約機構創設 12米華相互防衛条約調印
一九五五	7毛沢東、「農業合作化に関する問題について」報告 10党第七期六中全会、農業協同化の問題に対する決議	4バンドンで周・高碕会談	4バンドン会議
一九五六	4毛沢東、「十大関係論」を講話、独自の社会主義路線提起 5毛沢東、百花斉放・百家争鳴提唱 9第八回党代表大会、劉少奇「政治報告」、鄧小平「党規約改正報告」	10ソ連と国交回復 12国連に加盟	2ソ連、スターリン批判
一九五七	2毛沢東、「人民内部の矛盾を正しく処理する問題について」を講話 6反右派闘争始まる 10中ソ国防新技術（原爆関係）に関する協定調印	6岸首相訪台、大陸反攻支持	10ソ連、人工衛星打ち上げ成功
一九五八	5第八回党代表大会第二回会議、「社会主義建設の総路線」、「大躍進」	5長崎国旗事件起こる	3ソ連、フルシチョフ首相就任

一九五九	8人民公社運動始まる 4第二期全人代第一回会議、劉少奇国家主席就任 6ソ連、中ソ国防新技術に関する協定破棄 8中共第八期八中全会、廬山会議で彭徳懐解任 五九―六一年、三年連続自然災害	3浅沼社会党委員長「米帝国主義は日中共同の敵」	9フルシチョフ首相、訪米
一九六〇	7ソ連技術者の引き揚げ、契約破棄、設備供給停止	1日米新安保条約調印	5U2事件、パリ会談流会
一九六一	1党第八期九中全会、「大躍進」停止、呉晗『海瑞免官』発表		8東西ベルリン交通遮断
一九六二	1党中央拡大工作会議、毛沢東が部分的に大躍進政策を自己批判 7鄧小平、「白猫黒猫論」を主張 9党第八期一〇中全会、毛「社会主義社会における階級闘争重視論」	11高碕・廖承志のLT貿易	10キューバ危機
一九六三	5党中央、農村社会主義教育運動の「前十条」、9月「後十条」公布		8米英ソ部分的核実験停止条約
一九六四	2人民日報社説、「全国は解放軍に学ぼう」掲載 8党中央、「国防三線建設」提唱 10初めての原爆実験に成功 12第三期全人代第一回会議開催。周恩来、初めて「四つの近代化」提起	5吉田書簡	10フルシチョフ首相解任
一九六五	1毛沢東、初めて「党内の資本主義の道を歩む実権派」に言及 11姚文元、『海瑞免官』を批判、プロレタリア文化大革命に発展	4周・川島会談（ジャカルタ） 6日韓基本条約調印	2米軍、北爆開始 9インドネシア、九・三〇事件

一九六六	5中共政治局拡大会議、「五・一六通知」採択、中央文革小組設置 6紅衛兵、「四旧打破」「造反有理」を叫んで登場 8毛、「司令部を砲撃せよ」の大字報、劉・鄧打倒が文革基調		
一九六七	1人民解放軍、左派支援のため文革参加表明 2上海コミューン成立。「二月逆流」事件発生、老幹部の抵抗表面化 6初めての水爆実験に成功	9佐藤首相訪台 佐藤首相、非核三原則表明	7ヨーロッパ共同体（EC）発足 ASEAN結成
一九六八	9全国二九省、市、自治区に革命委員会成立 10党第八期一二中全会で劉少奇党籍剝奪	6小笠原諸島日本へ返還	8ソ連・東欧軍チェコ侵入
一九六九	3ウスリー川の珍宝島で中ソ武力衝突 4第九回党代表大会開催、林彪を毛の後継者とする新党規約採択		7米、アポロ11号月面着陸
一九七〇	8党第九期二中全会で林彪・陳伯達グループ打撃うける	5周四原則提示	8ソ連・西独武力不行使条約
一九七一	9林彪国防相、クーデター失敗、脱出の途中、飛行機墜落で死亡 10二六回国連総会で、中華人民共和国の中国代表権承認	10日本、国連で中国代表権阻止	10中華人民共和国、国連加盟（台湾、国連を脱退）
一九七二	2ニクソン米大統領訪中、米中接近始まる 9日中国交正常化	9田中訪中、日中国交正常化	5米ソ、SALT1に調印
一九七三	3鄧小平、国務院副総理として復活 8第一〇回党代表大会開催、周恩来「政治報告」、	10石油危機	1ベトナム和平協定調印 9東西ドイツ、国連同時

	王洪文党副主席に		加盟
一九七四	2批林批孔運動始まる 4鄧小平、国連資源特別総会で「三つの世界論」演説	1田中首相、東南アジア歴訪（反日暴動）	8米、ニクソン大統領辞任
一九七五	1第四期全人代第一回会議開催、周恩来「四つの近代化」を再び提起 8毛、北京大学で『水滸伝』批判。間接的な周・鄧批判キャンペーン 9「農業は大寨に学ぼう」。鄧、人民公社整頓、農業機械化に言及		4ベトナム戦争終結 11第一回先進国首脳会議
一九七六	1周恩来死去 4「第一次天安門事件」鄧小平再失脚。華国鋒、党第一副主席兼国務院総理 7唐山大地震発生、死者二四万人余 9毛沢東死去 10「四人組」逮捕。華国鋒、党主席・軍事委員会主席に就任	2ロッキード事件発覚	4南北ベトナム統一
一九七七	7党第一〇期三中全会、鄧小平の再復活を決定 8第一一回党代表大会開催、華国鋒「政治報告」、文革終了宣言	9日本赤軍ハイジャック事件	
一九七八	2第五期全人代第一回会議開催、華国鋒「政府活動報告」「洋躍進」路線 11北京市革命委員会「天安門事件は革命的行動」と逆転評価 12党第一一期三中全会、全党の重点を近代化建設に移すことを決定	8日中平和友好条約調印 10鄧小平、訪日	6ベトナム、カンボジア侵攻

一九七九	1米中国交回復、2月に中越戦争 3鄧小平、中央理論務虚会で「四つの基本原則」提唱 4陳雲、経済調整を提起 7党中央、深圳など四つの経済特区設置を決定 12「西単（民主）の壁」封鎖	6東京で先進国首脳会議 12大平首相訪中	3エジプト・イスラエル和平 5英、サッチャー内閣成立 6米ソ、SALT2に調印 12ソ連軍、アフガニスタン侵攻
一九八〇	2党第一一期五中全会、劉少奇の名誉回復を決定 8鄧、「党と国家の指導制度の改革」講話、上からの民主化提唱 9第五期全人代第三回会議で趙紫陽、華国鋒に代わって総理に 11林彪・「四人組」裁判、江青・張春橋に執行猶予付死刑判決	6大平首相死去。初の衆参同日選挙	7モスクワ五輪、西側不参加 9イラン・イラク戦争勃発
一九八一	6党第一一期六中全会、「歴史決議」採択。文革・毛評価決着 9葉剣英、台湾統一で「九項目提案」を発表 12九〇%以上の生産隊で家庭請負生産責任制実施		1米、レーガン大統領就任 12ポーランドで戒厳令施行
一九八二	9第一二回党代表大会、胡耀邦総書記就任、工農業総生産額四倍増提起 11第五期全人代第五回会議開催。新憲法公布、人民公社解体決定	6教科書検定、外交問題へ発展	11ソ連、ブレジネフ書記長死去

一九八三	6鄧小平、台湾統一問題で特別行政区「自治」構想を語る 10党第一二期二中全会、「整党に関する決定」採択「精神汚染一掃キャンペーン」始まる	10ロ事件田中元首相に有罪判決	9大韓航空機、領空侵犯で撃墜
一九八四	3党中央、「郷鎮企業建設」呼びかける 4国務院、大連・青島など一四都市の対外開放を決定 6鄧小平、「一国二制度論」の提起 10中共第一二期三中全会、「経済体制改革に関する決定」採択 12中英両国政府、香港返還に関する共同声明発表	9全斗煥韓国大統領訪日	2ソ連、アンドロポフ書記長死去 4レーガン大統領訪中
一九八五	1鄧小平、「中国の特色ある社会主義を建設しよう」出版 3党中央、「科学技術体制改革の決定」採択 5党中央、「教育体制改革の決定」採択 9党全国代表会議、胡啓立・李鵬ら「第三梯団」若手幹部多数登用	3米議会、貿易不均衡対日批判 9円高容認のプラザ合意	3ソ連、ゴルバチョフ書記長就任 11ジュネーブで米ソ首脳会談
一九八六	7鄧小平、「経済体制改革は五年以内、政治体制改革も含まれる」と発言 9党第一二期六中全会、「社会主義精神文明決議」採択 12鄧小平、「旗幟鮮明にブルジョア自由化に反対せよ」と通達	5東京で先進国首脳会議	2アキノ、フィリピン大統領就任 10レイキャビクで米ソ首脳会談
一九八七	1党政治局拡大会議で胡総書記辞任、趙紫陽の総書		

	記代行を決定 9台湾『自立晩報』記者、肉親探しで初めて大陸訪問 10第一三回党代表大会。社会主義初級段階論・政治体制改革案盛り込む		12米ソ、INF全廃条約調印
一九八八	1党中央、蒋経国死去に弔電。ポルトガル政府とマカオ問題に声明 5北京市で四種の副食品統制価格撤廃。以後物価高騰加速 9党第一三期三中全会、インフレ抑止を含む経済の整備整頓決定	6リクルート疑惑で政界混乱	1台湾の李登輝、総統に就任 5ソ連軍、アフガン撤退開始
一九八九	1方励之、政治犯釈放を求め鄧小平に直訴状を提出 3第七期全人代第二回会議、李鵬、経済の整備整頓を強調 4胡耀邦前総書記死去、同氏を追悼し学生運動盛り上がる 5「五・四運動」七〇周年記念、ゴルバチョフ訪中にかけて民主化要求。二〇日、北京に戒厳令 6四日、人民解放軍、学生・市民に発砲し北京を軍事制圧。二四日、中共第一三期四中全会、趙全職務解任、江沢民総書記へ 11鄧小平、中央軍事委員会主席辞任、後任江沢民	1昭和天皇崩御	5ゴルバチョフ訪中 11ベルリンの壁崩壊 12米ソ首脳会談、冷戦終結
一九九〇	8インドネシアと国交正常化、10月シンガポールと国交正常化		8イラク、クウェート侵攻
一九九一	3上海『解放日報』に、皇甫平論文掲載、改革の加	4掃海艇、ペルシャ湾に派	1湾岸戦争開始、多国籍

	速を訴える 11中越国交正常化	遣	軍勝利 12ソ連消滅
一九九二	1鄧小平、「南巡講話」、各地で改革開放を訴える 8中韓国交正常化 10第一四回党代表大会、社会主義市場経済を基本方針へ	6国連平和維持活動協力法成立 10天皇皇后訪中	3国連、UNTACを設置
一九九三	4中台民間首脳第一回会談、シンガポールで開催 11江沢民訪米、APEC非公式首脳会談 党第一四期三中全会、「社会主義市場経済に関する決定」を採択	8細川連立内閣成立	1米、クリントン大統領就任 10IAEAが北朝鮮核査察要求
一九九四	5米、対中MFNと人権改善リンクの大統領令解除 9党第一四期四中全会、「中央指導体制の第三世代への移行完了」	6自社さ三党連立内閣成立	6米朝和平（カーター・金） 7第一回ARF開催
一九九五	1江沢民、台湾統一に向けた「八項目提案」発表 6李登輝台湾総統訪米、中台関係緊張高まる 9党第一四期五中全会、「九・五計画」と二〇一〇年長期目標提起	1阪神大震災発生 9沖縄米兵少女暴行事件	3KEDO発足 10ボスニア問題NATO指揮権
一九九六	3中国軍、台湾総統選挙で軍事演習。米国、空母を台湾海峡に派遣 9党第一四期六中全会、「社会主義精神文明建設に関する決議」	4日米安全保障共同宣言	9包括的核実験禁止条約採択
一九九七	2鄧小平死去		6先進国首脳会議にロシ

	7香港、中国に返還 9第一五回党代表大会、国有企業改革、社会主義初級段階論など提起 10江沢民訪米、一二年ぶりに公式首脳会談	9橋本首相訪中、柳条湖訪問	ア参加 7タイのバーツ暴落（アジア通貨危機） 12地球温暖化防止京都会議
一九九八	2党第一五期二中全会、国務院機構改革案採択 6クリントン米大統領訪中、台湾問題で「三つのノー」発言 長江大洪水発生、江沢民総書記、軍を指揮 10中台民間首脳第二回会談（北京）	11江沢民国家主席訪日	
一九九九	5NATO軍、在ユーゴ中国大使館を誤爆 7李登輝、「中台は特殊な国と国の関係」発言、中台関係緊張 9党第一五期四中全会、胡錦濤中央軍事委員会副主席に 10中華人民共和国建国五〇周年記念 12マカオ、中国に返還	5ガイドライン関連法案成立 7小渕首相訪中	3NATO軍ユーゴ空爆
二〇〇〇	2国務院台湾弁公室、「一つの中国原則と台湾問題」の白書発表 3台湾総統選挙、民進党陳水扁当選	10朱鎔基首相訪日	6朝鮮分断後初の首脳会談
二〇〇一	1福建省、金門、馬祖で「小三通」開始 4南シナ海で米中軍用機空中衝突事故		

	6上海協力機構（SCO）設立、7月中露善隣友好協力条約締結 7二〇〇八年北京オリンピック開催決定 10上海APEC開催、中米首脳会談、貿易円滑化の上海アコード採択 11中国、台湾、WTOに加盟発効	8小泉首相、靖国神社参拝	9全米同時多発テロ 10米軍、タリバン政権攻撃
二〇〇二	11第一六回党代表大会、胡錦濤総書記就任、「三つの代表」規約へ	9小泉首相、北朝鮮訪問	1米大統領「悪の枢軸」発言
二〇〇三	1台湾の航空機、香港経由で中国（上海）に初の直接乗り入れ 4WHO（世界保健機関）、SARSで香港、広東への渡航自粛勧告 米朝中三者協議が北京の釣魚台迎賓館で始まる 7香港で国家保安立法反対デモ、9月董行政長官法案撤回表明 8釣魚台国賓館で六ヵ国協議が開催 10有人宇宙船「神舟五号」打ち上げ成功	7イラク人道復興支援特措法成立	3米英のイラク侵攻開始 12フセイン前大統領拘束
二〇〇四	2北京で第二回六ヵ国協議 3台湾総統選挙、陳水扁総統再選 4金正日北朝鮮総書記が北京入り、胡錦濤主席と非公式首脳会談 9党第一六期四中全会、江沢民の中央軍事委員会主席辞任、胡錦濤後任を決定	1自衛隊のイラク派遣始まる	3陳水扁、台湾総統に再選
二〇〇五	1天安門事件で失脚した趙紫陽元総書記が死去 3党第一六期四中全会、中央軍事委員会主席を江沢		

	民から胡錦濤へ／反分裂国家法成立 4日本の国連安保理常任理事国入りに反対するなどして、中国各地で反日デモが発生 11ブッシュ米大統領訪中		12第一回東アジア首脳会議、クアラルンプールで開催、温家宝総理出席
二〇〇六	2中国の外貨準備高世界第一位に（11月、一兆ドル突破） 3第一〇期全人代第三回会議、反国家分裂法を採択 4胡錦濤主席、初の訪米へ／国民党主席の連戦、大陸訪問、胡錦濤主席と会談、台湾独立反対で合意 7人民元切り上げ／台風の影響により中国南部で水害が起き、広東省だけで被災者七四二万人、死者一〇六人、行方不明七七人。	10安倍首相訪中、胡錦濤主席と戦略的互恵関係構築で一致	
二〇〇七	4国家発展委員会、一五八六ヵ所の開発区を承認	4温家宝総理訪日 12福田総理訪中、日中ハイレベル経済対話の初会合	2第二回東アジアサミット、セブ島で開催 8上海協力機構、対テロ合同軍事演習をウルムチなどで実施
二〇〇八	3チベット族僧侶によるチベット自治区での大規模な騒乱が発生 5胡錦濤主席訪日／四川大地震発生、死者行方不明	1日中で中国製冷凍ギョーザ中毒事件発生 7胡錦濤主席、洞爺湖サミ	3台湾、国民党の馬英九、中華民国総統に選出

	者八万七〇〇〇人、被災者四六一六万人 8北京オリンピック開幕 9神舟七号が打ち上げ、中国初の宇宙遊泳 11両岸の「三通」（航空・海運・郵便の直行）の取り決め調印、12月から実現 12劉暁波ら民主化を求めた「〇八憲章」を発表	ットに出席 12温家宝総理、日中韓首脳会談出席のため福岡を訪問、三国間パートナーシップ共同声明など発表	
二〇〇九	2ヒラリー・クリントン米国務長官訪中、胡錦濤主席と会見 7新疆で大規模な反漢族暴動発生、6月広東で起きたウイグル人殴打事件に抗議 11オバマ米大統領、訪中	4麻生首相訪中、胡錦濤主席、温家宝総理と会見 8日本で民主党が衆院選挙で勝利し執政党へ 10鳩山首相、訪中 12習近平国家副主席、訪日	4オバマ米大統領、チェコのプラハで核廃絶の世界をと演説 6上海協力機構、ロシアで首脳会議開催
二〇一〇	5上海万博開幕（―10月31日） 10劉暁波のノーベル平和賞授賞決定／成都・西安などで反日デモ広がる／党中央委員会で習近平、中央軍事委員会副主席に選出、胡錦濤の後継者に事実上	1日中歴史共同研究の成果を両国で発表 6初めての民間中国大使、丹羽宇一郎着任 9尖閣諸島近辺で中国漁船が日本の巡視船に激突	

二〇一一	決定 2中国は二〇一〇年のGDPが日本を上回り、米国に次ぐ世界第二位の経済大国となる 7浙江省で高速鉄道脱線転落事故発生、事故処理で隠蔽を図った鉄道部が批判される（一三年に鉄道部廃止）	5温家宝総理、第四回日中韓首脳会談出席のため訪日	
二〇一二	1以降　pm 2.5、深刻な社会問題に 3薄熙来、重慶党委員会書記を解任（9月党籍剥奪で習近平の対抗馬落ちる） 11第一八回党代表大会開催、直後の第一八期一中全会で習近平が総書記、中央軍事委員会主席に選ばれる／習近平講話「中国の夢」を発表	1『人民日報』、尖閣諸島の領有権を「中国の核心的利益」と表現 9野田首相、尖閣諸島の国有化を閣議決定／中国で国交正常化以来最大規模の反日運動広がる 11日中韓経済貿易大臣会合開催	4北朝鮮、金正恩が党第一書記に就任
二〇一三	3第一二期全人代第一回会議が開幕、習近平が国家主席、李克強が総理に選出 4ボアオ・アジアフォーラム年次総会開催、習近平国家主席が福田康夫元総理と会見	3日中韓FTA第一回交渉開催 9G20サミット開催、安倍	6習近平訪米、オバマ大統領と二日間会議、二一世紀の創造的な新型大国関係の樹立を提唱、オバマ米大統領受け入れず

	10ＡＰＥＣ首脳会議で習近平主席はアジアインフラ投資銀行（ＡＩＩＢ）を提唱	首相と習近平国家主席が五分間の会話	
二〇一四	3徐才厚前中央軍事委員会副主席、周永康前政治局常務委員・元公安部長、汚職問題で摘発 3台湾で「中台サービス貿易協定」に反対するひまわり運動が広がる／スプラトリー（南沙）諸島の埋め立て軍事基地化が国際問題となる 7国務院、農村戸籍と都市戸籍の区分撤廃の方針示す 9香港で行政長官の普通選挙を求める「雨傘運動」が発生	12新日中友好二一世紀委員会第四回会合で日中首脳会談を踏まえた相互信頼の構築、日中戦略的互恵関係の推進を確認	
二〇一五	6中国株の大暴落始まる、一ヵ月のうちに上海商品取引所のＡ株時価総額の三分の一を失う 8天津浜海新区で大規模爆発、死者一六五人、行方不明者八人、負傷者七九八人 11習近平総書記と馬英九総統の歴史的な国共首脳会談がシンガポールで実現／中国ＡＳＥＡＮのＦＴＡ強化で合意／12アジアインフラ投資銀行（ＡＩＩ	4日中首脳会談、習近平主席は「一帯一路」、ＡＩＩＢなどに言及	12「一帯一路」構想推進で欧州との投資連携を強める

二〇一六	B）正式に発足 1一九七九年に導入された一人っ子政策が完全に廃止／人権派弁護士らを国家政権扇動転覆容疑で相次いで逮捕 6スーパーコンピューターの世界ランキングトップ五〇〇で中国製の「神威太湖之光」が初登場でトップに 7フィリピンが「南シナ海判決」で「中国の主張は国際法違反」と訴え 9香港第六回立法会議員総選挙で親中派は四〇議席、非親中派は三〇議席を獲得（直接選挙枠の半数、全体議席三分の一以上で政府重大議案などの否決権を獲得）		6イギリス国民投票でEU離脱が過半数
二〇一七	3第一二期全人代第五回会議、香港独立思想を公式の場で初めて批判／香港行政長官選挙で親中派の林鄭月娥が当選 6香港返還二〇周年にあたり習近平主席、就任後初めて香港を訪問 10第一九回党代表大会開催、習近平「新時代の中国の特色ある社会主義」思想を指導理念として党の規約に明記	1交流協会の名称を日本台湾交流協会に変更 この年の年間訪日外国人客数二八〇〇万人のうち中国人約七三〇万、台湾約四六〇万、香港約二二〇万と中国語話者がほぼ半数を占める	
二〇一八		1安倍首相、「一帯一路」に	

	3第一三期全人代、連続二期までとする国家主席の任期規定を廃止／高齢で党の主要ポストを引退した王岐山を国家副主席に任命 5習近平主席、北朝鮮の金正恩委員長と大連で会談	対し個別案件ごとに協力の是非を判断と表明 5李克強総理が訪日、東京で日中韓首脳会談開催 8日中平和友好条約締結四〇周年 10安倍首相、中国を公式訪問、日本の首相として七年ぶり 12日本政府、ファーウェイ製品などを政府調達から事実上排除	11APEC首脳会議で米中対立、首脳宣言採択を断念
二〇一九	3江蘇省塩城市の化学工場で爆発が発生、約六四〇人が被災、七八人が死亡 6四川省でマグニチュード五・八の地震発生、一三人が死亡 10北京で建国七〇周年の国慶節記念式典開催 11香港区議会議員選挙で民主党など民主派候補が八五パーセント以上の議席を獲得し圧勝 12新型コロナウイルスの感染が広がる		5米国のGoogleがファーウェイとの取引停止
二〇二〇	1― 新型コロナウイルス・パンデミック、武漢から中国全土へ、中国から世界へ拡大 6香港国家安全維持法施行 12月面探査機「嫦娥」、月の岩石や土壌を乗せて地球に帰還／武漢で新型ウイルス流行について報道し		

た市民ジャーナリスト張展元弁護士に懲役四年の実刑判決／政府批判のデモを指導した周庭氏ら香港活動家、重罪犯の刑務所に移送／香港民主派のメディア大物・黎智英、保釈後まもなく再勾留

ラ行

ワ行

マ行

ヤ行

ハ行

ナ行

タ行

サ行

索 引

毛沢東、鄧小平、共産党など、本巻全体にわたって頻出する項目は省略した。

見出しに＊のついている語は、巻末の「主要人物略伝」か「歴史キーワード解説」に項目がある。

ア行

カ行

黒龍江
黒龍江省
チチハル
チャムス
ハルビン
長春
吉林
吉林省
内モンゴル自治区
ウラジオストク
赤峰
遼寧省
瀋陽
遼陽
朝鮮民主主義人民共和国
張家口
フフホト
承徳
北京市
北京
秦皇島
日本海
平壌
大同
天津
天津市
大連
ソウル
河北省
黄河
石家荘
太原
煙台
威海
淄博
山東半島
大韓民国
山西省
済南
泰山
青島
山東省
黄海
釜山
臨汾
臨沂
洛陽
開封
鄭州
連雲港
函谷関
徐州
日本
河南省
江蘇省
安徽省
南京
無錫
合肥
蕪湖
蘇州
上海
上海市
長江
湖北省
武漢
杭州
紹興
洞庭湖
浙江省
南昌
東シナ海
長沙
江西省
湖南省
那覇
福州
福建省
台北
廈門
台湾
広東省
広州
高雄
マカオ
香港
太平洋
海口
南シナ海
フィリピン

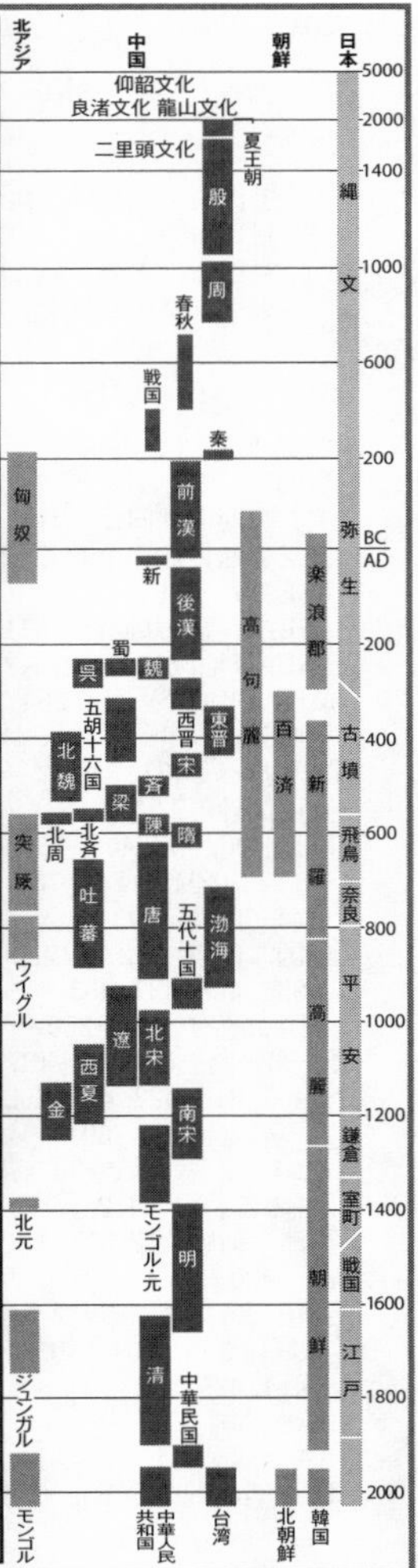
北アジア
中国
朝鮮
日本
5000
仰韶文化
良渚文化 龍山文化
2000
二里頭文化
夏王朝
1400
殷
縄
1000
周
文
春秋
600
戦国
秦
200
匈奴
前漢
弥
BC
AD
新
楽浪郡
生
後漢
高句麗
200
蜀
呉
魏
西晋
五胡十六国
東晋
百済
古墳
400
北魏
宋
新羅
斉
梁
北周
北斉
陳
隋
600
飛鳥
突厥
唐
五代十国
渤海
奈良
吐蕃
800
ウイグル
平
高麗
1000
遼
北宋
安
西夏
金
南宋
1200
鎌倉
モンゴル・元
室町
1400
北元
明
戦国
朝鮮
1600
江戸
清
中華民国
ジュンガル
1800
2000
モンゴル
中華人民共和国
台湾
北朝鮮
韓国

現代の中国

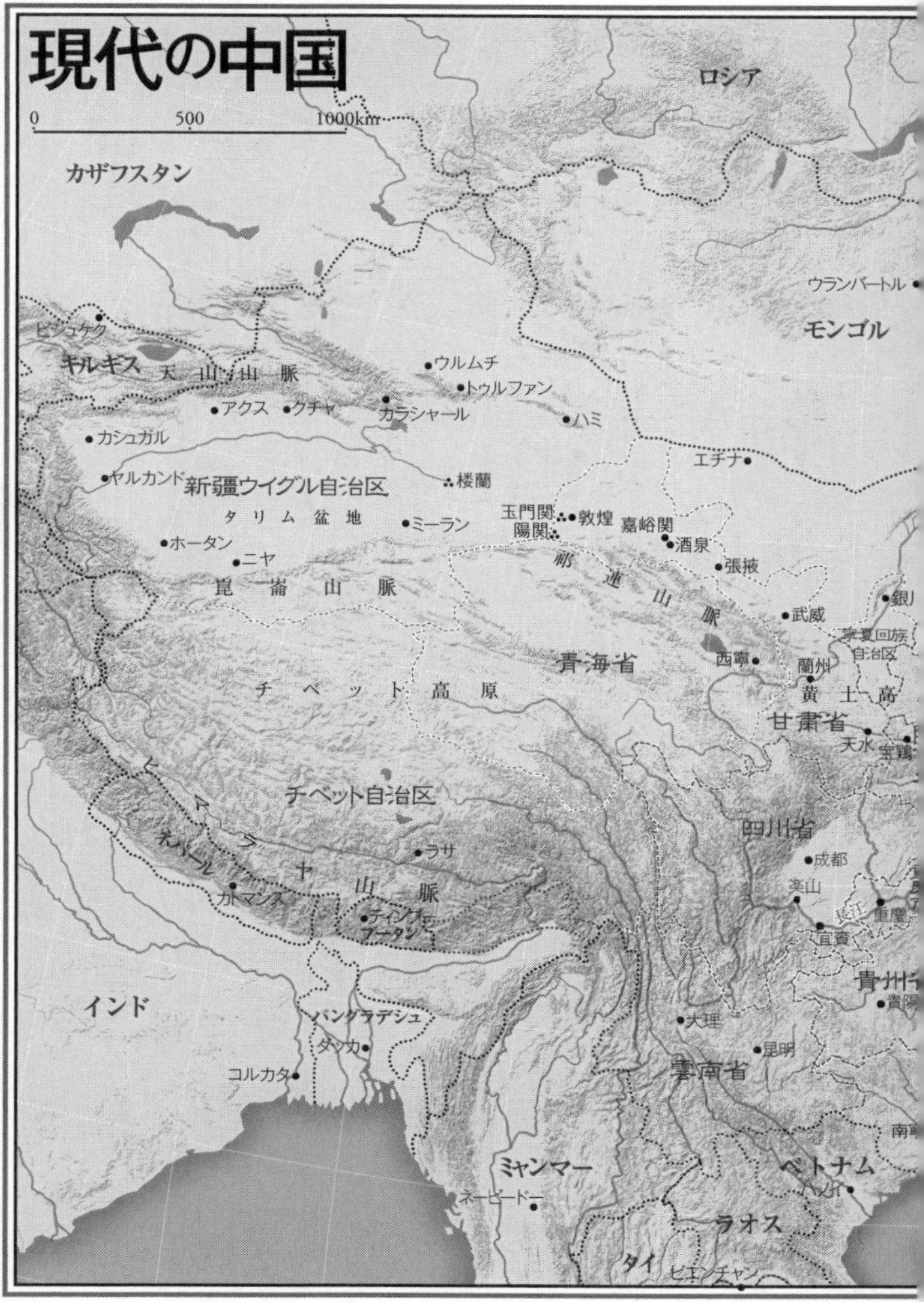

0
500
1000km
カザフスタン
ロシア
ウランバートル
モンゴル
ビシュケク
キルギス
天山山脈
ウルムチ
トゥルファン
アクス
クチャ
カラシャール
ハミ
カシュガル
ヤルカンド
新疆ウイグル自治区
楼蘭
エチナ
タリム盆地
ミーラン
玉門関
敦煌
陽関
嘉峪関
酒泉
ホータン
ニヤ
張掖
祁連山脈
崑崙山脈
武威
寧夏回族自治区
青海省
西寧
蘭州
チベット高原
甘粛省
天水
宝鶏
チベット自治区
ヒマラヤ山脈
ネパール
ラサ
カトマンズ
ティンプー
ブータン
四川省
成都
楽山
長江
重慶
宜賓
インド
バングラデシュ
ダッカ
コルカタ
大理
昆明
雲南省
ミャンマー
ネーピードー
ベトナム
ハノイ
ラオス
タイ
ビエンチャン

本書の原本は、二〇〇四年一一月、小社より刊行されました。
文庫化にあたり「第一〇章」などを加筆しました。

天児　慧（あまこ　さとし）

1947年岡山県生まれ。早稲田大学教育学部卒業。一橋大学大学院博士課程修了。社会学博士。外務省委嘱専門調査員として北京の日本大使館勤務などを経て早稲田大学大学院アジア太平洋研究科教授，アジア政経学会理事長。現在，早稲田大学名誉教授。1989年，第1回アジア・太平洋賞特別賞受賞。著書に『中華人民共和国史』『中国とどう付き合うか』『「中国共産党」論』『中国政治の社会態制』ほか。

講談社学術文庫

定価はカバーに表示してあります。

中国の歴史11

巨龍《きょりゅう》の胎動《たいどう》　毛沢東《もうたくとう》vs.鄧小平《とうしょうへい》

天児《あまこ》　慧《さとし》

2021年5月11日　第1刷発行

発行者　鈴木章一

発行所　株式会社講談社

東京都文京区音羽 2-12-21 〒112-8001

電話　編集（03）5395-3512

販売（03）5395-4415

業務（03）5395-3615

装　幀　蟹江征治

印　刷　豊国印刷株式会社

製　本　株式会社国宝社

本文データ制作　講談社デジタル製作

ISBN978-4-06-523095-4

「講談社学術文庫」の刊行に当たって

これは、学術をポケットに入れることをモットーとして生まれた文庫である。学術は少年の心を養い、成年の心を満たす。その学術がポケットにはいる形で、万人のものになることは、生涯教育をうたう現代の理想である。

こうした考え方は、学術を巨大な城のように見る世間の常識に反するかもしれない。また、一部の人たちからは、学術の権威をおとすものと非難されるかもしれない。しかし、それはいずれも学術の新しい在り方を解しないものといわざるをえない。

学術は、まず魔術への挑戦から始まった。やがて、いわゆる常識をつぎつぎに改めていった。学術の権威は、幾百年、幾千年にわたる、苦しい戦いの成果である。こうしてきずきあげられた城が、一見して近づきがたいものにうつるのは、そのためである。しかし、学術の権威を、その形の上だけで判断してはならない。その生成のあとをかえりみれば、その根は常に人々の生活の中にあった。学術が大きな力たりうるのはそのためであって、生活をはなれた学術は、どこにもない。

開かれた社会といわれる現代にとって、これはまったく自明である。生活と学術との間に、もし距離があるとすれば、何をおいてもこれを埋めねばならない。もしこの距離が形の上の迷信からきているとすれば、その迷信をうち破らねばならぬ。

学術文庫は、内外の迷信を打破し、学術のために新しい天地をひらく意図をもって生まれた。文庫という小さい形と、学術という壮大な城とが、完全に両立するためには、なおいくらかの時を必要とするであろう。しかし、学術をポケットにした社会が、人間の生活にとってより豊かな社会であることは、たしかである。そうした社会の実現のために、文庫の世界に新しいジャンルを加えることができれば幸いである。

一九七六年六月

野間省一

学術文庫版 日本の歴史 全26巻

編集委員＝網野善彦・大津透・鬼頭宏・桜井英治・山本幸司

00	「日本」とは何か	網野善彦（歴史家）
01	縄文の生活誌 旧石器時代～縄文時代	岡村道雄（考古学者）
02	王権誕生 弥生時代～古墳時代	寺沢　薫（橿原考古学研究所）
03	大王から天皇へ 古墳時代～飛鳥時代	熊谷公男（東北学院大学）
04	平城京と木簡の世紀 奈良時代	渡辺晃宏（奈良文化財研究所）
05	律令国家の転換と「日本」 奈良時代末～平安時代前期	坂上康俊（九州大学）
06	道長と宮廷社会 平安時代中期	大津　透（東京大学）
07	武士の成長と院政 平安時代後期	下向井龍彦（広島大学）
08	古代天皇制を考える 古代史の論点	大津透/大隅清陽/関和彦/熊田亮介 丸山裕美子/上島享/米谷匡史
09	頼朝の天下草創 鎌倉時代前期	山本幸司（静岡文化芸術大学）
10	蒙古襲来と徳政令 鎌倉時代後期	筧　雅博（フェリス女学院大学）
11	太平記の時代 南北朝時代	新田一郎（東京大学）
12	室町人の精神 室町時代	桜井英治（東京大学）
13	一揆と戦国大名 室町時代末～戦国時代	久留島典子（東京大学史料編纂所）
14	周縁から見た中世日本 中世史の論点	大石直正/高良倉吉/高橋公明
15	織豊政権と江戸幕府 織豊時代～江戸時代初期	池上裕子（成蹊大学）
16	天下泰平 江戸時代（17世紀）	横田冬彦（京都橘女子大学）
17	成熟する江戸 江戸時代（18世紀）	吉田伸之（東京大学）
18	開国と幕末変革 江戸時代（19世紀）	井上勝生（北海道大学）
19	文明としての江戸システム 近世史の論点	鬼頭　宏（上智大学）
20	維新の構想と展開 明治時代前期	鈴木　淳（東京大学）
21	明治人の力量 明治時代後期	佐々木隆（聖心女子大学）
22	政党政治と天皇 大正時代～昭和初期	伊藤之雄（京都大学）
23	帝国の昭和 昭和（戦前～戦中期）	有馬　学（九州大学）
24	戦後と高度成長の終焉 昭和・平成（戦後～バブル崩壊後）	河野康子（法政大学）
25	日本はどこへ行くのか	H・ハルトゥーニアン/T・フジタニ 姜尚中/岩崎奈緒子/比屋根照夫 T・モーリス=スズキ/C・グラック

学術文庫版

興亡の世界史 全21巻

編集委員＝青柳正規　陣内秀信　杉山正明　福井憲彦

アレクサンドロスの征服と神話……………森谷公俊
シルクロードと唐帝国……………森安孝夫
モンゴル帝国と長いその後……………杉山正明
オスマン帝国500年の平和……………林 佳世子
大日本・満州帝国の遺産……………姜尚中・玄武岩
ロシア・ロマノフ王朝の大地……………土肥恒之
通商国家カルタゴ……………栗田伸子・佐藤育子
イスラーム帝国のジハード……………小杉 泰
ケルトの水脈……………原 聖
スキタイと匈奴 遊牧の文明……………林 俊雄
地中海世界とローマ帝国……………本村凌二
近代ヨーロッパの覇権……………福井憲彦
東インド会社とアジアの海……………羽田 正
大英帝国という経験……………井野瀬久美惠
大清帝国と中華の混迷……………平野 聡
人類文明の黎明と暮れ方……………青柳正規
東南アジア 多文明世界の発見……………石澤良昭
イタリア海洋都市の精神……………陣内秀信
インカとスペイン 帝国の交錯……………網野徹哉
空の帝国 アメリカの20世紀……………生井英考
人類はどこへ行くのか……………大塚柳太郎　応地利明　森本公誠
松田素二　朝尾直弘　ロナルド・トビ ほか

いかに栄え、なぜ滅んだか。今を知り、明日を見通す新視点！

学術文庫版

中国の歴史 全12巻

編集委員＝礪波護　尾形勇　鶴間和幸　上田信

「中国」とは何か。いま、最大の謎に迫る圧巻の通史！

❶ 神話から歴史へ　神話時代 夏王朝……宮本一夫

❷ 都市国家から中華へ　殷周 春秋戦国……平勢隆郎

❸ ファーストエンペラーの遺産　秦漢帝国……鶴間和幸

❹ 三国志の世界　後漢 三国時代……金 文京

❺ 中華の崩壊と拡大　魏晋南北朝……川本芳昭

❻ 絢爛たる世界帝国　隋唐時代……氣賀澤保規

❼ 中国思想と宗教の奔流　宋朝……小島 毅

❽ 疾駆する草原の征服者　遼 西夏 金 元……杉山正明

❾ 海と帝国　明清時代……上田 信

❿ ラストエンペラーと近代中国　清末 中華民国……菊池秀明

⓫ 巨龍の胎動　毛沢東vs.鄧小平……天児 慧

⓬ 日本にとって中国とは何か

大自然に立ち向かって—環境・開発・人口の中国史……尾形 勇

中国文明論—その多様性と多元性……鶴間和幸

中国人の歴史意識……上田 信

世界史の中の中国……葛 剣雄

中国史の中の日本……王 勇

日本にとって中国とは何か……礪波 護